Das Markenzeichen als Anknüpfungspunkt des Markenimages

Veröffentlichungen des Instituts für deutsches und europäisches Wirtschafts-, Wettbewerbs- und Regulierungsrecht der Freien Universität Berlin

Herausgegeben von Franz Jürgen Säcker

Band 39

PL ACADEMIC RESEARCH

Mirko Heinemann

Das Markenzeichen als Anknüpfungspunkt des Markenimages

PL ACADEMIC RESEARCH

Bibliografische Information der Deutschen Nationalbibliothek
Die Deutsche Nationalbibliothek verzeichnet diese Publikation in der Deutschen Nationalbibliografie; detaillierte bibliografische Daten sind im Internet über http://dnb.d-nb.de abrufbar.

Zugl.: Berlin, Freie Univ., Diss., 2013

Gedruckt auf alterungsbeständigem,
säurefreiem Papier.

D 188
ISSN 1863-494X
ISBN 978-3-631-64342-6 (Print)
E-ISBN 978-3-653-03338-0 (E-Book)
DOI 10.3726/978-3-653-03338-0

PL Academic Research ist ein Imprint der Peter Lang GmbH.

Peter Lang – Frankfurt am Main · Bern · Bruxelles · New York ·
Oxford · Warszawa · Wien

www.peterlang.de

Vorwort

Die vorliegende Arbeit wurde im Sommersemester 2012 vom Fachbereich Rechtswissenschaft der Freien Universität Berlin als Dissertation angenommen. Sie entstand während meiner Tätigkeit als Wissenschaftlicher Mitarbeiter am Lehrstuhl für Wirtschafts-, Unternehmens- und Technikrecht an der Technischen Universität Berlin. Rechtsprechung und Literatur konnten bis Mai 2012 berücksichtigt werden.

Mein besonderer Dank gilt meinem Doktorvater, Herrn Prof. Dr. Dr. Jürgen Ensthaler, der mein Promotionsvorhaben ermöglicht und betreut hat. Ebenso bedanke ich mich bei Herrn Prof. Dr. Dr. Dr. h.c. Franz Jürgen Säcker für die zügige Erstellung des Zweitgutachtens und die Aufnahme meiner Arbeit in die von ihm herausgegebene Schriftenreihe. Herrn Prof. Dr. Jochem Schmitt danke ich für die Übernahme des Vorsitzes in der Prüfungskommission.

Allen Mitarbeitern des Lehrstuhls möchte ich für ein einzigartig kollegiales Miteinander während meiner Zeit dort danken. Insbesondere bin ich Frau Ass. iur. Vanessa Kluge, Herrn Juniorprofessor Dr. Stefan Müller, Herrn Dr. Sebastian Synnatzschke, Herrn Dipl. Ing. Patrick Wege (LL.M.), Frau Ass. iur. Katja Wieck sowie Herrn Prof. Dr. Axel Hunscha und Frau Dr. Leonie Kempel für die vielen hilfreichen fachlichen Diskussionen im Doktorandencolloquium und zu anderen Gelegenheiten dankbar.

Herrn Studienrat a. D. Hans Dieter Cornelißen danke ich für die gewissenhafte Durchsicht des Manuskripts. Nicht zuletzt gilt mein ganz besonderer Dank meiner Familie für den unermüdlichen Zuspruch gerade auch in den von Zweifeln begleiteten Arbeitsphasen.

Berlin, im Juni 2013 *Mirko Heinemann*

Inhaltsverzeichnis

Literaturverzeichnis

Aaker, David A.: Management des Markenwerts, Frankfurt a.M. 1992 (zitiert: Aaker)

Ahrens, Claus: Gewerblicher Rechtsschutz, Tübingen 2008 (zitiert: Ahrens)

Alexander, Christian: Markenschutz und berechtigte Informationsinteressen bei Werbevergleichen, GRUR 2010, 482 – 487

Althammer, Werner: Warenzeichengesetz, 4. Auflage, Köln 1989 (zitiert: Althammer)

Backhaus, Klaus / Voeth, Markus: Industriegütermarketing, 8. Auflage, München 2007 (zitiert: Backhaus/Voeth)

Backhaus, Klaus / Hoeren, Thomas: Marken im Internet, München 2007 (zitiert: Backhaus/Hoeren)

Baumbach, Adolf / Hefermehl, Wolfgang: Wettbewerbsrecht, 13. Auflage, München 1981 (zitiert: Baumbach/Hefermehl)

Berlit, Wolfgang: Markenrecht, 8. Auflage, München 2010 (zitiert: Berlit)

Berlit, Wolfgang: Der Begriff der Verkehrsdurchsetzung, WRP 2002, 636 – 639

Berneke, Wilhelm: Kennzeichenstärke und Verwechslungsgefahr im Markenrecht, WRP 2007, 1417 – 1426

Born, Christian: Zur Zulässigkeit einer humorvollen Markenparodie, GRUR 2006, 192 – 194

Bornkamm, Joachim: Konfliktzonen zwischen Kennzeichen- und Wettbewerbsrecht, in: Geistiges Eigentum und Wettbewerbsrecht, Tübingen 2007, S. 181- 198 (zitiert: Bornkamm)

Bottenschein, Florian: Die Erschöpfung des markenrechtlichen Werbehinweisrechts, WRP 2004, 435 – 439

Bruhn, Manfred: Handbuch Markenführung, Band 1 – 3, 2. Auflage, Wiesbaden 2004 (zitiert: Bearbeiter, Titel, in: Bruhn, Handbuch Markenführung)

Büscher, Wolfgang: Der Schutzbereich zusammengesetzter Zeichen, GRUR 2005, 802 – 810

Büscher, Wolfgang: Bekannte Zeichen - Kennzeichnungskraft und Schutzumfang, in: Festschrift für Eike Ullmann, Saarbrücken 2006, S. 129 - 156 (zitiert: Büscher)

Büscher, Wolfgang / Dittmer, Stefan / Schiwy, Peter: Gewerblicher Rechtsschutz Urheberrecht Medienrecht, 2. Auflage, Köln 2011 (zitiert: Bearbeiter in Büscher/Dittmer/Schiwy)

Danger, Torben: Die rechtsverletzende Benutzungshandlung im Markenrecht - Abschied von der Herkunftsbezogenheit, Köln 2007 (zitiert: Danger)

Dissmann, Richard: Der Schutz der bekannten Marke, Baden-Baden 2009 (zitiert: Dissmann)

Eichelberger, Jan: Das Serienzeichen im deutschen Markenrecht, WRP 2006, 316 – 322

Eichhammer, Stefan: Die markenmäßige Nutzung, Tübingen 2008 (zitiert: Eichhammer)

Eisenführ, Günther: Der Schutzbereich zusammengesetzter Zeichen, GRUR 2005, 811 – 818

Esch, Franz-Rudolf: Moderne Markenführung, 4. Auflage, Wiesbaden 2007 (zitiert: Esch)

Fezer, Karl-Heinz: Markenrecht, 4. Auflage, München 2009 (zitiert: Fezer, Markenrecht)

Fezer, Karl-Heinz: Der Monopoleinwand im Markenrecht, WRP 2005, 1 – 20

Fezer, Karl-Heinz: Markenschutzfähigkeit der Kommunikationszeichen (§§ 3 und 8 MarkenG) und Kommunikationsschutz der Marken (§§ 14 und 23 MarkenG) - Die funktionale Kennzeichenrechtstheorie als Perspektive des L´Oréal-Urteils des EuGH, WRP 2010, 165 – 181

Fezer, Karl-Heinz: Entwicklungslinien und Prinzipien des Markenrechts in Europa, GRUR 2003, 457 – 469

Freundt, Tjark Christian: Emotionalisierung von Marken, Wiesbaden 2006 (zitiert: Freund)

Funk, Axel: Die Qualitätsfunktion der Marke im Recht der USA und nach dem neuen deutschen Markengesetz, München 1995 (zitiert: Funk)

Götting, Horst-Peter: Gewerblicher Rechtsschutz, 9. Auflage, München 2010 (zitiert: Götting)

Haberstumpf, Helmut: Keyword Advertising und die Funktionslehre im Markenrecht, MarkenR 2011, 429 – 437

Hacker, Franz: Markenrecht, Köln 2007 (zitiert: Hacker)

Hacker, Franz: Die ältere Geschichte des Markenrechts als Prozess seiner systematischen Standortfindung, NJW Sonderheft 2003, 11 – 18

Hacker, Franz: Funktionslehre und Benutzungsbegriff nach L´Oréal, MarkenR 2009, 333 – 338

Hacker, Franz: Methodenlehre und Gewerblicher Rechtsschutz, GRUR 2004, 537 – 548

Harmsen, Heinz: Der Besitzstand im Wettbewerbs- und Warenzeichenrecht in seinen verschiedenen Erscheinungsformen und Anforderungen an den Bekanntheitsgrad, GRUR 1968, 503 – 508

Heermann, Peter W. / Hirsch, Günter (Hrsg.): Münchener Kommentar zum Lauterkeitsrecht, Band 1 (§§ 1 - 4 UWG), Band 2 (§§ 5 - 22 UWG), München 2006 (zitiert: MünchKommUWG/*Bearbeiter*)

Hefermehl, Wolfgang / Baumbach, Adolf: Warenzeichenrecht, 12. Auflage, München 1985 (zitiert: Hefermehl/Baumbach)

Henning-Bodewig, Frauke: "Ad Words" und der Werbende - Verwirrung (nicht nur) im französischen Recht, GRUR Int. 2011, 592 – 598

Henning-Bodewig, Frauke: Relevanz der Irreführung, UWG-Nachahmungsschutz und die Abgrenzung Lauterkeitsrecht/IP-Rechte, GRUR Int. 2007, 986 – 990

Henning-Bodewig, Frauke / Kur, Annette: Marke und Verbraucher, Band I: Grundlagen, Weinheim 1988 (zitiert: Henning-Bodewig / Kur, Marke und Verbraucher (Bd. I))

Henning-Bodewig, Frauke / Kur, Annette: Marke und Verbraucher, Band II: Einzelprobleme, Weinheim 1989 (zitiert: Henning-Bodewig / Kur, Marke und Verbraucher (Bd. II))

Ingerl, Reinhard: Der wettbewerbsrechtliche Kennzeichenschutz und sein Verhältnis zum MarkenG in der neueren Rechtsprechung des BGH und in der UWG-Reform, WRP 2004, 809 – 816

Ingerl, Reinhard / Rohnke, Christian Markengesetz, 3. Auflage, München 2010 (zitiert: Ingerl/Rohnke, MarkenG)

Ingerl, Reinhard / Rohnke, Christian : Die Umsetzung der Markenrechts-Richtlinie durch das deutsche Markengesetz, NJW 1994, 1247 - 1255

Institut der Wirtschaftsprüfer (Hrsg.): IDW Standard: Grundsätze zur Bewertung immaterieller Vermögenswerte (IDW S5), Die Wirtschaftsprüfung - Supplement 2010, 109 - 123 (zitiert: IDW (IDW S5), Rn.)

Jsay, Hermann: Die Selbständigkeit des Rechts an der Marke, GRUR 1929, 23 – 42

Klein-Bölting, Udo / Maskus, Michael: Value Brands, Stuttgart 2003 (zitiert: Klein-Bölting/Maskus)

Kohl, Helmut: Die "Verwässerung" berühmter Kennzeichen, Berlin 1975 (zitiert: Kohl)

Köhler, Helmut / Bornkamm, Joachim: Gesetz gegen den unlauteren Wettbewerb, 30. Auflage, München 2012 (zitiert: Köhler/Bornkamm)

Kraft, Alfons: Die Bedeutung der Verkehrsbekanntheit eines Warenzeichens in der Spruchpraxis des Patentamtes zur Verwechslungsgefahr, GRUR 1977, 417 – 420

Kunz-Hallstein, Hans Peter: Funktion der Marke, in: 100 Jahre Marken-Amt, München 1994, S. 147 – 171

Kur, Annette: Confusion Over Use? - Die Benutzung "als Marke" im Lichte der EuGH-Rechtsprechung, GRUR Int. 2008, 1 – 12

Lange, Paul: Die Medion-Entscheidung des EuGH - Analyse und Folgerungen, WRP 2006, 311 – 316

Larenz, Karl / Wolf, Manfred: Allgemeiner Teil des Bürgerlichen Rechts, 9. Auflage, München 2004

Lehmann, Michael / Schönfeld Thomas: Die neue europäische und deutsche Marke: Positive Handlungsrechte im Dienste der Informationsökonomie, GRUR 1994, 481 – 489

Mahr, Anne Catrin: Die Zulässigkeit von Markenparodien, GRUR 2006, 1083 – 1089

Marx, Claudius: Deutsches, europäisches und internationales Markenrecht, 2. Auflage, Köln 2007 (zitiert: Marx)

Meffer, Heribert / Heinemann, Gerrit: Operationalisierung des Imagetransfers, ZFP 1990, 5 -10

Meffert, Heribert / Burmann, Christoph / Koers Martin: Markenmanagement, uflage, Wiesbaden 2005 (zitiert: Bearbeiter, Titel, in: Meffert/Burman/Koers)
2. Auflage, Wiesbaden 2005 (zitiert: Bearbeiter, Titel, in: Meffert / Burman / Koers)

Moll, Jürgen-Ernst: Die berühmte und die bekannte Marke, GRUR 1993, 8 – 18

Niedermann, Anne: Empirische Erkenntnisse zur Verkehrsdruchsetzung, GRUR 2006, 367 - 374

Ohly, Ansgar: Schadensersatzansprüche wegen Rufschädigung und Verwässerung im Marken- und Lauterkeitsrecht, GRUR 2007, 926 – 934

Ohly, Ansgar: Keyword Advertising auf dem Weg zurück von Luxemburg nach Paris, Wien, Karlsruhe und Den Haag, GRUR 2010, 776 – 785

Ohly, Ansgar: Vergleichende Werbung für Zubehör und Warensortimente, GRUR 2007, 3 – 11

Ohly, Ansgar / Klippel, Diethelm (Hrsg.): Geistiges Eigentum und Gemeinfreiheit, Tübingen 2007 (zitiert: Ohly/Klippel, Bearbeiter, Titel)

Ohly, Ansgar / Sosnitza, Olaf: Gesetz gegen den unlauteren Wettbewerb, 5. Auflage, München 2010 (zitiert: Piper/Ohly/Sosnitza)

Pahlow, Louis: Das Recht an der Marke als Benutzungsrecht des Markeninhabers, MarkenR 2006, 97 – 104

Prüfer-Kruse, Tihani: Interessenschwerpunkte im Markenrecht, München 2009 (zitiert: Prüfer-Kruse)

Reimer, Eduart: Wettbewerbs- und Warenzeichenrecht, 3. Auflage, Berlin 1954 (zitiert: Reimer)

Riehle, Gerhard: Markenrecht und Parallelimport, Stuttgart 1968 (zitiert: Riehle)

Risthaus, Stefan: Erfahrungssätze im Kennzeichenrecht, 2. Auflage, Köln 2007 (zitiert: Risthaus)

Rohnke, Christian: Die Prägetheorie nach "THOMSON LIFE", GRUR 2005, 21 – 22

Rößler, Bernd: Die Ausnutzung der Wertschätzung bekannter Marken im neuen Markenrecht, GRUR 1994, 559 - 569

Rößler, Bernd: Die Rufausbeutung als Unterlauterkeitskriterium in der Rechtsprechung zu § 1 UWG, Köln 1997 (zitiert: Rößler)

Rüthers, Bernd / Fischer, Christian: Rechtstheorie, 5. Auflage, München 2010 (zitiert: Rüthers/Fischer)

Sack, Rolf: Sonderschutz bekannter Marken, GRUR 1995, 81 – 98

Sack, Rolf: Die unlautere Ausnutzung des Rufs von Marken im Marken- und Wettbewerbsrecht, WRP 2011, 155 – 160

Sack, Rolf: Vom Erfordernis der markenmäßigen Benutzung zu den Markenfunktionen bei der Haftung für Markenverletzungen, WRP 2010, 198 – 211

Sack, Rolf: Markenschutz und UWG, WRP 2004, 1405 – 1425

Sambuc, Thomas: Rufausbeutung bei fehlender Warengleichartigkeit?, GRUR 1983, 533 - 535

Sattler, Henrik / PricewaterhouseCoopers / GfK Marktforschung / Markenverband e.V. (Hrsg.): Praxis von Markenbewertung und Markenmanagement in deutschen Unternehmen, Frankfurt a.M. 2006 (zitiert: PricewaterhouseCoopers/GfK/Sattler/Markenverband)

Schluep, Walter R.: Das Markenrecht als subjektives Recht, Basel 1964 (zitiert: Schluep)

Schulte, Rainer: Patentgesetz mit EPÜ, 8. Auflage, Köln/München 2008 (zitiert: Schulte)

Schultz, Detlef v.: Kommentar zum Markenrecht, 3. Auflage, Frankfurt a. M. 2012 (zitiert: Schultz/Bearbeiter)

Schuster, Silke: Die Ausnahmen vom markenrechlichen Erschöpfungsgrundsatz, Frankfurt a. M. 1998 (zitiert: Schuster)

Sedemund-Treiber, Antje / Kliems, Hubertus: Markenrecht in der Entwicklung, in: 100 Jahre Marken-Amt, München 1994, S. 257 – 288

Sosnitza, Olaf: Deutsches und europäisches Markenrecht, München, 2010 (zitiert: Sosnitza)

Sosnitza, Olaf: Der Gesetzesentwurf zur Umsetzung der Richtlinie über unlautere Geschäftspraktiken, WRP 2008, 1014 - 1034

Sosnitza, Olaf: Ein weiterer Baustein der Gemeinschafts-Serienmarke, GRUR 2011, 867 – 871

Staudinger, Julius v.: Kommentar zum Bürgerlichen Gesetzbuch mit Einführungsgesetz und Nebengesetzen, 14. Auflage, Berlin 2005 (zitiert: Staudinger/Bearbeiter)

Stöckel, Oliver: Strategien gegen Markenmissbrauch, München 2007 (zitiert: Stöckel)

Storch, Klaus: Das Benutzungsrecht am Warenzeichen, Mitt. 1961, 133 – 135

Ströbele, Paul / Hacker, Franz: Markengesetz, 10. Auflagen, Köln 2012 (zitiert: Bearbeiter in Ströbele/Hacker)

Szalai, Stephan: Begriffsverwirrung und Reformbedarf im Markenrecht, MarkenR 2012, 8 – 17

Tafelmeier, Robert: Markenbilanzierung und Markenbewertung, Frankfurt a.M. 2009 (zitiert: Tafelmeier)

Teplitzky, Otto: Wettbewerbsrechtliche Ansprüche und Verfahren, 10. Auflage, Köln 2011 (zitiert: Teplitzky)

Tilmann, Winfried: Das neue Markenrecht und die Herkunftsfunktion, ZHR 1994, 371 – 389

Ulmer, Eugen: Warenzeichenrecht und unlauterer Wettbewerb, Berlin 1929 (zitiert: Ulmer)

Völker, Stefan / Elskamp, Gregor: Die neuen Markenfunktionen des EuGH, WRP 2010, 64 – 72

Weiler, Frank: AdWords, Markenfunktionen und der Schutz bekannter Marken, MarkenR 2011, 495 – 501

Zippelius, Reinhold: Juristische Methodenlehre, 10. Auflage, München 2006 (zitiert: Zippelius)

Abkürzungsverzeichnis

a.a.O.	am angegebenen Ort
Abb.	Abbildung
bspw.	beispielsweise
bzw.	beziehungsweise
Einl.	Einleitung
gem.	gemäß
ggf.	gegebenenfalls
i. S.	im Sinne
lit.	Litera
m. w. N.	mit weiteren Nachweisen
Nr.	Nummer
o. V.	ohne Verfasser
Rn.	Randnummer
sog.	sogenannter, sogenannte, sogenanntes
u. a.	unter anderem, unter anderen

Wegen anderer Abkürzungen, die in der Arbeit Verwendung gefunden haben, wird auf die Ausführungen dazu im Text und im Übrigen auf die Zusammenstellung bei Hildebert Kirchner (Herausgeber), Abkürzungsverzeichnis der Rechtssprache, 6. Auflage, Berlin 2008 verwiesen.

A. Einleitung: Zur Relevanz des Themas

I. Zur wirtschaftlichen Bedeutung von Marken

Marken haben im heutigen Wirtschaftsleben allgemein einen sehr hohen Stellenwert und spielen für den Erfolg und den Wert eines Unternehmens häufig eine entscheidende Rolle. Dies lässt sich exemplarisch anhand einer Studie aus dem Jahre 2005 zur Praxis von Markenbewertung und Markenmanagement in deutschen Unternehmen, in deren Rahmen unter anderem einhundert der umsatzstärksten deutschen Unternehmen angeschrieben wurden, aufzeigen. Bei der Befragung gaben 83% der teilnehmenden Unternehmen an, dass die Marke zu den wichtigen oder wichtigsten Einflussgrößen des Unternehmenserfolges gehört.[1] Den prozentualen Anteil von Marken am Gesamtwert des Unternehmens schätzten die teilnehmenden Unternehmen auf 67%.[2] Diese Zahlen vermitteln zumindest einen Eindruck von der wirtschaftlichen Bedeutung von Marken.

Nachfolgend geht es jedoch weniger um die wirtschaftliche Bedeutung von Marken als vielmehr um das dieser wirtschaftlichen Betrachtung zugrunde liegende Verständnis und der damit zusammenhängenden markenrechtlichen Schutzposition.

II. Gegenstand der Untersuchung

Diese Arbeit soll einen Beitrag zur Klärung der Frage leisten, was eine Marke in der wirtschaftlichen Realität im Kern grundsätzlich ausmacht und inwieweit dieses vom geltenden Markenrecht geschützt wird.

Die Grenzen des Markenrechts sind heute nach mehr als einem Jahrzehnt nach Inkrafttreten des Markengesetzes noch nicht exakt bestimmt. Von Vertretern eines sog. kommunikationstheoretischen Ansatzes wird gefordert, die Marke juristisch so zu schützen, wie es der ökonomischen Realität entspricht.[3]

---

1 PricewaterhouseCoopers/GfK/Sattler/Markenverband, Praxis von Markenbewertung und Markenmanagement in deutschen Unternehmen, S. 8.

2 PricewaterhouseCoopers/GfK/Sattler/Markenverband, a. a. O.

3 Vgl. nur Fezer, in: GRUR 2003, 457 (463); ders., Markenrecht, Einl. D Rn. 19.

Bereits zum Warenzeichengesetz (WZG) hatte das Bundesverfassungsgericht über die Rechtsnatur des Warenzeichens zu befinden.[4] Das Gericht stellte klar, dass das Zeichenrecht eine durch Art. 14 Abs. 1 Satz 1 GG gesicherte subjektive Rechtsposition darstellt. Es ermögliche dem Inhaber, anderen die Benutzung des Zeichens zu verbieten.[5] Weiter liege dem Schutz des Warenzeichens der Zweck zugrunde, eine schrankenlose Gewerbefreiheit zu begrenzen und im Wettbewerb eine ausgleichende Wirkung zu entfalten.[6]

So weise, nach Auffassung des Bundesverfassungsgerichts, das Warenzeichen dem Inhaber nicht nur eine alleinige Verfügungsmacht über den Inhalt des Zeichens zu, sondern sei zudem ein wichtiges Instrument im Bereich seiner wirtschaftlichen Betätigung. Gleichzeitig sei bei der Bestimmung der als Eigentum im Sinne des Art. 14 Abs. 1 GG anzusehenden vermögenswerten Rechte auf den Zweck und die Funktion der Eigentumsgarantie des Grundgesetzes unter Berücksichtigung ihrer Bedeutung im Gesamtgefüge der Verfassung abzustellen. Zweck des Zeichenrechts sei es, dem Grundrechtsträger einen Freiraum im vermögensrechtlichen Bereich zu verschaffen und dem Einzelnen so bei einer wirtschaftlichen Betätigung eigenverantwortliche Entfaltungsmöglichkeiten zu eröffnen.[7] Dies kann natürlich nur im verfassungsrechtlichen Gesamtgefüge geschehen, also unter Berücksichtigung anderer Rechtspositionen, insbesondere der von Wettbewerbern, im Sinne einer praktischen Konkordanz.

Letztlich werden Inhalt und vor allem die den Interessen Dritter zur Geltung verhelfenden Schranken des Eigentumsschutzes nach Art. 14 Abs. 1 Satz 2 GG durch die einfachen Gesetze konkretisiert. Der Gesetzgeber ist im Rahmen der Verfassung frei, Umfang und Grenzen des Rechts zu definieren.

Daraus folgt, dass der Schutzumfang einer Marke durch Auslegung der einfachen Gesetze - deren Verfassungsmäßigkeit unterstellt - zu ermitteln ist. Dabei sind ebenfalls die europarechtlichen Vorgaben, namentlich insbesondere der Richtlinie 89/104/EWG[8], die durch einen Großteil des deutschen Markengesetzes umgesetzt wird, im Sinne einer richtlinienkonformen Auslegung zu berücksichtigen. Eine dementsprechende Betrachtung soll nachfolgend mit Blick auf

4 BVerfG GRUR 1979, 773 (779) - Weinbergsrolle.

5 Vgl. BVerfG GRUR 1979, 773 (778).

6 Vgl. BVerfG GRUR 1979, 773 (778).

7 Vgl. BVerfG GRUR 1979, 773 (778).

8 Heute kodifiziert und ersetzt durch die Richtlinie 2008/95/EG, auf die im Folgenden durch die geläufige Abkürzung „MRL“ Bezug genommen wird.

die Interessen, die aus dem ökonomischen Markenverständnis resultieren, unternommen werden.

1. Funktionslehre und wirtschaftliche Realität

Üblich ist es seit langem, der Diskussion der Ausgestaltung und Weiterentwicklung des Markenschutzes eine Erörterung der wirtschaftlichen Funktionen der Marke voranzustellen und hieraus Implikationen für den rechtlichen Markenschutz abzuleiten.[9] Dass nach der hier vertretenen Auffassung der rechtliche Schutz von Marken nicht mit den tatsächlichen wirtschaftlichen Funktionen deckungsgleich sein muss, sondern durch das Rechtssystem *gestaltet* wird, ergibt sich aus dem Vorstehenden.[10]

Will man aber eine Bestandsaufnahme durchführen, drängt sich als Methode der Betrachtung eine Art Pendelblick sowohl auf die wirtschaftlichen Funktionen als auch auf den rechtlichen Schutzbereich der Marke auf. Zu diesem Zweck sollen zunächst einmal die wesentlichen in der vorwiegend juristischen Literatur und der Rechtsprechung diskutierten praktischen Markenfunktionen im Überblick dargestellt werden.

a. Identifizierungs- und Herkunftsfunktion

Als wesentlich wird zunächst die Identifizierungs- und Herkunftsfunktion angesehen. Danach dient die Marke dazu, Waren oder Dienstleistungen eines Unternehmens von solchen anderer Unternehmen zu unterscheiden und aus der Anonymität der Angebotsgesamtheit herauszuheben.[11] Die Marke individualisiert ein Produkt und soll den potenziellen Abnehmer dazu veranlassen, ein bestimmtes Produkt möglichst wiederholt zu identifizieren und zu kaufen.[12]

Eng mit dieser Funktion verknüpft ist die sog. Herkunftsfunktion, die besagt, dass das Zeichen einen Hinweis auf eine möglicherweise anonym bleibende, jedoch zumindest bestimmbare, betriebliche Herkunftsstätte enthält.[13]

---

9 Mit diesem Hinweis bereits Henning-Bodewig/Kur, Marke und Verbraucher (Bd. 1), S. 4; vgl. Fezer, Markenrecht, Einl. D Rn. 19 a. E.

10 Ähnlich Prüfer-Kruse, S. 21; Ingerl/Rohnke, Einl. Rn. 73.

11 Vgl. Fezer, Markenrecht, Einl. D Rn. 1, 2.

12 So Henning-Bodewig/Kur, Marke und Verbraucher (Bd. 1), S. 6.

13 So Henning-Bodewig/Kur, Marke und Verbraucher (Bd. 1), S. 6.

b. Qualitäts- oder Garantiefunktion

Die Qualitäts- oder Garantiefunktion soll darin bestehen, dass die Marke dem Verbraucher eine bestimmte in der Regel gleich bleibende Qualität versprechen kann. Teilweise wird davon gesprochen, dass das Zeichen eine bestimmte Beschaffenheit einer Ware bekundet.[14] Diese bestimmte objektive Beschaffenheit, die von einer Marke vermittelt werden soll, kommt nach Auffassung *Hackers*[15] beispielsweise beim Erschöpfungsgrundsatz des § 24 MarkenG zum Ausdruck, indem dem Markeninhaber ermöglicht wird, sich gegen den Weitervertrieb einer nach Inverkehrgabe veränderten und verschlechterten Ware zu Wehr zu setzen. Hier wird deutlich, dass die wirtschaftliche Beschreibung der Marke im Sinne einer Qualitäts- oder Garantiefunktion auf objektiver Beschaffenheit beruhen soll. Ähnlich argumentiert *Funke,* der bei der Analyse der Qualitätsfunktion als ein tatsächliches (wirtschaftliches) Phänomen zwar auf einen subjektiv determinierten Funktionsbegriff kommt, diesen aber mit Blick auf die vermeintlichen Zweckbestimmungen des Markenrechts im Sinne eines objektiven Verständnisses umdeutet.[16]

Gerade auf Verbrauchsgütermärkten soll diese Funktion eine große Rolle spielen, dann nämlich, wenn der Verbraucher einem geradezu unüberschaubaren Angebot gegenübersteht und aufgrund einer einmal gemachten guten Erfahrung auf die gleiche Marke zurückgreift.[17]

c. Werbefunktion

Die Werbefunktion soll schließlich die Summe aller mit dem Zeichen verknüpften positiven Assoziationen umschreiben. Die Marke soll hierdurch eine Suggestiv- und Attraktionskraft entwickeln, die über die reinen Qualitätsmerkmale hinausgeht.[18] Diese Funktion wird teilweise auch als *„Imagefunktion“* bezeichnet.[19]

Immer wieder wird in diesem Zusammenhang das Beispiel herangezogen, in dem einer Leistung ein glamouröses Luxusimage verschafft wird; aber auch

---

14 Vgl. BVerfG GRUR 1979, 773 (778).

15 Vgl. Hacker in Ströbele/Hacker, MarkenG, Einl. Rn. 37.

16 Vgl. Funk, S. 5, der an späterer Stelle jedoch zu dem Ergebnis kommt, dass gerade die so verstandene Qualitätsfunktion im MarkenG nicht mehr zum Ausdruck kommt (vgl. a. a. O. S. 222).

17 Vgl. Prüfer-Kruse, S. 23.

18 So Prüfer-Kruse, S. 24.

19 Vgl. Stöckel, S. 164.

Werbung für einfache Produkte des täglichen Lebens beziehe häufig emotionale Aspekte ein, die dem Rezipienten einen positiven Lebensstil durch den Kauf des beworbenen Produktes suggeriere.[20]

d. Kommunikationsfunktion

In jüngerer Zeit werden häufig die oben genannten Markenfunktionen als unvollkommener Versuch, die ökonomische Realität abzubilden, bezeichnet. Vielmehr sei ergänzend ein umfassender kommunikationstheoretischer Ansatz geboten.[21] So wie der Personenname für eine natürliche Person stehe, so identifiziere die Marke ein bestimmtes Produkt; die Marke gleiche insoweit einer Datei für Produktinformationen, die sie in ihrer Rolle als Signalcode an die Verbraucher und potenziellen Konsumenten kommuniziere.[22] Enthälte diese Datei wenige Informationen, sei die Marke schwach und wenig aussagekräftig; ist diese Datei hingegen reich an Informationen, dann handele es sich um eine starke Marke, die unter Umständen Marktgeltung aufweise.[23] Die Marke als ein so verstandenes Kommunikationszeichen berichte insoweit neben der Herkunft vor allem von den Eigenschaften und dem Ruf des mit ihr gekennzeichneten Produktes und kommuniziere so das Image eines Produktes auf dem Markt.[24]

2. Umfassender Schutz der Markenfunktionen?

Vor dem Hintergrund der soeben dargestellten Funktionen wird gefordert, die Marke entsprechend der ökonomischen Realität zu schützen. Der Markenschutz bestehe für sämtliche ökonomischen Funktionen der Marke.[25] Das in Umsetzung der MRL entstandene MarkenG schaffe, so meinen *Lehmann* und *Schönfeld*, einen Marken*inhaber*schutz, es stelle - funktional betrachtet - die Marke als ein Marktinstrument zur Verfügung.[26] Daher müsse jede Frage nach den rechtlich

---

20 So Prüfer-Kruse, S. 24.

21 So bereits Henning-Bodewig/Kur, Marke und Verbraucher (Bd. 1), S. 7 ff. ; vgl. auch Fezer, Markenrecht, Einl. D Rn. 10 ff.

22 Vgl. Fezer, in: GRUR 2003, 457 (461), Stöckel, S. 164; Kur, Marke und Verbraucher (Bd. 1), S. 7 m.w.N.

23 Vgl. Fezer, in: GRUR 2003, 457 (461).

24 Vgl. Fezer, Markenrecht, Einl. D Rn. 10.

25 So Fezer, Markenrecht, Einl. D Rn. 19 a. E.

26 So Lehmann/Schönfeld, in: GRUR 1994, 481 (488).

relevanten Markenfunktionen bei den wirtschaftlichen Funktionen der Marke beginnen.[27]

Stöckel fordert in seiner Arbeit, eine sog. Kommunikationsfunktion als zentrale rechtlich geschützte Markenfunktion neben der Herkunftsfunktion anzuerkennen.[28] Er versteht diese Kommunikationsfunktion dabei als eine zentrale Funktion. Werbe-, Image- und Qualitätsfunktion beschreiben nach *Stöckels* Auffassung unterschiedliche Stadien der *Wahrnehmung* der Kommunikationsfunktion.[29] Die Imagefunktion stelle nach seiner Auffassung das Ziel eines erfolgreichen Markenkommunikationsvorganges dar und beschreibe die Fähigkeit der Marke, Träger einer vom konkreten Produkt losgelösten Vorstellung über den Gesamtnutzen aller Produkte zu sein, die mit der Marke gekennzeichnet sind.[30]

Nach Auffassung der eher traditionell geprägten Rechtswissenschaft besteht der Markenschutz in erster Linie für die Herkunftsfunktion. Qualitätserwartungen der Verbraucher oder die Eigenschaft der Marke, als Imageträger zu fungieren (Werbefunktion),[31] bzw. gar die Kommunikationsfunktion treten danach hinter die Funktion der Marke zur Unterscheidung der betrieblichen Herkunft einer Ware (Herkunftsfunktion) zurück. Oft wird in der Literatur im Wesentlichen darauf hingewiesen, dass die wirtschaftlichen Funktionen neben der Herkunftsfunktion lediglich teilweise markenrechtlich abgesichert seien, ohne hierfür eine entsprechende Analyse vorzustellen.[32]

In der MRL selbst wird in Erwägungsgrund 11 betont, dass der durch die eingetragene Marke gewährte Schutz *insbesondere* die Herkunftsfunktion der Marke gewährleisten soll. Dies hat auch der EuGH, dessen Rechtsprechung für die richtlinienkonforme Auslegung maßgeblich ist, immer wieder unterstrichen.[33] Aus der Formulierung in den Erwägungsgründen der Richtlinie kann aber im Umkehrschluss zumindest gefolgert werden, dass neben der Herkunftsfunktion auch andere Funktionen von Bedeutung sind. Die Diskussion der recht-

---

27 So Lehmann/Schönfeld, a. a. O.

28 Vgl. nachfolgend Stöckel, S. 171, wenngleich der Verfasser einen eher rechtsgestaltenden Ansatz in seiner Arbeit verfolgt.

29 Vgl. Stöckel, S. 171.

30 So Stöckel, a. a. O., S. 169.

31 Hierauf wird später noch genauer eingegangen werden.

32 Vgl. bspw. Göttung, Gewerblicher Rechtsschutz, § 52 Rn. 10, 18; Berlit, Markenrecht, Rn. 3, 131.

33 Vgl. EuGH GRUR 1998, 922 (923) - Canon.

lich geschützten Funktionen der Marke verläuft jedoch recht dynamisch. Die Rechtsprechung des EuGH zur MRL sorgt hier immer wieder für neuen Zündstoff. So hat der EuGH in der L´Oréal/Bellure-Entscheidung[34] jüngst im Zusammenhang mit der Auslegung von Art. 5 I lit. a MRL betont, dass die spezifischen Interessen des Markeninhabers, deren Schutz das ausschließliche Recht aus der Marke dient, darin bestünden, die Funktionen der Marke zu sichern. Diese Funktionen seien, so der EuGH weiter, nicht allein in der Herkunftsfunktion zu sehen, die als Hauptfunktion anzusehen sei, sondern auch in der Gewährleistung der Qualität der gekennzeichneten Ware oder Dienstleistung sowie der sog. Kommunikations-, Investitions- und Werbefunktion.[35] Die aufgezählten Funktionen scheinen nicht abschließend gemeint gewesen zu sein, jedenfalls führt der EuGH sie nur „unter anderen" auf. Zunächst wurden diese Funktionen in der zitierten Entscheidung sowie in der übrigen Rechtsprechung des EuGH kaum über eine schlagwortartige Benennung hinausgehend inhaltlich beschrieben oder definiert.[36] Erst in einer neuen Entscheidung des EuGH zur Ad-Word Problematik finden sich neben der Erläuterung der auch schon bisher geläufigen Herkunftsfunktion auch Ausführungen zur sog. Werbe- und Investitionsfunktion im Zusammenhang mit Art. 5 Abs. 1 lit. a MRL. Danach sei die Werbefunktion möglicherweise erst dann als beeinträchtigt anzusehen, wenn dem Inhaber dieser Marke die Möglichkeit genommen werde, seine Marke wirksam dazu einzusetzen, den Verbraucher zur informieren und zu überzeugen.[37] Dies deutet darauf hin, dass es, anders als bei dem oben[38] dargestellten Verständnis, bei dieser Funktion eher um eine unspezifische kommunikative Vermittlung von im weitesten Sinne produktbezogenen Inhalten durch die Marke geht. Leider gehen die Erörterungen des EuGH kaum in die Tiefe. Sie definieren die Werbefunktion allenfalls negativ, indem dargestellt wird, wann jedenfalls eine Beeinträchtigung der Werbefunktion ausscheiden soll. Auch sind die Aussagen, in welchem Verhältnis die Werbefunktion zu den anderen Funktionsbegriffen stehen soll, recht dürftig.[39] So wird eine Überschneidung mit der sog. Investitionsfunktion zwar für möglich gehalten, aber gleichzeitig betont, dass beide Funktionen voneinan-

34 EuGH GRUR 2009, 757 ff. - L'Oréal/Bellure

35 So EuGH GRUR 2009, 757 (761) - L'Oréal/Bellure.

36 Mit ähnlicher Aussage Generalanwalt Mengozzi in dem Verfahren C-487/07, L´Oréal/Bellure; vgl. im Übrigen bspw. EuGH GRUR 2009, 757 (761) - L'Oréal/Bellure; EuGH GRUR 2010, 445 (448) - Google France.

37 Vgl. EuGH WRP 2011, 1550 (1556) - Interflora.

38 Vgl. oben S. 4.

39 So auch Hacker, in: MarkenR 2009, 333 (334).

der zu unterscheiden seien.[40] Bei der Investitionsfunktion soll es wohl um die Möglichkeit gehen, die Marke zum Erwerb oder zur Wahrung eines Rufes einzusetzen. Dieser zuletzt genannte Gesichtspunkt soll wohl den Unterschied zur Werbefunktion darstellen.[41] Inhaltlich geht es aber auch hierbei um den Schutz kommunikativer, mit der Marke verknüpfter Aspekte, die hier als „Ruf" umschrieben werden. Der Markeninhaber soll jedenfalls im Bereich des Identitätsschutzes nach Art. 5 Abs. 1 lit. a MRL einen Abwehranspruch haben, wenn ein bereits bestehender mit der Marke verknüpfter Ruf durch die Verwendung des identischen Zeichens gefährdet würde. Keinesfalls aber soll der Markeninhaber ein Abwehrrecht gegen die identische Zeichenbenutzung haben, die einem „fairen Wettbewerb" entspreche und die herkunftshinweisende Funktion der Marke wahre.[42]

Eine tiefere Auseinandersetzung mit der gebotenen Auslegung des Identitätsschutzes nach § 14 Abs. 2 Nr. 1 MarkenG / Art. 5 Abs. 1 lit. a) MRL soll erst an späterer Stelle dieser Arbeit erfolgen. In der Literatur jedenfalls wurde auch schon vor der *Interflora-Entscheidung* die dünne Definitionslage als diffus kritisiert und ein Bedarf an inhaltlicher Präzisierung formuliert.[43]

Die Frage nach dem markenrechtlichen Schutz ökonomischer Funktionen ist grundlegender Natur und im Ansatz nicht neu. Hervorzuheben ist insbesondere die Arbeit „Marke und Verbraucher" von *Henning-Bodewig/Kur* aus dem Jahre 1988. Dort setzen sich die Verfasserinnen eingehend mit dieser Problematik auseinander. Allerdings, dies zeigen die gerade zitierten Quellen, ist diese Frage bis heute nicht einheitlich beantwortet. Hinzu kommt, dass mit dem Inkrafttreten des Markengesetzes und der Ablösung des früheren Warenzeichengesetzes eine umfassende Neuordnung des Markenrechts stattgefunden hat. Daher kann der wissenschaftliche Diskurs hierüber längst nicht als abgeschlossen angesehen werden.

Die Beantwortung der Frage, ob die - wie auch immer geartete - wirtschaftliche Realität rechtlich erfasst oder zumindest erfassbar ist, ist allein im Wege

40 Vgl. EuGH WRP 2011, 1550 (1556) - Interflora.

41 Vgl. EuGH WRP 2011, 1550 (1556) - Interflora.

42 Vgl. EuGH WRP 2011, 1550 (1556) - Interflora.

43 So Ohly in GRUR 2010, 776 (782), der den EuGH dafür kritisiert, die Chance zur Konkretisierung der sehr diffusen Markenfunktionen in der „Google France"-Entscheidung nicht genutzt zu haben; vgl. auch Hacker in MarkenR 2009, 333 (334).

einer systematischen und teleologischen ggf. europarechtskonformen Auslegung, die maßgeblich durch die Rechtsprechung des EuGH geprägt wird, zu erschließen.[44] Entscheidend ist in diesem Zusammenhang keinesfalls ein *vorgelagerter* (ökonomischer) Funktionsbegriff.[45] Die ökonomischen Funktionen können aber die relevanten Ansatzpunkte für eine entsprechende Untersuchung liefern. Die nachfolgende Untersuchung richtet sich daher an der Klärung der Fragen danach aus, *was* einen erfolgreichen Markenaufbau bei wirtschaftlicher Betrachtung ausmacht und *wie* das Ergebnis eines solchen Markenaufbaus markenrechtlich geschützt ist

44 So auch Ingerl/Rohnke, Markengesetz, Einl. Rn. 73.

45 So auch Ingerl/Rohnke, Markengesetz, Einl. Rn. 73; ähnlich Kunz-Hallstein, Funktion der Marke, in: 100 Jahre Marken-Amt, S. 153.

B. Die Entwicklung des ökonomischen Markenbegriffes und deren juristische Rezeption

Zunächst soll eine Betrachtung der Marke aus Sicht des unternehmerischen Markenmanagements erfolgen. Dabei wird dargestellt, inwieweit der ökonomische Markenbegriff einem inhaltlichen Wandel unterliegt. Im Anschluss daran wird eine rechtliche Parallelentwicklung aufgezeigt, die einen jahrzehntelangen Diskurs über die tatsächlichen und rechtlichen Ausprägungen der Marke in einer bestimmten Weise nachvollzieht. Darauf aufbauend wird das weitere Vorgehen bei der inhaltlichen Untersuchung im Rahmen dieser Arbeit dazustellen sein.

I. Das ökonomische Markenverständnis

Die Marke im juristischen Sinne ist ein Zeichen, welches geeignet ist, Waren oder Dienstleistungen eines Unternehmens von denjenigen anderer Unternehmen zu unterscheiden, vgl. § 3 Abs. 1 MarkenG. Ohne an dieser Stelle auf die materiellen Voraussetzungen für die Entstehung von Markenschutz nach dem MarkenG im Einzelnen einzugehen, lässt sich grundsätzlich sagen, dass eine Marke i. S. des MarkenG ein Zeichen ist, welches ein Produkt (Ware oder Dienstleistung) kennzeichnet, vorausgesetzt, es besitzt Unterscheidungseignung, und es besteht kein Freihaltebedürfnis. Für die Erlangung von markenrechtlichem Schutz bedarf es keiner qualitativen, wirtschaftlichen Betrachtung, wie beispielsweise die Erwartung eines gewissen Umsatzvorteils durch die Produktkennzeichnung. Will man über die wirtschaftliche Realität nachdenken und das dort zu findende Denkmodell als Referenzmodell für den rechtlichen Markenschutz heranziehen, so ist zunächst zu untersuchen, wie die wissenschaftlich-ökonomische Annäherung an den Begriff „Marke“ erfolgt.

Aus Managementperspektive betrachtet, ist unter dem Begriff der Marke nicht die bloße Markierung einer Ware oder Dienstleistung allein zu verstehen. Der Begriff „Marke“ im wirtschaftlichen Sinne setzt vielmehr *auch* eine Markierung voraus, die grundsätzlich auch geeignet sein muss, als betriebliches Herkunfts- und Unterscheidungsmerkmal zu dienen. Das Markenprodukt muss aber zudem in gewisser Weise mit einem besonderen Wert „aufgeladen“ sein.[46] Diese

46 Vgl. Hoeren/Utz in: Backhaus/Hoeren, Marken im Internet, S. 365.

„Aufladung" besteht in einem Mehrwert, den die Marke sowohl auf Nachfrager- als auch auf Anbieterseite stiftet.[47]

1. Der Markenbegriff

Das ökonomische Markenverständnis ist stark abhängig von den Rahmenbedingungen, innerhalb derer Unternehmen Leistungen am Markt anbieten.[48] Mit zunehmender wirtschaftlicher Bedeutung der Marke im ökonomischen Sinne hat die Anzahl unterschiedlicher und sogar widersprüchlicher Definitionen und Auffassungen über Markenbegriffe in der wissenschaftlichen Diskussion heute zu einer gewissen Sprachverwirrung geführt.[49] In der vorliegenden Arbeit soll dies nur soweit problematisiert werden, als dies für die Bearbeitung der aufgeworfenen Fragestellungen von Bedeutung ist. Ansonsten beschränkt sich die Darstellung auf das Wesentliche, was zumindest als Grundkonsens in der Literatur anzusehen sein dürfte.

Dynamische wirtschaftliche Rahmenbedingungen erklären einen stetigen Wandel des Markenverständnisses. So begünstigte beispielsweise die einsetzende Industrialisierung Mitte des 19. Jahrhunderts das Entstehen von Massenmärkten, auf denen Waren nicht mehr ausschließlich in Erfüllung individueller Aufträge, sondern in größeren Stückzahlen für einen anonymen Abnehmerkreis produziert wurden. Dienten Markierungen zunächst als unternehmerischer Eigentums- und Herkunftsnachweis, so war der ökonomische Markenbegriff Anfang des 20. Jahrhunderts bis in die 1960er Jahre hinein eigenschaftsbezogen und von einem konsumgüterorientierten Vorstellungsbild geprägt.[50] Marke wurde von *Mellerowicz*[51] definiert als

> „[...] für den privaten Bedarf geschaffene Fertigwaren, die in einem größeren Absatzraum unter einem besonderen, die Herkunft kennzeichnenden Merkmal in einheitlicher Aufmachung, gleicher Menge sowie in gleich bleibender und verbesserter Güte erhältlich sind und sich dadurch sowie durch die für sie betriebene Werbung die Anerkennung der beteiligten Wirtschaftskreise erworben haben."

47 Vgl. Backhaus, in: Backhaus/Hoeren, Marken im Internet, S. 4.

48 Vgl. Meffert/Burmann/Koers, in: Meffert/Burmann/Koers, Markenmanagement, S. 20.

49 So Bruhn, Begriffsabgrenzung und Erscheinungsformen von Marken, in: Bruhn, Handbuch Markenführung, S. 5.

50 Vgl. Meffert/Burmann/Koers, in: Meffert/Burmann/Koers, Markenmanagement, S. 20.

51 Mellerowicz, Markenartikel – Die ökonomischen Gesetze ihrer Preisbildung und Preisbindung, München, Berlin (1963), S. 39.

Die hier genannten Merkmale mussten kumulativ vorliegen. Bei Fehlen eines Merkmals konnte nach dieser streng merkmalsbezogenen Betrachtung nicht mehr von einem Markenartikel ausgegangen werden.

Dieses Verständnis kann unter den heutigen wirtschaftlichen Rahmenbedingungen nicht mehr maßgeblich sein, obwohl teilweise immer noch mit dieser Definition gearbeitet wird.[52] Die heutigen Absatzmärkte sind geprägt durch ein hohes Maß an Angleichung der Produktqualitäten. Dies lässt sich nicht zuletzt auf ein aus Kosten- und Flexibilitätsgründen zunehmend praktiziertes Outsourcing von Teilbereichen aus den unternehmenseigenen Produktionsketten erklären. Mitbewerber verwenden nicht selten die gleichen Bauteile derselben Lieferanten, woraus letztlich eine wachsende Qualitätshomogenität entsteht; hinzu kommt eine immer schnellere Verbreitung von neuem technologischen Know-how in einer globalisierten Welt von vernetzten Informations- und Kommunikationstechnologien.[53] Auch hierdurch gleichen sich Produktqualitäten schnell an. Der u. a. an Qualität orientierte merkmalsbezogene Ansatz des Markenbegriffes würde eine Abgrenzung von Marken zu Nichtmarken kaum ermöglich. Auch wird er den heutigen Marktstrukturen nicht mehr gerecht. Durch die Fokussierung auf Fertigwaren könnten weder Dienstleistungsmarken noch Vorprodukte als Marken bezeichnet werden.[54]

Daher setzte sich in der wissenschaftlichen Betrachtung zunächst ein eher wirkungs- und nachfragerbezogenes Markenverständnis durch.[55] Als Marke gilt danach vor allem als ein in der Psyche der Konsumenten und sonstigen Bezugsgruppen der Marke fest verankertes, unverwechselbares Vorstellungsbild von einem Produkt oder einer Dienstleistung. Zugespitzt ließe sich sagen: Marke existiert danach nur im Kopf des Verbrauchers, es handelt sich insoweit um ein sozialpsychologisches Phänomen.[56] Allein auf ein verfestigtes Vorstellungsbild wird man jedoch nicht abstellen können. Zumindest muss die Marke eine werthaltige, Nutzen stiftende Wirkung entfalten. Die psychologischen Wirkungen

---

52 So Bruhn, Handbuch Markenführung, Band 1, S. 5.

53 Vgl. hierzu Meffert/Burmann/Koers, in: Meffert/Burmann/Koers, Markenmanagement, S. 25, 26, 29.

54 Vgl. Freundt, Emotionalisierung von Marken, S. 18.

55 Vgl. Bruhn, Begriffsabgrenzung und Erscheinungsformen von Marken, in: Bruhn, Handbuch Markenführung, S. 9.

56 So Freundt, Emotionalisierung von Marken, S. 20.

der Marke führen dann zu ökonomischen Wirkungen, wie sie unter dem nachfolgenden Gliederungspunkt beschrieben werden. Ohne diesen Mehrwert ließe sich eine Abgrenzung zum bloß markierten Produkt noch nicht treffen. Außerdem muss die Leistung durch eine unterscheidungsfähige und im Sinne des Markengesetzes schutzfähige Markierung individualisiert sein, da nur so eine Zuordnung von Vorstellungsbild und Marke ermöglicht wird.[57] Insoweit ist der Zweck der Markierung, ein Produkt zu individualisieren und von anderen zu unterscheiden, eine primäre Funktion.[58]

Ergänzt wurde der wirkungsbezogene Ansatz in jüngerer Zeit schließlich durch die Einbeziehung der planmäßigen Markenführung im Hinblick auf den Aufbau der Marke.[59]

2. Leistung mit Mehrwert - „added value"

Von einer Marke aus betriebswirtschaftlicher Sicht dann gesprochen werden, wenn eine markierte Leistung Nutzen sowohl auf Nachfrager- als auch auf Anbieterseite stiftet.[60] Ein Mehrwert auf *Anbieterseite* erzielt die markierte Ware vor allem, wenn sie eine Preisprämie oder einen Mengenvorteil bzw. ein Kombination aus beidem ermöglicht.[61] Beides setzt voraus, dass die Marke auf Seiten der Abnehmer eine stimulierende Relevanz für das Kaufverhalten hat. Der Anbieter wird nämlich eine Preisprämie nur erzielen, wenn die Nachfrager im Vergleich zu anonymen Produkten eine höhere Zahlungsbereitschaft haben. Ein Mengenvorteil resultiert entsprechend dazu aus einer insgesamt größeren Kaufbereitschaft bei gleichbleibendem Preis.[62] Die somit erforderliche Relevanz für das Kaufverhalten hat die markierte Leistung wiederum, wenn sie mit sog. „added value", also einem Zusatznutzen, für den Verbraucher verbunden ist.[63]

---

57 Vgl. Bruhn, Begriffsabgrenzung und Erscheinungsformen von Marken, in: Bruhn, Handbuch Markenführung, S. 20.

58 So Henning-Bodewig/Kur, Marke und Verbraucher (Bd. 1), S. 6.

59 Vgl. Bruhn, Begriffsabgrenzung und Erscheinungsformen von Marken, in: Bruhn, Handbuch Markenführung, S. 16.

60 Vgl. Backhaus, in: Backhaus/Hoeren, Marken Im Internet, S. 4.

61 Vgl. Backhaus, in: Backhaus/Hoeren, Marken Im Internet, S. 8 (vgl. Abb. 2).

62 Vgl. zu beidem Backhaus, in: Backhaus/Hoeren, Marken Im Internet, S. 8.

63 Vgl. Meffert/Burmann/Koers, in: Meffert/Burmann/Koers, Markenmanagement, S. 9.

Entscheidend ist also, ob das Produktangebot in der Wahrnehmung der Verbraucher einen Zusatznutzen gegenüber einem technisch-physikalisch identischen Produkt ohne Markierung hat und so die Kaufbereitschaft positiv beeinflusst.[64] Dieser Zusatznutzen kann sich aus den ökonomischen Funktionen einer Marke im Hinblick auf den Verbraucher ergeben. Im Wesentlichen lassen sich diese Funktionen in drei Kategorien einteilen, nämlich in die Reduktion von Qualitätsunsicherheiten, die informatorische Entlastung und das emotionale Erleben des Verbrauchers:[65]

Marken können als eine Art Garant für Qualität wahrgenommen werden und so subjektive Qualitätsunsicherheiten auf Seiten der Verbraucher reduzieren.[66] Diese Funktion ist besonders für solche Leistungen relevant, die für den Nachfrager im hohen Maße von Erfahrungs- und Vertrauensqualitäten abhängig sind. Die jeweils durch den Kauf nachgefragte Qualität hängt dabei selbstverständlich von den individuellen Bedürfnissen des potenziellen Käufers ab. Kann die für den Kauf für erforderlich gehaltene Information zur Qualität nicht oder nur durch einen großen Aufwand ermittelt werden, spielt die Marke als Qualitätssignal eine große Rolle. Die Eignung von Marken, Qualitätsunsicherheiten zu reduzieren, resultiert daraus, dass der Aufbau einer Qualitätsreputation, die von einer Marke repräsentiert werden soll, spezifischer Investitionen bedarf. Man denke beispielsweise an ein umfassendes Kulanzprogramm im Zusammenhang mit einer Marke zur Verdeutlichung eines Qualitätsversprechens.[67] Solche Investitionen sind an die Marke gebunden, da sie kaum auf einem anderen Betätigungsfeld genutzt werden können. Man spricht in diesem Zusammenhang auch von irreversiblen Kosten. Wäre die Schaffung einer Marke kostenlos, wäre sie nicht geeignet, die Qualitätsunsicherheit der Verbraucher glaubhaft zu verringern.[68] Gerade der Kostenaufwand schafft die gewünschte Signalfunktion für den Verbraucher.

Anders verhält es sich demgegenüber, wenn ein Produkt erworben werden soll, das mehrheitlich aus Sucheigenschaften besteht. In einem solchen Falle spielt die Qualitätsunsicherheit eine geringere Rolle, da der Verbraucher selbst nach dem adäquaten Produkt sucht. Die Recherche und Inspektion der Suchei-

---

64 Vgl. Meffert/Burmann/Koers, in: Meffert/Burmann/Koers, Markenmanagement, S. 9.

65 Vgl. dazu Backhaus/Hoeren, Marken Im Internet, S. 4.

66 Vgl. Meffert/Burmann/Koers, in: Meffert/Burmann/Koers, Markenmanagement, S. 11.

67 Vgl. Backhaus/Hoeren, Marken Im Internet, S. 6.

68 Vgl. Backhaus/Voeth, Industriegütermarketing, S. 173.

genschaften ist für den Nachfrager mit Kosten verbunden bzw. der notwendige Rechercheaufwand lässt sich in Form von Kosten ausdrücken und damit operationalisieren. Die Marke kann in diesem Zusammenhang eine Vielzahl von Informationen bündeln und wird so zum Surrogat der Sucheigenschaften.[69] Der Zusatznutzen besteht also in einer informatorischen Entlastung des Verbrauchers.

Darüber hinaus kann eine Marke für den Nachfrager einen gewissen Prestigewert haben. Über die soeben erörterte eher faktenorientierte Bedienung von Qualitätssicherungs- und Informationsbedürfnissen hinaus wird in der wissenschaftlichen Betrachtung des ökonomischen Markenbegriffes anerkannt, dass Marken dem Verbraucher dazu dienen können, seine Persönlichkeit zum Ausdruck zu bringen.[70] Marken kommt insoweit eine Identifikationsfunktion zu. Dieser emotionale Aspekt zeigt sich immer dann, wenn eine Marke mit signifikanten sozialen Bedeutungsmustern aufgeladen ist, die beispielsweise die Zugehörigkeit zu bestimmten Gruppen (z. B. HARLEY-DAVIDSON-Fahrer) oder ein gewisses Persönlichkeitsbild (z. B. Sportlichkeit) unterstreichen. Dieser emotionale Nutzenaspekt wird insbesondere in Bezug auf Luxusmarken diskutiert, da diese aufgrund begrenzter Verfügbarkeit oder hoher Preise eine gewisse Exklusivität vermitteln.[71]

Wann immer durch ein markiertes Produkt neben dem eigentlichen Grundnutzen des Produkts ein zusätzlicher Nutzen im soeben beschriebenen Sinne für den Verbraucher geschaffen wird und hierdurch ein Effizienzgewinn auf Anbieterseite entsteht, kann von einem Markenprodukt anstatt einer bloß markierten Leistung gesprochen werden.[72] Der Effizienzgewinn kann allerdings erst dann auftreten, wenn die Marke eine gewisse Stärke erreicht, mit anderen Worten also einen gewissen Bekanntheitsgrad bei den Verbrauchern erlangt.[73] Zugespitzt ließe sich diesbezüglich das Idealziel einer „monopolisierten Stellung der Marke in der Psyche der Verbraucher" formulieren.[74]

---

69 Vgl. Backhaus, in: Backhaus/Hoeren, Marken Im Internet, S. 6/7.

70 Vgl. Meffert/Burmann/Koers, in: Meffert/Burmann/Koers, Markenmanagement, S. 12.

71 Vgl. Backhaus, in: Backhaus/Hoeren, Marken Im Internet, S. 7.

72 Vgl. Backhaus/Hoeren, a. a. O., S. 8.

73 Vgl. Meffert/Burmann/Koers, in: Meffert/Burmann/Koers, Markenmanagement, S. 9.

74 So schon Domizlaff, Grundgesetze einer natürlichen Markenbildung (1937), abgedruckt in: Bruhn, Handbuch Markenführung, S. 1113.

Die hier beschriebenen Funktionen werden u. a. durch die Kennzeichnung, die ein markenrechtlich schutzfähiges Zeichen sein sollte, dem Verbraucher vermittelt und signalisiert. Die Kennzeichnung dient insoweit quasi als Medium. Sie ermöglicht also nicht nur die Individualisierung eines Produkts, sondern bildet den notwendigen Anknüpfungspunkt, der die mit dem Produkt verbundenen Vorstellungen für den Abnehmer erlebbar und für den Unternehmer vermittelbar macht.[75]

Das Markenprodukt selbst setzt sich somit bei dem in dieser Arbeit zugrunde gelegten Untersuchungsgegenstand zusammen aus einer Leistung, die mit einer Markierung gekennzeichnet ist, aufgrund derer der Verbraucher dem Produkt einen über den bloßen Gebrauchsnutzen hinausgehenden Zusatznutzen zuordnet. Aus unternehmerischer Sicht kann also ein (zwar) gegenständliches Produkt in hohem Maße durch immaterielle Aspekte geprägt sein, ohne die sich das Produkt im Hinblick auf seinen wirtschaftlichen Nutzen für den Unternehmer nicht zu den *Nicht*markenprodukten unterscheiden würde. Mit dem Markenprodukt sind für die Kaufentscheidung wichtige immaterielle Implikationen entscheidend verbunden. *Markierung*, sei sie auch nach dem Markengesetz als *Marke* schutzfähig, und *Marke* im wirtschaftlichen Sinne sind also voneinander zu unterscheiden.

3. Das „Image“ einer Marke

Fraglich ist, wie sich der soeben beschriebene und auf Seiten der Verbraucher angenommene Zusatznutzen des Markenprodukts in einer Begrifflichkeit erfassen lässt. Vordringend wird hierfür häufig der Begriff *Markenimage* gewählt. „Image“ geht auf das lateinische Substantiv „imago“ zurück, dieses bedeutet Bildnis, Abbild oder Vorstellung, aber auch Trugbild. Image wird überwiegend als hohes Ansehen einer Sache oder Person erklärt.[76] Obwohl der Begriff schon lange im wissenschaftlichen Diskurs zum Markenbegriff benutzt wird, findet sich keine einheitliche terminologische Festlegung.[77]

Nahe liegend ist, wie sich schon aus der Wortbedeutung ergibt, dass es sich dabei um die Verdichtung markenspezifischer und subjektiver Assoziationen

---

75 Vgl. Henning-Bodewig/Kur, Marke und Verbraucher (Bd. 1), S. 22.

76 Vgl. Duden „Herkunftswörterbuch“, 3. Auflage, Mannheim/Leipzig/Wien/Zürich, 2001.

77 Vgl. Freundt, Emotionalisierung von Marken, S. 46 (Fn. 20).

handelt.[78] Unter Assoziationen in diesem Zusammenhang sind sämtliche subjektiven Vorstellungen der Verbraucher von der Marke hinsichtlich der *wahrgenommenen* Eigenschaften und der Eignung dieser Marke zur Befriedigung von Bedürfnissen zu verstehen.[79] Dieser kollektive Blickwinkel ist deswegen sinnvoll, weil Untersuchungen gezeigt haben, dass sich Vorstellungsbilder von einem Produkt bei Verbrauchern derselben Gruppe in starkem Maße ähneln.[80] Um den Anforderungen einer allgemeingültigen Definition gerecht zu werden, lassen sich spiegelbildlich zu dem oben erörterten Markenbegriff zwei Gruppen von Eigenschaften, die für die Kaufentscheidung relevant und Gegenstand des Markenimages sein können, unterscheiden. Zu trennen sind die sachhaltigen Produkteigenschaften, sog. Denotationen, von den nichtsachhaltigen, emotionalen Produkteigenschaften, sog. Konnotationen.[81] So spielt beispielsweise bei Luxusmarken, wie in dem oben erwähnten Fall des Verkaufs von Imitationen bestimmter Uhren, das emotionale Erleben für das Image der Marke eine größere Rolle als bei Gebrauchsgegenständen des Alltags, bei denen möglicherweise die Qualitätserwartungen den prägenden Bestandteil des Images ausmachen.

Da sich die Vorstellung der Verbraucher aus ihrer Wahrnehmung speist, besitzt eine Marke selbst kein Image, sondern es sind immer Dritte, die dem Meinungsgegen-stand Marke in ihrer Vorstellung ein bestimmtes Image verleihen.[82] Somit kann Markenimage insgesamt beschrieben werden als die Gesamtheit der Vorstellungen der Verbraucher hinsichtlich einer Marke und kann als mehrdimensionales System von Eindruckswerten, d. h. subjektiv bewerteter, empfundener Ausprägungen von denotativen und konnotativen Produkt- und Markeneigenschaften verstanden werden.[83] Möchte man nach einer Alternative zu dem Anglizismus „Image" suchen, dürfte im Einklang mit der eingangs genannten Begriffsdefinition durchaus die Umschreibung „guter Ruf" erlaubt sein.

Aufgrund der oben dargelegten[84] subjektiven, nachfragerbezogenen Bestimmung des ökonomischen Markenbegriffes und der Bestimmung des Begriffes Markenimage aus Konsumentensicht wird deutlich, dass letzteres nach dem

78 Vgl. Meffert/Heinemann, in: ZFP 1990, 5 (5).
79 Vgl. Freundt, a. a. O., S. 46.
80 So Henning-Bodewig/Kur, Marke und Verbraucher (Bd. 1), S. 17.
81 Vgl. Meffert/Heinemann, in: ZFP 1990, 5 (5).
82 Vgl. Freundt, a. a. O., S. 47.
83 Vgl. Meffert/Burmann/Koers, in: Meffert/Burmann/Koers, Markenmanagement, S. 249.
84 Vgl. oben S. 11 ff.

hier zugrunde liegenden Verständnis die markenrelevanten Vorstellungen der Verbraucher umfasst. Image ist insoweit eine übergeordnete, zusammenfassende Bezeichnung.

4. Ziel der Markenführung

Die strategische Entscheidung zum Aufbau einer Marke und zur Verfolgung einer Markenpolitik ist mit erheblichen Kosten und Aufwand verbunden. Die Entscheidung über den Aufbau einer Marke und damit die Entscheidung über die Frage, wann die aus einer Markenstrategie zusätzlich entstehenden Einnahmen größer sind als die dafür notwendigen spezifischen Investitionen, soll nicht Gegenstand der vorliegenden Arbeit sein.[85] Festzuhalten ist jedoch, dass es im Falle eines Markenaufbaus - bei Bestand einer markierten Leistung - gezielter Anstrengungen bedarf, um die beabsichtigten psychologischen Wirkungen bei den Verbrauchern zu erreichen.

a. Mittel des Markenaufbaus

Der Markenaufbau ist u. a. ein kognitiver Prozess, in dessen Verlauf die Zielgruppe lernt, bestimmte Vorstellungen mit der Marke zu verbinden. Die Etablierung und der Erhalt eines im Idealfall starken, positiven, prägnanten und eigenständigen Markenimages wird - zumindest bei planvollem unternehmerischen Vorgehen - durch den Einsatz sog. Markenkommunikation und durch das sog. Branding erreicht.[86] Markenkommunikation umfasst vielfältige Instrumente, wie beispielsweise den Einsatz klassischer Werbung in Massenmedien, aber auch direkte persönliche Kommunikation durch inszenierte Werbeevents, bei denen eine direkte unmittelbare Einbeziehung der Zielgruppe erfolgt, oder Werbemaßnahmen verschiedenster Art im Internet.[87]

Als Branding kann die gesamte Gestaltung eines Angebotes bezeichnet werden, die in der Phase der Markenschöpfung vorzunehmen ist, um die Marke von denen der Mitbewerber zu unterscheiden und auf den weitgehend homogenen

85 Vgl. hierzu u. a. Backhaus, Industriegütermarketing, S. 175.

86 Vgl. Esch/Langner, Integriertes Branding – Baupläne zur Gestaltung neuer Marken, in: Bruhn, Handbuch Markenführung, S. 1133.

87 Vgl. Köhler, Entwicklungstendenzen des Markenwesens aus Sicht der Wissenschaft, in: Bruhn, Handbuch Markenführung, S. 2784.

Märkten auszudifferenzieren.[88] Die wesentlichen Bestandteile des Brandings sind somit der Markenname, das Markenzeichen bzw. Markenbild selbst und die physische Angebotsgestaltung. Diese Bestandteile lassen sich weiterhin unterteilen in verbale und visuelle Reize. Sämtliche Elemente stehen in Wechselwirkung zueinander und beeinflussen die Rezeption und die Markenassoziationen der Verbraucher-Zielgruppe. Das Markenimage ist - jedenfalls bei einem planvollen unternehmerischen Vorgehen - grundsätzlich ein gewünschtes Idealziel, das mehr oder weniger erreicht werden kann. Es ist im hier verstandenen Sinne kaum das Ergebnis eines zufälligen Vorganges. Je gelungener das Branding ist, desto geringer soll der notwendige Aufwand für die Markenkommunikation sein.[89]

Der Anbieter muss darüber hinaus durch Einsatz verschiedener Instrumente der Marktbearbeitung ein Qualitätsversprechen am Markt vermitteln und einlösen, das eine dauerhaft werthaltige, Nutzen stiftende Wirkung entfaltet und so einen ökonomischen Erfolg erzielt.[90] Je konstanter und dauerhafter ihm dies gelingt, desto besser wird das Image bzw. der gute Ruf der Marke und desto werthaltiger wird die Marke. Ist etwa der Hersteller einer bekannten Biogetränke-Marke gezwungen, wegen Verunreinigungen eine Rückrufaktion durchzuführen, so wird dies den guten Ruf des Produktes zumindest vorübergehend beeinträchtigen, unmittelbare Effizienzverluste nach sich ziehen und den unternehmerischen Erfolg beeinträchtigen.[91] Die für die Vermittlung des Qualitätsversprechens und dessen Einhaltung aufgewendeten Investitionen – etwa für Werbung, Design oder Verkaufspräsentation - sind meist irreversible Kosten, da diese anderweitig nicht rentierlich und nutzbar sind.[92] Deshalb sind Beeinträchtigungen des Markenimages für den Inhaber der Marke besonders schmerzlich. Gleichzeitig ist es jedoch gerade dieser Umstand, der die gewünschte Signalfunktion der

---

88 So Esch/Langner, Integriertes Branding – Baupläne zur Gestaltung neuer Marken, in: Bruhn, Handbuch Markenführung, S. 1133/1134 mit dem Hinweis, dass andere in der Literatur vertretene Auffassung den Begriff des Brandings auf die bloße Namensgebung verengen oder andererseits auf den gesamten Marketingmix ausdehnen.

89 Vgl. Esch/Langner, Integriertes Branding – Baupläne zur Gestaltung neuer Marken, in: Bruhn, Handbuch Markenführung, S. 1133.

90 Vgl. Bruhn, Begriffsabgrenzung und Erscheinungsformen von Marken, in: Bruhn, Handbuch Markenführung, Band 1, S. 17.

91 So im Falle einer Rückrufaktion der Bionade GmbH im Jahre 2008, vgl. o.V. Frankfurter Rundschau, „Bionade spürt jetzt Gegenwind“, vom 05.01.2009.

92 Vgl. Backhaus/Voeth, S. 172.

Marke für den Nachfrager ermöglicht.[93] Dieser wird zumindest ahnen, dass der Produktverantwortliche ein großes Interesse an der Rentabilität seiner für den Markenaufbau getätigten Investitionen haben wird und versuchen wird, abgegebene Qualitätsversprechen einzuhalten.

b. Markenbekanntheit als Grundbedingung

Sollen die mit Marken verbundenen erhöhten Marktchancen nutzbar gemacht werden, ist der Aufbau einer Markenbekanntheit ein wesentliches Erfordernis und der erste und wichtigste Schritt im Markenkommunikationsprozess.[94] Die Markenbekanntheit dient, bildlich gesprochen, als Verankerung des Markenimages,[95] dessen Entstehung durch die Markenbekanntheit erst ermöglicht wird.[96]

Markenbekanntheit umschreibt die Fähigkeit eines potenziellen Käufers, zu erkennen oder sich daran zu erinnern, dass eine Marke zu einer bestimmten Produktkategorie gehört.[97] Diese Verknüpfung soll für die Markenbekanntheit von entscheidender Bedeutung sein.[98] Dieses Verständnis von Markenbekanntheit betrifft also mit anderen Worten die Präsenz einer Marke in der Psyche des Verbrauchers.

Mit zunehmender Bekanntheit einer Marke steigt die Wahrscheinlichkeit, dass diese vor der Kaufentscheidung in die engere Markenauswahl aufgenommen wird.[99] Markenbekanntheit kann dabei als eine kontinuierliche Größe aufgefasst werden, die von der vagen Vorstellung, eine Marke in einer Produktkategorie schon einmal wahrgenommen zu haben, bis zu der festen Überzeugung reichen, die Marke sei in einer Produktkategorie die einzig verfügbare.[100] Nach *Aaker* steht auf der niedrigsten Stufe der Markenbekanntheit das Erkennen einer Marke oder ihre bloß passive Bekanntheit, die sich durch einen gestützten Erinnerungstest aufzeigen lässt. In einem solchen gestützten Test wird der Testper-

---

93 Vgl. Backhaus/Voeth, S. 172.

94 So Aaker, Management des Markenwertes, S. 85.

95 Vgl. Bruhn, Begriffsabgrenzung und Erscheinungsformen von Marken, in: Bruhn, Handbuch Markenführung, S. 29.

96 Vgl. Freund, S. 45.

97 Vgl. Aaker, S. 83.

98 Vgl. Aaker, S. 83.

99 Vgl. Freund, S. 44.

100 Vgl. Freund, S. 44.

son eine Reihe von Markennamen einer bestimmten Produktkategorie vorgelegt. Die Testperson hat dabei anzugeben, von welchen der aufgeführten Marken sie schon einmal gehört hat.[101] Kann sich die Testperson an die Marke erinnern, ist die Markenbekanntheit - wenn auch schwach - ausgeprägt. Dieser Bekanntheitsgrad ist jedoch von besonderer Bedeutung, wenn sich der Kunde anlässlich eines Einkaufs vor Ort (point of sale) für eine Marke entscheiden soll.[102]

Ist die Testperson hingegen in der Lage, sich in einem ungestützten Test, also ohne Vorlage verschiedener Markennamen einer Produktkategorie, aktiv an die Marke zu erinnern, ist die Markenbekanntheit stärker ausgeprägt. Innerhalb eines solchen ungestützten Tests sind die jeweiligen zuerst genannten Marken als in der Bekanntheitsskala besonders weit oben angesiedelt einzuordnen. Fällt der Testperson in einem ungestützten Test gar nur eine Marke ein, so ist von einer dominierenden Marke, als stärkste Position, auszugehen.[103]

5. Zwischenergebnis

Das Markenprodukt wird nach dem dieser Arbeit zugrunde liegenden Verständnis als Leistung, die mit einer nach dem Markengesetz schutzfähigen Markierung versehen ist, entscheidend geprägt durch immaterielle Implikationen. Diese lassen sich mit dem Begriff „Markenimage" grob benennen. Der Begriff Markenimage beschreibt die nicht nur vorübergehenden, markenspezifischen Vorstellungen der von einer Marke angesprochenen Verbraucherkreise über ein Produkt. Es setzt sich zusammen aus sachhaltigen Aspekten über Beschaffenheit und Qualität sowie aus nichtsachhaltigen, emotionalen Aspekten.

Das Markenimage existiert durch die kollektive Wahrnehmung der Verbraucher und setzt deshalb eine gewisse Bekanntheit der Marke im oben beschriebenen Sinne voraus. Das Markenimage beinhaltet einen angenommenen Zusatznutzen der markierten Leistung für den Verbraucher. Dieser besteht im Wesentlichen in der Reduktion von Qualitätsunsicherheiten, der informatorischen Entlastung und des emotionalen Erlebens auf Seiten der Verbraucher. Nehmen die von einer markierten Leistung angesprochenen Verbraucherkreise zu einem gewissen Teil einen solchen Zusatznutzen an, handelt es sich aus unternehmerischer Sicht um eine Marke im ökonomischen Sinne. Es ist in einem solchen Fal-

101 Vgl. hierzu Aaker, S. 83.
102 So Aaker, S. 84.
103 Vgl. hierzu Aaker, S. 84.

le möglich, dass der Markeninhaber Preis- oder Mengenvorteile im Vergleich zu einem unmarkierten Produkt auf dem Markt realisieren kann.

Das nach der Terminologie des Markengesetzes als „Marke“ schutzfähige Kennzeichen ist nicht gleichzusetzen mit dem Markenprodukt im wirtschaftlichen Sinne. Das markenrechtlich schutzfähige Zeichen ist aber von zentraler Bedeutung, soweit es um die Produktindividualisierung und die Verknüpfung von Produkt und Image geht.

6. Schlussfolgerungen für den Kanon der Markenfunktionen

Fraglich ist, welche Schlussfolgerungen im Hinblick auf die eingangs[104] dargestellten besonders häufig in Literatur und Rechtsprechung angenommenen Markenfunktionen zu ziehen sind. Wie dargestellt, dient die Markierung selbst als Anknüpfungspunkt für die Wahrnehmung eines Produktes durch die Verbraucher.

Die Identifizierungsfunktion ist diesbezüglich zweifellos von grundlegender Bedeutung. Denn die für den Aufbau eines Markenimages unentbehrliche Markenbekanntheit, also die im obigen Zusammenhang erläuterte Fähigkeit der Verbraucher, ein markiertes Produkt zu erinnern bzw. wiederzuerkennen, setzt entscheidend voraus, dass die gewählte Markierung geeignet ist, das Produkt aus der Anonymität des Warenangebotes herauszuheben. Diese Funktion verleiht einer Kennzeichnung eine erste Identität, die jedoch noch nicht mit spezifischen Inhalten aufgeladen sein muss. Die Marke hat insoweit Identifizierungsfunktion.

Die Herkunftsfunktion spielt demgegenüber aus wirtschaftlicher Sicht eine eher untergeordnete Rolle. Im Wesentlichen unterscheiden Markenzeichen heute nicht Produkte der Herkunft nach, sondern vielmehr verschiedene Produktsorten voneinander (u. a. auch *desselben* Herstellers).[105] Mit dieser Aussage korreliert auch die empirisch vielfach nachgewiesene Erkenntnis, dass der Name des Herstellers für die Verbraucher bei den meisten Waren für die Orientierung im Market von stark untergeordneter Bedeutung ist.[106] Die Fähigkeit der Verbraucher,

104 Siehe oben S. 2 ff.

105 So bereits Henning-Bodewig/Kur, Marke und Verbraucher (Bd. 1), S. 231.

106 Vgl. Niedermann, in: GRUR 2006, 667 (370).

Hersteller für selbst *bekannte* Marken namentlich zu benennen, ist nachgewiesenermaßen gering. Für die Orientierung der Verbraucher auf dem Markt ist vielmehr der Markenname entscheidend.[107]

Herkunftsfunktion meint nach neuerem Verständnis deshalb auch - wie eingangs er-wähnt - nicht zwingend den Hinweis auf *einen konkreten* Hersteller(betrieb), sondern erfasst auch eine anonyme Quelle, deren tatsächlicher Ursprung sich ermitteln ließe.[108] Insofern wird die Marke zumindest als ein Produktkennzeichen, hinter dem notwendigerweise ein Hersteller stehen muss, wahrgenommen. Dies allerdings ist unerlässlich, um überhaupt sicherzustellen, dass ein Zeichen als Produktkennzeichnung fungieren kann.

Man könnte in erster Linie die Identifizierungsfunktion und auch die im zuletzt beschriebenen Sinne verstandene Herkunftsfunktion als „*dienende*" Funktionen bezeichnen, also als solche, die den Bemühungen für den Markenaufbau (Imageaufbau) in gewisser Weise den Weg ebnen. Insoweit kommt ihnen grundlegende Bedeutung zu.[109]

Eine weniger eigenständige Bedeutung ist jedoch der Qualitäts- und Garantiefunktion beizumessen. Wie gezeigt, hat objektive Qualität auf immer homogener werdenden Gütermärkten eine abnehmende Bedeutung. Entscheidend ist vielmehr, was sich der angesprochene Verbraucher vorstellt.[110] Diese Vorstellung wird selbstverständlich auch von tatsächlichen Erfahrungen der Verbraucher und der wahrgenommenen Eignung zur Bedürfnisbefriedigung geprägt. Wenn also ein Produkt stets von objektiv unterdurchschnittlicher Qualität ist, wird sich kaum ein positives Markenimage herausbilden. Insoweit entscheidet also die Produktqualität auch über Erfolg oder Misserfolg eines Produktes am Markt. Die Marke vermittelt aber lediglich das, was subjektiv in punkto Qualität von ihr angenommen wird. Dies zeigt sich insbesondere bei Produkten, die beispielsweise wegen ihrer technischen Komplexität für den laienhaften Verbraucher gar nicht mehr durchschaubar sind. Insoweit ist beispielsweise *Völker/Elskamp* zu widersprechen, die unter Bezugnahme auf die EuGH-

107 Vgl. Niedermann, in: GRUR 2006, 667 (370).

108 Vgl. Prüfer-Kruse, S. 23.; ebenso Schluep, Das Markenrecht als subjektives Recht, S. 70.

109 Ähnlich bereits Schluep, S. 81; vgl. auch Henning-Bodewig/Kur, Marke und Verbraucher (Bd. 1), S. 9 Fn. 14: Verfasser sprechen sich dort zumindest gegen eine Differenzierung aus.

110 Ähnlich auch Funk, S. 5.

Entscheidung *Bristol-Myers-Squibb*[111] eine Eigenständigkeit dieser Funktion annehmen wollen, gleichzeitig aber für ihre Beeinträchtigung die Sichtweise der angesprochenen Verkehrskreise selbst bei qualitativer Äquivalenz der durch Marke und Zeichen gekennzeichneten Produkte für ausschlaggebend halten.[112]

Entsprechend dazu fungiert auch die eingangs beschriebene Werbefunktion der Marke. Sie bündelt alle positiven Assoziationen zu einem Produkt. Positive Assoziationen lassen sich aber - wie gezeigt - keinesfalls auf emotionale Aspekte des Lifestyles, der Gruppenzugehörigkeit oder luxuriösen Glamours beschränken.[113] Die so verstandene Werbefunktion greift zu kurz und berücksichtigt den modernen wirkungsorientierten Markenansatz nicht. Vielmehr zählen zu den durch diese Funktion gebündelten Assoziationen eben auch die sachhaltigen Aspekte, wie Qualität und Gebrauchstauglichkeit. Prinzipiell wäre es treffender, in diesem Zusammenhang von der Imagefunktion der Marke zu sprechen, wie dies von einigen Autoren auch getan wird.[114] Der Begriff Imagefunktion bringt die Verwurzelung im subjektiven, wirkungsbezogenen Verständnis zum Ausdruck. Das Markenimage umfasst die markenspezifischen Assoziationen der angesprochenen Verbraucherkreise.

Somit lassen sich die relevanten Markenfunktionen auf die Identifizierungs- und Herkunftsfunktion sowie die Werbe- oder Imagefunktion reduzieren.[115]

Insgesamt betrachtet, stehen die kommunikativen Aspekte der Marke, d. h. unter anderem die Bedeutung der Marke als Vermittlerin eines Markenimages im Zentrum.[116] Die Kennzeichnung dient zunächst dazu, die Aussagen, die später mit der Marke assoziiert werden und sich als Markenimage kumulieren sollen, zu kanalisieren. Insoweit wird auch das Bild eines „Informationskanals“ zum Verbraucher von manchen herangezogen.[117] Bei einem erfolgreichen Markenaufbau fungieren die Marke und insbesondere die Kennzeichnung schließlich als Trägerinnen eines Markenimages. Also setzt auch die Ausfüllung der Imagefunktion eines markenrechtlich geschützten Zeichens eine erfolgreiche Marktak-

111 EuGH WRP 1996, 880 ff.
112 Vgl. Völker/Elskamp, in: WRP 2010, 64 (67).
113 Anders aber Prüfer-Kruse, S. 24.
114 Vgl. bspw. Stöckel, a. a. O. S. 171.
115 Mit ähnlichem Ergebnis bereits Schluep, S. 82.
116 Ähnlich bereits Henning-Bodewig/Kur, Marke und Verbraucher (Bd. 1), S. 9.
117 Vgl. Fezer, Markenrecht, Einleitung D Rn. 10, 11.

tivität des Markeninhabers voraus.[118] Von grundlegender Bedeutung hierfür sind die Identifizierungs- und Herkunftsfunktion im Sinne einer Individualisierung des Produktes im unübersichtlichen und anonymen Marktgeschehen. Diese Funktionen lassen sich auch als dem Erfolg des Markenaufbaus *„dienende"* Funktionen bezeichnen. Zutreffend scheint die Zuordnung der Imagefunktion zur allgemeinen Kommunikationsfunktion, die die Grundeigenschaft der Marke, als Informationsträger zu dienen, beschreibt.[119] Eine weitere Ausdifferenzierung im Sinne der traditionell verstandenen Werbefunktion oder der Qualitätsfunktion betrifft jedoch letztlich weniger eigenständige „Funktionen" der Marke im Kommunikationsprozess, als vielmehr die tatsächliche Ausprägung eines durch erfolgreichen Markenaufbau manifestierten Markenimages.[120]

II. Entwicklungen in der rechtlichen Dimension

Neben der oben aufgezeigten Entwicklung des ökonomischen Markenbegriffes und dem Inhalt des ökonomischen Markenverständnisses lässt sich eine rechtliche Parallelentwicklung aufzeigen.

So wie sich der ökonomische Markenbegriff von einem streng an materieller Beschaffenheit der gekennzeichneten Waren orientierten Verständnis trennte, rückten auch rechtliche Entwicklungen die Interessen der Verbraucher im Hinblick auf objektive Qualität, Güte und Verlässlichkeit (= Beschaffenheit der gekennzeichneten Ware) aus dem Zentrum des markenrechtlichen Schutzes. Begünstigt wurden hierdurch die gewerblichen Interessen der Markeninhaber im Hinblick auf den Rechtsschutz vermögenswerter Rechtspositionen.

1. Akzessorietätsprinzip des Warenzeichengesetzes zur Wahrung der Verbrauchererwartungen

Produktkennzeichen konnten bekanntlich bereits aufgrund des Warenzeichengesetzes aus dem Jahre 1894 zur Eintragung in die Zeichenrolle angemeldet werden. Solche Kennzeichen dienten der Unterscheidung der Waren des Zeichen- und Geschäftsinhabers von den Waren der Inhaber anderer Geschäftsbetriebe.[121]

---

118 So auch Hacker, in: MarkenR 2009, 333 (335).

119 So Stöckel, a. a. O. S. 171.

120 A.A. Stöckel, a. a. O. S. 169.

121 Althammer, WZG, § 1 Rn. 14.

Das Warenzeichen gewährte grundsätzlich ein subjektives Ausschließlichkeitsrecht, das umfassend gegen Dritte wirkte. Das Warenzeichenrecht war auch unter Geltung des WZG insoweit eine Inhalts- und Schrankenbestimmung im Sinne von Art. 14 Abs. 1 GG.[122]

a. Zur Herkunftsfunktion des Warenzeichens

Der Zweck eines Kennzeichens nach dem Verständnis des WZG wurde nach damals herrschender Meinung im Wesentlichen im Nachweis der betrieblichen Herkunft gesehen. So setzte § 1 WZG zunächst voraus, dass der Anmelder eines Warenzeichens überhaupt einen Geschäftsbetrieb hatte, in dem die von der Anmeldung erfassten Waren oder Dienstleistungen hergestellt bzw. angeboten und vertrieben wurden.[123]

Die Verknüpfung von gekennzeichnetem Produkt mit dem Herkunftsbetrieb kam vor allem in § 8 WZG bei der Übertragung von Kennzeichen zum Ausdruck. Ein durch Anmeldung oder Eintragung begründetes Recht an einem Kennzeichen konnte im Wege der vertraglichen Einzelrechtsnachfolge, der erbrechtlichen Universalsukzession oder in sonstigen Fällen der Gesamtrechtsnachfolge auf eine andere natürliche oder juristische Person übergehen. Voraussetzung war jedoch, dass das Kennzeichen zusammen mit dem „dazugehörigen“ Geschäftsbetrieb auf einen neuen Rechtsträger übertragen wurde. Eine isolierte Übertragung des Kennzeichens war gesetzlich ausgeschlossen. Jedoch genügte es nach § 8 Abs. 1 S. 2 WZG, wenn das Kennzeichen zusammen mit einem *Teil* des Geschäftsbetriebes übertragen wurde. Wie dieser Betriebsteil beschaffen sein musste, war eine einzelfallabhängige Frage. So wurde verlangt, dass - in Abhängigkeit von der Art des Unternehmens - mit dem Zeichen im Wesentlichen diejenigen Werte auf den neuen Zeicheninhaber übertragen wurden, die nach wirtschaftlichen Gesichtspunkten den Schluss rechtfertigten, dass die mit dem Zeichen verbundene „Tradition“ vom Erwerber fortgesetzt wurde.[124] Es wurde dabei jedoch nicht verlangt, dass ein tatsächlich und räumlich abgegrenzter Teil des Geschäftsbetriebs übertragen werden musste. So sollte es beispielsweise ausreichen, wenn bei einem Handelsunternehmen dem Zeichenerwerber die Kunden- und Lieferantenlisten nebst Beschreibung oder Mustern der bisher vertriebenen Waren übertragen wurden.[125]

---

122 BVerfG GRUR 1979, 773 (775).

123 Vgl. hierzu Hacker in Ströbele/Hacker, MarkenG, § 27 Rn. 4.

124 Vgl. Althammer, § 8 Rn. 3.

125 Vgl. Althammer, § 8 Rn. 3.

Eine Übertragung ohne Geschäftsbetrieb oder zumindest Teilbetrieb war gem. § 8 Abs. 1 S. 2 WZG unwirksam. Der Erwerber erlangte hieraus keinerlei Zeichenrechte, vielmehr verblieb das sachliche Zeichenrecht bei dem Veräußerer, sofern dieser seinen Betrieb fortführte.[126] Wurde der Geschäfts- bzw. Teilbetrieb dauernd eingestellt oder wurden dort die Waren bzw. Dienstleistungen, für die das Warenzeichen eingetragen wurde, nicht mehr geführt, so unterlag auch ein eingetragenes Zeichen der Löschungsklage nach § 11 Abs. 1 Nr. 2 WZG.[127]

Durch die Verknüpfung mit dem Geschäftsbetrieb bei Begründung, Übertragung und Erhaltung des Kennzeichens wurde die Herkunftsfunktion rechtlich etabliert. Der Bundesgerichtshof zählte diese Verknüpfung von Warenzeichen und Geschäftsbetrieb zum *ordre public* des deutschen Warenzeichenrechts; er sah den Sinn dieser Bindung - in Einklang mit der weit überwiegender Auffassung - darin, dass nur dadurch das Warenzeichen seine Aufgabe erfüllen könne, auf die Herkunft der Waren auf einen bestimmten Geschäftsbetrieb hinzuweisen.[128]

Deshalb musste das Warenzeichen im Hinblick auf die Eintragung in die Zeichenrolle geeignet sein, Herkunftsfunktion in dem Sinne zu erfüllen, dass die Waren oder Dienstleistungen des Zeicheninhabers nach ihrer Herkunft aus dessen Geschäftsbetrieb unterscheidbar waren.[129] Zeichen, die nicht unterscheidungskräftig waren bzw. gar rein deskriptiven Charakter hatten, waren von der Eintragung gem. § 4 Abs. 2 Nr. 1 WZG ausgeschlossen.

Die Herkunftsfunktion des Warenzeichens wurde durch zahlreiche Entscheidungen des Bundesgerichtshofes hervorgehoben.[130]

b. Betriebliche Herkunft und Verbrauchererwartung

Der Zweck der Verknüpfung von Warenzeichen und Geschäftsbetrieb bestand darin, die Allgemeinheit vor Täuschungen über die betriebliche Herkunft zu schützen.[131] Erreicht wurde dieses durch die Verhinderung des Auseinanderfallens von Produktkennzeichen und Geschäftsbetrieb des Zeicheninhabers.

---

126 Vgl. Baumbach/Hefermehl, WZG, § 11 Rn. 26.

127 Vgl. Althammer, § 11 Rn. 6, 7.

128 Vgl. BGH NJW 1987, 2164 (2165) – freilich bevor § 47 des Erstreckungsgesetzes diese Bindung im Rahmen des WZG auflockerte.

129 Althammer, WZG 4. Aufl., § 1 Rn. 14.

130 Vgl. bspw. BGH GRUR 1966, 375 (377) – Meßmer Tee II; BGH GRUR 1971, 221 (223) – Pudelzeichen II; BGHZ 60, 206 (208) – Miss Petite.

131 Baumbach/Hefermehl, WZG, § 8 Rn. 2..

Mag sich der Verbraucher im Einzelfall aus individueller Neugierde für die betriebliche Herkunft interessiert haben, wird der eigentliche Sinn dieses Hinweises auf die betriebliche Herkunft eines Produktes wohl nur darin gelegen haben, dass der Verkehr aus der Herkunft des Produktes auf dessen Beschaffenheit und damit auf dessen Qualität zu schließen pflegt.[132] So lässt sich auch erklären, dass es bei der Beurteilung der Frage, ob bei Übertragung eines Warenzeichens ein ausreichender Geschäftsteil übertragen wurde, darauf ankam, dass die Fortführung der betrieblichen Traditionen erwartet werden konnte. Gerade diese Bindung zwischen Geschäftsbetrieb und Marke war im Grunde Ausdruck eines lauterkeitsrechtlich geprägten Schutzes der Verbraucher vor Täuschung und Irreführung. Auf diesem Wege sollte verhindert werden, dass der Verbraucher den Herkunftshinweis der Marke irrtümlich auf den ursprünglichen Markeninhaber bezog, der Marke so zu Unrecht vertraute und enttäuscht wurde.[133]

Dieser Rückschluss auf die Warengüte war jedoch bereits zur Zeit des Warenzeichengesetzes nicht grundsätzlich begründet. Natürlich stand es einem Zeicheninhaber beispielsweise weitgehend frei, seine Leistung in das Produkt und damit die Produktqualität – sei es aus Nachlässigkeit oder aufgrund von ökonomischen Zwängen – zu reduzieren. Auch der Verlust von betrieblichem Knowhow konnte diesen Qualitätsverlust verursachen. Jedoch wurde eine wettbewerbsrechtliche Grenze gezogen, wenn der Verkehr ein Kennzeichen besonders wertschätzte und mit ihm besondere Gütevorstellungen verband. Ein solcher qualifizierter Herkunftsnachweis erlegte seinem Inhaber die Erhaltung der sachlichen Voraussetzungen, auf denen Wertschätzung und Gütevorstellungen beruhten, auf. Erfüllte der Inhaber die Voraussetzungen nicht mehr, kam ein Verstoß gegen § 3 UWG a. F. unter dem Gesichtspunkt der Irreführung des Verkehrs über die Beschaffenheit der Waren in Betracht, wenn der Markeninhaber das Zeichen unverändert weiter verwendete.[134]

Davon abgesehen, war es dem Markeninhaber auch möglich, die Marke zu lizenzieren, zumindest in Form einer schuldrechtlichen Lizenz, die den Verzicht der Geltendmachung des Markenrechts beinhaltete.[135] Daher war der Verbrau-

132 So auch Baumbach/Hefermehl, WZG, § 8 Rn. 2; BGH NJW 1987, 2164 (2165).

133 So auch Bornkamm, Konfliktzonen zwischen Kennzeichen- und Wettbewerbsrecht, in: Ohly/Klippel, Geistiges Eigentum und Wettbewerbsrecht, S. 181/182.

134 Vgl. hierzu Baumbach/Hefermehl, Wettbewerbsrecht, § 3 Rn. 236.

135 Vgl. hierzu Tilmann, in: ZHR 1994, 371 (382).

cher auch nicht davor geschützt, Markenware mit einer anderen betrieblichen Herkunft (Lizenznehmer) mit möglicherweise anderer Qualität zu erwerben.

Umgekehrt musste nicht jeder Wechsel der betrieblichen Herkunft mit dem Verlust an Qualität und daher mit einer möglichen Täuschung des Verkehrs über die qualitative Beschaffenheit verbunden sein.

Deshalb wurde bereits seit den 1950er Jahren diskutiert, ob § 8 WZG in diesem Zusammenhang zu weitgehend war. So vertrat *Hefermehl*[136] die Auffassung, dass die Vorschrift dem verfolgten Zweck nicht gerecht werde, da sie nicht auf Zeichen passe, bei denen das Publikum von vornherein keine Vorstellung über die betriebliche Herkunft habe und im Übrigen der Wechsel der betrieblichen Herkunft beispielsweise durch Werbemaßnahmen publik gemacht werde. Konnte also die gesetzliche Verknüpfung von Zeichen und Geschäftsbetrieb eine Täuschung über die Warengüte letztlich nicht verhindern, schloss diese Verknüpfung auf der anderen Seite eine isolierte Übertragung des Warenzeichens auch dann aus, wenn dadurch gar keine Täuschung des Verkehrs entstanden wäre. *Reimer*[137] vertrat die Auffassung, dass keine Vorschrift des WZG als reine Formalvorschrift gehandhabt werden dürfe, indem dem Zeicheninhaber formale Schwierigkeiten bereitet und Rechtsgeschäfte, die in der geltenden Wirtschaftsordnung unumgänglich sind, verhindert werden. Er plädierte daher für eine freiere Auslegung des § 8 WZG und forderte, die Löschung eines Zeichens wegen Verstoßes gegen § 8 WZG überall dort abzulehnen, wo Täuschungen überhaupt nicht oder zur Zeit der Beurteilung der Löschungsklage nicht mehr infrage kamen.[138]

Trotz dieser Überlegungen hielt sich die Rechtsprechung an den klaren Wortlaut des § 8 WZG, der das Zeichen an den Betrieb knüpfte, für den das Zeichen eingetragen war und nicht an den, auf den es im Verkehr hinwies.[139] Erst im Jahre 1992 wurde im Zuge der deutschen Wiedervereinigung durch § 47 Nr. 3 Erstreckungsgesetz diese akzessorische Verknüpfung von Kennzeichen und Geschäftsbetrieb bei Übertragung und Übergang des Kennzeichens aufgelöst. Hiervon unberührt blieb das Erfordernis eines bestehenden Geschäftsbetriebes bei *Eintragung* eines Warenzeichens.

---

136 Baumbach/Hefermehl, WZG, § 8 Rn. 2.

137 Vgl. Reimer, Kap. 34, Rn. 1 und 2, der die hier geäußerte Auffassung später allerdings wieder aufgab.

138 Vgl. Reimer, Kap. 34, Rn. 2.

139 Vgl. Baumbach/Hefermehl, WZG, § 8 Rn. 2.

Es wird deutlich, dass das Warenzeichenrecht, welches im Jahre 1995 durch die Umsetzung der MRL in Form des heutigen MarkenG abgelöst worden ist, beseelt war von dem Gedanken des Schutzes der Erwartungen der Verbraucher an Qualität und Beschaffenheit.

2. Die erworbene Verkehrsgeltung als wettbewerbsrechtlicher Besitzstand und deren Verhältnis zum Warenzeichenrecht

a. Rechtsprechung des Reichsgerichts

Die dogmatische Einordnung des Warenzeichenrechts bereitete lange Zeit erhebliche Schwierigkeiten. In der Rechtsanwendung kam es speziell vor 1936 zu Friktionen zwischen Wettbewerbsrecht (UWG) und dem registerrechtlich ausgestalteten Warenzeichenrecht. Das Problem bestand darin, den Schutz wettbewerblicher Leistungsergebnisse gegenüber den formal ausgestalteten Registermarkenrechten zum Ausgleich zu bringen. Exemplarisch veranschaulichen lässt sich dieses anhand zweier Entscheidungen des Reichsgerichts aus den Jahren 1926 (Batschari-Krone[140]) und 1928 (Sonnengold[141]).

In der Entscheidung *Batschari-Krone* [142] des Reichsgerichts war die Klägerin Inhaberin eines im Jahre 1921 in das Zeichenregister eingetragenen Warenzeichens, das aus den Worten „die Batschari-Krone“ und dem Bild einer Krone mit dreieckigem schwarzen Aufsatz und weiterer hier nicht interessierender Details bestand. Die Klägerin nahm dieses Zeichen unmittelbar nach dessen Eintragung für Tabakwaren in Gebrauch.

Für die Beklagte wurde bereits im Jahre 1914 das Wort „Waldorfkrone“ als Warenzeichen für Tabakfabrikate eingetragen. Sie benutzte ihr Zeichen jedoch erst ab dem Jahre 1924.

Die Klägerin nahm die Beklagte u. a. auf Unterlassung der Benutzung ihres Zeichens im geschäftlichen Verkehr in Anspruch. In den Entscheidungsgründen wird unterstellt, dass es der Klägerin durch umfangreiche Reklame gelungen

140 RG JW 1927, 774 -776.

141 RGZ 73, 325 - 331.

142 Vgl. im Folgenden hierzu die Ausführungen in RG JW 1927, 774 (775).

war, den Wortbestandteil „Krone“ aus ihrem Warenzeichen im Verkehr zum Schlagwort für die von ihr unter der Bezeichnung Batschari-Krone vertriebenen Zigarettensorte zu machen. Das Reichsgericht lehnte es jedoch, anders als das Berufungsgericht in dem Verfahren, trotz angenommener Verwechslungsgefahr ab, dem prioritätsälteren Zeichen „Waldorfkrone“ gegenüber dem klägerischen Zeichen den rechtlichen Vorrang einzuräumen. Das Gericht leitete aus der Generalklausel des § 1 UWG a.F. einen vorrangigen Unterlassungsanspruch der Klägerin her. Danach sei auch für das Warenzeichenrecht, das Bestandteil des Wettbewerbsrechts sei, der Verkehr maßgeblich. Habe dieser sich daran gewöhnt, die durch Aufwendung von Mühen und Kosten der Klägerin bekannt gewordene Zigarettensorte „Die Batschari-Krone“ als „Kronen-Zigaretten“ zu bezeichnen, so müsse nach Auffassung des Gerichts das Warenzeichen der Beklagten dahinter zurückzutreten, zumal dieses zehn Jahre nicht in Gebrauch genommen worden ist und lediglich als Vorratszeichen diente. Der durch die Entwicklung des Verkehrs geschaffene tatsächliche Zustand verdiene Schutz vor dem „formalen“ Zeichenrecht. Maßgebend sei der Grundsatz, dass das formale Zeichenrecht nur innerhalb der Grenzen ausgeübt werden dürfe, die das Recht höherer Ordnung setze, insbesondere das Lauterkeitsrecht. Die Geltendmachung eines formalen Zeichenrechts konnte unter diesen Umständen sittenwidriger Missbrauch sein.

In der Entscheidung *Sonnengold*[143] des Reichsgerichtes wurde für die Klägerin das Wortzeichen „Sonnengold“ im Jahre 1922 in die Zeichenrolle eingetragen. Die Beklagte benutzte das identische Zeichen seit Jahrzehnten (mindestens seit 1891), ohne das Zeichen je zur Eintragung in das Zeichenregister angemeldet zu haben. Beide Parteien produzierten Tabak. Die Klägerin verlangte u. a. Unterlassung der Benutzung des streitgegenständlichen Zeichens. Die Klage wurde abgewiesen und die Klägerin auf Widerklage der Beklagten verurteilt, u. a. ihrerseits das Zeichen zur Löschung aus dem Register zu bringen.[144]

Der Entscheidung wurde zugrunde gelegt, dass die beteiligten Händler-, Fabrikanten- und Verbraucherkreise unter der Bezeichnung „Sonnengold-Tabak“ einen Tabak aus dem Hause der Beklagten verstanden. Das Reichsgericht betonte auch in dieser Entscheidung mit Bezug auf die Warenbezeichnung, die Verkehrsgeltung erlangt hatte, dass ein durch die Entwicklung des Verkehrs geschaffener Zustand Anspruch auf Schutz auch vor dem formalen Zeichenrecht

143 RGZ 73, 325 (326).
144 Vgl. hierzu RGZ 73, 325 (326).

habe. So könne ein Löschungsverlangen gegenüber einem eingetragenen Warenzeichen begründen sein, wenn dieses entweder erst später auf unlautere Weise, nämlich in Kenntnis der Verkehrsgeltung, erworben werde oder wenn nach Eintritt dieser Kenntnis das zunächst gutgläubig erworbene Zeichen weiter benutzt werde.

Das Gericht nahm also einen Verstoß gegen § 1 UWG a.F. an, der darin bestehen sollte, dass die Klägerin trotz Kenntnis des erworbenen Besitzstandes der Beklagten das Zeichen weiter benutzte und so die Rechte der Beklagten verletzte. Die bewusste Ausnutzung des fremden Arbeitsergebnisses sei ein Verstoß gegen die guten Sitten.[145] Das Warenzeichenrecht sei lediglich ein Bestandteil des Wettbewerbsrechts und dürfe nicht dazu dienen, einen Konkurrenten aus der Stellung zu verdrängen, die er sich im Verkehr geschaffen hat.

b. Die Theorie der „Entwicklungsbegünstigung"

Wie sich anhand dieser Urteilsbegründungen zeigt, galt in der höchstrichterlichen Rechtsprechung das Recht der Warenzeichen nach WZG im Gesamtrahmen des Wettbewerbsrechts als ein Recht niederer Ordnung, welches nur innerhalb der Grenzen des lauteren Wettbewerbs und der guten Sitten ausgeübt werden konnte. Über diesen z.T. auch heute noch geltenden Gedanken versuchte die Rechtsanwendung den Interessenkonflikt zwischen dem formal Zeichenberechtigten und dem Unternehmer, der einen wettbewerblichen Besitzstand erworben hat, zugunsten des Letzteren zu lösen. Im Vordergrund standen dabei die Interessen des Unternehmers daran, die mit der Führung seines Zeichens verbundene Werbekraft zu erhalten.[146] Über die Lösung der soeben gezeigten Konfliktfälle und weiterer hier nicht erwähnter Konstellationen hinaus, lieferte die Formel des Reichsgerichtes aber keine grundsätzliche Äußerung über die Bewertung des Zeichenregisters im Verhältnis zum wettbewerbsrechtlichen Besitzstand.[147] Das Registerrecht sollte nicht etwa willkürlich beiseitegeschoben werden können, sondern nur in bestimmten Fällen besonderer Unbilligkeit durch allgemeine Rechtsgrundsätze durchbrochen werden können. Die Formel vom höherrangigen Wettbewerbsrecht hatte deshalb einen begrenzten Aussagewert.

---

145 Vgl. RGZ 73, 325 (327).

146 So Ulmer, Warenzeichen und unlauterer Wettbewerb, S. 76.

147 So Ulmer, a. a. O. , S. 67.

Wegweisend war in diesem Zusammenhang der Versuch *Ulmers*,[148] Warenzeichenrecht und Wettbewerbsrecht in sinnvollen Einklang zu bringen. Zur Feststellung des Verhältnisses suchte er nach Tatbeständen, die in der Erzeugung der Rechtswirkung nach beiden Gesetzesordnungen gleichwertig waren, da seiner Auffassung nach in diesem Falle auch von der Gleichwertigkeit der erfassten Interessen ausgegangen werden konnte. Diesbezüglich kam er jedoch zu dem Schluss, dass das Zeichenrecht zur Aufgabe habe, die Entwicklung, das werdende Zeichen, zu begünstigen, während das Wettbewerbsrecht erst dem anerkannten Zeichen Schutz verleihe.

Er konstatierte insoweit zwei verschiedene Stadien der Entwicklung. Im Stadium des Werdens stehe der Registereintrag als das vom Gesetzgeber geschaffene künstliche Mittel zur Erlangung von Verkehrsgeltung im Vordergrund, wobei die eingetragene Marke als vollwertiges Abwehrrecht anzusehen gewesen sei. Im Stadium der Zielerreichung, also bei Erlangung von Verkehrsgeltung, weiche dieser Gedanke der Entwicklungsbegünstigung, um dann nach den Grundsätzen des Wettbewerbsrechts parallel Schutz zu ermöglichen. Dem vollendeten Zustand der Verkehrsgeltung einer uneingetragenen Marke sollte aber allein der Gedanke der Entwicklungsbegünstigung nicht mehr entgegen gehalten werden können.[149] Bei Betrachtung der beteiligten Interessenlagen konstatierte Ulmer auf Seiten des Inhabers, dem der erarbeitete Besitzstand der Verkehrsgeltung zustehe, ein Interesse daran, die mit diesem Besitzstand verbundene *Werbekraft* für sich zu erhalten.

Die Konzeption der Entwicklungsbegünstigung des WZG fand viel Zustimmung.[150] Folgte man Ulmers Theorie der Entwicklungsbegünstigung, so lag es auf der Hand, dass die durch den Registereintrag gewährte Begünstigung nicht auf alle Zeit eingeräumt werden konnte; denn das Markenrecht als gewerbliches Schutzrecht geht immer mit einer Einschränkung der allgemeinen Wettbewerbsfreiheit einher.[151] So sollte sich eine lange Zeit der unterlassenen Ingebrauchnahme des Markenzeichens als nachteilig für den Inhaber auswirken.

Mit der Einführung des Benutzungszwanges (damals § 5 Abs. 7 WZG) hat der Gesetzgeber vor diesem Hintergrund durch Gesetz vom 4.9.1967 die Über-

---

148 So Ulmer, a. a. O., S. 68.

149 So Ulmer, a. a. O., S. 70.

150 Vgl. Hacker, in: NJW Sonderheft 2003, 11 (16) m.w.N.

151 So Hacker, in: NJW Sonderheft 2003, 11 (16).

legungen Ulmers bestätigt. Danach stand dem Zeicheninhaber ein fünfjähriger Überlegungszeitraum zu, in dem das Zeichen unabhängig von einer Ingebrauchnahme für alle eingetragenen Waren als schutzfähig angesehen wurde.[152] So wurde im Übrigen der Zugang zum Warenzeichenregister, das durch eine große Zahl von sog. Defensiv- und Vorratszeichen gefüllt war, wieder erleichtert.[153]

Der Sache nach wurde auch das Zeichen mit Verkehrsgeltung in das unmittelbare Warenzeichenrecht übernommen. Anfang des 20 Jahrhunderts hob das Reichsgericht noch hervor, dass demjenigen, der für seine Waren eine bestimmte Ausstattung gebrauchte und diese in beteiligten Verkehrskreisen zum Kennzeichen seiner Waren geworden ist, keinesfalls ein ausschließliches Recht aus dem WZG oder der Schutz über andere absolut geschützte Rechte zuerkannt werden könne.[154] Vielmehr komme ein unlauteres Verhalten im Geschäftsverkehr in Betracht.[155] Später wurden dann aber das Kennzeichenrecht und die Ausstattung mit Verkehrsgeltung vom Reichsgericht grundsätzlich als gleichwertige Ausschlussrechte angesehen.[156]

Der Gesetzgeber reagierte schließlich durch Einführung des Ausstattungsschutzes nach § 25 WZG im Jahre 1936. Die Verkehrsgeltung trat neben die für den Schutz eines Warenzeichens bis dahin allein maßgebliche Eintragung eines Zeichens in die Zeichenrolle.[157] Es galt diesbezüglich der Grundsatz, dass alles, was als Marke schutzfähig sein konnte, auch schutzfähige Ausstattung sein konnte. Umgekehrt reichte der Ausstattungsschutz jedoch über das hinaus, was dem formalen Registerzeichenschutz zugänglich war.[158] Somit enthielt das WZG erstmals den Aspekt eines wettbewerblichen Besitzstandes als Schutzgegenstand. Spätestens nach dieser Gesetzesnovellierung konnte zumindest nicht mehr uneingeschränkt davon gesprochen werden, dass diese Art des Besitzstands-

---

152 Vgl. Baumbach/Hefermehl, Warenzeichenrecht, § 5 Rn. 18.

153 Vgl. hierzu Sedemund-Treiber/Kliems, Markenrecht in der Entwicklung, in: 100 Jahre Marken-Amt, S. 259.

154 Vgl. RGZ 47, 100 (101/102).

155 Vgl. RGZ 47, 100 (102).

156 So RGZ 141, 110 (119).

157 Vgl. Baumbach/Hefermehl, Warenzeichenrecht, § 25 Rn. 11.

158 Vgl. hierzu Baumbach/Hefermehl, Warenzeichenrecht, § 25 Rn. 2.

schutzes mit dem System der Leistungsschutzrechte im Allgemeinen und dem des Warenzeichenschutzes im Besonderen von vornherein unvereinbar war.[159]

3. Der Schutz berühmter und bekannter Marken

Die Aspekte der Verkehrsgeltung und der damit verbundenen besonderen Werbekraft von Kennzeichen führte darüber hinaus zu weiteren wettbewerbs- und zivilrechtlichen Entwicklungen außerhalb des Warenzeichenrechts. Die Beweggründe der Rechtsprechung ähneln denen im Zusammenhang mit dem soeben erläuterten Schutz von Marken mit Verkehrsgeltung. Um Sinn und Inhalt jener Entwicklungen zu erschließen, bedarf es der Darlegung der warenzeichenrechtlichen Ausgangssituation, die die anschließend näher zu erläuternden Entwicklungen bedingte.

a. Die Tatbestandsvoraussetzungen der Warengleichartigkeit und der Verwechslungsgefahr bei Warenzeichenverletzung nach dem WZG

In den §§ 24, 31 WZG regelte das Gesetz einen zeichenrechtlichen Abwehranspruch gegen Dritte, die das in die Warenzeichenrolle eingetragene ältere Zeichen oder aber ein diesem nur ähnliches aber dafür *verwechslungsfähiges* Zeichen zeichenmäßig verwendeten. Voraussetzung war aber stets, dass das jüngere (identische oder verwechslungsfähige) Zeichen für Waren verwendet wurde, die den Waren glichen, für die das ältere Zeichen eingetragen war. Auch der Schutz vor identischer Zeichenverwendung konnte nur dann in Betracht kommen, wenn sich die Zeichenverwendung auf die eingetragenen Waren oder ihnen gleichartige Waren bezog.[160] Über diesen Gleichartigkeitsbereich hinaus reichte der warenzeichenrechtliche Schutzumfang einer Marke nicht. In der zur Zeit des WZG vorherrschenden Rechtsprechung wurden Waren als gleichartig angesehen, wenn sie, neben der Berücksichtigung des in der Warenzeichenrolle angeführten Warenverzeichnisses, nach ihrer wirtschaftlichen *Bedeutung und Verwendungsweise* so enge Berührungspunkte miteinander hatten, dass nach der Auffassung der beteiligten Verkehrskreise bei identischer oder einer verwechslungsfähigen

159 So aber Rößler, S. 160, der dort zwar vom „Anmutungspotenzial" der Marke spricht, jedoch übersieht, dass die Entwicklung in der Rechtsprechung zum Umgang mit uneingetragenen Kennzeichnungen bzw. Ausstattungen mit Verkehrsgeltung entscheidend auf dem Aspekt der besonderen Werbekraft von Marke aufbaute.

160 Vgl. Baumbach/Hefermehl, Warenzeichenrecht, § 24 Rn. 2.

Kennzeichnung der Schluss nahe lag, dass die Waren aus demselben Geschäftsbetrieb stammten.[161]

Erster gedanklicher Prüfungspunkt eines zeichenrechtlichen Schutzes war deshalb grundsätzlich die Warengleichartigkeit.[162] Erst wenn diese bejaht werden konnte, sollte – sofern das ältere Zeichen *nicht* identisch verwendet wurde – die Verwechslungsgefahr festzustellen sein.[163] Verwechslungsgefahr wurde angenommen, wenn ein beachtlicher Teil der als Abnehmer in Betracht kommenden Verkehrskreise das jüngere Zeichen trotz der vorhandenen Abweichung von dem älteren Zeichen nicht unterschied und irrtümlich annahm, es handele sich um das ältere Zeichen.[164] Man sprach in diesem Zusammenhang von Verwechselungsgefahr im „engeren Sinne". Auch hierunter fiel die Konstellation, dass dem Verkehr eine unmittelbare Verwechslung aufgrund der Unterschiede der Zeichen nicht unterlief, er jedoch aufgrund der vorhandenen Ähnlichkeit gleichwohl auf eine Herkunftsidentität schloss.

Aber auch wenn aufgrund der vorhandenen Unterschiede zweier Zeichen sowohl eine unmittelbare Verwechselung als auch eine Irreführung über die gemeinsame betriebliche Herkunft ausschied, konnte eine tatbestandliche Verwechslungsgefahr im Sinne des § 31 WZG möglich sein. So kam eine Verwechslungsgefahr „im weiteren Sinne" dann in Betracht, wenn der Verkehr trotz der vorhandenen Abweichungen infolge einer gewissen Zeichenähnlichkeit annahm, zwischen den Herkunftsunternehmen bestünden irgendwelche geschäftlichen, wirtschaftlichen oder organisatorischen Beziehungen. Im Wesentlichen sah man die Verwechslungsgefahr im weiteren Sinne für tatbestandsmäßig im Sinne des § 31 WZG an, weil dies vor dem Hintergrund der rechtlich geschützten Funktion des Kennzeichenrechts gerechtfertigt sein sollte. Die Gefahr der Verwechslung wurde nicht im Wortsinne einer Identitätsverwechslung quasi um der Zeichen selbst willen verstanden. Wie oben dargestellt, bestand die rechtlich geschützte Funktion des Kennzeichenrechts darin, die mit dem Kennzeichen des Zeicheninhabers gekennzeichneten Waren oder Dienstleistungen als aus dessen Betrieb stammend zu individualisieren. Diese Herkunftsfunktion eines Kennzei-

161 Vgl. BGH GRUR 1954, 457 (458).

162 So Baumbach/Hefermehl, Warenzeichenrecht, § 31 Rn. 17.

163 So Baumbach/Hefermehl, Warenzeichenrecht, § 31 Rn. 17.

164 Vgl. Althammer, § 31 Rn. 2.

chens konnte daher auch durch die Konfusion beteiligter Verkehrskreise über Unternehmenszusammenhänge beeinträchtigt werden.[165]

b. Marken von allgemeiner Bekanntheit in Alleinstellung

Ohne das Vorliegen von Warengleichartigkeit bzw. bei Warengleichartigkeit ohne Vorliegen einer Verwechslungsgefahr zumindest im weiteren Sinne schieden warenzeichenrechtliche Abwehr- und Schadensersatzansprüche trotz Verwendung des Zeichens im geschäftlichen Verkehr grundsätzlich aus. Für Wettbewerber war es aber, wie es heute auch noch der Fall ist, zur Steigerung des Verkaufserfolges häufig reizvoll, von einem eigenen aufwendigen Markenaufbau bei Einführung eines neuen Produktes abzusehen und stattdessen ein Zeichen zu wählen, welches einen gewissen Bezug zu einer erfolgreichen fremden Marke aufwies. Im Idealfall ließen sich so die mit dieser fremden Marke auf einem anderen Branchen- und Warengebiet verbundenen positiven Assoziationen für die eigene Marke ausnutzen.

aa. Schutzbereichserweiterung

Das Reichsgericht vertrat schon früh die Auffassung, dass auch außerhalb des warenzeichenrechtlichen Tatbestandes der §§ 24, 31 WZG einem Zeichen Schutz unter dem Gesichtspunkt des unlauteren Wettbewerbs zukommen konnte.

In der Entscheidung *Bayer-Kreuz*[166] legte das Gericht dar, dass ein Zeichen, welches sich in stärkstem Maße als Kennzeichen für ein Unternehmen im Verkehr durchgesetzt habe und dort als Merkmal für die Güte der unter ihm im Handel erscheinenden Erzeugnisse gelte, eine wertvolle Stütze für den Ruf des Zeicheninhabers sei. Bei dem streitgegenständlichen Zeichen wurde im Rahmen des Verfahrens aufgrund seines langen Gebrauchs und intensiver Werbetätigkeit wörtlich „Weltgeltung" angenommen.[167] Vor allem der Zeicheninhaber habe unter diesen Umständen ein berechtigtes Interesse daran, die besondere Werbekraft und den durch das Zeichen verkörperten wirtschaftlichen Wert ungeschmälert erhalten zu sehen.[168] Für die Ausnutzung dieser Werbekraft erfordere es we-

---

165 So Baumbach/Hefermehl, Warenzeichenrecht , § 31 Rn. 14; Althammer, § 31, Rn. 3.

166 Vgl. RG Urt. v. 31.10.1942 in: Entscheidungen des Reichsgerichts in Zivilsachen (Warenzeichen- und Wettbewerbsrecht) S. 648-662.

167 Vgl. RG Urt. v. 31.10.1942, a. a. O., S. 659.

168 Vgl. RG Urt. v. 31.10.1942, a. a. O., S. 659, im Übrigen allerdings wird in der vorliegenden Arbeit auf das Argument des Reichsgerichts, der Schutz der Werbekraft sei auch im Interesse der „Volksgesamtheit" geboten, ausdrücklich kein Bezug genommen.

der die Übernahme des Zeichens in einer Form, welche die zeichenrechtliche Gefahr einer Verwechslung mit sich bringe, noch eine Verwendung für Waren, die denen des Inhabers im Sinne zeichenrechtlicher Gleichartigkeit nahe stehen.[169]

Die Unlauterkeit nach § 1 UWG a.F. sollte sich ergeben, wenn sich ein Unternehmer die Werbewirkung eines allgemein bekannten, fremden Kennzeichnungsmittels durch Anpassung seiner eigenen Warenbezeichnungen zu eigenen mache und so in einen ohne sein Zutun entstandenen fremden wettbewerblichen Besitzstand eingreife und diesen gefährde.[170] Die Gefährdung des Besitzstandes sollte darin bestehen, dass der Verbraucher durch das Auftreten von anderen Zeichen von gewisser Ähnlichkeit außerhalb einer Verwechslungsgefahr in seiner Meinung von der Einmaligkeit und überragenden Stellung des Zeichens „schwankend" werde.[171]

Diese Rechtsprechung wurde später vom BGH unter dem Schlagwort der Verwässerungsgefahr übernommen, jedoch auf eine andere Rechtsgrundlage gestützt, nämlich auf §§ 823 Abs. 1, 1004 BGB.[172] Der BGH präzisierte dahin gehend, dass ein Eingriff in den aufgrund der gesteigerten Werbekraft und überragenden Verkehrsgeltung (sog. Berühmtheit) erworbenen Besitzstand - bei Branchenferne - nur bei Identität oder zumindest weitgehender Übereinstimmung der jüngeren Marke mit den charakteristischen Merkmalen der älteren, berühmten Marke in Betracht komme.[173] Bei Warengleichartigkeit wurde der markenrechtliche Verwechslungsschutz aus §§ 24, 31 WZG als ausreichend angesehen, wobei der Begriff der Verwechslungsgefahr bei bekannten Marken sehr weit gezogen wurde.[174]

Mit diesem Wechsel der rechtlichen Grundlage für den Schutz der berühmten Marke griff der BGH die Kritik der Literatur an der Rechtsprechung über den Schutz berühmter Marken auf. Insbesondere die Handhabung unter dem Tatbestand des § 1 UWG a.F. gab Anlass zu Kritik, da dieser Tatbestand ein Wettbewerbsverhältnis zwischen den beteiligten Zeicheninhabern verlangte. Ein

---

169 Vgl. RG Urt. v. 31.10.1942, a. a. O., S. 659.
170 So RG Urt. v. 31.10.1942, a. a. O., S. 661.
171 So RG Ur. v. 31.10.1942, a. a. O., S. 660.
172 Vgl. BGH GRUR 1959, 182 (186) - Quick.
173 Vgl. BGH GRUR 1959, 182 (186) - Quick.
174 Vgl. Heydt in GRUR 1959, 182 (188), Anm. zur Quick-Entscheidung.

solches ließ sich aus damaliger Sicht de lege lata wegen der im außerwarenzeichenrechtlichen Bereich meist gegebenen Branchenverschiedenheit der unter den Kennzeichnungen vertriebenen Waren schwerlich begründen. Der BGH vertrat ab der Entscheidung *Quick* die Anwendbarkeit von §§ 823 Abs. 1, 1004 BGB unter dem Gesichtspunkt des Eingriffs in den eingerichteten und ausgeübten Gewerbebetrieb, zu dem die berühmte Marke als wertvoller Bestandteil gehören sollte.[175]

Es wird deutlich, dass die überragende Verkehrsgeltung und Werbekraft einer Marke zu einer außerkennzeichenrechtlichen Erweiterung des Schutzbereiches der Marke führte. Nachfolgend sollen die Voraussetzungen, unter denen sich der Schutzbereich auf möglicherweise völlig ungleichartige Warengebiete erweiterte, etwas eingehender dargestellt werden.

bb. Merkmal der überragenden Verkehrsgeltung

Die Erweiterung des Schutzbereiches in der beschriebenen Art setzte jedenfalls im Grundsatz eine gesteigerte Verkehrsgeltung voraus. Diese war im Sinne einer allgemeinen Bekanntheit, die über den Bereich der potenziellen Abnehmerkreise hinaus reichte, zu verstehen. Nur ausnahmsweise kam es auf bestimmte Fachkreise an, wenn es sich bei den gekennzeichneten Waren um Spezialerzeugnisse handelte.

Als Anhaltspunkt für eine derartige allgemeine Bekanntheit galt ein Durchsetzungsgrad von 70 bis 80 Prozent im Inland.[176] Das Kennzeichen musste diese überragende Verkehrsgeltung kraft langen Gebrauchs und umfassender Werbung errungen haben.[177]

cc. Alleinstellungsmerkmale

Der Schutz einer Marke mit gesteigerter Verkehrsgeltung unter dem Gesichtspunkt der Verwässerungsgefahr sollte aber nach Rechtsprechung des BGH nur in besonders gelagerten Ausnahmefällen in Betracht kommen. Allein die gesteigerte Verkehrsgeltung wurde zunächst nicht als hinreichend angesehen.[178] Es bedurfte vielmehr weiterer Merkmale, die die Einmaligkeit des fraglichen Kennzeichens noch unterstrichen.

175 So BGH GRUR 1959, 182 (186) - Quick.
176 Vgl. Baumbach/Hefermehl, Warenzeichenrecht, § 31 Rn. 193.
177 Vgl. BGH GRUR 1959, 25 (29) - Triumph.
178 Vgl. BGH GRUR 1959, 25 (29) - Triumph.

So durften auf dem jeweiligen Markt neben dem fraglichen Zeichen, zumindest nach der Vorstellung des Publikums, keine weiteren existieren, die mit dem fraglichen Zeichen in typischen Merkmalen übereinstimmten oder ihm gar glichen.[179] Gegenstand des Schutzes sollte nämlich *nicht* in erster Linie die überragende Kennzeichenkraft überhaupt, sondern die auf der Einmaligkeit des Zeichens beruhende starke Werbewirkung sein.[180] Diese sollte so wohl dann nicht gegeben sein, wenn das Zeichen in der Wahrnehmung der Verbraucher keine solche Alleinstellung innehatte, wobei es unschädlich sein sollte, wenn die Koexistenz ähnlicher Zeichen in einem sehr engen Verbraucherkreis auf einem entfernt liegenden Warengebiet bekannt war.[181] Darüber hinaus wurde verlangt, dass das Zeichen von gewisser Eigenart und Originalität war und der Verkehr mit ihm eine besondere Wertschätzung verband.

Die Verwässerung, die im Wesentlichen durch die Natur des gewählten Zeichens bedingt war, etwa weil das Zeichen beschreibenden Charakter hatte und so andere Zeichen sich nur scheinbar auf jenes Zeichen bezogen, war vom Zeicheninhaber hinzunehmen.[182] So wurde die Verwendung der Bezeichnung „Meisterbrand" für Herde vom BGH als rühmender Hinweis auf die Beschaffenheit der Geräte und nicht als Eingriff in den eingerichteten und ausgeübten Gewerbebetrieb der Inhaberin des gleichlautenden Zeichens für Spirituosen angesehen, obwohl dieses Warenzeichen eine gesteigerte Verkehrsgeltung aufwies.[183]

Letztlich entscheidend für den erweiterten Schutz berühmter Kennzeichen sollte also die Wertschätzung des Verkehrs gegenüber dem fraglichen Zeichen sein. Nämlich erst dann, wenn das Zeichen im Verkehr eine besondere Wertschätzung genoss, sollte es den wettbewerblichen Eigenwert besitzen, der einen erweiterten Schutz dieses Zeichens überhaupt erst rechtfertigte.[184] Der BGH stellte in der Entscheidung *Kupferberg* klar, dass es bei der Beurteilung der Wertschätzung als Voraussetzung für den Schutz von Marken von gesteigerter Verkehrsgeltung gerade *nicht* auf objektive Eigenschaften der mit dem Zeichen

179 Vgl. Baumbach/Hefermehl, Warenzeichenrecht, § 31 Rn. 194.
180 Vgl. BGH GRUR 1959, 25 (29) - Triumph.
181 Vgl. BGH GRUR 1959, 25 (29) - Triumph; Baumbach/Hefermehl, Warenzeichenrecht, § 31 Rn. 194.; BGH GRUR 1966, 623 (624) - Kupferberg.
182 Baumbach/Hefermehl, Warenzeichenrecht, § 31 Rn. 195.
183 Vgl. BGH GRUR 1957, 87 (88) - Meisterbrand.
184 So Baumbach/Hefermehl, Warenzeichenrecht, § 31 Rn. 196.

gekennzeichneten Waren ankomme, sondern vielmehr die subjektive Wertschätzung des Verkehrs erforderlich und ausreichend sei.[185] Erst durch diese Wertschätzung des Verkehrs entstehe die besondere Werbekraft der Marke, wodurch erst von einem schutzwürdigen Gut gesprochen werden könne.[186]

dd. Die Verwässerungsgefahr

Die erforderliche Verwässerungsgefahr setzte die Möglichkeit einer objektiv widerrechtlichen Störung der berühmten Marken voraus. Eine solche Störung sollte in der Minderung des Werbewertes dieser Marke durch Verwendung einer gleichen oder ähnlichen Kennzeichnung bestehen.[187] Verwässerungs- und Verwechslungsgefahr waren nicht deckungsgleich.[188] Vielmehr wurde der Ähnlichkeitsbereich, in den unter dem Gesichtspunkt der Verwässerungsgefahr nicht eingedrungen werden durfte, bedeutend enger gezogen als bei der Beurteilung der Verwechslungsgefahr.[189] Eine Verwässerungsgefahr sollte nur zu befürchten gewesen sein, wenn die sich gegen-überstehenden Zeichen identisch oder in charakteristischen Merkmalen weitestgehend gleich waren.[190]

ee. Zwischenergebnis

Festzuhalten bleibt, dass die Marke mit überragender Verkehrsgeltung aufgrund ihrer großen Werbekraft und dem damit verbundenen gesteigerten wirtschaftlichen Wert gegen Verwässerung geschützt wurde. Die Alleinstellung solcher Zeichen wurde dabei nicht allein auf die allgemeine Bekanntheit zurückgeführt, sondern ganz wesentlich auf das Vorstellungsbild der Verbraucher, insbesondere über Güte und Qualität sowie auf deren Wertschätzung der Marke. Erst dieses Vorstellungsbild in weiten Kreisen der Verbraucher rechtfertigte also die Erweiterung des Schutzes über den Bereich des Warenzeichenrechts hinaus.

c. Lauterkeitsschutz bekannter Marken

Anfang der 1980er Jahre entwickelte sich ein weiterer wettbewerbsrechtlich geprägter Rechtsprechungsstrang neben der Rechtsprechung zur berühmten Marke. Dieser knüpfte ebenfalls an einen besonderen Ruf bekannter Markenartikel an, verzichtete allerdings auf das Erfordernis einer allgemeinen, überragenden Ver-

---

185 So BGH GRUR 1966, 623 (624) - Kupferberg.

186 So BGH GRUR 1966, 623 (624) - Kupferberg.

187 Vgl. BGH GRUR 1959, 182 (186) - Quick.

188 Vgl. BGH GRUR 1959, 182 (186) - Quick.

189 So Baumbach/Hefermehl, Warenzeichenrecht, § 31 Rn. 197.

190 Vgl. Baumbach/Hefermehl, Warenzeichenrecht, § 31 Rn. 197.

kehrsgeltung, sofern Warengleichartigkeit oder zumindest eine gewisse Kompatibilität zwischen den gekennzeichneten Waren bestand. Gefordert wurde vielmehr ein hoher Bekanntheitsgrad und ein solches Ansehen der Marke, dass deren Ausnutzung durch Anlehnung für den Konkurrent lohnend erscheinen konnte.[191] Der besondere Ruf wurde im Rahmen des wettbewerbsrechtlichen Schutzes jedoch nicht im Sinne eines Ausschließlichkeitsrechtes an dem erworbenen wettbewerblichen Besitzstand gewährt, sondern setzte grundsätzlich ein als sittenwidrig einzustufendes Verhalten eines Dritten, der zu dem Inhaber in einem konkreten Wettbewerbsverhältnis stand, voraus.[192]

aa. Lauterkeitsschutz im Warengleichartigkeitsbereich ohne Vorliegen einer Verwechslungsgefahr

Zunächst wich der BGH in der Entscheidung *Kräutermeister*[193] von dem oben dargestellten Grundsatz ab, wonach innerhalb des Warengleichartigkeitsbereiches bei fehlender Verwechslungsgefahr (warenzeichenrechtliche Ansprüche schieden nur deshalb aus) in der Regel ein Schutz der Werbekraft berühmter Marken ausscheiden solle und dort der warenzeichenrechtliche Verwechslungsschutz grundsätzlich als ausreichend anzusehen sei.[194] Der BGH sah vielmehr auch bei fehlender Gefahr der Verwechslung von Zeichen und Gegenzeichen die Möglichkeit einer nach § 1 UWG a.F. unlauteren Rufausbeutung. So sei bereits das Hervorrufen einer auf die berühmte Marke bezogenen Assoziation durch das Gegenzeichen und die dadurch erzeugte erhöhte Aufmerksamkeit als Vorstufe für den Verkaufserfolg ein Aspekt der Rufausbeutung.[195]

Außerdem sei eine Rufausbeutung auch unter dem Gesichtspunkt begründet, dass der Verkehr mit einer bekannten oder gar berühmten Marke regelmäßig besondere Gütevorstellungen verbinde. So begegne der Verbraucher dem so gekennzeichneten Erzeugnis, sei es aufgrund vorangegangener Werbeanstrengungen des Herstellers oder sogar aufgrund eigener Erfahrungen, häufig mit mehr Sympathie als einem weniger oder gar nicht bekannten Erzeugnis.[196] Durch eine infolge der gedanklichen Assoziation mögliche teils bewusste, teils unbewusste Übertragung dieser Güte- und Sympathievorstellungen der Verbraucher auf das mit dem Gegenzeichen gekennzeichnete Produkt könne ebenfalls eine sittenwid-

---

191 So BGH WRP 1991, 296 (300) - SL.

192 Vgl. bspw. BGH GRUR 1983, 247 (248) - Rolls Royce.

193 BGH GRUR 1981, 142-145 - Kräutermeister.

194 So noch BGH GRUR 1959, 182 (186) - Quick.

195 Vgl. BGH GRUR 1981, 142 (144) - Kräutermeister.

196 So BGH GRUR 1981, 142 (144) - Kräutermeister.

rige Rufausbeutung begründet sein, sofern sich der Verwender des Gegenzeichens bewusst und gezielt an das fremde Zeichen angehängt hat.[197] Wie genau man sich allerdings diese Übertragung von Güte- und Sympathievorstellungen vorstellen sollte, beschrieb der BGH in dieser maßgeblichen Entscheidung nicht. In der Literatur erfuhr diese Rechtsprechung daher Kritik; unter anderem wurde etwa die Möglichkeit der Schaffung eines bewussten oder unbewussten Kaufanreizes durch die soeben beschriebene Rufausbeutung *außerhalb* einer Verwechslungsgefahr, also ohne dass der Käufer über die betriebliche Herkunft einer Ware getäuscht wird, schlicht negiert.[198]

bb. Lauterkeitsschutz außerhalb des Warengleichartigkeitsbereiches

(1) Herleitung des Wettbewerbsverhältnisses und wettbewerbswidriges Verhalten

Den nächsten wesentlichen Schritt vollzog die Rechtsprechung des BGH bei der Frage des lauterkeitsrechtlichen Schutzes der Werbekraft von bekannten Marken außerhalb des Warengleichartigkeitsbereiches. Auch in diesem Bereich schieden warenzeichenrechtliche Ansprüche von vornherein aus. Es gab hier bis dahin nur den Schutz der berühmten Marke aus §§ 823, 1004 BGB. Anders als in der Konstellation der BGH-Entscheidung *Kräutermeister*, bei der das fragliche Zeichen zwar außerhalb des Verwechslungsbereiches, jedoch innerhalb des Warengleichartigkeitsbereiches verwendet worden ist, stellte sich die problematische Frage nach dem für die Erfüllung des Tatbestandes des § 1 UWG a.F. für erforderlich gehaltenen konkreten Wettbewerbsverhältnisses zwischen dem durch eine Verletzungshandlung geförderten und dem dadurch betroffenen Unternehmen.

In der Entscheidung *Dimple*[199] bekräftigte der BGH seine Auffassung, dass es für die Feststellung eines konkreten Wettbewerbsverhältnisses genüge, wenn sich der Verletzer durch die Verletzungshandlung im konkreten Fall in irgendeiner Weise in Wettbewerb zu dem Betroffenen setze.[200] Dies könne, so der BGH weiter, auch dadurch geschehen, dass der Verletzer sich durch eine ausdrückliche oder bildliche Gleichstellungsbehauptung an Ruf und Ansehen der fremden Ware anhängt und dieses für den Absatz seiner, wenn auch ungleichartigen und nicht konkurrierenden, Waren nutzt. In diesen Fällen begründe die Verletzungs-

197 So BGH GRUR 1981, 142 (144) - Kräutermeister.

198 Vgl. Sambuc, in: GRUR 1983, 533 (535).

199 BGH WRP 1985, 399-402 - Dimple.

200 Vgl. BGH WRP 1985, 399 (401) - Dimple.

handlung ein Wettbewerbsverhältnis hinsichtlich der wirtschaftlichen Ausnutzung des Ansehens und des Rufes der in Bezug genommenen Waren, wenn eine wirtschaftliche Verwertung dieses Rufes auch seitens seines eigentlichen Inhabers möglich ist.[201] In dem der Entscheidung *Dimple* zugrunde liegenden Sachverhalt kam zwar keine ausdrückliche oder bildliche Anlehnung an den Ruf einer Ware in Betracht, es ging jedoch um die Verwertung des in Verbindung mit einer bestimmten Waren gewonnenen Rufes eines Warenzeichens durch die Benutzung des identischen Zeichens.[202]

Konkret ging es um die seit Jahrzehnten u. a. für den Warenbereich Spirituosen angemeldete Marke DIMPLE der klagenden Inhaberin dieser Marke. DIMPLE wies einen Durchsetzungsgrad im Verkehr von jedenfalls weniger als 50% auf (den genauen Wert ließ der BGH letztlich offen), weshalb ein Anspruch § 823 Abs. 1 BGB unter dem Aspekt der Verwässerung einer berühmten Marke ausschied. Die Beklagte meldete dieses Zeichen u. a. für Kosmetikwaren insbesondere für Herren zur Eintragung in das Markenregister an. Der BGH bestätigte die Auffassung des Berufungsgerichts, wonach die Marke DIMPLE über einen guten Ruf verfüge, und nahm eine wirtschaftliche Verwertbarkeit dieses Rufes für die von der Anmeldung erfassten Herrenkosmetikwaren an. Hierfür, so der BGH, sei aber nicht allein der Bekanntheitsgrad des Zeichens DIMPLE maßgeblich, vielmehr sei neben der Eigenart der Bezeichnung selbst insbesondere die Art der unter der Kennzeichnung vertriebenen Waren, deren Qualität und Ansehen, ein damit etwa verbundener Prestigewert sowie vor allem das Verhältnis dieser Waren zu denjenigen Waren, für die der Ruf der Kennzeichnung genutzt werden sollte, von Bedeutung.[203] Vor diesem Hintergrund ging der BGH davon aus, dass die englische Wortbedeutung des Zeichens DIMPLE in Deutschland weitgehend nicht geläufig sei und für einen Whisky verwendet werde, der aufgrund seiner langen Lagerzeit eine herausgehobene Qualität aufweise und im gehobenen Preissegment das Image einer Exklusivmarke aufweise, welches durch die besondere Form der Flasche noch verstärkt werde.[204] Der Verkehr verbinde daher mit der Marke DIMPLE - jedenfalls soweit das Zeichen bekannt sei - besondere Gütevorstellungen und einen guten Ruf.[205] Dieser Ruf sei auch für die infrage stehenden Kosmetikwaren wirtschaftlich selbständig verwertbar. Als Rechtfertigung für diese Schlussfolgerung zieht der BGH in ers-

201 Vgl. BGH WRP 1985, 399 (401) - Dimple.
202 BGH WRP 1985, 399 (401) - Dimple.
203 Vgl. BGH WRP 1985, 399 (401) - Dimple.
204 Vgl. BGH WRP 1985, 399 (401) - Dimple.
205 Vgl. BGH WRP 1985, 399 (401) - Dimple.

ter Linie die aus seiner Sicht überwiegend identischen Abnehmerkreise für Whisky und Herrenkosmetik heran. So komme der Kreis derjenigen, die in einiger Regelmäßigkeit Whisky tatsächlich kaufen und trinken auch als Käuferkreis für gehobene Kosmetikwaren infrage, insbesondere Herrenkosmetik.[206] Die klagende Markeninhaberin hätte nach der Sichtweise des BGH theoretisch selbst aus dem besonderen Ruf ihres Zeichens einen entsprechenden wirtschaftlichen Nutzen ziehen können, etwa durch eine Lizenzvergabe.[207]

Deshalb sah der BGH auch ein Wettbewerbsverhältnis i. S. des § 1 UWG a.F. als gegeben. Gleichzeitig stellte dieser Sachverhalt nach Auffassung des BGH ein objektiv sittenwidriges Verhalten des Beklagten dar, das aufgrund der Kenntnis der maßgeblichen Tatumstände auch subjektiv sittenwidrig und damit wettbewerbswidrig war.[208]

(2) Möglichkeit der Beeinträchtigung der Werbewirksamkeit

Den BGH beschäftigte darüber hinaus die Frage, welche Folgen eine Zeichenverwendung bei einer Inkompatibilität der Warenarten in Betracht kommen können. Der Zweitnutzer des Zeichens DIMPLE meldete dieses nämlich nach Feststellung des Gerichts auch für eine Warenart an, die weit von der für den Erstnutzer Eingetragenen entfernt lag. Konkret ging es um die Waren Wasch- und Bleichmittel, Putz-, Polier-, Fettentfernungs- und Schleifmittel. Sofern eine tatsächliche Benutzung der Kennzeichnung für diese Waren anzunehmen sei, könne nach Auffassung des BGH auch ein wettbewerbsrechtlicher Unterlassungsanspruch wegen einer denkbaren Beeinträchtigung der Werbewirksamkeit von DIMPLE oder der Verschaffung eines negativen Images in Erwägung gezogen werden.[209] Der Grundsatz, dass eine bewusste Annäherung an eine fremde Kennzeichnung wettbewerbswidrig sein kann, wenn jene unter Berücksichtigung von Bekanntheitsgrad, Ansehen und wirtschaftlichem Wert der Marke geeignet ist, einen mit der Kennzeichnung verbundenen guten Ruf zu beeinträchtigen oder gar zu zerstören, wurde insgesamt in der Rechtsprechung anerkannt.[210]

Auf die Aussagen der Entscheidung *Dimple* wird in späteren Ausführungen dieser Arbeit noch einmal zurückzukommen sein.

---

206 Vgl. BGH WRP 1985, 399 (401) - Dimple.
207 Vgl. BGH WRP 1985, 399 (401) - Dimple.
208 Vgl. BGH WRP 1985, 399 (401/402) - Dimple.
209 So BGH WRP 1985, 399 (402) - Dimple.
210 Vgl. m. w. N. BGH WRP 1990, 296 (300) - SL.

d. Lauterkeitsschutz außerhalb warenzeichenrechtlicher Benutzung

Zeitlich noch vor der *Dimple*-Entscheidung erging eine Entscheidung des BGH, die der Sache nach die Verurteilung einer Werbeagentur dahin gehend bestätigte, es zu unterlassen, Werbeanzeigen veröffentlichen zu lassen, in denen anlässlich der Werbung für gewerbliche Erzeugnisse ihrer Auftraggeber die Kühlerpartie eines Rolls-Royce-Automobils, insbesondere die rechteckige Rolls-Royce-Plakette, die geflügelte Kühlerfigur und der Kühlergrill, dargestellt werden.[211]

Der BGH hielt es nach der Lebenserfahrung für gegeben, dass Rolls-Royce-Automobile im Inland allgemein dahin gehend bekannt seien, dass es sich um teure Fahrzeuge handele, mit denen die Vorstellung von etwas Besonderem, von Luxus und Vornehmheit verbunden sei.[212] Hierin bestehe, so der BGH, der besondere Ruf und die besondere Werbekraft, mithin der wettbewerbliche Besitzstand des Herstellers entsprechender Erzeugnisse.[213] Dieser Ruf sei nicht mit dem *einzelnen physischen* Produkt verbunden, weshalb er auch nicht dem einzelnen Eigentümer eines solchen Automobils zur Disposition gestellt sei.[214]

Die drei äußeren Erkennungsmerkmale, also RR-Plakette, Kühlerfigur und Kühlergrill, waren jeweils als deutsche Warenzeichen eingetragen. Gleichwohl schied ein warenzeichenrechtlicher Schutz nach § 24 WZG aus, da diese Merkmale in der fraglichen Werbeanzeige nicht in einer Weise auftauchten, die die Verbraucher zu der Annahme veranlassen konnte, das mit der Anzeige beworbene Produkt stamme von Rolls-Royce bzw. zwischen Rolls-Royce und dem wahren Produzenten bestehen wirtschaftliche oder organisatorische Verbindungen.[215] Eine warenzeichenmäßige Benutzung nach damaligem Verständnis wurde demnach abgelehnt.

Der Unterlassungsanspruch wurde vielmehr auch hier aus § 1 UWG a.F. hergeleitet. Für das hierfür erforderliche Wettbewerbsverhältnis stellte der BGH darauf ab, dass sowohl die Firma Rolls-Royce durch entsprechende Lizenzierungen als auch die beklagte Werbeagentur mit dem gleichen Angebot an die Werbewirtschaft herantreten, nämlich die Verschaffung der Möglichkeit, Abbil-

211 Vgl. BGH GRUR 1983, 247 (247/249) - Rolls-Royce.
212 So BGH GRUR 1983, 247 (248) - Rolls-Royce.
213 Vgl. BGH GRUR 1983, 247 (249) - Rolls-Royce.
214 BGH GRUR 1983, 247 (248) - Rolls-Royce.
215 Vgl. BGH GRUR 1983, 247 (248) - Rolls-Royce.

dungen von Rolls-Royce-Automobilen als Vorspann für die eigene Werbung zu verwenden. Der BGH betonte aber ausdrücklich, dass der Vorwurf der Sittenwidrigkeit nicht allein damit begründet werden könne, die Markeninhaberin habe mit dem Ruf ihrer Erzeugnisse einen Besitzstand erworben, dessen Ausnutzung im Lizenzwege ihr allein vorbehalten bleiben müsse. Ein derart gegen Dritte wirkendes Ausschlussrecht gewähre der wettbewerbliche Besitzstand nicht ohne Weiteres, sofern nicht ein Kennzeichenrecht als Träger dieses Besitzstandes verletzt werde.[216]

Die Sittenwidrigkeit wurde aber unter dem Aspekt der Rufausbeutung zur Empfehlung der eigenen Ware angenommen. Entscheidend war nach der Argumentation des BGH, dass durch die Abbildung des fremden, wegen Qualität und Exklusivität anerkannten Erzeugnisses in Werbeanzeigen in den Augen des Verkehrs im Ergebnis an den besonderen Ruf ebendieser Erzeugnisse angeknüpft werde. Anders als in der späteren *Dimple*-Entscheidung ging der BGH jedoch noch nicht darauf ein, wie diese Anknüpfung an einen fremden Ruf inhaltlich funktionieren sollte, wie also eine Übertragung von Gütevorstellungen in der Weise, dass der insoweit unberechtigt Partizipierende davon auch profitiert, vonstatten gehen sollte.

e. Zwischenergebnis

Die Rechtspraxis bemühte sich folglich schon früh darum, den mit einem Warenzeichen verbundenen Ruf und die von ihm ausgehende Werbekraft über den Schutzbereich des Warenzeichengesetzes hinaus rechtlich zu schützen, indem die Möglichkeiten von Konkurrenten, hierauf zugreifen zu können, stark reglementiert wurden. Dieser Schutz galt zunächst nur für Marken von allgemeiner Bekanntheit (Berühmtheit), wurde später aber auch auf Marken mit einem geringeren Bekanntheitsgrad ausgedehnt. Letzteres erforderte u. a. jedoch, dass *eine Ausnutzung der besonderen Werbekraft* der bekannten Marke in Ansehung der sich aufseiten des Erstnutzers und des den Ruf möglicherweise ausbeutenden Zweitnutzers gegenüberstehenden Waren *tatsächlich möglich* war. So musste etwa die Übertragung von Gütevorstellungen auf den fraglichen Warenkreis des Zweitnutzers in Betracht kommen. Als Auslöser dieser Übertragung kam nach vorläufiger Auffassung des BGH auch eine bloße Assoziation außerhalb einer zeichenrechtlichen Verwechselungsgefahr in Betracht. Führte die Anlehnung an eine bekannte und angesehene Marke zu einer negativen Rückkopplung der Art,

---

216 Vgl. BGH GRUR 1983, 247 (248) - Rolls-Royce.

dass die Werbekraft dieser Marke beeinträchtigt wurde, wurde hierfür ebenfalls die Wettbewerbswidrigkeit in Betracht gezogen.

Auf die Möglichkeit einer Übertragung von den Ruf prägenden Vorstellungen auf den fremden Warenkreis kam es bei einer *gesteigerten* Verkehrsgeltung *nicht* mehr an, wenn aufgrund der Ähnlichkeiten der verwendeten Zeichen die Alleinstellung der berühmten Marke in Gefahr war. Das Merkmal der Alleinstellung basierte entscheidend auf dem subjektiven Vorstellungsbild der angesprochenen Verbraucher in Bezug auf Einzigartigkeit und vor allem Werthaltigkeit der mit einer solchen Marke gekennzeichneten Waren.

4. Ergebnis: Interessen der Markeninhaber am Schutz der Werbekraft ihrer Marken von zunehmender Bedeutung

Die Grundkonzeption des Warenzeichengesetzes war zunächst darauf angelegt, das Interesse der Verbraucher an einer möglichst konstanten Qualität der mit ein und demselben Warenzeichen gekennzeichneten Ware zu sichern. So lässt sich in erster Linie die strenge gesetzlich vorgeschriebene Akzessorietät zwischen Warenzeichen und Geschäftsbetrieb erklären.

Gleichwohl erkannte die Rechtsprechung schon früh, dass der wirtschaftliche Wert einer Marke ganz wesentlich durch ihren Bekanntheitsgrad und vor allem ihren Ruf und der daraus resultierenden Werbekraft bestimmt wurde. Dass diese Gesichtspunkte von der Grundkonzeption des Warenzeichengesetzes zunächst, d. h. vor Einschreiten des Gesetzgebers gar nicht erfasst waren, zeigte u. a. die problembehaftete rechtliche Bewertung prioritätsjüngerer, jedoch mit Verkehrsgeltung ausgestatteter Warenzeichen gegenüber älteren, unbenutzten Warenzeichen. Die Rechtsprechung versuchte sich durch die These der Vorrangigkeit des Wettbewerbsrechts und der von ihm erfassten wettbewerblichen Besitzstände gegenüber dem zunächst ausschließlich registerrechtlich ausgestalteten Warenzeichenrecht zu behelfen. Erst durch entsprechende gesetzliche Änderungen konnte eine größere Einheitlichkeit des Warenzeichengesetzes hergestellt werden, indem der Benutzungszwang und der Ausstattungsschutz in das Warenzeichengesetz integriert wurden.

Erkennbar ist auch, dass Bekanntheit und eine ausgeprägte Werbekraft den Schutzbereich des Warenzeichens über das Warenzeichengesetz hinaus durch

Anwendung des Wettbewerbsrechts erweiterten. Hier wurden wettbewerbliche Besitzstände anerkannt, die der ungenierten Ausnutzung durch Konkurrenten entzogen wurden. Mehr noch, auch die Beeinträchtigung eines solchen Besitzstandes durch bewusste Markenanlehnungen von Konkurrenten eröffnete wettbewerbsrechtliche Abwehrmöglichkeiten.

Auffallend ist also, dass sich das Warenzeichen- *und* Wettbewerbsrecht entsprechend der ökonomischen Entwicklungen[217] von einem Verständnis, das sich an der objektiven Beschaffenheit der gekennzeichneten Produkte orientierte, wegentwickelte. Es vollzog sich ein Wechsel hin zu einem wirkungsbezogenen Verständnis, das sich an Ruf und Ansehen einer Marke bei den Verbrauchern orientierte.

Das rechtliche Verständnis vollzog also durchaus den Wandel des ökonomischen Markenverständnisses nach und wandte sich verstärkt den Interessen der Inhaber wertvollerer Marken zu.

Diese Entwicklung erfuhr in der Literatur viel Kritik. Denn obwohl die Rechtsprechung stets betonte, dass ein wettbewerblicher Besitzstand, und als ein solcher galt der besondere Ruf, nicht ohne Weiteres ein gegen Dritte wirkendes Ausschlussrecht begründe, sondern lediglich dessen unbefugte Ausbeutung als sittenwidrig zu bewerten sei, waren die Meinungen darüber geteilt, ob hiermit noch an ein Wettbewerbsverhalten angeknüpft oder nicht vielmehr eine Art Ersatzausschließlichkeitsrecht geschaffen werde.[218] Gerade die Nähe zu den Leistungsschutzrechten der Sondergesetze, die jeweils eine Innovation auf einem technischen, geistigen oder künstlerischen Gebiet voraussetzten, wurde als problematisch angesehen. Denn dieses innovatorische Element, so meinten viele Literaturstimmen, fehle dem Ruf einer Marke, der nichts weiter als ein Sammelbecken von zum Teil aus reinen Zufälligkeiten entstehenden positiven Anmutungen sei.[219] Da der Schutzgegenstand erworbener Werbekraft, wie gezeigt, nicht vom Schutz des WZG erfasst war, stand natürlich die Frage im Raum, ob mit

217 Vgl. dazu oben S. 9 ff..

218 Vgl. BGH GRUR 1983, 247 (248) - Rolls-Royce; Rößler, S. 101.

219 Vgl. hierzu m.w.N. Rößler, S. 103/104, der im Übrigen darauf hinweist, dass dieser Einwand auch generell den Warenzeichenrechten im System der gewerblichen Schutzrechte entgegen gehalten worden ist.

einer Art wettbewerbsrechtlichem Quasischutz nicht gesetzliche Wertungen unterlaufen wurden.[220]

5. Einführung des Markengesetzes auf Grundlage der Markenrechtsrichtlinie 89/104/EWG[221]

Auf europäischer Ebene wurde mindestens seit Anfang der sechziger Jahre des letzten Jahrhunderts an einem gemeinsamen Markenrecht gearbeitet. Die Entwicklung eines Gemeinschaftsmarkenrechts wurde flankiert durch die Bestrebungen zur Angleichung der nationalen Rechtsvorschriften der Mitgliedsstaaten. Hieraus ging 1988 noch vor der Verabschiedung eines Gemeinschaftsmarkenrechts die erste Markenrechtsrichtlinie 89/104/EWG, heute in der Fassung der Richtlinie 2008/95/EG (MRL) kodifiziert, hervor. Die MRL wurde durch das im Januar 1995 in Kraft getretene Markengesetz (MarkenG) in deutsches Recht umgesetzt. Mit dieser Reform des Markenrechts sollte das deutsche Markenrecht grundlegend reformiert werden. Der Gesetzgeber verfolgte dieses Ziel nicht nur durch Umsetzung zwingender Vorgaben der MRL in nationales Recht, sondern auch durch Nutzung von Regelungsoptionen, die die MRL eröffnet.[222] Nachfolgend sollen einige Änderungen kurz hervorgehoben werden.

a. Aufhebung der Akzessorietät des Markenrechts

Der deutsche Gesetzgeber nahm den gesetzgeberischen Auftrag der MRL zum Anlass, das im Wesentlichen seit 1894 unverändert gebliebene Warenzeichengesetz grundlegend zu reformieren.[223] Nachdem die Bindung des Warenzeichens an den Geschäftsbetrieb in § 8 WZG bereits im Zuge der deutschen Wiedervereinigung durch das oben erwähnte Erstreckungsgesetz aufgehoben worden war, wurde durch die Einführung des Markengesetzes auch das bis dahin in § 1 WZG verbliebene Erfordernis des Bestehens eines Geschäftsbetriebs bei Anmeldung einer Marke gestrichen. Mit dieser Änderung ging der deutsche Gesetzgeber über die Vorgaben der MRL hinaus, die zur Frage, ob der Markeninhaber einen Geschäftsbetrieb haben musste, keine Regelungen enthält.

220 Vgl. hierzu Rößler, S. 118.

221 Heute kodifiziert durch 2008/95/EG.

222 Vgl. BT-Drucksache 12/6581, S. 56.

223 Vgl. zur Historie BT-Drucksache 12/6581, S. 53.

b. Stärkung der ökonomischen Interessen von Markeninhabern und Integration wettbewerbsrechtlicher Tatbestände

Bei Betrachtung des Markengesetzes lässt sich die Integration vormals überwiegend wettbewerbsrechtlich gehandhabter Kennzeichen-Tatbestände aufzeigen. Gemeinsam ist diesen Tatbeständen häufig, dass deren Fortentwicklung motiviert war durch einen besonderen mit einem Kennzeichen verbundenen wettbewerblichen Wert. Es stehen in diesen Fällen nicht die Interessen der Verbraucher an dem betrieblichen Herkunftsversprechen eines Kennzeichens, sondern vielmehr die Interessen der Markeninhaber an der Sicherung von erarbeiteten wirtschaftlichen Werten, im Vordergrund.

Es wurden im MarkenG zwei Regelungsgegenstände beibehalten, die bereits unter Geltung des WZG gesetzgeberisch umgesetzt worden und oben im Zusammenhang mit den Ausführungen zu *Ulmers* Ansatz der warenzeichenrechtlichen Entwicklungsbegünstigung auch bereits angesprochen worden sind.[224] So wurde der Benutzungszwang im Zusammenhang mit der Regelung der Schranken des Markenschutzes beibehalten sowie der markenrechtliche Schutz von Zeichen mit Verkehrsgeltung teils aus dem WZG übernommen teils modifiziert.

Zunächst zu den Schrankenregelungen im Zusammenhang mit dem Benutzungszwang. Die Schranken des Markenschutzes wurden zusammenfassend geregelt. Neben dem Benutzungszwang ist vor allem die ausdrückliche Regelung der Erschöpfung in § 24 MarkenG hervorzuheben. Diese Regelung dient der Umsetzung von Art. 7 MRL. Unter Geltung des WZG war Erschöpfung nicht gesetzlich geregelt, sondern basierte auf der Rechtsprechung. Gemäß der Gesetzesbegründung hat die Erschöpfung nach § 24 Abs. 1 MarkenG - jedenfalls grundsätzlich - die Wirkung, dass Dritte die Marke für Waren „benutzen" können, die vom Markeninhaber oder mit seiner Zustimmung von Dritten in den Verkehr gebracht worden sind. Einen Ausnahmetatbestand dazu regelt § 24 Abs. 2 MarkenG, wonach sich der Markeninhaber bei Vorliegen berechtigter Gründe der Verwendung widersetzen kann. Berechtigte Gründe sind nach der Gesetzesbegründung des deutschen Gesetzgebers z. B. die Veränderung oder Verschlechterung von Originalware oder die Benutzung der Marke in einer Form, die dem Markeninhaber nicht zumutbar ist.[225] In diesem Zusammenhang findet sich auch der Hinweis, dass mit dieser Ausgestaltung des Erschöpfungsgrundsatzes neben

224 Vgl. oben S. 24 ff.

225 Vgl. BT-Drucksache 12/6581, S. 81.

der Herkunftsfunktion auch die Werbefunktion der Marke geschützt werde.[226] Eine eingehende Auseinandersetzung mit dem Erschöpfungsgrundsatz, aber auch mit der Schrankenregelung in § 23 MarkenG unter diesem Aspekt erfolgt im späteren Abschnitt 0. dieser Arbeit.

Beibehalten wurde, wie eingangs erwähnt, auch der markenrechtliche Schutz von Zeichen, die einen wertvollen wettbewerblichen Besitzstand darstellen und Verkehrsgeltung erworben haben. Hervorzuheben ist in diesem Zusammenhang, dass der Ausstattungsschutz des WZG nicht ins MarkenG übernommen wurde, sondern die Ausstattung inhaltlich unter den Markenbegriff des § 3 MarkenG gefasst und somit auch dem Registermarkenschutz zugänglich wird. Die Erlangung von Verkehrsgeltung infolge der Benutzung eines Zeichens im geschäftlichen Verkehr stellt nunmehr einen eigenständigen Entstehungstatbestand für markenrechtlichen Schutz dar.

Neu geregelt wurden vor allem auch die markenrechtlichen Kollisionstatbestände in § 14 MarkenG. Bei identischen Marken und identischen Waren oder Dienstleistungen hat die prioritätsältere Marke absoluten Vorrang, wohingegen Abwehransprüche zumindest im Warenähnlichkeitsbereich nicht nur bei Markenidentität, sondern unter der Voraussetzung einer Verwechslungsgefahr auch bei Markenähnlichkeit in Betracht kommen. Die Gesetzesbegründung betont auch in diesem Zusammenhang ausdrücklich, dass es für die Verwechslungsgefahr nicht auf die Gefahr von (tatsächlichen) Verwechslungen hinsichtlich der betrieblichen Herkunft der Waren oder Dienstleistungen ankommt.[227] Dies etwa war unter dem WZG anerkannter Zweck des Verwechslungsschutzes.[228] Mit Bezug auf Erwägungsgrund 11[229] der MRL lässt sich darauf verweisen, dass das Vorliegen einer Verwechslungsgefahr von einer Vielzahl von Umständen abhängt, namentlich dem Bekanntheitsgrad der Marke im Markt, der gedanklichen Verbindung, die das benutzte oder eingetragene Zeichen zur älteren Marke hervorrufen kann, sowie dem Grad der Ähnlichkeit zwischen priori-tätsälterer und -jüngerer und zwischen den jeweils gekennzeichneten Waren oder Dienstleistungen. Die Waren- bzw. Dienstleistungsähnlichkeit stellt somit *ein* Element im Rahmen der Prüfung der Verwechslungsgefahr dar.[230] Eine Auseinandersetzung

226 Vgl. BT-Drucksache 12/6581, S. 82.
227 Vgl. BT-Drucksache 12/6581, S. 56.
228 Vgl. Althammer, WZG, § 31 Rn. 9.
229 (= Erwägungsgrund 10 der Richtlinie 89/104/EWG)
230 So Lehmann/Schönfeld, in: GRUR 1994, 481 (484).

mit diesem Tatbestandsmerkmal im Einzelnen erfolgt in dieser Arbeit ebenfalls an späterer Stelle.

Darüber hinaus hat der deutsche Gesetzgeber mit § 14 Abs. 2 Nr. 3 MarkenG von der Option in Art. 5 Abs. 2 MRL zur Regelung eines Schutzes bekannter Marken vor Beeinträchtigung oder Ausnutzung von Unterscheidungskraft und Wertschätzung einer Marke Gebrauch gemacht. Der Gesetzgeber weist ausdrücklich auf die wettbewerbsrechtliche Herkunft dieser Regelungen und die Möglichkeit eines Rückgriffs auf die dazu ergangene deutsche Rechtsprechung hin.[231] Diesbezüglich soll es gemäß der Gesetzesbegründung nicht auf eine Beeinträchtigung der Herkunftsfunktion ankommen, vielmehr werde der in der Marke verkörperte Goodwill geschützt.[232] Inwieweit dies durch die in § 14 Abs. 2 Nr. 3 MarkenG geregelten Tatbestände geleistet wird und inwieweit die oben dargestellte[233] Rechtsprechungsentwicklung ihre Fortsetzung findet, wird ebenfalls im späteren Untersuchungsteil dargestellt. Festzustellen ist jedoch auch in diesem Bereich eine Integration von Tatbeständen, die an wettbewerbliche Besitzstände anknüpfen und, wie oben dargestellt, zunächst wettbewerbsrechtlich ausgestaltet wurden. In welchem Ausmaß der Schutzbereich bekannter Marken im Hinblick auf die Werbe- und Imagefunktion durch das MarkenG erweitert worden ist, wird im späteren Untersuchungsteil dieser Arbeit dargestellt.

c. Konzeptioneller Wandel des Markenschutzes?

Das Markengesetz wurde im Anschluss an dessen Inkrafttreten – gerade aus Sicht der Markenartikelindustrie – als markenfreundlicher Schlusspunkt der Ausbaubestrebungen, die aus den jahrzehntelangen Diskussionen im traditionsreichen deutschen wie auch dem europäischen Markenwesen hervorgegangen sind, bezeichnet.[234] Stimmen wurden laut, die das Inkrafttreten des Markengesetzes einem Paradigmenwechsel gleich setzten. So sei das Wesen der Marke künftig nicht mehr allein anhand der oben erläuterten Herkunftsfunktion zu bestimmen.[235] Andere halten es aber für übertrieben, von einem das gesamte Markenrecht überziehenden Paradigmenwechsel zu sprechen, und sehen lediglich im

231 Vgl. BT-Drucksache 12/6581, S. 72.

232 Vgl. BT-Drucksache 12/6581, S. 72.

233 Vgl. oben S. 28 ff.

234 So Tilmann, in: ZHR 1994, 371 (378).

235 So Tilmann, in: ZHR 1994, 371 (380); Fezer, Markenrecht, Einl. D, Rz. 18; ders., in: GRUR 2003, 457 (463).

Bereich der bekannten Marke weitere, über die Herkunftsfunktion hinausgehende Funktionen der Marke als geschützt an.[236]

Nach der Aufgabe des Akzessorietätsgrundsatzes im Markenrecht erscheint die Annahme, die Erwartungen der Verbraucher an Güte und Qualität aufgrund der betrieblichen Herkunft stünden nicht mehr im Vordergrund der markenrechtlichen Grundkonzeption, nicht abwegig. Da mit der gesetzlichen Änderung die langjährigen Diskussionen über „realitätsferne Formalvorschriften"[237] nachvollzogen worden sind, mag des Weiteren die Annahme gerechtfertigt sein, dass ein zeitgemäßes Markenverständnis Einzug in das deutsche Markenrecht gehalten hat. Anhaltspunkt für diese Annahmen bietet nicht zuletzt die Begründung des Gesetzgebers zum Markengesetz. Dort werden - wie gezeigt - der Grundkonzeption des Markenschutzes weitere Funktionen zugerechnet, insbesondere die sog. Qualitäts- und vor allem Werbefunktion. Darüber hinaus sprechen eben auch die oben dargestellten Entwicklungen des Schutzes bekannter Marken, die teilweise ihren Niederschlag im MarkenG fanden, für diese Annahme.

Erläutert wird der in der Gesetzesbegründung verwandte Begriff der Werbefunktion der Marke letztlich nicht. Er lässt sich aber im Kontext der vorangegangenen, Jahrzehnte dauernden Diskussionen in der Rechtswissenschaft durchaus interpretieren. So setzte sich Jsay[238] bereits in den 1920er Jahren eingehend mit dem wirtschaftlichen Markenverständnis und dessen Einfluss auf die Grundkonzeption des damaligen WZG auseinander. Er leitete die ursprüngliche Alleinherrschaft der sog. Herkunftsfunktion der Marke im Sinne des WZG aus dem Markenverständnis des 19. Jahrhunderts her, das dem im Jahre 1894 in Kraft getretenen WZG zugrunde gelegen hatte. Zu dieser Zeit sind teilweise aufgrund von Vorgaben der Zunftordnungen vor allem die Handwerkszeichen der verschiedenen Gewerbe, aber auch die Hausmarken der Kaufleute als Hinweis auf die Herkunftsstätte entstanden. Jsay kritisierte jedoch die Erhebung dieser Funktion der Marke zum Dogma. Er setzte sich mit weiteren wirtschaftlichen Funktionen der Marke auseinander und forderte im Zuge dessen die gesetzlich Aufhebung des Akzessorietätsprinzips im deutschen Markenrecht, was durch die Umsetzung der MRL schließlich geschah.

---

236 So Hacker, Markenrecht, Rn. 62.

237 Vgl. Ausführungen oben S. 22ff.

238 Vgl. zu den nachfolgenden Ausführungen Jsay, in: GRUR 1929, 23 ff.

Isay anerkannte neben dem bloßen Hinweis auf die betriebliche Herkunft (Herkunftsfunktion) und auf eine bestimmte Qualität (Garantiefunktion) eine diesen Funktionen mindestens ebenbürtige Funktion, nämlich die von ihm spezifizierte Werbefunktion. Diese beruhe maßgeblich auf der Werbekraft einer Marke. Werbekraft kann nach Auffassung Isays auf verschiedenen Gründen – er nennt vier – beruhen:[239]

- Unter Werbekraft sei eine besondere Anziehungskraft zu verstehen, die das gekennzeichnete Produkt aufgrund der entsprechenden Markierung auf den Verbraucher ausübe. Diese Werbekraft könne zum einen daraus entstehen, dass sich der Ideen- oder Bildgehalt einer Marke der Fantasie ihres Betrachters sofort bemächtige, ohne dass es einer intensiven Werbetätigkeit bzw. überhaupt einer tatsächlichen Benutzung des Zeichens für eine konkrete Ware bedürfe.

- Eine weitere Möglichkeit sei, dass die Werbekraft durch eine Verknüpfung der Marke mit einer anderen Idee oder einem Ereignis, welches aufgrund äußerer Gründe einen gewissen konjunkturellen Aufschwung erlebe, entsteht. Als Beispiel nennt Jsay die zahlreichen Anmeldungen der Marke „Graf-Zeppelin“, nachdem dessen erfolgreicher Flug beendet war. Als ein Beispiel aus heutiger Zeit könnte der (erfolglose) Versuch der Anmeldung „Fußball WM 2006“ herangezogen werden.[240]

- Als dritte Möglichkeit – diese ist hier von besonderem Interesse – werden Marken genannt, deren Werbekraft sich *allein* aus der für sie unternommenen Werbung speist. Die Werbefunktion dieser Marken hat weder zwingend etwas mit der Güte der mit ihr gekennzeichneten Waren noch mit ihrer Erzeugungsstätte zu tun.[241]

- Schließlich nennt Jsay als vierte und wohl am nächsten liegende Möglichkeit die Entstehung einer besonderen Anziehungskraft der Marke aus der mit ihr verbundenen Gütevorstellung der Verbraucher oder aus der Herkunftsstätte der mit der Marke gekennzeichneten Waren. Dieser Weg stellt sicher das Gegenstück zu der dritten beschriebenen Möglichkeit dar.

239 Vgl. Näheres Jsay, in: GRUR 1929, 23 (26/27).

240 Vgl. BGH GRUR 2006, 850.

241 Vgl. Jsay, a. a. O., S. 26 .

Die Gedanken Jsay wurden in den darauf folgenden Jahrzehnten häufig wieder aufgegriffen. Die Kritiker des WZG sahen eine immer deutlichere Diskrepanz zwischen den wirtschaftlichen Interessen der Markeninhaber und dem Schutzumfang der Marken nach dem WZG. Ein zeichenrechtlicher Schutz der Werbewirkung der Marke wurde als grundsätzlich geeignet angesehen, den Interessen der Markeninhaber am umfassendsten gerecht zu werden.[242]

Betrachtet man die Rechtsprechung, so findet sich der Ansatz Jsays wieder. So hatte sich der BGH in der Kupferberg-Entscheidung[243] mit der besonderen Schutzwürdigkeit von berühmten Marken auseinanderzusetzen. Eine solche Schutzwürdigkeit wurde primär auf die besondere Werbekraft berühmter Marken zurückgeführt. Diese besondere Werbekraft ergebe sich, so der BGH, jedoch nicht allein aus der gesteigerten Verkehrsgeltung und der Alleinstellung des Zeichens, sondern primär aus der dem Zeichen vom Publikum subjektiv entgegengebrachten „Wertschätzung".[244] Diese Wertschätzung und der mit ihr verbundene wirtschaftliche Wert begründete die eigentliche Schutzwürdigkeit dieser Marken. Die Wertschätzung brauchte keinesfalls objektiv begründet zu sein, sodass es auch nicht eines Nachweises besonderer, überdurchschnittlicher Qualität der mit dem fraglichen Kennzeichen versehenen Waren bedurfte. Erforderlich, aber auch ausreichend, war die allgemeine Wertschätzung des Publikums.[245]

Somit spricht der Hinweis auf die Berücksichtigung der „Werbefunktion" neben der Herkunftsfunktion in der Gesetzesbegründung zum Markengesetz[246] für eine Neufokussierung des Markenrechts im Interesse der Markeninhaber. Die bisher von der h.M. akzeptierte Herkunftsfunktion sollte, wie oben gezeigt,[247] den vermeintlichen Verbrauchererwartungen dienen. Daher könnte nach Umsetzung der ersten Markenrechtsrichtlinie in Form des MarkenG ein grundlegender konzeptioneller Wandel stattgefunden haben, indem den Interessen der Markeninhaber größeres Gewicht beigemessen wurde. Dafür spricht auch, dass der Gesetzgeber mit der Absicht einer über die Vorgaben der MRL hinausge-

---

242 Vgl. bspw. Henning-Bodewig/Kur, Marke und Verbraucher (Bd. 1), S. 241.

243 Vgl. BGH GRUR 1966, 623 - 629; im Übrigen obige Ausführungen zum Schutz berühmter Marken, S. 31.

244 So BGH GRUR, 623 (624) - Kupferberg.

245 So BGH GRUR, 623 (624) - Kupferberg.

246 BT-Drucksache 12/6581, S. 82.

247 Vgl. oben S. 22 ff.

henden umfassenden Reform des deutschen Markenrechts ans Werk gegangen ist.

aa. *Werbekraft und Markenimage*

Die Werbekraft ist – wie soeben erläutert – also keinesfalls zwingend an den Hinweis auf eine bestimmte (gute) Qualität der mit der Marke gekennzeichneten Waren geknüpft, sondern könnte bereits dort eintreten, wo eine an objektivierbarer Qualität orientierte Reputation noch gar nicht entstanden ist. Dies wird am deutlichsten anhand der dritten von Isay beschriebenen Möglichkeiten zur Erzeugung von Werbekraft. Wird eine Marke allein über Werbung und, unabhängig von objektiven Eigenschaften und tatsächlicher Beschaffenheit der gekennzeichneten Produkte, mit einer Anziehungskraft ausgestattet, aufgrund derer die Verbraucher das Produkt besonders begehren und u.U. gar breit sind, einen hohen Preis dafür zu zahlen, kommt dieser Marke eine Werbekraft zu.

Diese Sichtweise weist deutliche Parallelen zu der oben erläuterten modernen ökonomischen Abgrenzung zwischen Marke und Nichtmarke auf. Marke existiert danach als Image in den Köpfen der Verbraucher, wenn diese bereit sind, aufgrund eines angenommenen Zusatznutzens höhere Preise zu zahlen oder häufiger zu dem Markenprodukt zu greifen.[248] Nach dem hier zugrunde gelegten subjektiven, nachfragerorientierten Markenverständnis beinhaltet das Markenimage diejenigen Assoziationen und Vorstellungen, die bei dem Verbraucher aufgrund eines *angenommenen* Zusatznutzens die Bereitschaft zur Zahlung höherer Preise oder eine höhere Kaufbereitschaft erzeugen. Auch die Werbekraft, wie sie Isay beschrieben hat, haftet natürlich nicht unmittelbar einer Markierung an. Es sind vielmehr die Verbraucher, bei denen eine Neigung zum Kauf des gekennzeichneten Produktes entsteht.

Somit ist ein für das Kaufverhalten relevantes Markenimage nach dem hier vertretenen Verständnis maßgeblich für die von einer Marke ausgehende werbende Kraft. Diese Kraft basiert auf Markenbekanntheit und dem Image einer Marke. Spricht man von der „Werbefunktion“ der Marke, so ist damit die grundsätzliche Eignung der Marke, als Imageträgerin zu fungieren, gemeint. Es sollte insoweit genauer von der Imagefunktion der Marke gesprochen werden.

Dieses Ergebnis verträgt sich auch mit der aktuellen Rechtsprechung von EuGH und BGH. So bezeichnet die Werbefunktion nach der in der Entschei-

---

248 Vgl. oben S. 1 ff.

dung *Bananabay II* geäußerten Auffassung des BGH die Fähigkeit der Marke, als Element der Verkaufsförderung oder Instrument der Handelsstrategie eingesetzt zu werden.[249] Dies geschieht insbesondere durch Einsatz der Marke mit dem Zweck, den Verbraucher zu informieren und vor allem *zu überzeugen.*[250] Ganz ähnlich klingt die Begründung der Werbefunktion des EuGH in der Entscheidung *Interflora.*[251] Gerade die Überzeugung wird sich nur durch inhaltliche Aussagen der Marke erreichen lassen, das Markenimage ist hierfür entscheidend. Es ist also wohl auch nach heutiger Lesart mit der Bezeichnung „Werbefunktion" nicht die reine Verwendungsmöglichkeit etwa als Werbemittel gemeint, sondern darüber hinausgehend der Aussagegehalt der Marke als eine Art Informationssystem gemeint.[252]

bb. Werbekraft und Markenwert

Die Werbekraft einer Marke ist umso größer, je ausgeprägter ein Markenimage ist und je stärker dieses mit kaufverhaltensrelevanten Vorstellungen aufgeladen ist. Markenbekanntheit dient als unerlässliche Vorbedingung für Aufbau und Verfestigung eines Markenimages und wird verstanden als die Fähigkeit eines potenziellen Käufers, zu erkennen, dass eine Marke zu einer bestimmten Produktkategorie gehört.[253]

Mit steigender Werbekraft des Zeichens müsste bei ansonsten unveränderten Rahmenbedingungen folglich auch der Wert der Marke steigen. Für diesen Effekt müssen die Schwellenwerte der Verkehrsgeltung oder der Bekanntheit nicht gelten, denn ein steigender Markenwert kann sich auch im kleinen Maßstab ergeben. Dieses erkannte bereits *Ulmer*, indem er in kleinerem Ausmaß auch unterhalb der Verkehrsgeltung eine mit einem Zeichen zusammenhängende Werbekraft für möglich hielt.[254] Daher dürfte es interessant sein, im weiteren Verlauf dieser Arbeit auch zu untersuchen, ob Werbekraft unterhalb der Schwelle von

249 Vgl. BGH WRP 2011, 1160 (1163) - Bananabay II.

250 Vgl. EuGH GRUR 2010, 445 (449) - Google France.

251 Vgl. EuGH WRP 2011, 1550 (1556) - Interflora.

252 Vgl. hierzu BGH WRP 2011, 1160 (1164): Wird der Markeninhaber durch einen Dritten, der die Marke in identischer Form als Ad-Word bei einem Referenzierungsdienst registrieren lässt, faktisch daran gehindert, die Marke selbst in entsprechender Form einzusetzen, kann dies noch nicht als Beeinträchtigung der Werbefunktion der Marke aufgefasst werden.

253 Vgl. Aaker, Management des Markenwertes, S. 83.

254 Vgl. Ulmer, Warenzeichen und unlauterer Wettbewerb, S. 79.

markenrechtlicher Verkehrsgeltung und Bekanntheit rechtliche Berücksichtigung findet.

d. Ergebnis

Mit der Einführung des MarkenG setzte sich die schon Jahrzehnte vorher erkennbare Tendenz zum vermehrten Schutz ökonomischer Interessen fort. Der Schutz der Werbefunktion des Kennzeichens ist weiter in den Vordergrund gerückt, vor allem hat sich das Markenrecht von einem Verständnis, das an objektiver Produktbeschaffenheit und darauf gerichteten Verbraucherinteressen orientiert war, wegbewegt. Dies wird *unter anderem* durch die Aufgabe des Akzessorietätsprinzips deutlich, aber auch die Integration des Schutzes bekannter Marken, der sich über viele Jahrzehnte unter dem Gesichtspunkt ihres besonderen wirtschaftlichen Wertes im Rahmen der Rechtsprechung entwickelte, zeigt diese Tendenz auf.

C. Weiteres Vorgehen

Wie zu Beginn dieser Arbeit in der Beschreibung des Untersuchungsgegenstands angesprochen, gibt es Ansätze, die zur Bestimmung des Umfangs und der Reichweite des markenrechtlichen Schutzes eine Grundlage in der wirtschaftlichen Realität suchen. Es existieren Ansätze, die Marke in ihrer kommunikativen Funktion auf der Ebene Nachfrager/Anbieter berücksichtigen zu wollen.[255] Der Kommunikationsprozess, der die inhaltliche Gestaltung der Markenbotschaft betrifft, dient zunächst einmal überhaupt der Etablierung und Verfestigung der Marke mit dem Ziel der Schaffung eines positiven Markenimages.[256] Dies ergibt sich aus dem dargestellten ökonomischen Markenverständnis. Ist dieses Ziel erreicht, lässt sich von einem Markenprodukt im ökonomischen Sinne sprechen. In der ökonomischen Realität ist somit das Markenimage für den Unternehmer im Wesentlichen der wertvolle Kern seines Markenproduktes und gleichzeitig auch der produktbezogene Informationsträger im Verhältnis zu den Konsumenten. Obwohl die Annahme einer markenrechtlichen Schutzposition für die Imagefunktion, in dem dieser Arbeit zugrunde gelegten Sinne, nach Umsetzung der MRL nahe liegt, wird in der Literatur deren Beachtung durch die Rechtspraxis als nicht hinreichend moniert bzw. deren Schutz lediglich im Zusammenhang mit dem Schutz der bekannten Marke nach § 14 Abs. 2 Nr. 3; 9 Abs. 2 Nr. 3 MarkenG bzw. Art. 5 Abs. 2; Art. 4 Abs. 4 lit. a) MRL anerkannt.[257]

Zunächst wird zu untersuchen sein, ob und wie die Imagefunktion und ihre Grundbedingungen durch das Recht heute geschützt werden. Aus der bisherigen Darstellung ist zu folgern, dass eine Produktkennzeichnung, also hier eine Marke im juristischen Sinne, geeignet sein kann, als Imageträger zu fungieren und eine Werbebotschaft zu vermitteln. Jedoch darf diese funktionale Betrachtung nicht mit der Annahme gleichgesetzt werden, dass jedes Zeichen, das markenrechtlichen Schutz genießt, diese Funktion auch tatsächlich ausfüllt. Es handelt sich, auch das zeigt der Blick auf die wirtschaftliche Einordnung der Marke, vielmehr um ein Potenzial, das erst über einen erfolgreichen Markenaufbau aktiviert werden muss. Man kann in Bezug auf den Begriff der Image- oder Werbefunktion doch eher von erworbenen Eigenschaften sprechen,[258] ein Schutz

255 Vgl. Ausführungen oben S. 4.

256 Ähnlich Henning-Bodewig/Kur, Marke und Verbraucher (Bd. 1), S. 11/18.

257 Vgl. u. a. Fezer, Markenrecht, Einl. D. Rn. 9; Götting, Gewerblicher Rechtsschutz, § 52 Rn. 10; Berlit, Markenrecht, Rn. 3, 131.

258 So deshalb völlig zu Recht Hacker, in: MarkenR 2009, 333 (335).

dieser im Vorstadium muss ins Leere greifen. Die Gesetzesbegründung zum Markengesetz vor dem Hintergrund der oben gezeigten historischen rechtlichen Entwicklungen geht so auch von einem Schutz des von der Marke verkörperten Goodwills speziell bei *bekannten* Marken im Sinne des MarkenG aus.[259] Der Schutzbereich des Markenrechts, dies wird an späterer Stelle noch näher zu begründen sein, ist aber auch für die nicht bekannte Marke zu untersuchen.

Wie im Teil 0 beschrieben und erläutert, verfolgt der Markenaufbau im Idealfall das Ziel, ein positives und prägnantes Markenimage in den Köpfen der Verbraucher zu etablieren. Diesem Anspruch ist neben der Wahl von Markennamen, Markenzeichen bzw. Markenbild auch die physische Angebotsgestaltung, wie Produkt- und Verpackungsdesign, verpflichtet.[260] Prinzipiell ließe sich daher an verschiedene Aspekte der Imagevermittlung anknüpfen und eine entsprechende rechtliche Untersuchung durchführen. Die vorliegende Arbeit hat die Frage nach der Abbildung wirtschaftlicher Modelle durch das *Markenrecht* zum Gegenstand. Anknüpfungspunkt ist also ausschließlich die Markierung im markenrechtlichen Sinne. Soweit insbesondere das Gesetz gegen den unlauteren Wettbewerb (UWG) einen *begrenzenden* Einfluss auf das Markenrecht ausübt, ist auch dieser darzustellen. Es soll insoweit zunächst der Bereich der Rechtsbegründung untersucht werden und daran anschließend das aus dem Markenrecht resultierende Abwehrrecht sowie der Umfang eines etwaigen Benutzungsrechts einer näheren Betrachtung unterzogen werden. Dementsprechend wird die Untersuchung auf den Bereich des geschäftlichen Handelns eingegrenzt. Es soll um den praktisch bedeutsamen Bereich des Marktverhaltens von Unternehmern und Unternehmen gehen.

Es soll – soweit Auslegungsbedarf besteht – nicht einer funktionalistischen Herangehensweise gefolgt werden. Die Existenz *wirtschaftlicher* Markenfunktionen kann zwar für die Frage nach deren rechtlichen Schutz als Ausgangsbasis, so wie sich eine solche aus der bisherigen Darstellung ergibt, nicht aber als Legitimationsgrundlage für seine *Zuerkennung* dienen.[261] Teilweise wird daher die gerade durch den EuGH belebte Funktionslehre als überflüssig abgelehnt.[262] Die Beantwortung dieser Frage kann sich im Zweifelsfall nur im Wege der - ggf. richtlinienkonformen - Gesetzesauslegung ergeben. Zutreffend weisen *In-*

259 BT-Drucksache 12/6581, S. 72.

260 Vgl. hierzu Bruhn, Handbuch Markenführung, Band 3, S. 1134.

261 So auch Henning-Bodewig/Kur, Marke und Verbraucher (Bd. 1), S. 253.

262 Vgl. etwa Haberstumpf, in: MarkenR 2011, 429 (429).

gerl/Rohnke in diesem Zusammenhang darauf hin, dass weder der EuGH noch der BGH je aus wirtschaftlichen Funktionen einer Marke Folgerungen abgeleitet haben, die sich nicht aus dem Wortlaut der Markenrechtsrichtlinie, der Gemeinschaftsmarkenverordnung oder dem Markengesetz im Wege einer systematischen und teleologischen Auslegung gewinnen ließen.[263]

263 Ingerl/Rohnke, Markengesetz, Einl. Rn. 73.

D. Das Markenzeichen als Anknüpfungspunkt des Markenimages

Der Schutzbereich des Markenrechts soll nach einem Blick auf die Entstehungsvoraussetzungen für den markenrechtlichen Schutz von Kennzeichen durch eine Betrachtung des Verbietungsrechts sowie daran anschließend der markenrechtlichen Schrankenregelung erschlossen werden.

I. Zu den Entstehungsvoraussetzungen des markenrechtlichen Schutzes

1. Markenfähigkeit - abstrakte Unterscheidungseignung nach § 3 MarkenG

Nach § 1 MarkenG können Marken, geschäftliche Bezeichnungen und geografische Herkunftsangaben unter den markenrechtlichen Schutz fallen. Was als Marke grundsätzlich schutzfähig ist, beantwortet § 3 MarkenG. Diese Vorschrift, die auf Art. 2 MRL zurückgeht, besagt, dass als Marke grundsätzlich jedes Zeichen schutzfähig ist, sofern dieses geeignet ist, Waren oder Dienstleistungen eines Unternehmens von denjenigen anderer Unternehmen zu unterscheiden. Man spricht in diesem Zusammenhang auch von der abstrakten Unterscheidungseignung des Zeichens.[264] Diese Eignung ist Grundbedingung für den markenrechtlichen Schutz. Hiermit ist die abstrakte, also von der konkret gekennzeichneten Ware unabhängige Unterscheidungseignung des Zeichens gemeint. Das MarkenG und die diesem zugrunde liegende MRL gehen folglich von einem funktionalistischen Markenbegriff aus, der nicht auf qualitative Beurteilungen abstellt. Die äußere Grenze möglicher Zeichenformen folgt aus der Funktion der Marke, Waren oder Dienstleistungen nach ihrer betrieblichen Herkunft zu kennzeichnen.[265] Fehlt es einer Kennzeichnung unter allen denkbaren Umständen an der Eignung zum Herkunftsnachweis, ist der Markenschutz nach § 3 Abs. 1 MarkenG ausgeschlossen. Obgleich diese Hürde nicht durch Erfüllung besonderer Voraussetzungen überwunden werden kann, ist zu beachten, dass die Spanne der abstrakten Markenfähigkeit im Sinne von § 3 Abs. 1 MarkenG sehr weit ist und ein Ausschluss unter dem Gesichtspunkt der fehlenden

264 Vgl. Kirschneck in Ströbele/Hacker, § 3 Rn. 7.

265 So auch Marx, Deutsches, europäisches und internationales Markenrecht, Rn. 128.

abstrakten Unterscheidungseignung nur in extremen Ausnahmefällen in Betracht kommen wird.[266] So ist - bildlich gesprochen - dieser dem Markenschutz vorgeschaltete Filter sehr durchlässig, eine stärkere Selektion der Zeichen erfolgt erst auf den nachgeordneten Prüfungsstufen der markenrechtlichen Schutzvoraussetzungen.

Soweit es um die in § 3 Abs. 1 MarkenG genannten „Formmarken“ geht, sind für diese zusätzliche Schutzhindernisse in § 3 Abs. 2 MarkenG normiert. Mit diesen Ausschlussgründen kommt der Grundsatz, dass die Marke sich vom Wesen der Ware unterscheiden und insoweit Selbständigkeit aufweisen muss, zum Ausdruck. Nicht das gekennzeichnete Produkt oder gar eine in ihm verkörperte technische Lehre soll markenrechtlich monopolisiert werden, sondern lediglich das dieses Produkt Kennzeichnende.

Es wird jedenfalls deutlich, dass es für die Frage der abstrakten Unterscheidungseignung eines Kennzeichens nicht auf qualitative Aspekte, die das Vorhandensein eines Markenimages bei den angesprochenen Verbraucherkreisen betreffen, ankommt. Entscheidend ist zunächst einmal die abstrakte Unterscheidungseignung des Zeichens.

2. Entstehungstatbestände nach § 4 MarkenG

Markenrechtlicher Schutz eines nach § 3 MarkenG markenfähigen Kennzeichens kann gem. § 4 MarkenG auf drei Wegen entstehen. Der bei weitem am häufigsten auftretende Entstehungstatbestand ist der der Registereintragung (sog. Registermarke), vgl. § 4 Nr. 1 MarkenG.[267] Hier entsteht der markenrechtliche Schutz durch Anmeldung der Marke zur Eintragung in das beim Deutschen Marken- und Patentamt geführte Markenregister und anschließender Eintragung.[268]

Daneben existiert die Gruppe der sog. Benutzungsmarken, vgl. § 4 Nr. 2 MarkenG. Hier entsteht der markenrechtliche Schutz *aufgrund einer durch Be-*

---

266 So auch Kirschneck in Ströbele/Hacker, § 3 Rn. 7.

267 Allein im Jahre 2011 erfolgten 51 322 Markeneintragungen (bei 60 415 Anmeldungen) (vgl. http://presse.dpma.de/presseservice/datenzahlenfakten/statistiken/marke/index.html - abgerufen am 23.Mai 2012).

268 Vgl. §§ 32, 36, 37, 41 MarkenG.

nutzung erworbenen Verkehrsgeltung des Zeichens innerhalb beteiligter Verkehrskreise. Die Regelungen im MarkenG zu den Benutzungsmarken gehen *nicht* auf die MRL zurück. Die Vorgaben der MRL beziehen sich ausschließlich auf die Registermarke. Gleichwohl stand es den Mitgliedsstaaten ausweislich des Erwägungsgrundes 5 der Markenrechtsrichtlinie[269] frei, die durch Benutzung erworbenen Marken (weiterhin) zu schützen.

Schließlich genießen gemäß § 4 Nr. 3 MarkenG die *notorisch bekannten* Marken im Sinne des Art. 6bis Pariser Verbandsübereinkunft markenrechtlichen Schutz. Der Begriff der notorischen Bekanntheit ist im Wesentlichen im quantitativen Sinne einer gesteigerten Verkehrsgeltung in allen angesprochenen Verkehrskreisen zu verstehen.[270] Anders als bei § 4 Nr. 2 MarkenG muss aber eine Benutzung im inländischen Geschäftsverkehr nicht vorausgegangen sein, vorausgesetzt, die Marke ist im Inland notorisch bekannt.

Zu den hier interessierenden Voraussetzungen sogleich mehr im nächsten Abschnitt. Fraglich ist, ob und wie der Umstand, dass es ein Unternehmen schafft, ein gekennzeichnetes Produkt erfolgreich auf dem jeweiligen Markt einzuführen, für die Begründung von markenrechtlichen Schutz von Bedeutung sein kann.

a. Registermarkenschutz nach § 4 Nr. 1 MarkenG

Die Erlangung von Registermarkenschutz im Sinne von § 4 Nr. 1 MarkenG setzt nach § 32 MarkenG die Anmeldung einer Marke zur Eintragung in das beim Deutschen Patent- und Markenamt (DPMA) geführte Markenregister voraus. Das DPMA prüft neben den Anmeldeerfordernissen gem. § 36 MarkenG von Amts wegen die sog. absoluten Eintragungshindernisse.[271]

Das angemeldete Zeichen muss sich nach § 8 Abs. 1 MarkenG in einer Weise grafisch darstellen lassen, die es erlaubt, den Gegenstand der Anmeldung anhand einer festgelegten Form beurteilen zu können und später ggf. im Interesse der Allgemeinheit zur Unterrichtung über bestehende Markenrechte und ihren Schutzbereich veröffentlichen zu können.[272] Weiterhin regelt § 8 Abs. 2 MarkenG, der weitgehend Art. 3 Abs. 1 MRL umsetzt, weitere Eintragungshinder-

269 Richtlinie 2008/95/EG (=Erwägungsgrund 4 der Richtlinie 89/104/EG).

270 So Hacker in Ströbele/Hacker, § 4 Rn. 77.

271 Vgl. § 37 MarkenG.

272 Vgl. Fezer, Markenrecht, § 8 Rn. 15.

nisse. Die in den Ziffern 1 bis 9 geregelten Tatbestände weisen jeweils einen eigenen, spezifischen Normzweck auf, der für jeden Ausschlusstatbestand eigenständig zu ermitteln ist.[273] Gemein ist allen in § 8 Abs. 2 geregelten Tatbeständen nach Rechtsprechung des EuGH jedoch, dass sie im Lichte des jeweiligen Allgemeininteresses, welches den Schutzhindernissen des § 8 Abs. 2 MarkenG zugrunde liegt, auszulegen sind.[274] In der Praxis besonders bedeutsam sind die absoluten Schutzhindernisse der Ziffern 1 und 2,[275] die im Folgenden zu erörtern sind.

aa. Das Fehlen jeglicher (konkreter) Unterscheidungskraft nach § 8 Abs. 2 Nr. 1 MarkenG

Nach § 8 Abs. 2 Nr. 1 MarkenG sind solche Marken von der Eintragung in das Markenregister ausgeschlossen, denen *jegliche* Unterscheidungskraft fehlt. Als Unterscheidungskraft wird in diesem Zusammenhang die einer Marke innewohnende konkrete Eignung bezeichnet, die von der Markenanmeldung erfassten Waren oder Dienstleistungen als von einem bestimmten Unternehmen stammend zu kennzeichnen und diese Waren oder Dienstleistungen von denjenigen anderer Unternehmen zu unterscheiden und so deren Ursprungsidentität zu gewährleisten.[276] Während ein Zeichen zunächst nach § 3 Abs. 1 MarkenG geeignet sein muss, überhaupt als betrieblicher Herkunftsnachweis zu dienen, ist für den Bereich des Registermarkenschutzes nach § 8 Abs. 2 Nr. 1 MarkenG zusätzlich zu fragen, ob das Zeichen in seiner konkret geplanten Verwendung für eine Ware oder Dienstleistung Unterscheidungskraft zukommt. Diese Unterscheidungskraft ist also im Grundsatz konkret zu bestimmen. Maßgebend sind neben der konkret zu kennzeichnenden Ware oder Dienstleistung die Anschauungen des angesprochenen Publikums.[277] Ausreichend zur Überwindung dieses Eintragungshindernisses ist nach Maßgabe des Wortlautes von § 8 Abs. 2 Nr. 1 MarkenG schon eine *ganz geringe* Unterscheidungskraft.[278]

bb. Beschreibende Zeichen oder Angaben nach § 8 Abs. 2 Nr. 2 MarkenG

Deutlich erkennbar wird der dem Allgemeininteresse verpflichtete Gesetzeszweck der Eintragungshindernisse nach § 8 Abs. 2 MarkenG bei Ziffer 2 dieser Vorschrift. Diese Vorschrift setzt die Vorgaben des Art. 3 Abs. 1 lit. c MRL um.

---

273 Vgl. Fezer, Markenrecht, § 8 Rn. 26.

274 So EuGH WRP 1999, 629 (632).

275 So die Gesetzesbegründung zum MarkenG BT-Drucksache 12/6581, S. 70.

276 Vgl. Ströbele in Ströbele/Hacker, § 8 Rn. 56.

277 Vgl. hierzu Götting, Gewerblicher Rechtsschutz, § 48 Rn. 5.

278 Vgl. Fezer, Markenrecht, § 8 Rn. 38 .

Hiernach soll nach Rechtsprechung des EuGH sichergestellt werden, dass Zeichen oder Angaben, die Waren oder Dienstleistungen beschreiben, für die die Eintragung beantragt wird, von allen frei verwendet werden und nicht aufgrund ihrer Eintragung als Marke einem Unternehmen vorbehalten bleiben.[279] Gerade im Hinblick auf solche deskriptiven Bezeichnungen besteht ein großes Interesse der Mitbewerber an einer freien Nutzung.

cc. Überwindung von Schutzhindernissen im Wege einer Verkehrsdurchsetzung nach § 8 Abs. 3 MarkenG

§ 8 Abs. 3 MarkenG ermöglicht grundsätzlich die Überwindung der Schutzhindernisse des § 8 Abs. 2 Nr. 1 - 3 MarkenG, wenn das Zeichen, das zur Eintragung in das Markenregister angemeldet worden ist, infolge seiner Benutzung für die jeweiligen Waren oder Dienstleistungen „*in den beteiligten Verkehrskreisen Verkehrsdurchsetzung*" erworben hat.

(1) Durchsetzung einer Marke „in den beteiligten Verkehrskreisen"

§ 8 Abs. 3 MarkenG geht auf Art. 3 Abs. 3 MRL zurück. Nach Auffassung des EuGH schwächt diese Regelung die Grundaussage des Art. 3 Abs. 1 lit. b, c und d MRL, der u. a. § 8 Abs. 2 Nr. 1 und 2 MarkenG zugrunde liegt und dahingeht, Marken ohne Unterscheidungskraft und Marken bloß beschreibenden Charakters vom Markenrechtsschutz auszunehmen, erheblich ab.[280] Die MRL spricht in Art. 3 Abs. 3 als Voraussetzung für die Überwindung der Schutzhindernisse von dem *Erwerb von „Unterscheidungskraft" infolge der Benutzung der Marke*. Der deutsche Gesetzgeber hat diese Formulierung zwar nicht wörtlich, wohl aber inhaltlich mit dem Begriff der „Verkehrsdurchsetzung" in das Markengesetz übernommen.[281] Für die Verkehrsdurchsetzung kommt es darauf an, dass das ursprünglich beschreibende oder jedenfalls nicht unterscheidungskräftige Zeichen in den beteiligten Verkehrskreisen einen Bedeutungswandel vollzieht und die mit ihm gekennzeichneten Waren oder Dienstleistungen als aus einem bestimmten Betrieb stammend kennzeichnet.[282] Teilweise soll daneben auch darauf abzustellen sein, ob ein ehemals eintragungsunfähiges Zeichen Eignung zur Produktidentifikation, womit die Identifikation von Unternehmensprodukten im

---

279 Vgl. EuGH WRP 1999, 629 (632).

280 So EuGH WRP 1999, 629 (634).

281 So Ströbele in Ströbele/Hacker, § 8 Rn. 448; Fezer in WRP 2005, 1 (14).

282 So Ströbele in Ströbele/Hacker, § 8 Rn. 514; auch BGH DB 1959, 1284 (1284) - Nährbier.

Marktwettbewerb gemeint ist, erlangt hat.[283] Die Praxis des DPMA diesbezüglich wird später noch vertiefend darzustellen sein.

Zunächst ist von Bedeutung, in welchen Verkehrskreisen die Verkehrsdurchsetzung erlangt werden muss. Die Bestimmung der relevanten Verkehrskreise ist in zwei Richtungen vorzunehmen, nämlich räumlich und inhaltlich.

Die Überwindung der Eintragungshindernisse des § 8 Abs. 2 Nr. 1 bis 3 MarkenG im Wege der Verkehrsdurchsetzung führt zur Eintragung der Marke, mithin also zu einem Registermarkenschutz. Das Schutzrecht wirkt im gesamten Bundesgebiet in gleicher Weise, selbst dann, wenn die Verkehrsdurchsetzung nach der Eintragung wieder entfällt. Entscheidend für den Zeitrang ist der Tag, an dem das Eintragungshindernis nach § 8 Abs. 2 Nr. 1 bis 3 MarkenG durch Erlangung von Verkehrsdurchsetzung in den beteiligten Verkehrskreisen überwunden wird, sofern der Anmelder gem. § 37 Abs. 2 MarkenG ein Einverständnis mit einer vom Anmeldetag abweichenden Priorität erklärt.

Daher bedarf es einer Verkehrsdurchsetzung auch im gesamten Bundesgebiet. Es ist nicht ausreichend, wenn eine Marke lediglich im Ausland Verkehrsdurchsetzung erlangt hat. Dies kann lediglich unterstützend für die inländische Verkehrsdurchsetzung herangezogen werden.[284] Unschädlich ist es, wenn die Verkehrsdurchsetzung nicht gleichmäßig in allen Regionen ausgeprägt ist, soweit die gekennzeichneten Waren unterschiedlich verbreitet sind. Eine lediglich *regionale* Verkehrsdurchsetzung hingegen begründet keinen Anspruch auf Eintragung in das Register.

Die inhaltliche Bestimmung der maßgeblichen Verkehrskreise ist nicht gleichermaßen unproblematisch. Welche Verkehrskreise „beteiligt" sind, hängt maßgeblich von der Art der unter der Kennzeichnung vertriebenen Waren ab. Diese hat der Markenanmelder bei der Anmeldung der Marke zur Eintragung in das Verzeichnis nach § 32 Abs. 2 Nr. 3 MarkenG anzugeben, wobei das aufzuführende Waren- und Dienstleistungsverzeichnis zu klassifizieren und die Waren entsprechend zu bezeichnen sind. Da aber die Anmeldung wegen der besagten Eintragungshindernisse nur für verkehrsdurchgesetzte Warenkennzeichnungen möglich ist, ist für jeden im Warenverzeichnis angegebenen Waren- oder

283 Vgl. Fezer, Markenrecht, § 8 Rn. 689, § 4 Rn. 106; undeutlich hingegen Berlit in WRP 2002, 636 (636).

284 Vgl. Ingerl/Rohnke, Markengesetz, § 8 Rn. 329.

Dienstleistungstyp individuell der Nachweis der Verkehrsdurchsetzung zu erbringen.[285] Entscheidend sind diejenigen Verkehrskreise, die von dem *konkreten Produkt* angesprochen werden. Entsprechend der denkbaren Warenvielfalt können die relevanten Verkehrskreise sehr unterschiedlich ausfallen. Einfache Konsumartikel des täglichen Bedarfs richten sich grundsätzlich an die Gesamtbevölkerung. Bei Produkten, die sich an gewerbliche Nutzer richten, sind nicht die privaten Endverbraucher, sondern die gewerblichen Verbraucher, dort evtl. nur Fachkreise, die entscheidenden Verkehrskreise.[286]

Hinsichtlich des Grades der Verkehrsdurchsetzung vertrat der BGH die Auffassung, dass dem Freihaltebedürfnis der Allgemeinheit gegenüber einem im Raume stehenden Schutzrecht umso größeres Gewicht beizumessen sei, je weniger unterscheidungskräftig und je mehr beschreibend das fragliche Zeichen war. Bei glatten Beschaffenheits- und Bestimmungsangaben ohne jegliche Eigenart verlange das besondere Bedürfnis an einer Freihaltung eine nahezu „einhellige" Verkehrsdurchsetzung in den beteiligten Verkehrskreisen, so der BGH im Jahre 1959.[287] Bestehe hingegen ein geringeres Bedürfnis des Verkehrs an der Freihaltung der fraglichen Kennzeichnung, seien weniger hohe Anforderungen an die Verkehrsdurchsetzung zu stellen. Obwohl von Seiten des BGH zunächst keine festen Prozentsätze im Hinblick auf den Grad der Verkehrsdurchsetzung gefordert wurden, kristallisierte sich eine Untergrenze von 50% Durchsetzung als Marke in den beteiligten Verkehrskreisen heraus.[288]

Im Jahre 1999 entschied allerdings der EuGH in der *Chiemsee*-Entscheidung in einem Vorabentscheidungsverfahren über die Frage, welche Anforderungen im Rahmen von Art. 3 Abs. 3 Satz 1 MRL, der von § 8 Abs. 3 MarkenG ins deutsche Recht umgesetzt wird, an die durch Benutzung erlangte Unterscheidungskraft zu stellen seien. Insbesondere war die Bedeutung eines etwaigen Freihaltebedürfnisses für die Anforderungen an den Grad der Verkehrsdurchsetzung Gegenstand der Vorlagefrage.[289]

---

285 Berlit, Der Begriff der Verkehrsdurchsetzung, in WRP 2002, 636 (637).

286 Berlit, Der Begriff der Verkehrsdurchsetzung, in WRP 2002, 636 (637).

287 So BGH DB 1959, 1284 (1285) - Nährbier; inwieweit sich eine derartige Verkehrsdurchsetzung demoskopisch überhaupt noch nachweisen lässt, ist zweifelhaft, vgl. zum sog. „Ceiling-Effekt" Niedermann, in: GRUR 2006, 367 (370).

288 Vgl. Ingerl/Rohnke, Markengesetz, § 8 Rn. 334.

289 Vgl. EuGH WRP 1999, 629 (634) - Chiemsee.

Die Vorgaben des EuGH für die Auslegung von Art. 3 Abs. 3 Satz 1 MRL wichen von dem oben dargestellten Verständnis des BGH deutlich ab. Zunächst spricht auch der EuGH von der Erforderlichkeit eines Wandels des ehemals nicht unterscheidungskräftigen bzw. beschreibenden Zeichens hin zu einem Zeichen, welches geeignet ist, die Waren, für die die Eintragung beantragt wird, als von einem bestimmten Unternehmen stammend zu kennzeichnen und diese Waren somit von denjenigen anderer Unternehmen zu unterscheiden.[290] Ist dieser Bedeutungswandel vollzogen, ist im Rahmen von Art. 3 Abs. 3 MRL eine weitere Differenzierung nach dem Grad des Freihaltebedürfnisses des Verkehrs *nicht* zulässig.

Bei der Feststellung der Verkehrsdurchsetzung sind vielmehr nach den Vorgaben des EuGH sämtliche Gesichtspunkte, die zeigen können, dass die Marke die Eignung im soeben beschriebenen Sinne erlangt hat, in einer Gesamtschau zu würdigen. Die zu berücksichtigenden Gesichtspunkte können grundsätzlich sein[291]:

- Die Intensität und die Dauer der Benutzung sowie die geografische Verbreitung dieser Marke,
- der von der Marke gehaltene Marktanteil,
- der Werbeaufwand des Unternehmens für diese Marke,
- Erklärungen der Industrie- und Handelskammern zur Verkehrsdurchsetzung der Marke sowie
- der Teil der beteiligten Verkehrskreise, der die Ware aufgrund der Marke als von einem bestimmten Unternehmen stammend erkennt.

Die Umstände, unter denen die Voraussetzungen einer Verkehrsdurchsetzung als erfüllt angesehen werden, können somit nach Auffassung des EuGH nicht lediglich aufgrund von generellen und abstrakten Angaben, wie z. B. Prozentsätzen festgestellt werden. Letztlich überlässt aber der EuGH die *Methoden* zur Bestimmung der Verkehrsdurchsetzung den nationalen Behörden. Namentlich die Ermittlung der Verkehrsdurchsetzung im Wege einer Verbraucherbefragung ist nach Auffassung des EuGH aus Sicht der gemeinschaftsrechtlichen Vorgaben nicht zu beanstanden, wenn die Beurteilung der Verkehrsdurchsetzung auf besondere Schwierigkeiten stößt.[292] Speziell im Eintragungsverfahren ist das

290 Vgl. EuGH WRP 1999, 629 (634) - Chiemsee.
291 Vgl. EuGH WRP 1999, 629 (634) - Chiemsee.
292 Vgl. EuGH WRP 1999, 629 (635) - Chiemsee.

DPMA mit dem Problem konfrontiert, dass dieses Verfahren darauf angelegt ist, eine Vielzahl von Anmeldungen zu einer raschen Erledigung zu bringen. Daher bietet das Eintragungsverfahren insbesondere bei komplexen Sachverhalten in der Regel wenig Raum für schwierige und umfangreiche Ermittlungen.[293] Es wird daher als sachlich gerechtfertigt angesehen, wenn das DPMA in komplexen Fällen zum Nachweis der Verkehrsdurchsetzung eines Zeichens vom Anmelder – zusätzlich zu Belegen über andere bedeutsame Umstände – die demoskopische Verbraucherbefragung als das am einfachsten beizubringende und zudem verlässlichste Beweismittel verlangt.[294] Soweit aber allein die demoskopische Verbraucherbefragung als Standardbeweismittel zum Nachweis der Verkehrsdurchsetzung verlangt wird, dürfte dies kaum mit den Vorgaben des EuGH, wonach auch qualitative Aspekte neben den rein quantitativen relevant sind, zu vereinbaren sein und ist deshalb abzulehnen.[295] Damit einhergehend kann nicht in jedem Fall verlangt werden, dass eine Verkehrsdurchsetzung des fraglichen Zeichens bei mindestens 50% der im Wege einer Verbraucherbefragung Befragten festgestellt werden kann.[296] Gleichwohl zeigt ein Blick auf die Praxis der Markenstellen im Prüfungsverfahren, dass jedenfalls für den Regelfall nach wie vor diese Untergrenze des Grades der Verkehrsdurchsetzung gilt.[297]

(2) Qualitative und quantitative Aspekte zur Ermittlung der Verkehrsdurchsetzung infolge einer Benutzung „als Marke“

Die somit im Eintragungsverfahren im Rahmen einer Gesamtschau zu berücksichtigenden Gesichtspunkte stellen - jedenfalls bei unmittelbarer Betrachtung - größtenteils objektive Vorgänge im Marktverhaltensprozess zwischen Unternehmen und Verbraucher dar.[298] Dies gilt insbesondere für Intensität, Dauer und geografische Ausdehnung der Benutzung der Marke sowie für den von ihr gehaltenen Marktanteil und den für die Marke getätigten Werbeaufwand. Der Markenanmelder ist diesbezüglich gehalten, geeignete Belege für den Nachweis dieser Indizien im Registrierungsverfahren beizubringen. Konkret können die erforderlichen Nachweise beispielsweise durch die Vorlage verwendeter Werbematerialien, Umsatzzahlen und Bescheinigungen von Abnehmern erbracht

---

293 So bereits BGH GRUR 1970, 75 (77) - Streifenmuster.

294 So BPatG GRUR 2005, 337 (342); BGH WRP 2008, 1087 (1089); Ströbele in Ströbele/Hacker, § 8 Rn. 526.

295 So auch Fezer, Markenrecht, § 8 Rn. 718.

296 Vgl. BGH WRP 2008, 1087 (1090).

297 Vgl. Richtlinie für die Prüfung von Markenanmeldungen (Richtlinie Markenanmeldungen), in: BlPMZ 2005, 245 (255).

298 So auch Fezer, Markenrecht, § 8 Rn. 729.

werden.[299] Auch der Nachweis des Werbeaufwands insgesamt betrifft eine objektive, marktbezogene Größe.

Lediglich die Gesichtspunkte, die im Wege *demoskopischer* Erhebungen zu ermitteln sind, beziehen sich auf subjektive Wahrnehmungsprozesse der Verbraucher. Gegen-stand der Verkehrsdurchsetzung, die es zu ermitteln gilt, ist der Wandel eines ursprünglich wegen § 8 Abs. 2 Nr. 1 bis 3 MarkenG nicht eintragungsfähigen Zeichens hin zu einem unterscheidungsgeeigneten Zeichen innerhalb *der Wahrnehmung* der beteiligten Verkehrskreise. Voraussetzung ist also, dass ein ausreichender Teil der einschlägigen Verbraucherkreise in dem fraglichen Zeichen inzwischen einen Herkunftsnachweis und nicht etwa eine beschreibende Angabe sieht. Letztlich also ändert sich natürlich nicht das Zeichen an sich. Dieses bleibt unverändert, die Verkehrsdurchsetzung bezieht sich gerade auf das konkret angemeldete Zeichen. Es ändert sich aber die Wahrnehmung dieses Zeichens durch die angesprochenen Verbraucherkreise.

Ob nun die Ermittlung quantitativer Daten zur Feststellung der Verkehrsdurchsetzung rein quantitativ-kognitive bzw. auch inhaltliche Aspekte eines Markenimages betrifft, soll nachfolgend durch eine Betrachtung der zur entsprechenden demoskopischen Erhebung empfohlenen Fragestellungen erschlossen werden.

(3) Betrachtung der empfohlenen Fragestellungen zur Ermittlung einer Verkehrsdurchsetzung

Zur demoskopischen Ermittlung der Verkehrsdurchsetzung existiert eine „Richtlinie Markenanmeldungen", die in Form der Mitteilung 22/05 des Präsidenten des Deutschen Marken- und Patentamtes[300] niedergelegt und zugänglich sind. Diese Richtlinie soll einen Überblick über die Praxis der Markenstellen im Prüfungsverfahren geben,[301] insofern ist sie als eine interne Verwaltungsvorschrift einzuordnen, deren Handlungsvorgaben sich im Rahmen der gesetzlichen Vorschriften zu halten haben. Auch betont diese Richtlinie die Maßgeblichkeit der aktuellen Rechtsprechung und Fachliteratur für den Einzelfall.[302]

---

299 Vgl. Richtlinie Markenanmeldungen in BlPMZ 2005, 245 (255).

300 Abgedruckt in Blatt für Patent-, Muster- und Zeichenwesen, Heft 7 (Juli 2005), S. 245 - 272.

301 Vgl. Vorbemerkung I. der Richtlinie.

302 Vgl. Vorbemerkung I. der Richtlinie.

Unter der Rubrik „Verkehrsdurchsetzung“[303] finden sich Vorgaben für die Ermittlung der Verkehrsdurchsetzung. Danach soll für den Regelfall die Grenze der Verkehrsdurchsetzung nicht unter 50% anzusetzen sein. Zur Ermittlung dieses Wertes wird in der Richtlinie exemplarisch ein Fragenkatalog für den Bereich der Konsumgüter vorgeschlagen. Zunächst ist durch geeignete Fragen zu ermitteln, ob die Befragte Person zu den beteiligten Verkehrskreisen zu zählen ist. Der vorgeschlagene Fragenkatalog kann je nach Fallgestaltung variieren. Soweit es sich beispielsweise bei den gekennzeichneten Waren *nicht* um solche des alltäglichen, gewöhnlichen Bedarfs handelt sowie bei Dienstleistungen, ist im Einzelfall durch geeignete Fragestellungen nachzufragen, ob in absehbarer Zeit eine ernsthafte Kauf-/Nutzungsabsicht besteht, wenn davon ausgegangen werden kann, dass sich diese Personen bereits mit dem jeweiligen Marktgeschehen befasst haben.

Zur Ermittlung einer Verkehrsdurchsetzung hat sich ein dreistufiger Aufbau bewährt, durch den innerhalb der beteiligten Verkehrskreise der Bekanntheitsgrad, der Kennzeichnungsgrad sowie der Zuordnungsgrad ermittelt werden soll.[304] Nach den praktischen Vorgaben o. g. Richtlinie für die Markenstellen sollten je nach Einzelfallgestaltung *zumindest sinngemäß* folgende drei Fragen mit jeweiligen Antwortmöglichkeiten gestellt werden:

1. Haben Sie diese Bezeichnung (hier erfolgt Wiedergabe der angemeldeten Marke) in Zusammenhang mit den Waren ... schon einmal gehört oder gesehen/gelesen?

a) Ja.

b) Spontan (da dies von der Fragestellung nicht umfasst ist): Kommt mir bekannt vor/glaube schon.

c) Nein.

2. Wenn Frage 1 mit „Ja“ beantwortet wurde: Ist die Bezeichnung/Farbe/Form... (je nach Markenform) in Zusammenhang mit den Waren ...

a) Hinweis auf ein ganz bestimmtes Unternehmen

b) Hinweis auf mehrere Unternehmen

c) gar kein Hinweis auf irgendein Unternehmen

d) oder können Sie dazu nichts sagen?

---

303 Vgl. IV Ziffer 5.17. der Richtlinie.

304 Vgl. Ströbele in Ströbele/Hacker, § 8 Rn. 547.

3. Zuordnung

a) Bei Antwort 2a): Wissen Sie, wie dieses Unternehmen heißt?

b) Bei Antwort 2b): Wissen Sie, wie diese Unternehmen heißen?

Mit der Frage 1) wird zunächst die Bekanntheit des fraglichen Zeichens in Zusammenhang mit den für die Markenanmeldung beanspruchten Waren ermittelt. Wird diese Frage mit „ja" beantwortet, ist dem Befragten das Zeichen also bekannt, wird anhand der Frage 2) der Kennzeichnungsgrad des Zeichens ermittelt. Hierdurch soll geklärt werden, ob die betreffende Marke als betrieblicher Herkunftshinweis auf ein oder auch mehrere Unternehmen aufgefasst wird. An dieser Stelle ist noch nicht relevant, ob der Befragte das Unternehmen auch identifizieren kann.[305] Diese Frage ist vor dem Hintergrund des Erfordernisses der Verkehrsdurchsetzung zur Überwindung der Eintragungshindernisse des § 8 Abs. 2 Nr. 1-3 MarkenG zu verstehen, wo es meist um beschreibende bzw. nicht unterscheidungskräftige Angaben gehen wird. Daher reicht die bloße Bekanntheit einer Kennzeichnung oder eines Produktes nicht aus. Es ist vielmehr erforderlich, dass die befragten Verbraucher in der Kennzeichnung einen Herkunftsnachweis erblicken. Fasst der Befragte das Zeichen grundsätzlich als einen betrieblichen Herkunftshinweis auf (Hinweis auf ein oder mehrere Unternehmen), hat das Zeichen in der Wahrnehmung des Verbrauchers einen Bedeutungswandel weg von einer beschreibenden, nicht unterscheidungskräftigen Angabe vollzogen.

Entscheidend für die Anerkennung der Feststellung einer Verkehrsdurchsetzung ist letztlich die Beantwortung der Frage 3). Dort geht es um den *konkreten* Zuordnungsgrad. Es wird nach dem konkreten Namen des (Hersteller-)Unternehmens gefragt, das für das mit dem Kennzeichen versehene Produkt verantwortlichen .

Niedermann führt eine Studie des Instituts für Demoskopie Allensbach aus dem Jahre 2004 an, in der die namentliche Zuordnung von Herstellern einer Vielzahl sehr bekannter Markenprodukte durch beteiligte Verbraucherkreise getestet worden ist.[306] Zusammenfassend kam dort heraus, dass die getesteten Marken zwar im Durchschnitt einen Bekanntheitsgrad von 94% aufwiesen, der Anteil zutreffender Herstelleridentifikation aber im Durchschnitt nur 18% be-

305 Vgl. Ströbele in Ströbele/Hacker, § 8 Rn. 551.

306 Vgl. Niedermann, in: GRUR 2006, 367 (370).

trug. Die Fähigkeit der Bevölkerung, zu bekannten Markennamen den Hersteller zutreffend zu benennen, korreliert wenig mit der Bekanntheit der Marke und ist vielmehr von sehr verschiedenen Faktoren, wie etwa dem Bildungsgrad der angesprochenen Verbraucherkreise, abhängig.[307]

Der BGH hat jedoch zuletzt hervorgehoben, dass eine positive namentliche Zuordnung der Marke zu einem konkreten Herstellerunternehmen für die Feststellung des Zuordnungsgrades nicht erforderlich sei. Lediglich die Zuordnung der Marke zu einem *anderen* ausdrücklich benannten Unternehmen sei bei der Beurteilung der Verkehrsdurchsetzung zuungunsten des Anmelders zu berücksichtigen.[308] Selbst die Nennungen anderer Marken des Anmelders werden im Hinblick auf die Ermittlung des Zuordnungsgrades positiv zugunsten des Anmelders berücksichtigt.[309] Letztlich reicht es also, wenn das Kennzeichen abstrakt als Herkunftshinweis verstanden wird und keine explizite Fehlzuordnung vorgenommen worden ist.

(4) Objektive Marktdaten als Indikatoren für Verkehrsdurchsetzung

Neben der demoskopischen Ermittlung der Verkehrsdurchsetzung hält der EuGH auch die Heranziehung einer Reihe weiterer, oben bereits genannter, Marktdaten für möglich. So kann der Bedeutungswandel, den das fragliche Zeichen vollzogen haben muss, um in das Markenregister eingetragen werden zu können, auch anhand des gehaltenen Marktanteils sowie Intensität, Dauer und geografische Verbreitung der Markenverwendung sowie aufgewendeter Werbemittel ermittelt werden. All diese Marktdaten können herangezogen werden, um die Verkehrsdurchsetzung in den beteiligten Verkehrskreisen zu belegen, wobei es nach der Rechtsprechung des EuGH den zuständigen nationalen Behörden grundsätzlich bei besonderen Schwierigkeiten in der Ermittlung der Verkehrsdurchsetzung frei steht, dieselbe durch Verbraucherbefragungen zu ermitteln.[310] Im Einzelfall aber ist es denkbar, dass bereits aus einem sehr hohen Marktanteil oder gar einer z. B. amtsbekannten Marktführerschaft des mit der Marke gekennzeichneten Produktes auf die Verkehrsdurchsetzung geschlossen

307 Vgl. Niedermann, in: GRUR 2006, 367 (370): So kannten beispielsweise 94% der Gesamtbevölkerung die Marke „ODOL“, den aktuellen Markeninhaber GlaxoSmithKline kannten dagegen nur 1%. Ähnliche Ergebnisse lagen für die Marken „Whiskas“ und „Knorr“ vor.

308 So BGH WRP 2009, 1250 (1252).

309 So BGH WRP 2009, 1250 (1252); Ströbele in Ströbele/Hacker, § 8 Rn. 563.

310 Vgl. EUGH WRP 1999, 629 (635) und ihm folgend BGH WRP 2008, 1087 (1090).

wird.[311] Über die Marktdaten wird also letztlich festgestellt, ob die ein Produkt kennzeichnende Markierung auf dem Markt Erfolg hat.

(5) Verkehrsdurchsetzung infolge einer Benutzung „als Marke“

Als letzte Voraussetzung für die Annahme eines Markenschutzes infolge von Verkehrsdurchsetzung in den beteiligten Verkehrskreisen ist erforderlich, dass der oben beschriebene Bedeutungswandel in der Wahrnehmung der Verbraucher auf eine Benutzung der Marke „als Marke“ zurückzuführen ist. Was unter diesem Benutzungsbegriff zu verstehen ist, hat der EuGH in der *Nestlé*-Entscheidung in Zusammenhang mit der Auslegung der entsprechenden Vorschrift Art. 3 Abs. 3 der MRL ausgeführt: Der Ausdruck „Benutzung der Marke als Marke“ sei danach so zu verstehen, dass er sich nur auf eine solche Benutzung der Marke bezieht, die der Identifizierung der Ware oder Dienstleistung als von einem bestimmten Unternehmen stammend durch die angesprochenen Verkehrskreise dient.[312] Lag eine derartige Benutzung des Kennzeichens vor, so schadet es auch nicht, wenn das die Kennzeichnung nutzende Unternehmen ein faktisches Monopol auf die mit dem Zeichen gekennzeichneten Waren hat, etwa weil es bisher einziger Hersteller der Ware war.[313] Es bedarf in diesen Fällen jedoch genauester Prüfung, ob nicht etwa eine beschreibende Angabe lediglich als solche mit dem Herstellerunternehmen in Verbindung gebracht wird, anstatt einen Bedeutungswandel in der Wahrnehmung der Verbraucher hin zu einem betrieblichen Herkunftshinweis vollzogen zu haben.[314] Dieses Anliegen muss dann bei der Konzipierung der demoskopischen Befragung berücksichtigt werden.

Es schadet auch nicht, wenn die Marke, für die Verkehrsdurchsetzung beansprucht wird, als Bestandteil einer bereits eingetragenen Marke oder nur in Verbindung mit einer bereits eingetragenen Marke in dem beschriebenen Sinne genutzt wird.[315]

dd. Zwischenergebnis

Der Registermarkenschutz gewährleistet ein subjektives Recht an dem Markenzeichen, vorausgesetzt, dieses ist abstrakt eintragungsfähig, und seiner Eintragung stehen keine absoluten Schutzhindernisse entgegen. In letzterem Falle sieht

311 Ströbele in Ströbele/Hacker, § 8 Rn. 543.

312 Vgl. EuGH WRP 2005, 1159 (1160) - Nestlé Have A Break.

313 So EuGH GRUR 2002, 804 (808)- Philips

314 So BGH WRP 2006, 1130 (1132) - Lotto.

315 Vgl. EuGH WRP 2005, 1159 (1160) - Nestlé Have A Break.

das Gesetz in § 8 Abs. 3 MarkenG in Übereinstimmung mit der MRL jedoch die Option vor, dass das Zeichen des Anmelders trotz Vorliegens von Eintragungshindernissen aus § 8 Abs. 2 Nr. 1 - 3 MarkenG Schutz erlangt; nämlich dann, wenn das zunächst nicht unterscheidungskräftige bzw. aus einer beschreibenden Angabe bestehende Zeichen einen Bedeutungswandel in der Wahrnehmung in den beteiligten Verkehrskreisen vollzogen hat und ausreichende Anteile dieser Kreise das Zeichen nunmehr als Marke erkennen.

Zur Feststellung dieses Bedeutungswandels sind nach der Rechtsprechung des EuGH in einer Gesamtschau verschiedene objektive Marktdaten, die für den Erfolg des gekennzeichneten Produkts auf dem Markt sprechen, zu berücksichtigen. Daneben wird ganz wesentlich auf demoskopische Umfrageergebnisse abgestellt. Die demoskopische Ermittlung der Verkehrsdurchsetzung berücksichtigt, anders als die übrigen vom EuGH als relevant vorgegebenen Marktdaten, subjektive Wahrnehmungen der relevanten Verbraucherkreise. Die vom Deutschen Marken- und Patentamt angewandten Prüfungsrichtlinien zur demoskopischen Feststellung der Verkehrsdurchsetzung lassen erkennen, dass es in den vorgeschlagenen Fragestellungen zunächst um die Fähigkeit der Verbraucher zur Erinnerung des fraglichen Markenzeichens geht. Darüber hinaus ist entscheidend, ob das fragliche Zeichen als betrieblicher Herkunftshinweis verstanden wird. Sofern keine explizite Fehlzuordnung vorliegt, braucht dieses Verständnis nach der Rechtsprechung des BGH lediglich im Sinne eines abstrakten Herkunftshinweises vorhanden zu sein, um zugunsten des Anmelders gewertet werden zu können.

b. Benutzungsmarke mit Verkehrsgeltung im Sinne von § 4 Nr. 2 MarkenG

Während, wie soeben dargestellt, der Tatbestand der Verkehrsdurchsetzung im Bereich des Registermarkenschutzes einen bundesweiten Markenschutz auslösen kann, stellt § 4 Nr. 2 MarkenG einen in räumlicher und zeitlicher Hinsicht flexibleren markenrechtlichen Entstehungstatbestand zur Verfügung. Es wird in diesem Zusammenhang von einer sog. Benutzungsmarke gesprochen. Der Bereich der Benutzungsmarken zählt zum nicht harmonisierten Teil des Markenrechts, da die MRL lediglich den Registermarkenschutz betrifft.[316] Die MRL ließ jedoch gemäß Erwägungsgrund 5 eine Regelung von durch Benutzung erworbenen Markenrechten unberührt.

316 Vgl. Hacker in Ströbele/Hacker, § 4 Rn. 1.

Markenschutz kraft Verkehrsgeltung nach § 4 Nr. 2 MarkenG entsteht, wenn ein Zeichen infolge seiner Benutzung im geschäftlichen Verkehr innerhalb beteiligter Verkehrskreise als Marke Verkehrsgeltung erworben hat. Dies setzt voraus, dass ein jedenfalls nicht unerheblicher Teil der angesprochenen Verkehrskreise in dem Zeichen einen Hinweis auf die Herkunft der damit gekennzeichneten Waren oder Dienstleistungen aus einem bestimmten Unternehmen sieht.[317] Der Markenschutz kraft Verkehrsgeltung gleicht sachlich, so jedenfalls die Gesetzesbegründung zum MarkenG, dem Ausstattungsschutz nach § 25 Abs. 1 WZG.[318] Gegenstand des Ausstattungsrechts war ein tatsächlicher Zustand,[319] dessen Inhalt noch zu besprechen ist.

Nachfolgend sollen die wesentlichen Grundzüge der Entstehungsvoraussetzungen kurz dargestellt werden.

aa. Schutzhindernisse

Auch für die Entstehung einer sog. Benutzungsmarke nach § 4 Nr. 2 MarkenG ist zunächst die Markenfähigkeit nach § 3 Abs. 1 und 2 MarkenG Voraussetzung. Diesbezüglich ist auf die obigen[320] Erläuterungen zu verweisen, die wegen ihrer allgemeinen Bedeutung für die Entstehung von Markenschutz gleichsam vor die Klammer gezogen worden sind.

Ob das Erfordernis der grafischen Darstellbarkeit nach § 8 Abs. 1 MarkenG auch für die Benutzungsmarke gilt, ist umstritten. Systematisch betrachtet, ist dieses Erfordernis im Abschnitt 2 des MarkenG geregelt. Dieser Abschnitt betrifft lediglich die Registermarke. Auch die entsprechende Vorgabe in Art. 2 MRL betrifft die Registermarke, da die MRL insgesamt nur diesen Bereich des Markenrechts erfasst. Dem wird aber entgegengehalten, dass das Erfordernis der grafischen Darstellbarkeit mehr als ein bürokratisches Erfordernis des Anmeldeverfahrens sei.[321] Letztlich bedarf dieser Streit für den vorliegenden Untersuchungsgegenstand keiner Entscheidung und soll hier nicht weiter vertieft werden.

317 So BGH WRP 2008, 1319 (1324).

318 Vgl. BT-Drucksache 12/6581 S. 65.

319 So Baumbach/Hefermehl, Warenzeichenrecht, § 25 Rn. 8.

320 Siehe oben S. 51 ff.

321 So Marx, Rn. 410.

Die z.T. oben erläuterten Schutzhindernisse des § 8 Abs. 2 MarkenG gelten für die Marke kraft Verkehrsgeltung wohl ebenfalls nicht unmittelbar.[322] Was die Schutzhindernisse nach § 8 Abs. 2 Nr. 1 bis 3 MarkenG betrifft, so wirkt sich deren Vorliegen, etwa bei einem Mangel an konkreter Unterscheidungskraft, auf den bezüglich der Verkehrsgeltung anzulegenden Maßstab aus, was später noch darzustellen ist.[323] *Direkte* Anwendung auf die Benutzungsmarke nach § 4 Nr. 2 MarkenG finden diese Eintragungshindernisse jedoch nicht. Die Frage, ob dies ebenso für die Schutzhindernisse in § 8 Abs. 2 Nr. 4 bis 10 gilt, wird jedoch überwiegend entgegengesetzt beantwortet bzw. zumindest eine *analoge Anwendung* der dort geregelten Schutzhindernisse auf die Benutzungsmarke nach § 4 Nr. 2 MarkenG angenommen.[324] Es ist diesbezüglich nicht einzusehen, warum zwar unabhängig vom Zuordnungsgrad *eine Eintragung* ausgeschlossen sein (§ 8 Abs. 3 MarkenG), gleichwohl aber ein gleichwertiges Schutzrecht im Wege der Verkehrsgeltung entstehen können soll.[325] Es ist dementsprechend davon auszugehen, dass Marken, denen Schutzhindernisse im Sinne von § 8 Abs. 2 Nr. 4 bis 9 MarkenG entgegenstehen, auch nicht kraft Verkehrsgeltung entstehen können.

bb. Erlangung von Verkehrsgeltung „innerhalb beteiligter Verkehrskreise“

Gemäß § 4 Nr. 2 MarkenG entsteht der Markenschutz durch die Benutzung eines Zeichens im geschäftlichen Verkehr, soweit das Zeichen innerhalb beteiligter Verkehrskreise als Marke Verkehrsgeltung erworben hat. Die vorausgesetzte Benutzung muss markenmäßig erfolgt sein, d. h., das Zeichen muss zur herkunftsmäßigen Unterscheidung der betreffenden Waren oder Dienstleistungen im inländischen Verkehr verwandt worden sein.[326] Der Begriff Verkehrsgeltung bedeutet, dass ein nicht unerheblicher Teil der angesprochenen Verkehrskreise eine Verbindung zwischen dem Zeichen und einem Unternehmen herstellt und das Erscheinungsbild des Zeichens wiedererkennt.

Für die Feststellung der Verkehrsgeltung als relevant anzusehende Verkehrskreise sind die potenziellen Abnehmer der mit dem Zeichen versehenen

---

322 Vgl. Ingerl/Rohnke, § 4 Rn. 8.

323 Vgl. Ingerl/Rohnke, § 4 Rn. 8.

324 So Fezer, Markenrecht, § 4 Rn. 101; Ingerl/Rohnke § 4 Rn. 8; Hacker in Ströbele/Hacker, § 4 Rn. 18.

325 So zu Recht Ingerl/Rohnke, § 4 Rn. 8.

326 Vgl. Hacker in Ströbele/Hacker, § 4 Rn. 26.

Waren, also vornehmlich die Händler und Verbraucher.[327] Der Kreis der Abnehmer bestimmt sich nach der Zweckbestimmung und den Absatzmöglichkeiten der Unternehmensprodukte, so dass beispielsweise bei Luxuswaren und hochpreisigen Erzeugnissen naturgemäß ein engerer Kreis von Abnehmern einzubeziehen ist als etwa bei Waren des Massenkonsums.[328] Ähnlich wie bei der Verkehrsdurchsetzung nach § 8 Abs. 3 MarkenG, die gedanklich streng von der Verkehrsgeltung im Sinne § 4 Nr. 2 MarkenG zu unterscheiden ist, wird Verkehrsgeltung produktbezogen erworben.[329] D. h., die Verkehrsgeltung einer Marke entsteht für ein konkretes Produkt.

Die nach § 4 Nr. 2 MarkenG zu fordernde Verkehrsgeltung muss, wie der Wortlaut des Gesetzestextes zeigt, *innerhalb beteiligter Verkehrskreise* vorliegen. Aus dem sprachlichen Unterschied zu dem Wortlaut des § 8 Abs. 3 MarkenG, der von einer Verkehrsgeltung *in den beteiligten Verkehrskreisen* spricht, wird gefolgert, dass es für die Verkehrsgeltung nicht auf die beteiligten Verkehrskreise in ihrer Gesamtheit ankommt.[330] Vielmehr ist zu verlangen, dass eben innerhalb eines noch relevanten Teils beteiligter Verkehrskreise das benutzte Zeichen zu einem gewissen Grad als ein Unterscheidungszeichen gilt.[331]

Die höchstrichterliche Rechtsprechung hat im Hinblick auf den danach erforderlichen Grad der Verkehrsgeltung herausgestellt, dass sich dieser nicht in prozentmäßig bestimmten Anteilen festlegen lasse, sondern vielmehr von den Umständen des Einzelfalles abhänge.[332] Insbesondere für Zeichen, die als Registermarke ohne Weiteres eintragbar wären, ist ein geringerer Grad an Verkehrsgeltung zu verlangen. Im Schrifttum wird diesbezüglich als grobe Richtlinie ein Durchsetzungsgrad von 20 bis 25% angenommen.[333] Würden einer Eintragung des Zeichens jedoch die Schutzhindernisse aus § 8 Abs. 2 Nr. 1 bis 3 MarkenG entgegenstehen, sind die Anforderungen an das Maß der Verkehrsgeltung denen der Verkehrsdurchsetzung nach § 8 Abs. 3 MarkenG anzugleichen,[334] sodass selten von einem Durchsetzungsgrad von weniger als 50% auszugehen ist.[335]

327 Vgl. Hacker in Ströbele/Hacker, § 4 Rn. 31.
328 So Fezer, Markenrecht, § 4 Rn. 124.
329 Vgl. Fezer, Markenrecht, § 4 Rn. 119.
330 Vgl. Fezer, Markenrecht, § 4 Rn. 121.
331 Vgl. Fezer, Markenrecht, § 4 Rn. 121.
332 So BGH WRP 2004, 227 (230) - Farbmarkenverletzung I.
333 Vgl. Fezer, Markenrecht, § 4 Rn. 121; m.w.N. Hacker in Ströbele/Hacker, § 4 Rn. 42.
334 So Fezer, Markenrecht, § 4 Rn. 134.
335 So Hacker in Ströbele/Hacker, § 4 Rn. 43.

Man spricht insoweit auch von *qualifizierter Verkehrsgeltung*. Diese wird deshalb für erforderlich gehalten, damit eine gewandelte Bedeutung des fraglichen Zeichens in der Wahrnehmung der beteiligten Verkehrskreise gesichert angenommen werden kann. Obwohl der EuGH in der *Chiemsee*-Entscheidung für Art. 3 Abs. 3 MRL (§ 8 Abs. 3 MarkenG) eine Abhängigkeit des Durchsetzungsgrades von einem Freihalteinteresse ablehnt,[336] wird an der hier dargelegten Rechtsauffassung in Deutschland festgehalten.[337]

Ganz anders als bei der Verkehrsdurchsetzung nach § 8 Abs. 3 MarkenG ist die Entstehung von Markenschutz kraft Verkehrsgeltung im Sinne von § 4 Nr. 2 MarkenG nicht ausschließlich einheitlich im gesamten Bundesgebiet möglich. Vielmehr genügt für die Annahme von Markenschutz bereits eine örtlich begrenzte Verkehrsgeltung, die dann jedoch auch nur zu einem entsprechenden örtlich begrenzten Schutz führt. Die örtliche Ausdehnung der Verkehrsgeltung muss sich im Grundsatz auf einen einheitlichen Wirtschaftsraum beziehen, der nach Umfang und wirtschaftlicher Bedeutung eine Sperrung gegenüber verwechslungsfähigen Kennzeichnungen rechtfertigt. Letzteres soll bereits für das Gebiet einer Großstadt in Betracht kommen, sofern sich die Abnehmerkreise gerade auch regional bei der Kaufentscheidung orientieren.[338] Im Einzelfall mögen die Kriterien zur Bestimmung des einheitlichen Wirtschaftsraumes umstritten sein, für den Gegenstand dieser Arbeit kommt es hierauf jedoch nicht an. Das Markenrecht aus § 4 Nr. 2 MarkenG erlischt grundsätzlich mit dem Wegfall der Verkehrsgeltung. Aber auch dies kann u. U. für regional begrenzte Räume zutreffen, während die Verkehrsgeltung in anderen wirtschaftlich ausreichend bedeutenden Wirtschaftsräumen fortbesteht.[339]

cc. Ermittlung der Verkehrsgeltung

Die Verkehrsgeltung wird im Grunde genauso ermittelt, wie die Verkehrsdurchsetzung im Rahmen der Prüfung des § 8 Abs. 3 MarkenG. Die Übertragung des Kriterienkataloges der EuGH-Chiemsee-Entscheidung zur Ermittlung von Verkehrsdurchsetzung auf die Ermittlung von Verkehrsgeltung wird für möglich und angezeigt gehalten. Mithin also ist vorrangig auf qualitative Beurteilungkriterien wie Marktanteil der benutzten Marke sowie Intensität, geografische Verbreitung und Dauer der Benutzung der Marke und auch dem getätigten Werbe-

336 Vgl. EuGH WRP 1999, 629 (635).

337 Vgl. hierzu Hacker in Ströbele/Hacker, § 4 Rn. 43 m.w.N.; Fezer, Markenrecht, § 4 Rn. 123.

338 So Ingerl/Rohnke, § 4 Rn. 24; Hacker in Ströbele/Hacker, § 4 Rn. 35.

339 Vgl. Hacker in Ströbele/Hacker, § 4 Rn. 66.

aufwand abzustellen.[340] In der Praxis wird regelmäßig die Einholung eines demoskopischen Gutachtens für erforderlich gehalten.[341] Hinsichtlich der praktizierten Fragestellungen kann auf obige Ausführungen[342] zur Untersuchung der Fragestellungen im Rahmen der Ermittlung der Verkehrsdurchsetzung verwiesen werden, da die maßgeblichen Fragestellungen dieselben sind.[343]

dd. Verkehrsgeltung infolge einer Benutzung „als Marke"

Auch wie bei der Verkehrsdurchsetzung nach § 8 Abs. 3 MarkenG bedarf es für die Entstehung von Markenschutz kraft Verkehrsgeltung einer markenmäßigen Benutzung des fraglichen Zeichens im geschäftlichen Verkehr, auf die die erlangte Verkehrsgeltung zurückgeführt werden kann. Das bedeutet auch hier nichts anderes, als dass das Zeichen zur herkunftsmäßigen Unterscheidung von Waren oder Dienstleistungen von solchen anderer Unternehmen verwendet worden sein muss. Anderenfalls könnte das Zeichen lediglich an sich Bekanntheit erlangen, die Erlangung einer die Herkunft individualisierenden Unterscheidungsfunktion wäre damit jedoch nicht verbunden.[344]

ee. Zwischenergebnis

Markenschutz nach § 4 Nr. 2 MarkenG setzt grundsätzlich Verkehrsgeltung des Zeichens innerhalb beteiligter Verkehrskreise voraus. Soweit das Zeichen bei entsprechender Berücksichtigung der § 8 Abs. 2 Nr. 1 bis 3 MarkenG registerrechtlich eintragungsfähig gewesen wäre, liegt der geforderte Grad der Verkehrsgeltung deutlich unter dem der Verkehrsdurchsetzung nach § 8 Abs. 3 MarkenG. Nur wenn ein Zeichen nach den in § 8 Abs. 2 Nr. 1 bis 3 MarkenG geregelten Grundsätzen nicht eintragungsfähig wäre, nähern sich die Anforderungen hinsichtlich des erforderlichen Anteils der Verkehrskreise, in denen sich das Zeichen als Herkunftshinweis durchgesetzt haben muss, denen der Verkehrsgeltung an. Insoweit wird von einer qualifizierten Verkehrsgeltung gesprochen.

Inhaltlich ist für die Ermittlung der Verkehrsgeltung innerhalb beteiligter Verkehrskreise entsprechend obiger Ausführungen[345] in demoskopischer Hinsicht grundsätzlich ein passives Erinnerungsvermögen bzgl. des Markenzeichens

---

340 So Fezer, Markenrecht § 4 Rn. 123.

341 So Hacker, Markenrecht, § 12 Rn. 211.

342 Vgl. S. 58 ff.

343 So Hacker, Markenrecht, § 12 Rn. 211.

344 Vgl. Hacker in Ströbele/Hacker, § 4 Rn. 75.

345 Siehe oben S. 66.

selbst sowie eine abstrakte Herstellerzuordnung erforderlich. Die qualitativen Beurteilungskriterien der EuGH-Entscheidung *Chiemsee* sind ebenfalls zu berücksichtigen.

Bemerkenswert ist, dass über die Benutzungsmarke nach § 4 Nr. 2 MarkenG ein regional beschränktes Markenrecht entstehen kann, sofern dieser beschränkte Wirkungsraum noch wirtschaftliche Bedeutung hat.

Vor diesem Hintergrund bietet das Recht der Benutzungsmarke aus § 4 Nr. 2 MarkenG einen flexiblen markenrechtlichen Schutz, der das Erreichen einer gewissen Markenbekanntheit mit markenrechtlichem Schutz honoriert, sofern das Zeichen eben *auch* als betrieblicher Herkunftshinweis verstanden wird.

c. Die Notorietätsmarke nach § 4 Nr. 3 MarkenG

Mit der Einführung des Markengesetzes wurde erstmals die notorisch bekannte Marke als dritte Markenkategorie voll in den gesetzlichen Schutz einbezogen. Unter Geltung des WZG fand eine Berücksichtigung notorisch bekannter Marken nur im Zusammenhang mit dem von Amts wegen zu berücksichtigenden Eintragungshindernis des § 4 Abs. 2 Nr. 5 WZG statt.[346] Nach § 4 Nr. 3 MarkenG entsteht jedoch Markenschutz auch für solche Marken, die im Sinne des Art. 6bis der Pariser Verbandsübereinkunft zum Schutz des gewerblichen Eigentums als notorisch bekannt anzusehen sind. Die Verweisung in § 4 Nr. 3 MarkenG auf diese Vorschrift der Pariser Verbandsübereinkunft betrifft ausschließlich den Begriff der notorischen Bekanntheit.[347]

aa. Inländische Notorietät als Entstehungsvoraussetzung

Der konventionsrechtliche Begriff der notorischen Bekanntheit wird nach traditioneller Rechtsauffassung in Deutschland eng an den umgangssprachlichen Wortsinn angelehnt und im Sinne einer gesteigerten Verkehrsgeltung verstanden, die grundsätzlich in allen angesprochenen Verkehrskreisen vorliegen muss.[348] Hinsichtlich des Bekanntheitsgrades werden auch hier keine festen Prozentsätze proklamiert. Je nach Einzelfall reichen die für erforderlich gehaltenen Anteile der beteiligten Verkehrskreise von 50% bis 70%. Jedenfalls soll nach den Vorgaben für die Eintragungspraxis des deutschen Markenamtes ein Be-

346 Vgl. hierzu BT-Drucks. 12/6581, S. 66 (Gesetzesbegründung zum MarkenG).

347 So Hacker in Ströbele/Hacker, § 4 Rn. 71.

348 Vgl. BT-Drucks. 12/6581, S. 66 (Gesetzesbegründung zum MarkenG).

kanntheitsgrad von 70% für die Annahme einer notorischen Bekanntheit ausreichen.[349]

Auch hier muss die notorische Bekanntheit des Zeichens „als Marke“ bestehen, d. h., das betreffende Zeichen muss als Mittel zur betrieblichen Herkunftsunterscheidung bekannt geworden sein. Anders als bei der Marke kraft Verkehrsgeltung braucht jedoch diese Bekanntheit nicht auf einer inländischen Benutzung des Zeichens als Marke zurückzuführen sein. Keinesfalls aber ist nach der höchstrichterlichen Rechtsprechung gänzlich auf eine markenmäßige Nutzung zu verzichten. So reicht es etwa nicht aus, wenn die fragliche Marke bisher lediglich für eine bestimmte Vertriebsform genutzt worden ist und die Verkehrsbekanntheit der fraglichen Marke hierauf zurückzuführen ist. Der BGH hat dies für die Bezeichnung *„Tupper(ware)party“* entschieden.[350]

Die Fälle von im Inland unbenutzter aber notorisch bekannter Marken dürften sehr selten sein.[351] Weitaus häufiger werden die notorisch bekannten Marken im Zusammenhang mit inländischer markenmäßiger Benutzung auftreten. In den letzteren Fällen jedoch wird die notorisch bekannte Marke gleichzeitig den Tatbestand des § 4 Nr. 2 MarkenG erfüllen, da der hierfür erforderlich Grad abstrakter Herstellerzuordnung ebenfalls erreicht sein wird.[352]

bb. Zwischenergebnis

Eigenständige Bedeutung hat die notorisch bekannte Marke im Zusammenhang mit den Entstehungsvoraussetzungen von markenrechtlichem Schutz nur insoweit, wie ein Zeichen zwar im deutschen Inland notorisch bekannt ist, jedoch ausschließlich im Ausland als Marke benutzt worden ist. Im Falle einer (auch) inländischen Benutzung liegen die Voraussetzungen des Markenschutzes kraft Verkehrsgeltung nach § 4 Nr. 2 MarkenG ebenfalls vor, da der dort qualitativ erforderliche Zuordnungsgrad im Sinne einer abstrakten Herstellerzuordnung auch für die notorisch bekannte Marke gilt und die höheren Anforderungen an die Verkehrsdurchsetzung bei notorischer Bekanntheit zugleich die Voraussetzungen der Verkehrsgeltung erfüllen.

---

349 So BlPMZ 2005, 245 (254), genauso Ingerl/Rohnke, § 4 Rn. 29.

350 Vgl. BGH WRP 2003, 1338 (1339).

351 So Ingerl/Rohnke, § 4 Rn. 29.

352 Vgl. Ingerl/Rohnke, § 4 Rn. 29.

3. Ergebnis - erfolgreicher Markenaufbau und die Entstehung von Markenschutz

a. Zusammenfassung

Es kommt für den markenrechtlichen Schutz von vornherein nicht darauf an, dass die Verbraucher mit einer Marke bestimmte Vorstellungen über das gekennzeichnete Produkt verbinden, die sie letztlich zum bevorzugten Kauf des mit der Marke gekennzeichneten Produktes veranlassen würden. Das Markenimage hat keinen direkten Einfluss auf die Entstehung von markenrechtlichem Schutz. Allein die Registereintragung verschafft gemäß § 4 Nr. 1 MarkenG dem Inhaber eines Zeichens schon ein vollwertiges subjektives Recht, sofern das Zeichen markenfähig ist und keine Eintragungshindernisse entgegenstehen.

Gleichwohl misst das Gesetz der Erlangung eines gewissen Grades von sog. Markenbekanntheit im Zusammenhang mit den Entstehungsvoraussetzungen des Markenschutzes besondere Bedeutung bei. Dieses kommt bei von Hause aus nicht unterscheidungskräftigen oder beschreibenden Zeichen, für die Verkehrsdurchsetzung vorliegt und Eintragung beantragt wird, vor allem aber bei der Benutzungsmarke und der notorisch bekannten Marke zum Ausdruck. Markenbekanntheit in diesem Zusammenhang bedeutet die Fähigkeit der angesprochenen Verkehrskreise, das fragliche Zeichen zu erkennen und diesem Zeichen zumindest abstrakt einen betrieblichen Herkunftshinweis beizumessen. Der erforderliche Grad von Markenbekanntheit in den angesprochenen Verkehrskreisen variiert und ist anhand einer Gesamtbetrachtung verschiedener Parameter, die einen vorhandenen Markterfolg einer Marke indizieren, zu beurteilen.

Mögen die graduellen Anforderungen bzgl. der Durchsetzung in den jeweils relevanten Verkehrskreisen bei Verkehrsdurchsetzung nach § 8 Abs. 3 MarkenG, Verkehrsgeltung nach § 4 Nr. 2 MarkenG und notorische Bekanntheit nach § 4 Nr. 3 MarkenG im Einzelnen unterschiedlich sein, so ist doch diesen drei Tatbeständen gemein, dass deren Vorliegen markenrechtlichen Schutz auslösen kann.

Im Falle der Verkehrsdurchsetzung führt die Markenbekanntheit im Ergebnis auch für eigentlich eintragungs*un*fähige Zeichen zu einem registerrechtlichen Schutz im gesamten territorialen Anwendungsbereich des MarkenG, wenn das Zeichen in der Wahrnehmung weiter Teile der angesprochenen Verkehrskreise einen *Bedeutungswandel* vollzieht und von diesen erstens erkannt und zweitens auch als abstrakter Herkunftshinweis verstanden wird. Für den durch die MRL harmonisierten Bereich des Registermarkenschutzes kraft Verkehrsdurchsetzung zeigt sich deren Bedeutung darin, dass das den § 8 Abs. 2 Nr. 1 bis 3 MarkenG jeweils in unterschiedlicher Ausprägung zugrunde liegende Allgemeininteresse doch nicht der Eintragung entgegensteht, sondern nach § 8 Abs. 3 MarkenG vielmehr zurückzutreten hat. Nur im Fall der Verkehrsdurchsetzung soll das Interesse des Markeninhabers mit der Folge überwiegen, dass durch die Gewährung eines Rechtsmonopols die Wettbewerbsfreiheit im Übrigen eingeschränkt wird.

Unter ähnlichen Voraussetzungen kann eine Kennzeichnung unter dem Gesichtspunkt der Verkehrsgeltung auch außerhalb des Registers markenrechtlichen Schutz erlangen. Der markenrechtliche Schutz kraft Verkehrsgeltung kann regional beschränkt sein und so sehr flexibel im jeweiligen Absatzraum Bedeutung erlangen.

Die Fähigkeit der relevanten Verkehrskreise, eine Marke zumindest aufgrund von passiver Bekanntheit zu identifizieren, erzeugt aus wirtschaftlicher Sicht Wert.[353] Die Generierung derartiger Markenbekanntheit eröffnet die Möglichkeit, einer Leistung eine Identität zu geben.[354] Erst wenn die Kennzeichnung über ihre Bekanntheit etabliert ist, lässt sich aus unternehmerischer Sicht sinnvollerweise damit beginnen, Markenattribute, die sich unter dem Begriff Markenimage zusammenfassen lassen, zu vermitteln.[355] Ohne eine zumindest passive Erinnerungsfähigkeit der angesprochenen Verbraucher, lässt sich ein Markenprodukt nicht mit spezifischen Informationen und Bildern anreichern. Dass der Gesetzgeber auch den Schutz dieses speziellen Wertes im Auge hat, lässt sich insbesondere mit Blick auf die historische Entwicklung des Schutzes von Kennzeichnungen mit Verkehrsgeltung sichtbar machen. Schon nach Auffassung des Reichsgerichts, wie oben[356] im Einzelnen dargestellt, verdiente der tatsächliche Zustand der Verkehrsgeltung eines Zeichens rechtlichen Schutz.[357] Gelinge es danach einem Unternehmer meist unter Aufwendung von Mühen und Kosten, sein Markenzeichen als eine Art Schlagwort bekannt zu machen, so sei

353 So Aaker, Management des Markenwertes, S. 85; vgl. im Übrigen hierzu oben S. 58.

354 So Bruhn, Handbuch Markenführung, Band 1, S. 403.

355 Vgl. Aaker, a. a. O., S. 85.

356 Siehe oben S. 24 ff.

357 Vgl. RG JW 1927, 774 (775); RGZ 73, 325 (328).

dieser Zustand eine wettbewerbsrechtlich geschützte Leistung.[358] Es sollte der besondere *Werbewert* des Zeichens zugunsten seines Benutzers *gesichert* werden, sofern das Zeichen von ihm im geschäftlichen Verkehr auch als Marke genutzt worden ist. Dies jedenfalls war der Zweck eines ursprünglich nach § 1 UWG a. F. wettbewerbsrechtlich ausgestalteten Leistungsschutzes.[359] Was *Rößler*[360] zumindest in Bezug auf einen Rufschutz mit Blick auf das WZG noch für systemfremden Besitzstandsschutz hielt, ist seit Einführung des MarkenG fester Bestandteil des deutschen Markenrechts, wobei aber § 4 Nr. 2 und 3 MarkenG nicht Teil des harmonisierten MarkenG sind, es handelt sich vielmehr um national geprägtes Recht.

b. Konkretisierung im Hinblick auf die Imageträgereigenschaft der Marke

Es sollte daher bei der Diskussion des markenrechtlichen Schutzes im Zusammenhang mit dem Schutz der Imagefunktion der Marke entsprechend präzisiert werden:

- Die Identifizierung der Marke durch die angesprochenen Verkehrskreise ist wirtschaftlich wertvoll und für den Imageaufbau grundlegend,[361]
- sie ist bereits auf Ebene der Entstehungsvoraussetzungen von Bedeutung
- und wird nicht ausschließlich für bekannte Marken im Rahmen des Kollisionstatbestandes § 14 Abs. 2 Nr. 3 MarkenG bzw. in § 9 Abs. 1 Nr. 3 MarkenG erfasst.

---

358 Vgl. RG JW 1927, 774 (775).

359 Vgl. oben S. 24; so im Übrigen schon Ulmer, Warenzeichen und unlauterer Wettbewerb, S. 76.

360 Vgl. Rößler, S. 160, der aber zum einen die Rechtsprechung zum Umgang mit den Fällen uneingetragener Kennzeichen mit Verkehrsgeltung und zum anderen das Element des Ausstattungsschutzes im WZG bei der Diskussion der Systemkonformität des Rufschutzes unterbewertet.

361 Vgl. hierzu Ausführungen oben S. 18.

II. Zum Schutzbereich des Markenrechts - das Untersagungsrecht des Markeninhabers

Entsteht Markenschutz nach § 4 MarkenG, so erwirbt der Markeninhaber ein ausschließliches Recht an seiner Marke. Er kann dann Dritten unter bestimmten in § 14 Abs. 2 Nr. 1 bis 3 MarkenG ausdifferenzierten Umständen und unter Berücksichtigung der markenrechtlichen Schrankenregelungen grundsätzlich verbieten, die Marke ohne seine Zustimmung im geschäftlichen Verkehr zu benutzen. Der Markeninhaber hat gegen den Verletzer einen Unterlassungsanspruch gem. § 14 Abs. 5 MarkenG sowie bei hinzutretendem Verschulden einen Schadensersatzanspruch gem. § 14 Abs. 6 MarkenG. Daneben stehen dem Markeninhaber die Widerspruchsgründe nach § 9 Abs. 1 MarkenG / Art. 4 Abs. 1 MRL zu, die aber weitgehend den Verbietungstatbeständen gleichen, sodass sich die nachfolgende Darstellung auf diese beschränkt.

Gemein ist den drei Untersagungsalternativen in § 14 Abs. 2 Nr. 1 - 3 MarkenG bzw. Art. 5 Abs. 1 und 2 MRL stets, dass sie das Fehlen einer Zustimmung des Markeninhabers sowie eine Benutzung der Marke im geschäftlichen Verkehr voraussetzen.

Benutzung im geschäftlichen Verkehr bedeutet, dass die Markenbenutzung im Zusammenhang mit einer auf einen wirtschaftlichen Vorteil gerichteten kommerziellen Tätigkeit und nicht im privaten Bereich erfolgt.[362] Maßgeblich ist die insoweit erkennbar nach außen in Erscheinung tretende Zielrichtung des Handelnden.[363] Als mögliche Benutzungshandlungen kommen u. a. die in § 14 Abs. 3 MarkenG Genannten in Betracht.

Das Merkmal der fehlenden Zustimmung bringt zum Ausdruck, dass der Eingriff in das Ausschließlichkeitsrecht widerrechtlich erfolgen muss. Die Widerrechtlichkeit des Eingriffs entfällt grundsätzlich, wenn eine konkrete Willenserklärung des Markeninhabers mit dem Inhalt, im Hinblick auf die Benutzung des Zeichens durch den Dritten auf das Untersagungsrecht verzichten zu wollen, vorliegt.[364]

362 Vgl. insoweit EuGH WRP 2002, 1415 (1418) - Arsenal.

363 Vgl. Ingerl/Rohnke, MarkenG, § 14 Rn. 75.

364 Vgl. Hacker in Ströbele/Hacker, MarkenG, § 14 Rn. 220.

Liegen diese Eingangsvoraussetzungen einer Markenrechtsverletzung vor, so folgt der Untersagungstatbestand weiter einem Zeichen- sowie Waren- und Dienstleistungsvergleich. Das Gesetz unterscheidet in § 14 Abs. 2 Nr. 1 bis 3 MarkenG bekanntermaßen zwischen dem sog. Identitätsschutz, dem Verwechslungsschutz und dem Schutz bekannter Marken.

Das Augenmerk ist zunächst darauf zu richten, ob eine Benutzung für identische oder zumindest ähnliche Waren erfolgt. Außerhalb des Warenähnlichkeitsbereiches sieht zumindest der Wortlaut des Gesetzes nur einen Schutz für *bekannte* Marken gegen bestimmte Beeinträchtigungen vor. Der EuGH hat den Anwendungsbereich des Bekanntheitsschutzes inzwischen auch auf den Ähnlichkeitsbereich ausgedehnt. Mehr dazu aber im nachfolgenden Abschnitt. Der Gesetzesbegründung zum MarkenG zufolge soll gerade bei diesem vor Inkrafttreten des MarkenG im Wettbewerbsrecht verorteten Schutz bekannter Marken in besonders deutlicher Weise die Abkehr von der Alleinmaßgeblichkeit der sog. Herkunftsfunktion sowie der Schutz des in der Marke verkörperten „Goodwills", also des Ansehens, des guten Rufes und des damit verbundenen Wertes, zum Ausdruck kommen.[365] Teilweise wird der Schutz der Werbe- bzw. Imagefunktion in der Literatur sogar *ausschließlich* bei §§ 14 Abs. 2 Nr. 3, 9 Abs. 1 Nr. 3 MarkenG verortet und ihr ansonsten eine eher untergeordnete Rolle beigemessen.[366]

Es liegt also nahe, zunächst den Bekanntheitsschutz des § 14 Abs. 2 Nr. 3 MarkenG im Hinblick auf den Schutz der Imagefunktion der Marke zu untersuchen. Die sich hieraus ergebenden Erkenntnisse sind erforderlich, um eine umfassende Darstellung des aus einem Markenrecht resultierenden Schutzbereichs zu liefern.

Daran anschließend sind der Verwechslungsschutz sowie der Identitätsschutz in gleicher Richtung zu untersuchen, denn auch unterhalb der noch zu erörternden Schwelle der Bekanntheit könnte ein erfolgreicher Markenaufbau

365 Vgl. BT-Drucks. 12/6581 S.72; vgl. im Übrigen auch obige Ausführungen auf S. 40 ff.

366 Vgl. bspw. Götting, Gewerblicher Rechtsschutz, § 52 Rn. 10; Berlit, Markenrecht, Rn. 3.

bereits den Wert einer Marke steigern, was sich möglicherweise auf den Schutzbereich des Markenrechts auswirken könnte.[367]

1. Der Schutz bekannter Marken nach § 14 Abs. 2 Nr. 3 MarkenG

Art. 5 Abs. 2 MRL eröffnet den Mitgliedsstaaten die Option, dem Markeninhaber ein Verbietungsrecht auch außerhalb des Warenähnlichkeitsbereiches zu gewähren, sofern seine Marke „bekannt“ ist und in identischer bzw. ähnlicher Form benutzt und dadurch in unlauterer Weise beeinträchtigt wird. Der deutsche Gesetzgeber hat hiervon in § 14 Abs. 2 Nr. 3 MarkenG Gebrauch gemacht. In der Gesetzesbegründung weist er darauf hin, dass im Hinblick auf diesen Unlauterkeitstatbestand des Markengesetzes auf die in der deutschen Rechtsprechung zur Unlauterkeit des Eingriffs in Kennzeichenrechte entwickelten Grundsätze zurückgegriffen werden könne.[368] Auch wenn dort gleichzeitig betont wird, dass es sich insoweit um eine Norm des Gemeinschaftsrechts handelt, über deren richtlinienkonforme Auslegung der EuGH zu entscheiden habe, zeigt sich zumindest an der Bezugnahme auf die lauterkeitsrechtlich geprägte Rechtsprechung zum Schutz bekannter Marken, dass der zugrunde liegende Gesetzeszweck der Vorschrift der ursprünglichen Schutzrichtung des lauterkeitsrechtlichen Schutzes bekannter Marken nahe kommt. Dieser Schutz rührte - wie oben dargelegt[369] - daher, dass die Rechtsprechung den besonderen Wert bekannter Marken mit besonderem Ruf und daraus resultierender erhöhter Werbekraft als wettbewerblichen Besitzstand anerkannte.

Obwohl die Rechtsprechung des EuGH bisher keine grundsätzliche Aussage zur teleologischen Legitimation des Art. 5 Abs. 2 MRL getroffen hat, liefert sie doch klare Anhaltspunkte, die auf die Imagefunktion der Marke als den maßgeblichen Schutzzweck der Norm schließen lassen. So hat der EuGH jüngst deutlich gemacht, dass sich die Beeinträchtigung der Rechtsposition des Inhabers einer bekannten Marke als unlauter erweisen kann, wenn diese durch eine Schmälerung der Anziehungskraft, insbesondere durch negative Beeinflussung des Mar-

367 Zu denken ist insoweit in Abgrenzung zu einem unbenutzten Zeichen innerhalb der sog. Benutzungsschonfrist des § 25 MarkenG z. B. an ein intensiv beworbenes und genutztes Zeichen, das lediglich noch nicht die Bekanntheitsschwelle überschritten hat.

368 Vgl. BT-Drucks. 12/6581 S. 72.

369 Vgl. oben S. 39 ff.

kenimages, gekennzeichnet ist.[370] Gleiches gilt für den Vorteil, den ein Dritter dadurch erlangt, dass er sich in den Bereich der „Sogwirkung" dieser Marke begibt, um von ihrer Anziehungskraft, ihrem Ruf und ihrem Ansehen zu profitieren und so ohne finanzielle Gegenleistung die wirtschaftlichen Anstrengungen des Markeninhabers zur Schaffung und Aufrechterhaltung des Markenimages ausnutzt.[371]

Wie der Schutz im Einzelnen ausgestaltet ist, soll durch eine nähere Betrachtung des Tatbestandes erschlossen werden.

a. Der Warenvergleich

Anders als bei den später zu erörternden Tatbeständen § 14 Nr. 1 und 2 MarkenG kommt es für den Bekanntheitsschutz nach § 14 Abs. 2 Nr. 3 MarkenG dem Wortlaut der Vorschrift zufolge nicht auf eine Warenähnlichkeit an. Der Schutz besteht im Gegenteil grundsätzlich dann, wenn die bekannte Marke von einem Dritten für Waren benutzt wird, die den von ihr beanspruchten Waren unähnlich sind.

Der EuGH hat im Hinblick auf die Auslegung des Art. 5 Abs. 2 MRL in einem Umkehrschluss aber klargestellt, dass die Vorschrift ihrem Sinn und Zweck nach entsprechend anzuwenden ist, wenn ein mit der bekannten Marke identisches oder ähnliches Zeichen *innerhalb* des Ähnlichkeits- oder Identitätsbereiches der Waren oder Dienstleistungen, für die sie Schutz genießt, benutzt wird.[372] Der EuGH geht zu Recht von einer gesteigerten Schutzbedürftigkeit aus, da hier die Rufausbeutung für Konkurrenten noch reizvoller ist.

b. Anforderungen an das Bekanntheitserfordernis

Letztlich eröffnet die Eigenschaft der Bekanntheit der Marke einen markenrechtlichen Schutz gegen bestimmte Beeinträchtigungen, einerlei, ob die Marke für identische, ähnliche oder unähnliche Waren benutzt wird. Gewisse Bedeutung erlangt der Warenvergleich dann erst bei der Prüfung der weiteren Tatbestandsmerkmale, was noch darzustellen sein wird.

---

370 Vgl. EuGH GRUR 2009, 756 (760) - L´Oréal/Bellure.

371 Vgl. EuGH GRUR 2009, 756 (760) - L´Oréal/Bellure.

372 Vgl. EuGH WRP 2004, 360 (363) - Davidoff II; Ingerl/Rohnke, MarkenG, § 14 Rn. 1350.

Somit ist das Merkmal der Bekanntheit der Marke von zentraler Bedeutung. Der EuGH geht davon aus, dass die in Art. 5 Abs. 2 MRL (= § 14 Abs. 2 Nr. 3 MarkenG) geregelten Beeinträchtigungen, hiermit sind sowohl die Ausbeutungs- als auch die Beeinträchtigungsalternativen gemeint, voraussetzen, dass das Publikum eine „Verbindung" zwischen den beteiligten Marken herstellt. Dies wiederum sei - im Warenunähnlichkeitsbereich umso mehr - nur möglich, wenn die ältere Marke einen „genügenden" Bekanntheitsgrad aufweise.[373] Dieser Grad ist als erreicht anzusehen, wenn die Marke einem bedeutenden Teil des Publikums, das von den durch diese Marke erfassten Waren oder Dienstleistungen betroffen ist, bekannt ist. [374]

aa. Sachliche Bestimmung der maßgeblichen Verkehrskreise

Das Bekanntheitserfordernis bezieht sich also zunächst einmal auf das Publikum, das von der Marke betroffen ist. Je nach Kategorie der mit der Marke gekennzeichneten Ware oder Dienstleitung kann die angesprochene Zielgruppe unterschiedlich sein. Bei Waren des Massenkonsums wird das regelmäßig die Gesamtbevölkerung sein, wohingegen bei entsprechenden Warengattungen auch spezielle Kunden- und Fachkreise in Betracht kommen können.[375]

Insbesondere bei den Ausbeutungstatbeständen muss die Marke zusätzlich bei dem von dem jüngeren Zeichen angesprochenen Publikum zumindest eine gewisse tatsächliche Bekanntheit aufweisen,[376] worauf bei der Erörterung dieser Tatbestandsalternativen noch einzugehen ist. Selbstverständlich ist, dass nicht das Zeichen als solches, sondern das Zeichen *als Marke*, also als ein Herkunftshinweis, Bekanntheit erlangt haben muss.

bb. Örtliche Bestimmung der maßgeblichen Verkehrskreise

Das Bekanntheitserfordernis setzt voraus, dass die Bekanntheit einer Marke im deutschen Inland gegeben ist. Einer lediglich im Ausland bekannten Marke, für die jedoch auch im Inland Markenschutz besteht, kommt daher nicht automatisch der Schutz aus § 14 Abs. 2 Nr. 3 MarkenG zu.[377] Anders als etwa bei § 4 Nr. 2 und § 8 Abs. 3 MarkenG setzt das Bekanntheitserfordernis hier jedoch

---

373 Vgl. EuGH GRUR Int. 2000, 73 (75) - Chevy.

374 Vgl. EuGH GRUR Int. 2000, 73 (75) - Chevy.

375 Vgl. Hacker in Ströbele/Hacker, MarkenG, § 14 Rn. 294.

376 So auch Ingerl/Rohnke, MarkenG, § 14 Rn. 1251.

377 Vgl. BGH GRUR 2008, 160 (163) - cordarone.

nicht voraus, dass die Bekanntheit auch infolge einer inländischen *Benutzung* erlangt worden ist.[378]

Art. 5 Abs. 2 MRL verlangt, dass die Marke *in dem betreffenden Mitgliedstaat* bekannt ist. Der EuGH geht aber davon aus, dass hier nicht zu verlangen sei, dass sich die Bekanntheit auf das *gesamte* Gebiet des Mitgliedstaats erstreckt. Ausreichend sei vielmehr, dass die Marke jedenfalls in einem als wesentlich anzusehenden Teilgebiet des jeweiligen Mitgliedstaates Bekanntheit erlangt hat.[379] Genaue Kriterien, nach denen schließlich die Wesentlichkeit eines Teilgebietes zu ermitteln wäre, hat der EuGH bisher allerdings nicht festgelegt. Der EuGH hat aber in einem Einzelfall unter Bezugnahme auf seine Rechtsprechung zu Art. 5 Abs. 2 MRL für die Frage der Bekanntheit einer Gemeinschaftsmarke nach Art. Art. 9 Abs. 1 lit. c) GMV entschieden, dass die territorialen Anforderungen auch in einem Falle erfüllt waren, in dem Bekanntheit nur in einem Mitgliedstaat vorlag.[380] Daraus wird für das deutsche Markenrecht in der Literatur zu Recht geschlossen, dass beispielsweise die Bekanntheit in nur einem Bundesland ausreichend sein dürfte, wobei es immer auf die relative Bedeutung dieses Teilgebietes für das Gesamtgebiet ankomme.[381] Gerade der letztere Gesichtspunkt legt die Berücksichtigung der Größenordnung bzw. Einwohnerzahlen nahe, sodass möglicherweise auch verschiedene regionale Schwerpunkte über die Ländergrenzen hinweg Berücksichtigung finden dürften.

cc. Das eigentliche Bekanntheitserfordernis

Ähnlich wie bei der im Zusammenhang mit den Entstehungsvoraussetzungen erörterten Rolle erlangter Verkehrsgeltung und Verkehrsdurchsetzung wird in der Rechtsprechung des EuGH die Feststellung der Bekanntheit einer Marke nicht allein von demoskopisch ermittelten Prozentwerten abhängig gemacht. Vielmehr sollen die nationalen Gerichte bei der Prüfung der Bekanntheit alle relevanten Umstände des Falles berücksichtigen, insbesondere den Marktanteil der Marke, die Intensität, geografische Ausdehnung und Dauer ihrer Benutzung sowie den Umfang der Investitionen, die das Unternehmen zu ihrer Förderung getätigt hat.[382] Diese Kriterien wurden vom BGH übernommen.[383] Somit lässt sich eine Markenbekanntheit allein anhand von demoskopisch ermittelten Bekanntheitswerten weder bejahen noch verneinen. So widerspricht der BGH in

378 So Ingerl/Rohnke, MarkenG, § 14 Rn. 1322.
379 Vgl. EuGH GRUR Int. 2000, 73 (75) - Chevy.
380 Vgl. EuGH BB 2009, 2448 (2449) - PAGO.
381 So Ingerl/Rohnke, MarkenG, § 14 Rn. 1324.
382 Vgl. EuGH BB 2009, 2448 (2449) - PAGO; EuGH GRUR Int. 2000, 73 (75) - Chevy.
383 Vgl. BGH WRP 2002, 330 (332) - Fabergé.

der Entscheidung *Fabergé* selbst der Annahme, dass bei einem Bekanntheitsgrad von 8,1% ohne Weiteres die Bekanntheit abgelehnt werden könne.[384] Erforderlich ist vielmehr immer, dass der Erfolg der Marke am Markt durch die dargelegten Parameter ermittelt wird. So ist es auch kaum denkbar, dass allein die getätigten Werbeaufwendungen die Annahme einer Bekanntheit rechtfertigen, ohne dass andere Umstände hinzutreten.[385] Ein *reiner* Investitionsschutz lässt sich weder mit den lauterkeitsrechtlichen Ursprüngen des Schutzes bekannter Marken in Deutschland noch mit der für die richtlinienkonforme Auslegung maßgeblichen Rechtsprechung des EuGH vereinbaren.

Auch der EuGH geht in der Entscheidung *Chevy* bei der Auslegung von Art. 5 Abs. 2 MRL davon aus, dass die Bekanntheit insbesondere im Hinblick auf die weiteren Tatbestandsvoraussetzungen der unlauteren *Ausnutzung oder Beeinträchtigung* von Wertschätzung oder Unterscheidungskraft zu ermitteln ist.[386] In seiner jüngeren *L´Oréal/ Bellure*-Entscheidung grenzt er diese Tatbestandsvoraussetzungen jeweils als Beeinträchtigung einer erarbeiteten Rechtsposition und ungerechtfertigte Ausnutzung der aus der Marke resultierenden Sogwirkung voneinander ab. Ohne den Nachweis eines entsprechenden Markterfolges muss der Schutz bloßer Investitionen auch danach grundsätzlich ausscheiden, denn eine etwaige „Sogwirkung“ dürfte sich erst anhand eines entsprechenden Markterfolges aufzeigen lassen.

dd. Der gute Ruf als integraler Bestandteil?

Eng verknüpft mit den soeben dargestellten Kriterien zur Ermittlung der Bekanntheit ist auch die teilweise umstrittene Frage, ob die Bekanntheit einer Marke auch durch deren guten Ruf „mitbestimmt“ wird. Ursprung dieser Problematik ist vor allem die Gesetzesbegründung zum MarkenG. Dort heißt es u. a., es komme für die Feststellung der Bekanntheit sowohl auf quantitative als auch auf qualitative Kriterien an; hinsichtlich der qualitativen Elemente hänge der Schutz als bekannte Marke vom „guten Ruf“ dieser Marke ab.[387] Gestützt auf diese Formulierung wird in der Literatur die umstrittene Auffassung vertreten, der „gute Ruf“ einer Marke sei integraler Bestandteil des Tatbestandsmerkmals der

384 Vgl. BGH WRP 2002, 330 (331/332) - Fabergé.

385 Ähnlich Ingerl/Rohnke, § 14 Rn. 1332.

386 Vgl. BGH GRUR Int. 2000, 73 (75) - Chevy.

387 Vgl. BT-Drucks. 12/6581 S. 72.

Bekanntheit.[388] Bereits an dem Prüfungspunkt der Bekanntheit soll danach das Vorstellungsbild der Marktgegenseite, also der Verbraucher, für die Tatbestandsmäßigkeit des Verbietungsrechts aus § 14 Abs. 2 Nr. 3 MarkenG relevant werden. Für die Ausfüllung des Merkmals der Bekanntheit durch den Aspekt des guten Rufes sollen alle Vorstellungen in Betracht kommen, die die Wertschätzung beeinflussen können, mithin die Gesamtheit aller positiven Publikumserwartungen.[389]

Die Gesetzesbegründung zum deutschen Markengesetz weist jedoch ebenso auf die Vorrangigkeit der Maßgaben des EuGH zur richtlinienkonformen Auslegung des MarkenG hin. Die Kriterien, die vom EuGH zur Auslegung des Bekanntheitsbegriffes vorgegeben worden sind,[390] betreffen nicht unmittelbar die Feststellung des Inhaltes eines etwaigen Markenimages, sondern beschränken sich auf objektiv weitgehend feststellbare Marktdaten.

Zunächst ist hierzu festzustellen, dass zumindest in jüngerer Zeit die Vertreter, die eine Berücksichtigung des Rufes an dieser Stelle fordern, nicht von seiner Alleinmaßgeblichkeit ausgehen wollen.[391] Dies legt auch schon die Gesetzesbegründung zum MarkenG nahe, da dort eine Auslegung des Bekanntheitsbegriffs auch in quantitativer Hinsicht postuliert wird. Deshalb ist fraglich, ob die ohnehin schwierig zu operationalisierende Ermittlung eines Markenimages neben den vom EuGH vorgegebenen Kriterien überhaupt zu einem anderen Ergebnis führen kann. Denn ergibt sich anhand von Marktanteil, Intensität der Benutzung der Marke sowie Investitionsaufwand eine Bekanntheit der fraglichen Marke, scheint es gerade unter Berücksichtigung des oben geschilderten ökonomischen Markenverständnisses abwegig, dass die Marke *nicht* über ein positives Image verfügt. Nur dann sollten die Verbraucher nämlich bereit sein, öfter zu dem mit der fraglichen Marke gekennzeichneten Produkt zu greifen bzw. hierfür höhere Preise zu zahlen. Die Voraussetzung eines positiven Markenimages ist bereits immanent in dem Kriterienkatalog des EuGH enthalten. Es ist an dieser Stelle nicht erforderlich, die Imagestruktur oder den Inhalt des Markenimages zu ermitteln. Diese Frage erlangt erst auf der Ebene der tatbe-

388 Vgl. Rößler in: GRUR 1994, 559 (562); Fezer, Markenrecht, § 14 Rn. 771.; a.A. Hacker in Ströbele/Hacker, MarkenG, § 14 Rn. 282; Ingerl/Rohnke, MarkenG, § 14 Rn. 1338; Büscher/Dittmer/Schiwy, § 14 MarkenG Rn. 519.

389 Vgl. Rößler in: GRUR 1994, 559 (563).

390 Vgl. S. 74.

391 Vgl. Fezer, Markenrecht, § 14 Rn. 767.

standsmäßig vorausgesetzten Folgen der Benutzung der bekannten Marke Bedeutung, wenn es beispielsweise um die Transferfähigkeit des Markenimages bei dem Ausnutzungstatbestand geht.

Davon abgesehen wollen aber auch Autoren, die die vom EuGH vorgegebene Art der Ermittlung von Markenbekanntheit für gerechtfertigt halten, ein „Negativimage" einer Marke nicht geschützt wissen.[392] Dies wirft die Frage auf, ob die Qualität des Rufes bzw. des Images bei der Ermittlung der Bekanntheit zumindest insoweit nicht doch wertend zu berücksichtigen ist. Dazu ist zunächst zu klären, was unter einem „Negativimage" oder einer „berüchtigten" Marke zu verstehen sein soll. Genannt werden diesbezüglich im Wesentlichen Marken, die durch Skandale oder Schockwerbung[393] bekannt geworden sind bzw. infolge wettbewerbswidriger Praktiken einen schlechten Ruf erworben und Bekanntheit erlangt haben[394].

Wie dargelegt, beschreiben die vom EuGH vorgegebenen Kriterien in bestimmter Weise eine am Markt eingeführte, erfolgreiche Marke. Es ist aus rein praktischer Sicht kaum denkbar, dass eine Marke aus einem schlechten Ruf heraus relevante Werte erzielen wird. Das OLG Köln hat beispielsweise in einer Entscheidung einen Marktanteil einer Marke von 2,5 %, eine 18-jährige Marktpräsenz sowie einen Werbeaufwand von durchschnittlich ca. 1,1 Millionen Euro im Jahr für die Annahme einer Bekanntheit nicht ausreichen lassen.[395] Ob ausgerechnet eine Marke mit einem schlechten Ruf geeignet ist, die Kriterien des EuGH zu erfüllen, muss bezweifelt werden. Der Streit mag insoweit nach der früheren deutschen Rechtsprechung, nach der eine *rein* demoskopische Ermittlung der Bekanntheit als gangbar angesehen worden ist, gerechtfertigt gewesen sein. Gerade jedoch der nach der EuGH-Recht-sprechung verlangte bedeutende Marktanteil setzt zwangsläufig eine größere Kaufbereitschaft der Verbraucher voraus. Eine solche dürfte wiederum nur auftreten, wenn die Käufer sich einen Nutzen vom Kauf des mit der fraglichen Marke gekennzeichneten Produkts versprechen. Dies setzt ein entsprechendes Markenimage voraus. Gerade bei Mar-

392 So bspw. Hacker in Ströbele/Hacker, MarkenG, § 14 Rn. 282; a. A. Ingerl/Rohnke, MarkenG, § 14 Rn. 1338, die den guten Ruf als integrativen Bestandteil der Bekanntheit ablehnen und konsequent auf Ebene der Bekanntheit nicht nach dem Imageinhalt differenzieren wollen.

393 So bei Ingerl/Rohnke, MarkenG, § 14 Rn. 1338.

394 So bei Hacker in Ströbele/Hacker, MarkenG, § 14 Rn. 282.

395 Vgl. GRUR-RR 2005, 12 (13) - Absolut Luckies.

ken mit einem *allein* durch Skandale oder durch wettbewerbswidriges Verhalten geprägten schlechten Ruf, dürfte es ausscheiden. Hierfür spricht auch, dass das fragliche Zeichen gerade *als Marke,* also als Herkunftshinweis, Bekanntheit erlangt haben muss. D. h., das Ereignis, das das Negativimage verursacht und zur demoskopischen Bekanntheit führt, müsste zwingend mit der Marke in Zusammenhang stehen. Dies aber lässt die Erfüllung der Kriterien des EuGH als umso unwahrscheinlicher erscheinen. Eine inhaltliche Feststellung des Rufes oder Images, um die Marke mit Negativimage vom erweiterten Schutz ausnehmen zu können, ist also auch insoweit nicht geboten.

Dem eher theoretischen Fall, dass der Ruf einer Marke tatsächlich ausschließlich und vor allem dauerhaft durch ein entsprechendes Negativimage geprägt ist und trotzdem auch unter Berücksichtigung der Kriterien des EuGH eine Bekanntheit angenommen werden könnte, müsste zumindest bei wettbewerbswidrigen Verhaltensweisen als Ursache der Bekanntheit mit teleologischen Erwägungen begegnet werden. Denn zumindest in diesem Falle ergäben sich Wertungswidersprüche, wollte man die daraus resultierende Bekanntheit der Marke dem erweiterten Markenschutz zugänglich machen. Die Regeln der Gesetzesinterpretation gebieten es, Normen nach Möglichkeit so auszulegen, dass Wertungswidersprüche vermieden werden.[396] Folglich wären die betroffenen Gesetzesmaterien miteinander in Ausgleich zu bringen. Es ist in dieser Hinsicht aber nicht denkbar, dass die Erlangung von Markenbekanntheit wettbewerbswidrige Verhaltensweisen rechtfertigen könnte, sodass zwangsläufig umgekehrt die Wertungen des Wettbewerbsrechts den Markenschutz begrenzen müssen und ein Bekanntheitsschutz ausscheiden muss.

Im Ergebnis nicht anders verhält es sich bei Marken, die durch Schockwerbung bekannt und sozusagen „berüchtigt“ gemacht worden sind. Hierunter kann Werbung verstanden werden, die durch Darstellung von Leid und gesellschaftlichen Missständen besondere Aufmerksamkeit erregt und diese für Absatzzwecke nutzt. Geläufige Beispiele aus der deutschen Rechtsprechung sind die Werbeaktionen eines Modeherstellers, bei denen ölverschmutzte Tiere oder als „HIV-positiv“ abgestempelte menschliche Körperteile kommentarlos zusammen mit dem Markenzeichen des Herstellers abgebildet wurden.[397]

---

396 Vgl. Zippelius, Juristische Methodenlehre, S. 41.

397 Vgl. zum Sachverhalt BVerfG BB 2001, 112 ff. - Benetton-Werbung.

Um eine widerspruchsfreie Rechtsanwendung auch hier sicherzustellen, ist die Rechtsprechung des Bundesverfassungsgerichts zur Zulässigkeit solcher Werbemaßnahmen maßgeblich zu berücksichtigen. Danach kann die Ausnutzung der durch diese Art von Werbung erlangten Aufmerksamkeit sogar zu gewerblichen Zwecken unter dem Gesichtspunkt der Meinungsfreiheit aus Art. 5 Abs. 1 GG, freilich beschränkt durch das hohe Gut der Menschenwürde aus Art. 1 Abs. 1 GG, gerechtfertigt sein.[398] Der Hinweis auf gesellschaftliche, soziale, ökologische o.ä. Missstände kann von der grundrechtlich geschützten Meinungsfreiheit gedeckt sein. Folglich zwingt das Gebot der widerspruchsfreien Gesetzesinterpretation bei Vorliegen einer auf derartige Werbekampagnen zurückgehenden Bekanntheit von Marken gerade nicht zu einer expliziten, qualitativen Integration des Markenimages in das Tatbestandsmerkmal der „Bekanntheit". Die Kriterien des EuGH zur Ermittlung der Bekanntheit entscheiden allein. Lediglich in dem eher unwahrscheinlichen Fall, dass die Markenbekanntheit *allein und ausschließlich* auf rechtswidrige, die Menschenwürde verletzende Schockwerbung zurückzuführen ist, muss die dargelegte Begrenzung u. a. durch das Wettbewerbsrecht gelten.

c. Ähnlichkeitsbedingte Wiedererkennung der Marke

Spezifische Voraussetzung für das aus § 14 Abs. 2 Nr. 3 MarkenG resultierende Verbietungsrecht ist *eine Benutzung* der bekannten Marke, die deren Unterscheidungskraft oder die Wertschätzung ohne rechtfertigenden Grund in unlauterer Weise ausnutzt oder beeinträchtigt.[399] Die Qualität der fraglichen Benutzung, die auch für die übrigen Verbietungsrechte aus Art. 5 Abs. 1 MRL/§ 14 Abs. 2 MarkenG relevant sind, ist seit jeher ein in der deutschen Literatur und Rechtsprechung sehr kontrovers diskutiertes Thema. Obwohl auch der BGH bei der Auslegung der einzelnen Verletzungstatbestände lange Zeit von einem einheitlichen Benutzungsbegriff ausging, war dieser Grundsatz jedenfalls im Bereich des Bekanntheitsschutzes aufgrund einer spezifischen Auslegung durch die Rechtsprechung schon bisher stark relativiert.[400] Seit der Entscheidung *Adidas/Fitnessworld* fordert der EuGH hier eine ähnlichkeitsbedingte gedankliche Verknüpfung, die von den beteiligten Verkehrskreisen zwischen dem jüngeren Zeichen und der bekannten Marke hergestellt wird.[401] Die *Zeichenbenutzung* ist

398 Vgl. BVerfG WRP 2003, 633 (636) - Benetton-Werbung II.

399 Vgl. EuGH GRUR 2004, 58 (60) - Adidas/Fitnessworld; GRUR 2009, 56 (57) - Intel.

400 Vgl. hierzu Hacker, in: MarkenR 2009, 333 (335).

401 Vgl. EuGH GRUR 2004, 58 (60) - Adidas/Fitnessworld.

also nur dann grundsätzlich geeignet, die genannten Beeinträchtigungen der bekannten Marke hervorzurufen, wenn die Verkehrskreise - u. a. aufgrund eines bestimmten Grades an Zeichenähnlichkeit - einen Zusammenhang zwischen der älteren, bekannten Marke und dem jüngeren Zeichen herstellen.[402] Grundlegende Voraussetzung ist also zunächst eine durch Zeichenähnlichkeit den angesprochenen Verkehrskreisen vermittelte gedankliche Verknüpfung der fraglichen Zeichen.

Soweit es um die Parameter der Feststellung der Zeichenähnlichkeit geht, wird die Rechtsprechung von BGH und EuGH von der Literatur als weitgehend im Einklang befunden. Streit besteht jedoch über die Einordnung der höchstrichterlichen Rechtsprechung im Hinblick auf das für die Tatbestandsmäßigkeit erforderliche *Maß* an Zeichenähnlichkeit. Der BGH verwendet, soweit ersichtlich, dann auch den § 14 Abs. 2 Nr. 2 MarkenG zumindest vom Wortlaut her entsprechenden Begriff der „gedanklichen Verbindung“, die durch die Ähnlichkeit der Zeichen hervorgerufen werden muss.[403] Hieraus werden in der Literatur teilweise Schlussfolgerungen für den vermeintlich vom BGH propagierten Maßstab zur Ermittlung der adäquaten Zeichenähnlichkeit gezogen.[404]

Doch zunächst ist die Ermittlung der Zeichenähnlichkeit an sich darzustellen. Hieran schließt sich die Erörterung des erforderlichen Ähnlichkeitsgrades an.

aa. *Grundsätze der Ermittlung der Zeichenähnlichkeit*

Zur Ermittlung der erforderlichen Zeichenähnlichkeit sind die sich gegenüberstehenden Zeichen unter Gesichtspunkten der optischen Erscheinung, des klanglichen Ausdrucks und der inhaltlichen Bedeutung auf Gemeinsamkeiten hin zu untersuchen.[405] Sind sich die Zeichen absolut unähnlich, scheidet ein Schutz aus § 14 Abs. 2 Nr. 3 MarkenG aus, da in einem solchen Falle ausgeschlossen wird, dass die Verbraucher die Zeichen überhaupt miteinander in Verbindung bringen. Fehlt es hieran, kann der Verwender des jüngeren Zeichens weder Wertschät-

402 So zuletzt GRUR 2009, 56 (57) - Intel.

403 Vgl. u. a. BGH WRP 2004, 1046 (1051) - Zwilling/Zweibrüder; BGH GRUR 2009, 772 (778) - Augsburger Puppenkiste.

404 Vgl. u. a. Hacker in Ströbele/Hacker, MarkenG, § 14 Rn. 269; Büscher in Büscher/Dittmer/Schiwy, § 14 Rn. 537.

405 Vgl. EuGH GRUR 2004, 58 (60) - Adidas/Fitnessworld; BGH GRUR 2004, 594 (597) - Ferrari Pferd.

zung noch Unterscheidungskraft der bekannten Marke ausnutzen oder beeinträchtigen.

Die Frage, welcher Grad von Zeichenähnlichkeit erforderlich ist, um etwaige Beeinträchtigungen bzw. die ernsthafte Gefahr solcher Beeinträchtigungen der bekannten Marke der Verwendung des jüngeren Zeichens zuzuschreiben, ist anhand des jeweiligen Gesamteindrucks der sich gegenüberstehenden Zeichen zu beurteilen. Die Beurteilung folgt prinzipiell dem Vorgehen zur Ermittlung der Zeichenähnlichkeit im Rahmen des § 14 Abs. 2 Nr. 2 MarkenG. Danach ist es, trotz der Maßgeblichkeit des Gesamteindrucks der sich gegenüberstehenden Marken, bekanntermaßen nicht ausgeschlossen, dass auch einzelne Bestandteile besondere, das gesamte Zeichen prägende Kennzeichnungskraft aufweisen und für den Zeichenvergleich maßgeblich sind.[406] Eine nähere Betrachtung insbesondere der sog. Prägetheorie wird an späterer Stelle bei der Untersuchung des Verwechslungsschutzes im Hinblick auf den Schutz ökonomischer Funktionen der Marke erfolgen.

bb. Wiedererkennung infolge von Zeichenähnlichkeit

Wie oben bereits angesprochen, herrscht in der Literatur bis dato keine Einigkeit darüber, welcher Grad von Zeichenähnlichkeit jeweils nach der Rechtsprechung des EuGH und der des BGH für die Annahme der Tatbestandsmäßigkeit zu fordern sein soll. Daher wird zunächst die Herangehensweise der jeweiligen Rechtsprechungen dargestellt und daraus anschließend ein Standpunkt abgeleitet.

(1) Die „gedankliche Verknüpfung" in der Rechtsprechung des EuGH

Im Jahre 2004 legte der *Hoge Raad* der Niederlande dem EuGH gem. Art. 234 EGV (heute Art. 267 AEUV) zwei Fragen zur Auslegung von Art. 5 Abs. 2 MRL (in Deutschland durch § 14 Abs. 2 Nr. 3 MarkenG umgesetzt) vor. Im Hinblick auf den hier interessierenden Gegenstand sollen nur die Fragestellungen[407] aus der Entscheidung *Adidas/Fitnessworld* aufgegriffen werden, aufgrund derer vom EuGH zu klären war, ob die Beurteilung der Zeichenähnlichkeit anhand eines anderen Maßstabes als desjenigen der unmittelbaren oder mittelbaren Herkunftsverwechslung im Sinne von Art. 5 Abs. 1 lit. b) MRL (in Deutschland durch § 14 Abs. 2 Nr. 2 MarkenG umgesetzt) zu erfolgen habe. Weiterhin war zu klären, welche Bedeutung dem Umstand für die Beurteilung der Zeichenähnlichkeit beizumessen sei, dass ein beanstandetes Zeichen von den beteiligten Verkehrskreisen *als Verzierung* wahrgenommen werde.

406 Vgl. BGH WRP 2006, 92 (94) - coccodrillo.
407 Vgl. EuGH GRUR 2004, 58 (59) - Adidas/Fitnessworld.

Der EuGH stellte zunächst einmal heraus, dass die spezifische Voraussetzung für den Schutz der bekannten Marke nach Art. 5 Abs. 2 MRL in einer Benutzung des streitigen Zeichens bestehe, die die Unterscheidungskraft oder Wertschätzung der Marke ohne rechtfertigenden Grund in unlauterer Weise ausnutze oder beeinträchtige.[408]

Eine Verwechslungsgefahr werde, anders als bei Art. 5 Abs. 1 lit. b) MRL, gerade nicht verlangt. Für den Schutz der bekannten Marke nach der MRL sei also folglich auch nicht ein Grad der Zeichenähnlichkeit zu verlangen, der so hoch ist, dass für die beteiligten Verkehrskreise eine Gefahr der Verwechslung der beiden sich gegenüberstehenden Zeichen bestehen würde.[409] Im Hinblick auf diese Konkretisierung der Anforderungen an die Zeichenähnlichkeit bleibt unerwähnt, dass die Beurteilung der Verwechslungsgefahr bei Art. 5 Abs. 1 lit. b) MRL anhand mehrerer Einflussfaktoren zu ermitteln wäre, wie sich u. a. in Erwägungsgrund 11 der MRL zeigt. Vor diesem Hintergrund sollen aber auch nach Auffassung des EuGH, ähnlich wie bei der Ermittlung der Verwechslungsgefahr, sämtliche Umstände des Einzelfalles zu berücksichtigen sein.[410] Der Grad der Zeichenähnlichkeit muss bei den beteiligten Verkehrskreisen eine „gedankliche Verknüpfung“ zwischen bekannter Marke und dem Zeichen bewirken können. Dabei stehe auch der Umstand, dass das Zeichen neben dieser gedanklichen Verknüpfung mit der bekannten Marke *auch* als Verzierung wahrgenommen werde, dem Schutz aus Art. 5 Abs. 2 MRL nicht entgegen, so der EuGH weiter. Lediglich wenn das Zeichen *ausschließlich* als Verzierung wahrgenommen werde, solle eine noch ausreichende gedankliche Verknüpfung ausscheiden.[411]

Eine weitere Konkretisierung nahm der EuGH jüngst in der Entscheidung *Intel Corporation/CPM United Kingdom* vor. Dort wird dargelegt, dass im Hinblick auf die Berücksichtigung der Einzelfallumstände bei Feststellung der gedanklichen Verknüpfung neben der Zeichenähnlichkeit auch Art, Nähe oder Unähnlichkeit der Waren und Dienstleistungen, für die jeweils Markenschutz bean-

408 Vgl. EuGH GRUR 2004, 58 (60) - Adidas/Fitnessworld.

409 Vgl. EuGH GRUR 2004, 58 (60) - Adidas/Fitnessworld.

410 Vgl. EuGH GRUR 2004, 58 (60) - Adidas/Fitnessworld.

411 Vgl. EuGH GRUR 2004, 58 (60) - Adidas/Fitnessworld; a.A. unter Bezugnahme auf die Adidas/Fitnessworld-Entscheidung Sosnitza, Deutsches und europäisches Markenrecht, § 8 Rn. 75.

sprucht wird, zu berücksichtigen sind. Auch sind das Ausmaß der Bekanntheit der älteren Marke, der Grad der Unterscheidungskraft sowie die Gefahr, dass die beteiligten Verkehrskreise annehmen könnten, die unter der älteren und die unter der jüngeren Marke vermarkteten Waren oder Dienstleistungen würden aus demselben oder aus wirtschaftlich miteinander verbundenen Unternehmen stammen, bei der Feststellung der gedanklichen Verknüpfung zu berücksichtigen, so der EuGH.[412]

Selbst bei einer bestehenden Zeichenidentität sei nicht zwangsläufig von einer gedanklichen Verknüpfung auszugehen, wenngleich eine solche umso wahrscheinlicher sei, je ähnlicher sich die Zeichen seien. Dabei könne aber der Waren- bzw. Dienstleistungsvergleich nicht außer Acht bleiben, weil unter Umständen Verkehrskreise von der jüngeren Marke angesprochen werden, innerhalb derer die ältere Marke gar nicht bekannt oder zumindest wegen einer fehlenden Warenähnlichkeit nicht relevant sei.[413] Dann werde eine gedankliche Verknüpfung nicht zwingend hergestellt. Diese Überlegung spielt auch eine wichtige Rolle bei den Ausnutzungstatbeständen des Art. 5 Abs. 2 MRL / § 14 Abs. 2 Nr. 3 MarkenG, wie später noch zu zeigen ist.

Ebenso sei aber auch zu berücksichtigen, dass die Marke eine über die Verkehrskreise, die von den mit ihr gekennzeichneten Waren bzw. Dienstleistungen angesprochen werden, hinausgehende Bekanntheit erlangen kann. Dann könne der vom jüngeren Zeichen angesprochene Verkehrskreis auch bei Ungleichartigkeit der von den beteiligten Marken beanspruchten Waren oder Dienstleistungen eine gedankliche Verknüpfung mit der bekannten Marke vornehmen.[414]

Ähnliches soll nach Auffassung des EuGH daneben auch im Hinblick auf eine von Hause aus bestehende oder durch Benutzung erworbene Unterscheidungskraft gelten. Je stärker die Unterscheidungskraft der bekannten Marke ist, desto wahrscheinlicher soll das Herstellen einer gedanklichen Verknüpfung durch die maßgeblichen Verkehrskreise sein.[415]

Sollte sogar eine mittelbare Verwechslungsgefahr oder einer Verwechslungsgefahr im weiteren Sinne gegeben sein, was für die Tatbestandsmäßigkeit

412 Vgl. EuGH GRUR 2009, 56 (59) - Intel.
413 Vgl. EuGH GRUR 2009, 56 (58) - Intel.
414 Vgl. EuGH GRUR 2009, 56 (58) - Intel.
415 Vgl. EuGH GRUR 2009, 56 (58) - Intel.

bei Art. 5 Abs. 2 MRL - wie erwähnt - nicht zwingend vorausgesetzt ist,[416] werde eine gedankliche Verknüpfung zwischen den einander gegenüberstehenden Marken zwangsläufig hergestellt.[417]

Die Art der Berücksichtigung der Parameter, die der Feststellung einer „gedanklichen Verknüpfung" im Sinne der Diktion des EuGH dienen können, erinnert an die Vorgabe in Erwägungsgrund 11 MRL zur Ermittlung der *Verwechslungsgefahr* im Rahmen von Art. 5 Abs. 1 lit. b) MRL. Nach dem dortigen Wortlaut der Richtlinie soll eine Vielzahl von Umständen berücksichtigt werden, insbesondere die Bekanntheit der Marke im Markt, die gedankliche Verbindung, die das benutzte oder eingetragene Zeichen zu ihr hervorrufen kann, der Grad der Ähnlichkeit zwischen Marke und dem fraglichen Zeichen sowie zwischen den damit gekennzeichneten Waren oder Dienstleistungen. Aus diesem Gebot der umfassenden Beurteilung wird eine *Wechselbeziehung* zwischen den in Betracht kommenden Faktoren hergeleitet. Das Vorliegen eines geringeren Grades eines Faktors kann durch eine stärkere Ausprägung eines anderen Faktors kompensiert werden.[418]

Bei der bekannten Marke sind nach den Vorgaben des EuGH insbesondere Umstände der Nähe von Waren und angesprochenen Verkehrskreisen, Bekanntheitsgrad und Unterscheidungskraft der Marke sowie Grad der Zeichenähnlichkeit der Marke bei der Feststellung einer gedanklichen Verknüpfung ebenfalls nach Art eines beweglichen Abwägungssystems zu berücksichtigen. Es lässt sich der Rechtsprechung des EuGH bisher nämlich nicht entnehmen, dass zur gerechtfertigten Annahme einer gedanklichen Verknüpfung alle aufgeführten Merkmale kumulativ für eine solche sprechen müssten. Vielmehr zeigt sich beispielsweise anhand der Beziehung zwischen dem Grad der Bekanntheit und der Nähe von Waren und Verkehrskreisen, dass auch hier von einer wechselseitigen Beziehung der verschiedenen Einflussfaktoren bei der Feststellung der gedanklichen Verbindung auszugehen ist.

Somit ist vor diesem Hintergrund eine Zeichenbenutzung, die eine gedankliche Verknüpfung zu der bekannten Marke ermöglicht, notwendige Vorausset-

---

416 So EuGH GRUR 2004, 58 (60) - Adidas/Fitnessworld; bestätigend EuGH GRUR 2009, 56 (59) - Intel; EuGH GRUR 2009, 756 (759) - L´Oréal/Bellure.

417 Vgl. EuGH GRUR 2009, 56 (59) - Intel.

418 So EuGH GRUR 1998, 922 (923) - Canon; BGH GRUR 2008, 505 (507) - TUC Salzcracker; Ingerl/Rohnke, MarkenG, § 14 Rn. 431.

zung für den Schutz gegen eine in Art. 5 Abs. 2 MRL / § 14 Abs. 2 Nr. 3 MarkenG genannte Beeinträchtigung.[419] Ob gerade vor dem Hintergrund der Intel-Entscheidung des EuGH beispielsweise die These haltbar ist, Produktkritiken fielen grundsätzlich in den Anwendungsbereich des § 14 Abs. 2 Nr. 3 MarkenG, erscheint zweifelhaft.[420] Denn selbst eine identische Zeichenverwendung reicht nach Auffassung des EuGH für die Annahme einer gedanklichen Verknüpfung noch *nicht* aus.[421] Die erforderliche Betrachtung setzt eine Einbeziehung der von den gekennzeichneten Waren bzw. Dienstleistungen angesprochenen Verkehrskreise voraus. Diese Anforderung bringt wiederum einen weiteren Grundgedanken zum Ausdruck. Es ist die generelle Waren- bzw. Dienstleistungsbezogenheit der Verletzungstatbestände, insbesondere auch die des § 14 Abs. 2 Nr. 3 MarkenG, die der EuGH auch schon in früheren Entscheidungen betont hat. Die Zeichenbenutzung muss sich danach auf vom Dritten vertriebene oder gelieferte Waren oder Dienstleistungen beziehen.[422] Dies hat der EuGH zuletzt im Zusammenhang mit der Abgrenzung der markenrechtlichen Tatbestände von den lauterkeitsrechtlichen Regelungen zur vergleichenden Werbung wiederholt, wonach sowohl für Art. 5 Abs. 1 als auch Abs. 2 MRL vorausgesetzt sei, dass eine Benutzung des mit der Marke identischen oder ihr ähnlichen Zeichens für von dem Dritten vertriebene Waren oder erbrachte Dienstleistungen erfolge.[423] Damit verträgt sich auch die Feststellung des EuGH in der Entscheidung *Adidas/Fitnessworld,* dass die Wahrnehmung eines Zeichens als reine Produktverzierung nicht geeignet ist, eine gedankliche Verknüpfung im Sinne des Art. 5 Abs. 2 MarkenG herzustellen.[424] Aber auch die in einem redaktionell-journalistischen Sinne verstandene Produktkritik erfüllt die Voraussetzungen des Waren- oder Dienstleistungsbezuges nicht. So erscheint beispielsweise die Annahme abwegig, die in einer Testzeitschrift enthaltenen Markennennungen hätten aus Abnehmersicht einen Bezug zu den Bemühungen des Herausgebers beim Absatz der Zeitschrift. In diesem Punkt unterscheidet sich die Produktkritik etwa von gewerblich vertriebenen Scherzartikeln, die unter dem Stichwort der Markenparodie durchaus unter den Tatbestand des Bekanntheitsschutzes subsumier-

419 Vgl. EuGH GRUR 2009, 756 (759) - L´Oréal/Bellure.

420 So aber Sosnitza, Deutsches und europäisches Markenrecht, § 8 Rn. 75.

421 Vgl. EuGH GRUR 2009, 56 (58) (Rz. 45) - Intel.

422 Vgl. EuGH WRP 2007, 299 (302) - Adam Opel; EuGH WRP 1999, 407 - BMW; vgl. auch Ingerl/Rohnke, MarkenG, § 14 Rn. 106; Eichhammer, S. 193, 235.

423 So EuGH GRUR 2008, 698 (699) - O2 und O2 (UK)/H3G.

424 Vgl. EuGH GRUR 2004, 58 (60) - Adidas/Fitnessworld.

bar sein können.[425] Es ist deshalb nicht sachgerecht, im Falle der Produktkritik über ein Verbietungsrecht erst auf Ebene des Unlauterkeitsmerkmals oder der markenrechtlichen Schrankenregelungen abschließend zu befinden.[426]

Zusammenfassend gesehen bedient sich der EuGH prinzipiell eines zweistufigen Prüfungsschemas, wenn es um die Feststellung einer vom markenrechtlichen Verbietungsrecht umfassten Benutzung des bekannten Zeichens geht:

Auf der ersten Stufe ist zunächst zu ermitteln, ob die Benutzung der Marke für Produkte stattfindet; zusätzlich muss die Benutzung der Marke auf der weiteren Stufe in einer Weise erfolgen, die eine gedankliche Verknüpfung zur bekannten Marke hervorruft und den jeweils geschützten Markenfunktionen zuwiderläuft.[427]

Welche Markenfunktionen von Art. 5 Abs. 2 MRL bzw. § 14 Abs. 2 Nr. 3 MarkenG verkörpert werden, ergibt sich aus den Merkmalen der tatbestandlichen Beeinträchtigungen, die letztlich den Unlauterkeitsvorwurf des Bekanntheitsschutzes begründen.[428] Dies ist an späterer Stelle eingehend zu erörtern.

(2) Die „gedankliche Verbindung" in der Rechtsprechung des BGH

Die Diktion des BGH zur ähnlichkeitsbedingten Wiedererkennung der bekannten Marke in dem jüngeren Zeichen und der damit einhergehenden Verknüpfung ist zumindest bei einer am Wortlaut orientierten ersten Betrachtung nicht deckungsgleich mit der des EuGH. Der BGH übernahm zunächst die Formulierung des EuGH aus der Entscheidung *Adidas/Fitnessworld*, wonach für den Anwendungsbereich des Art. 5 Abs. 2 MRL eine „gedankliche Verknüpfung" erforderlich sei. Dies geht beispielsweise aus seiner Entscheidung Lila-Postkarte[429] hervor. Dort wird dem EuGH mit Bezug auf die Entscheidung *Adidas/Fitnessworld* jedoch unterstellt, er fordere für die Annahme einer gedanklichen Verknüpfung, zumindest sofern die Verkehrskreise die Markenbenutzung *auch* als Verzierung auffassten, eine „hochgradige Ähnlichkeit" zwischen der bekannten Marke und dem jüngeren Zeichen.[430] Dies allerdings hat der EuGH in der zitierten Ent-

425 Vgl. etwa BGH WRP 2005, 896 - Lila-Postkarte; so auch Sosnitza, Deutsches und europäisches Markenrecht, § 8 Rn. 75; insoweit nicht eindeutig Born, in: GRUR 2006, 192 (194).

426 A.A. Sosnitza, Deutsches und europäisches Markenrecht, § 8 Rn. 75.

427 So Kur, in: GRUR Int. 2008, 1 (5).

428 Vgl. hierzu Eichhammer, S. 185.

429 BGH WRP 2005, 896 ff.

430 Vgl. BGH WRP 2005, 896 (898) - Lila-Postkarte.

scheidung in dieser Deutlichkeit gar nicht formuliert. Vielmehr solle der Schutz aus Art. 5 Abs. 2 MRL grundsätzlich auch in Betracht kommen, ohne dass die Zeichenähnlichkeit einen sogar für die Verwechslungsgefahr ausreichenden Grad erreiche.[431] In anderen Entscheidungen verwendet der BGH schließlich die Formulierung „gedankliche Verknüpfung" für die vom Tatbestand des § 14 Abs. 2 Nr. 3 Marken verlangten Voraussetzungen nicht mehr, sondern spricht vielmehr vom Erfordernis eines „gedanklichen In-Verbindung-Bringens".[432] Dieser Begriff entspricht der gesetzlichen Formulierung des markenrechtlichen Verwechslungsschutzes in § 14 Abs. 2 Nr. 2 MarkenG, der dort im Sinne einer mittelbaren Verwechslungsgefahr oder einer Verwechslungsgefahr im weiteren Sinne verstanden wird.[433] Erstere wiederum kann dann vorliegen, wenn die Zeichenähnlichkeit lediglich so hoch ist, dass die angesprochenen Verkehrskreise die Verschiedenheit der beteiligten Zeichen bereits erkennen, gleichwohl aber von einer gemeinsamen Herkunft der gekennzeichneten Waren ausgehen.[434] Folglich könnte hier ein Widerspruch zur Rechtsprechung des EuGH zu sehen sein, da dieser doch ausdrücklich betont, dass für den Schutz der bekannten Marke nach Art. 5 Abs. 2 MRL keine Verwechslungsgefahr, auch keine mittelbare, vorausgesetzt werde.

Betrachtet man die vom BGH verwendeten Begrifflichkeiten zunächst einmal neutral, also nicht in einem bereits rechtstechnisch besetzten Sinne, so kommt man nicht umhin, sich der konkreten Ausfüllung dieser tatbestandlichen Voraussetzung zuzuwenden. Soweit sich die gegenüberstehenden Zeichen *unähnlich* sind, ist nach dem Verständnis des BGH ausgeschlossen, dass das angegriffene Zeichen in relevantem Umgang gedanklich mit der bekannten Marke in Verbindung gebracht wird.[435] Bloß allgemeine Assoziationen, etwa der Art, dass die Wahl des angegriffenen Zeichens eben nicht zufällig erscheint und auf diese Weise an die bekannte Marke erinnert wird, sollen nicht ausreichen. Deshalb wurde in der Entscheidung *Zwilling* ein gedankliches In-Verbindung-Bringen abgelehnt, denn das Gericht sprach den Zeichen „Zwilling" und „Zweibrüder" nahezu jede Ähnlichkeit ab, da einer allein in Betracht kommenden begriffsinhaltlichen Ähnlichkeit zu viele gegensätzliche Bedeutungsinhalte gegenüber-

---

431 Vgl. EuGH GRUR 2004, 58 (60) - Adidas/Fitnessworld.

432 Vgl. bspw. BGH WRP 2004, 1046 (1051) - Zwilling/Zweibrüder; BGH GRUR 2009, 772 (778) - Augsburger Puppenkiste.

433 Vgl. Ingerl/Rohnke, MarkenG, § 14 Rn. 1166.

434 Vgl. Ingerl/Rohnke, MarkenG, § 14 Rn. 1168.

435 So BGH WRP 2004, 1046 (1051) - Zwilling/Zweibrüder.

standen.[436] Die Assoziationen, die lediglich auf einer geschickt gewählten Annäherung an die Grundidee der Zeichenbildung beruhen, sollen gerade nicht ausreichen.[437]

Auf der anderen Seite kann die Rechtsprechung des BGH wohl dahin gehend verstanden werden, dass das Vorliegen einer Zeichenähnlichkeit, die die Verkehrskreise zumindest zu der Annahme einer gemeinsamen betrieblichen Herkunft trotz vorhandener Unterschiedlichkeiten in der Kennzeichnung veranlassen könnte, für die Feststellung eines gedanklichen In-Verbindung-Bringens ausreichen soll.[438]

Somit wären die Eckpfeiler für die Feststellung einer ähnlichkeitsbedingten Wiedererkennung durch die angesprochenen Verkehrskreise aufgezeigt. Nicht ausreichend ist die bloße *nicht* ähnlichkeitsbedingte Assoziation der bekannten Marke, während ein hoher Ähnlichkeitsgrad, der den Verkehr trotz erkannter Unterschiedlichkeit der Zeichen zumindest auf eine gemeinsame betriebliche Herkunft schließen lässt, das gedankliche In-Verbindung-Bringen gerade nahe legt. Auch ein dazwischenliegender Ähnlichkeitsgrad scheint allerdings ausreichend zu sein, da lediglich in Fällen von nahezu ausgeschlossener Zeichenähnlichkeit vom BGH keine weitere Prüfung eines gedanklichen In-Verbindung-Bringens erfolgt.[439] Einen größeren Differenzierungsgrad erreicht die Rechtsprechung des BGH bisher nicht.

(3) Stellungnahme

In der Literatur werden mitunter erhebliche Differenzen zwischen der Rechtsprechung der beiden Obergerichte ausgemacht. So vertritt *Hacker* die Auffassung, der BGH verlange gezielt, dass das angegriffene Zeichen in relevantem Umfang mit der bekannten Marke gedanklich in Verbindung gebracht werden, um zum Ausdruck zu bringen, dass ein bloßer Assoziationsschutz durch § 14 Abs. 2 Nr. 3 MarkenG nicht verfolgt werde.[440] Diese Interpretation sei mit der an den Verwechslungsschutz des § 14 Abs. 2 Nr. 2 MarkenG angelehnten Formulierung bezweckt. Der EuGH hingegen habe gerade klargestellt, dass die ge-

---

436 Vgl. BGH WRP 2004, 1046 (1051) - Zwilling/Zweibrüder.

437 In diesem Sinne auch OLG Hamburg MR-Int 2009, 126 (127).

438 Vgl. BGH WRP 2005, 896 (897) - Lila-Postkarte.

439 Vgl. BGH WRP 2004, 1046 (1051) - Zwilling/Zweibrüder; BGH GRUR 2009, 772 (778) - Augsburger Puppenkiste; BGH WRP 2009, 824 (830) - Ostsee-post; andererseits BGH WRP 2005, 896 (897) - Lila-Postkarte.

440 Vgl. Hacker in Ströbele/Hacker, MarkenG, § 14 Rn. 269.

dankliche Verknüpfung als ein „Minus“ gegenüber der Verwechslungsgefahr zu sehen ist, und habe somit den Bekanntheitsschutz wesentlich auf den Bereich der bloßen Annäherung ausgedehnt.[441]

Büscher hingegen mag auch aus der Rechtsprechung des BGH für den Bekanntheitsschutz aus § 14 Abs. 2 Nr. 3 MarkenG nicht folgern, dass ein Grad von Zeichenähnlichkeit erforderlich wäre, der die Annahme einer Verwechslungsgefahr im Sinne von § 14 Abs. 2 Nr. 2 MarkenG rechtfertigen würde.[442] Ebenso verlange auch der EuGH für die Annahme einer gedanklichen Verknüpfung eine Zeichenidentität oder -ähn-lichkeit und lasse nicht jedwede Assoziation ausreichen.[443]

Fraglich ist somit, ob es nach Auffassung des BGH einen Bereich von Zeichenähnlichkeit gibt, der - nach den Maßstäben des Verwechslungsschutzes betrachtet - graduell unterhalb einer Verwechslungsgefahr liegt und trotzdem geeignet ist, eine gedankliche Verbindung in für den Bekanntheitsschutz relevantem Umfang auszulösen.

Dies hat der BGH zumindest in der Entscheidung *Lila-Postkarte* durchblicken lassen. Dort nämlich hat er offen gelassen, ob die angesprochenen Verkehrskreise annähmen, eine der Wort- und Farbmarke der Klägerin sehr ähnlich gestaltete Postkarte stamme aus dem Unternehmen der Klägerin. Denn selbst, wenn dies nicht der Fall sei und der Verkehr die Gestaltung der Karte als reine Produktausstattung auffasse, werde er aufgrund der verwendeten Wortmarke und sehr ähnlicher Grundfarbe eine gedankliche Verknüpfung mit der Marke der Klägerin herstellen.[444] Diese Annahme erfüllt jedoch nicht die gemeinhin erforderlichen Anforderungen an eine mittelbare Verwechslungsgefahr, eine Verwechslungsgefahr im weiteren Sinne wurde erst gar nicht diskutiert.

Somit ist auch nach Auffassung des BGH die Herstellung einer gedanklichen Verbindung unterhalb der für eine Verwechslungsgefahr erforderlichen Zeichenähnlichkeit möglich. Es ergibt sich also aus diesem Gesichtspunkt heraus keine grundlegende Differenz zur Rechtsprechung des EuGH.

---

441 Vgl. Hacker in Ströbele/Hacker, MarkenG, § 14 Rn. 270.

442 Vgl. Büscher in Büscher/Dittmer/Schiwy, Kap. 3 Rn. 537.

443 Vgl. Büscher in Büscher/Dittmer/Schiwy, Kap. 3 Rn. 537.

444 Vgl. BGH WRP 2005, 896 (897) - Lila-Postkarte.

Weiterhin kann aber auch gefragt werden, ob es nach der Rechtsprechung des EuGH im Bereich der absoluten Zeichen*un*ähnlichkeit eine Konstellation gibt, die geeignet wäre, eine gedankliche Verknüpfung zwischen den beteiligten Zeichen auszulösen. Wäre dies der Fall, würde der EuGH den Schutzbereich des Art. 5 Abs. 2 MRL bzw. § 14 Abs. 2 Nr. 3 MarkenG auf jegliche Assoziationen ausdehnen, auch wenn sie nicht ähnlichkeitsbedingt sind. Dies schließt, wie oben dargestellt, der BGH ausdrücklich aus.

Zunächst ist festzustellen, dass der EuGH nicht von einem „Assoziationsschutz" spricht. Vielmehr ist nach seiner Diktion die „gedankliche Verknüpfung" unter Berücksichtigung aller relevanten Umstände des Einzelfalles zu prüfen. Dabei geht er in der *Intel*-Entscheidung davon aus, dass mit zunehmender Zeichenähnlichkeit die Wahrscheinlichkeit einer gedanklichen Verknüpfung steigt.[445] Doch selbst die Identität der einander gegenüberstehenden Zeichen und erst recht ihre bloße Ähnlichkeit reicht danach nicht aus, um auf eine gedankliche Verknüpfung zwischen diesen Marken zu schließen.[446] Eine Zeichen*un*ähnlichkeit wird als Ausgangspunkt für die Beurteilung der gedanklichen Verknüpfung erst gar nicht in Betracht gezogen. Dies kann der EuGH auch nicht meinen, wenn er vom Grad der Ähnlichkeit spricht und diesen Umstand zuerst aufführt.[447]

Hierfür spricht darüber hinaus die vorgegebene Berücksichtigung weiterer Umstände, die bereits oben dargestellt worden sind. Diese Umstände gehen über das hinaus, was zum Schutz jedweder Assoziation nötig wäre. Die Berücksichtigung etwa der Art der Waren bzw. Dienstleistungen oder die Beurteilung der Bekanntheit im Hinblick auf die angesprochenen Verkehrskreise dient gerade der Feststellung einer gewissen Beziehung relevanter Abnehmerkreise zu der bekannten Marke. Mit zunehmender Bekanntheit dürfte dieses Erfordernis an Bedeutung verlieren.

Somit lässt sich auch hier nicht zwingend ein Widerspruch zwischen der Rechtsprechung des EuGH und BGH ausmachen. Zwar werden die Beurteilungskriterien für den maßgeblichen Vorgang, der die Erinnerung an die bekannte Marke bei den Verbrauchern hervorruft, vom EuGH deutlicher benannt. Der Auffassung, dass je nach Gericht entweder mindestens eine Verwechs-

---

445 Vgl. EuGH GRUR 2009, 56 (58) - Intel.

446 Vgl. EuGH GRUR 2009, 56 (58) - Intel.

447 Vgl. EuGH GRUR 2009, 56 (58) - Intel.

lungsgefahr im Sinne von § 14 Abs. 2 Nr. 2 MarkenG oder eben eine wohl noch so entfernte Assoziation für den Bekanntheitsschutz erforderlich bzw. ausreichend wären, ist nicht zu folgen. Der Grad der Zeichenähnlichkeit darf unterhalb des für die Verwechslungsgefahr erforderlichen Grades liegen, wobei aber anhand weiterer Umstände Begrenzungen vorzunehmen sind und insbesondere die Nähebeziehung der von bekannter Marke und verwendetem Zeichen angesprochenen Verkehrskreise zu berücksichtigen sind, um einen uferlosen Assoziationsschutz auszuschließen.[448]

d. Zwischenfazit

Anhand der bisher erörterten Tatbestandsmerkmale lässt sich bereits der Schutzbereich der bekannten Marke in Grundzügen erkennen. Unter der Voraussetzung, dass die Marke Bekanntheit in den angesprochenen Verkehrskreisen erlangt hat, eröffnet sich dem Inhaber ein Verbietungsrecht, das über den Waren- / Dienstleistungsähnlichkeitsbereich hinausgeht. Das Verbietungsrecht wird außerdem *unabhängig* von der Verwendung eines *identischen Zeichens* durch einen Dritten bzw. einer *mindestens bestehenden Verwechslungsgefahr* ausgelöst. Die Rechtsprechung verlangt vielmehr eine zeichenähnlichkeitsbedingte „gedankliche Verknüpfung“, die inhaltlich im oben beschriebenen Sinne der EuGH-Rechtsprechung zu konkretisieren ist. Es zeigt sich, dass bei dem Schutz der bekannten Marke nicht die in § 3 Abs. 1 MarkenG zum Ausdruck kommende Herkunftsfunktion im Sinne eines abstrakten betrieblichen Herkunftsnachweises im Mittelpunkt steht. Der Schutz der bekannten Marke setzt nicht die Zeichenverwechslung und noch nicht einmal eine mittelbare Verwechslungsgefahr voraus.

Der besondere wirtschaftliche Wert der Bekanntheit von Marken, ist oben im Zusammenhang mit der Erörterung der Verkehrsdurchsetzung nach § 8 Abs. 3 MarkenG / Art. 3 Abs. MRL angesprochen worden.[449] Der vom EuGH angewandte Kriterienkatalog zur Ermittlung von Bekanntheit unterscheidet sich nicht wesentlich von der Formel, die von ihm zur Bestimmung der Verkehrsdurchsetzung entwickelt worden ist.[450] Wie die inhaltliche Ausfüllung des Tatbestandsmerkmals der Bekanntheit, die keinesfalls ausschließlich auf demoskopische Werte abstellt,[451] zeigt, handelt es sich bei bekannten Marken regelmäßig auch

448 Ähnlich Büscher in Büscher/Dittmer/Schiwy, Kap. 3 Rn. 537.

449 Vgl. hierzu oben S. 69 (0).

450 Vgl. Büscher in Büscher/Dittmer/Schiwy, Kap. 3 Rn. 518.

451 Vgl. hierzu oben S. 74 (0).

um besonders erfolgreiche Marken. Die Ausnutzung solcher Marken kann für Dritte lohnend sein, wenn es gelingt, durch Herstellen einer gedanklichen Verknüpfung zum eigenen Zeichen von Ruf und Ansehen dieser Marke zu profitieren. Der weite Schutzbereich beruht auf der Erkenntnis, dass bekannte Marken besonders schutzwürdig, aber auch in besonderem Maße schutzbedürftig sind.[452]

Eine weitere, bisher freilich noch nicht besprochene, Voraussetzung des Schutzes nach § 14 Abs. 2 Nr. 3 MarkenG / Art. 5 Abs. 2 MRL ist das Vorliegen oder die ernsthafte Gefahr einer der dort genannten Eingriffsmodalitäten, also die unlautere Ausnutzung oder Beeinträchtigung von Wertschätzung oder Unterscheidungskraft. Nicht bereits das Herstellen einer gedanklichen Verknüpfung zu einer bekannten Marke allein löst das Verbietungsrecht schließlich aus.[453] Letztlich müsste sich in den tatbestandlich vorausgesetzten Eingriffsmodalitäten die Schutzrichtung des Bekanntheitsschutzes widerspiegeln.[454] Dies ist im Folgenden zu besprechen.

e. Die Eingriffsmodalitäten

Der Wortlaut in MarkenG und MRL spricht von vier möglichen Varianten der Verletzung einer bekannten Marke. Danach kommen in Betracht die Ausnutzung von Wertschätzung oder Unterscheidungskraft sowie die Beeinträchtigung von Wertschätzung oder Unterscheidungskraft. Der BGH folgt bisher auch dieser Einteilung, jedoch hat der EuGH in jüngerer Zeit die Ausnutzungsvarianten zusammengefasst und geht seitdem von drei Verletzungsvarianten aus.[455] Zunächst einmal sind die vier im Gesetzestext genannten Varianten zu erörtern. Im Anschluss daran soll zu ihrem Verhältnis untereinander und zu der Sichtweise des EuGH Stellung genommen werden.

aa. Ausnutzung der Wertschätzung (sog. Rufausbeutung)

Von einer Ausnutzung der Wertschätzung ist nach Auffassung des BGH auszugehen, wenn sich ein Wettbewerber mit der Kennzeichnung seiner Waren der bekannten Marke angenährt hat, um Gütevorstellungen, die der Verkehr mit den

452 So Ingerl/Rohnke, MarkenG, § 14 Rn. 1292.

453 So Ingerl/Rohnke, MarkenG, § 14 Rn. 1292; Kur, in: GRUR Int. 2008, 1 (5).

454 Vgl. hierzu Eichhamer, S. 185.

455 EuGH GRUR 2009, 56 (57) - Intel Corporation; EuGH GRUR 2009, 756 (759) - L´Oréal/Bellure.

unter der bekannten Marke vertriebenen Produkten verbindet, auszunutzen.[456] Nach der auf die wettbewerbsrechtliche Rechtsprechung zurückgehenden traditionellen Formulierung wird in diesem Zusammenhang auch von *Rufausbeutung* gesprochen.[457]

Der EuGH betont insoweit, dass hier - anders als bei den Beeinträchtigungsvarianten des Bekanntheitsschutzes - nicht der Nachteil des Markeninhabers im Zentrum der Betrachtung steht, sondern vielmehr der Vorteil des Dritten, den dieser aus der Benutzung des identischen oder ähnlichen Zeichens (im Sinne der oben erörterten gedanklichen Verknüpfung) zieht. Diese Verletzungsvariante umfasst, so der EuGH, insbesondere die Fälle, in denen auf Grund der Übertragung des *Bildes* der Marke oder der durch diese vermittelten Merkmale (des Produktes) auf die mit dem identischen oder ähnlichen Zeichen gekennzeichneten Produkte eine Ausnutzung der bekannten Marke gegeben ist.[458] Der EuGH spricht in einer umgangssprachlichen Konkretisierung der Rufausbeutung auch von „parasitärem Verhalten“ und „Trittbrettfahren“.[459] Hierzu ist weder das Bestehen einer Verwechslungsgefahr noch die Gefahr einer Beeinträchtigung von Wertschätzung, Unterscheidungskraft oder allgemein des Markeninhabers erforderlich.[460]

Anders als in der früheren, wettbewerbsrechtlich geprägten deutschen Rechtsprechung zur Rufausbeutung[461] ist allerdings erforderlich, dass gerade die Zeichenidentität oder -ähnlichkeit und die hierdurch vermittelte gedankliche Verknüpfung die Rufausbeutung bewirkt. Andere kennzeichenmäßig nicht erfassbare Umstände lassen sich allenfalls im Rahmen der in Bezug auf das Unlauterkeitsurteil anzustellenden Gesamtabwägung berücksichtigen.[462] Diese wird jedoch erst dann relevant, wenn eine Rufübertragung infolge einer gewissen Zeichenähnlichkeit oder gar -identität angenommen werden kann.

---

456 Vgl. BGH WRP 2005 896 (898) - Lila Postkarte; Ingerl/Rohnke, MarkenG, § 14 Rn. 1383; BGH WRP 1985, 399 (401) - Dimple.

457 BGH WRP 1985, 399 (401) - Dimple.

458 So EuGH GRUR 2009, 756 (760) - L´Oréal/Bellure.

459 So EuGH GRUR 2009, 756 (760) - L´Oréal/Bellure.

460 So EuGH GRUR 2009, 756 (760) - L´Oréal/Bellure.

461 Vgl. hierzu oben S. 35 (0).

462 So Ingerl/Rohnke, MarkenG, § 14 Rn. 1384; vgl. im Übrigen unten S. 120 (0).

(1) Rufübertragung = Imagetransfer

Schon anhand der gerade zitierten EuGH-Rechtsprechung zur Ausnutzung der Wertschätzung wird deutlich, wovon bei der Rufausbeutung die Rede ist. Die Übertragung des „Bildes“ der Marke oder der durch sie vermittelten Merkmale auf ein Produkt des Dritten[463] beschreibt nichts anderes als einen Transfer von Markenaussagen und Bestandteilen eines Markenimages. Es geht um das Anzapfen des fremden guten Rufes zur Förderung des eigenen Produktabsatzes.[464]

Das Markenimage als Bündelung von Assoziationen, die für das Kaufverhalten der Verbraucher relevant sind, ist im Teil B. dieser Arbeit hinreichend beschrieben worden. Insbesondere ist an dieser Stelle auf die Möglichkeiten unterschiedlicher Ausprägungen des Images Bezug zu nehmen.[465] Je nach Produkt und Verbraucherinteressen können jeweils ganz unterschiedliche Aspekte in das Markenimage einfließen bzw. dieses prägen. Die Marke kann beispielsweise Sucheigenschaften verkörpern und kommunizieren, was dem Verbraucher eine informatorische Entlastung verschafft und Rechercheaufwand reduziert. Sie kann auch als Garant für Qualitätseigenschaften stehen oder eine gewisses identifikationsstiftende Funktion für den Verbraucher übernehmen. Eine in unterschiedlicher Ausprägung gegebene Kombination von Imageinhalten ist ebenso denkbar.

Es liegt auf der Hand, dass nicht jede gedankliche Verknüpfung zu einer bekannten Marke geeignet sein kann, einen Imagetransfer auf das fremde Produkt zu bewirken. Wie der BGH bereits in der Entscheidung *Dimple* erkannte, kommt es auf eine gewisse Kompatibilität zwischen dem Markenimage des Ursprungsproduktes und dem Transferprodukt an.[466] Auch ist eine genauere Betrachtung der von dem jüngeren Zeichen angesprochenen Zielgruppe erforderlich, um eine Transfereignung begründen zu können.

(2) Die Schnittmengenproblematik bei der Untersuchung der beteiligten Verkehrskreise

Bei den Ausbeutungstatbeständen steht regelmäßig der Vorteil, den der Dritte aus der Benutzung der bekannten Marke zieht, im Zentrum der Betrachtung.[467]

463 So EuGH GRUR 2009, 756 (760) - L´Oréal/Bellure.

464 So Hacker in Ströbele/Hacker, MarkenG, § 14 Rn. 311.

465 Siehe hierzu oben S. 11-13 (0/0).

466 BGH WRP 1985, 399 (402) - Dimple.

467 So EuGH GRUR 2009, 756 (760) - L´Oréal/Bellure.

Dieser Vorteil besteht bei einer Rufausbeutung darin, dass sich durch Übertragung des Markenimages auf das vom Dritten verwendete Zeichen positive Effekte für dessen Produktabsatz erzielen lassen.

Teilweise wird davon gesprochen, dass die Marke auch in den von dem jüngeren Zeichen angesprochenen Verkehrskreisen *bekannt* sein müsse, damit es zu diesem Effekt überhaupt kommen könne.[468] Während bei der Ermittlung der für den Tatbestand des § 14 Abs. 2 Nr. 3 MarkenG erforderlichen Merkmals „Bekanntheit" unter Berücksichtigung der EuGH-Rechtsprechung, namentlich der Entscheidung *Chevy*, verschiedene Faktoren zur Ermittlung der Bekanntheit heranzuziehen sind,[469] wird eine Bekanntheit in diesem Sinne hinsichtlich der vom jüngeren Zeichen angesprochenen Verkehrskreise nicht erneut geprüft. Vielmehr wird bei der Prüfung des Rufausbeutungstatbestandes eine zumindest teilweise Verkehrskreisüberschneidung vorausgesetzt. Unproblematisch dürfte eine solche Überschneidung vorliegen, wenn die Verkehrskreise deckungsgleich sind.[470] Auch bei Marken von einer allgemeinen, die unmittelbar angesprochenen Verkehrskreise überragenden Bekanntheit, ergeben sich insoweit kaum Probleme. Denn solche geradezu berühmten Marken erlauben grundsätzlich die Annahme eines Imagetransfers unabhängig von der Abnehmergruppe des jüngeren Zeichens. In allen anderen Fällen aber ist eben die nähere Betrachtung der von dem jüngeren Zeichen angesprochenen Verkehrskreise gefragt.

Die Identifizierung der beteiligten Verkehrskreise richtet sich nach den Kriterien, die für die Ermittlung der Verwechslungsgefahr nach § 14 Abs. 2 Nr. 2 MarkenG und der hierfür festzustellenden beteiligten Publikumskreise herangezogen werden.[471] Danach ist entscheidend auf die Art der Waren bzw. Dienstleistungen abzustellen. So ist bei Waren des Massenkonsums regelmäßig auf die Gesamtbevölkerung abzustellen.[472] Jedoch wird beim Bekanntheitsschutz im Hinblick auf die vom jüngeren Zeichen angesprochenen Verkehrskreise noch weitergehend differenziert. Hier interessiert offenbar der konkret angesprochene Abnehmerkreis, der sich beispielsweise nach Käufern von Waschmitteln, Bau-

468 Vgl. bspw. Ingerl/Rohnke, MarkenG, § 14 Rn. 1251 einerseits, relativierend aber Rn. 1281; zumindest ähnlich Hacker in Ströbele/Hacker, MarkenG, § 14 Rn. 294.

469 Vgl. hierzu oben S. 76 (0).

470 Vgl. Büscher in Büscher/Dittmer/Schiwy, Kap. 3 § 14 Rn. 545.

471 Vgl. Ingerl/Rohnke, MarkenG, § 14 Rn. 1320.

472 Vgl. BGH GRUR 2010, 138 (142) - rocher-Kugel.

sparleistungen,[473] Spirituosen oder Herrenkosmetik[474] ausdifferenzieren lässt. Überschneiden sich die vom jüngeren Zeichen konkret angesprochenen Verkehrskreise mit denen der bekannten Marke, lässt sich auch auf eine gewisse Wahrnehmung der bekannten Marke, die nicht notwendigerweise die Anforderungen der EuGH-Rechtsprechung an den eigentlichen Bekanntheitsbegriff erfüllt, in eben dieser Schnittmenge schließen.

Sogar Überschneidungen in den nicht unmittelbaren Abnehmerkreisen der bekannten Marke können ausreichen, sofern die bekannte Marke im Begriff ist, sich in diese weiteren Verkehrskreise auszudehnen.[475] So können beispielsweise bloße Sponsoringaktivitäten des Inhabers der bekannten Marke dazu führen, dass die rein tatsächliche Kenntnisnahme der bekannten Marke über den eigentlichen Abnehmerkreis hinaus den Schutz gegen Rufausbeutung ausdehnt. So jedenfalls entschied der EuGH in Bezug auf das Eintragungshindernis nach Art. 8 Abs. 5 GMV, der Art. 4 Abs. 3 und somit im Kern Art. 5 Abs. 2 MRL weitgehend entspricht.[476]

(3) Feststellung der Transfereignung in Abhängigkeit von der Imagestruktur

Eigentlich wäre zu erwarten, dass der Prüfung eines Imagetransfers zunächst eine genaue Untersuchung des mit der bekannten Marke verknüpften Imageinhalts voranzugehen hat. Denn natürlich kann das Produktimage ganz unterschiedliche Inhalte haben, nicht nur in Abhängigkeit zu der gekennzeichneten Warenart. Betrachtet man allerdings die einschlägigen Entscheidungen in der Rechtsprechung, fällt auf, dass eine gesonderte Ermittlung der Imagestruktur und des Imageinhaltes so gut wie nie stattfindet. Bereits in der früheren deutschen Rechtsprechung zur wettbewerbsrechtlichen Rufausbeutung zeichnete sich dies ab und hat sich, selbst unter Berücksichtigung der nunmehr für die Auslegung von Art. 5 Abs. 2 MRL maßgeblichen Rechtsprechung des EuGH, nicht wesentlich geändert.

(a) Ermittlung des Rufs ohne Imageanalyse

In der älteren Rechtsprechung wurde bei dem Tatbestand der Rufübertragung die Verletzungshandlung darin gesehen, dass ein Dritter unbefugt den besonderen mit der bekannten Marke verbundenen Ruf wirtschaftlich für den Produktab-

---

473 Vgl. BGH GRUR 2000, 1036 (1065) - Spee-Fuchs.

474 Vgl. BGH WRP 1985, 399 (401) - dimple.

475 Vgl. Hacker in Ströbele/Hacker, MarkenG, § 14 Rn. 294.

476 Vgl. EuG GRUR-Int. 2007, 327, (329) - TDK.

satz verwertet, während Gleiches grundsätzlich auch dem Markeninhaber möglich gewesen wäre.[477] Um eine solche Feststellung treffen zu können, seien neben dem Grad der Bekanntheit und Eigenart der älteren Marke sowie insbesondere die Art der unter der Kennzeichnung vertriebenen Waren, deren Qualität und Ansehen, ein damit etwa verbundener Prestigewert und vor allem das Verhältnis dieser Waren zu denjenigen Waren, für die der Ruf der älteren Marke genutzt werden solle, zu berücksichtigen.[478] Hieran hielt die deutsche Rechtsprechung in den folgenden Jahrzehnten weitgehend unverändert fest.[479]

Der Grad der Bekanntheit und die Eigenart der älteren Kennzeichnung im Sinne einer Kennzeichnungskraft sagen nichts über den relevanten Ruf aus.[480] Denn ein Ruf entsteht bei den von der Marke angesprochenen Verkehrskreisen, dort existiert im Idealfall eine Vorstellung, ein Bild von der Marke und den mit ihr gekennzeichneten Waren. Weder die Art der unter der bekannten Marke vertriebenen Waren an sich, noch deren Verhältnis zu den Waren, für die der Ruf vermeintlich genutzt werden soll, bringt eine Aufschlüsselung des vorhandenen Markenimages mit sich.

Prinzipiell betreffen einzig die Kriterien Qualität, Ansehen und ein etwaiger Prestigewert der Waren grundsätzlich Verbraucherwahrnehmungen des mit der betreffenden Marke gekennzeichneten Produkts. Dies allerdings auch nur, soweit beispielsweise in Bezug auf Qualität die subjektive Wahrnehmung der Verbraucher im Mittelpunkt steht und nicht etwa eine objektiv festgestellte Warengüte.

Doch auch diese Kriterien entpuppen sich bei näherem Hinsehen in der konkreten Umsetzung durch die Rechtsprechung nicht als geeignet, die Wahrnehmung der Marke aus der Sicht der Verbraucher weiter zu erhellen. Bereits in der Entscheidung *Dimple* des BGH ist erkennbar, dass dort *nicht* von dem subjektiv geprägten Markenbild ausgegangen wurde, als der Senat dem Berufungsgericht eine rechtsfehlerfreie Feststellung eines guten Rufes attestierte[481]:

---

477 So BGH WRP 1984, 399 (401) - Dimple.

478 So BGH WRP 1984, 399 (401) - Dimple.

479 Vgl. BGH WRP 1991, 296 (300) - SL; BGH WRP 1991, 228 (230) - Salomon.

480 Ähnlich bereits Rößler, in: GRUR 1994, 559(565).

481 Zum Sachverhalt der Entscheidung vgl. oben S. 35.

Das *OLG Hamburg*[482] hatte insoweit nämlich seiner Entscheidung zugrunde gelegt, dass es sich bei dem mit Dimple gekennzeichneten Whisky um ein Erzeugnis der gehobenen Qualität handele. Dies wurde daraus geschlossen, dass der Whisky eine Lagerzeit von 12 Jahren aufweist und somit „unstreitig" einer höheren Preisklasse angehöre. Hieraus folge das Image einer „Exklusivmarke", das letztlich noch durch die Flaschenform unterstrichen werde.[483] Das OLG war also zunächst darum bemüht, die objektive Güte des mit der Marke gekennzeichneten Produkts festzustellen. Dass sich gerade bei Genussmitteln hierüber leicht streiten lässt, liegt auf der Hand. So könnte man beispielsweise einwenden, dass ein Blended Whisky in Fachkreisen nicht unbedingt als exklusiver schottischer Whisky angesehen wird und Single Malt Whisky häufig den Vorzug findet.

Die in dem Verfahren durchgeführte Verkehrsbefragung hatte lediglich die Ermittlung der demoskopischen Verkehrsbekanntheit und keinesfalls die Klärung des Markenimages zum Gegenstand.

Die besonderen Gütevorstellungen, die das OLG annahm, wurden daneben maßgeblich auf die ebenfalls festgestellte Bekanntheit zurückgeführt. Dass der Verkehr, soweit ihm eine bekannte Marke geläufig sei, mit dieser besondere Gütevorstellung verbinde, sei gerade auf dem Spirituosensektor regelmäßig der Fall. Letztlich wurde also von der Bekanntheit auf einen guten Ruf geschlossen, was im Ergebnis nicht unbedingt zu beanstanden ist. Denn ohne einen solchen guten Ruf sind entsprechende Marktanteile und Markenbekanntheit kaum vorstellbar. Der Inhalt des Rufes jedoch, der für die Transfereignung eigentlich entscheidend sein müsste, wird nicht herausgearbeitet.[484] Lediglich die Bezugnahme auf die Werbeinhalte (Plakatwerbung) der Markeninhaberin, die mit einem Satz erwähnt werden, deutet darauf hin.[485]

In einer späteren Entscheidung, in der es um die Verwendung einer (bekannten) Marke für Skibindungen für den Produktbereich Tabakwaren ging, befasste sich der BGH bereits gar nicht mehr gesondert mit dem Ruf der bekannten Marke. Vielmehr stellte er fest, dass es sich bei einer Skibindung um ein technisches Erzeugnis handele, für dessen Ansehen es auf Präzision und Funktionsfähigkeit ankomme; es sei nicht ersichtlich, wie derartige Qualitäten auf Tabakerzeugnisse übertragbar sein sollten.[486] Woher der BGH die Erkenntnis nahm, dass es bei technischen Produkten alleinentscheidend auf ein durch tatsächliche Präzision und Qualität geprägtes Ansehen ankomme, wird nicht ausgeführt. Mag das Ergebnis, eine Rufausbeutung mangels Transfer-

---

482 Vgl. hierzu im Folgenden OLG HH GRUR 1983, 140 (143) - Dimple.
483 Vgl. OLG HH a. a. O. S. 143.
484 Ähnlich auch Rößler, in: GRUR 1994, 559 (565).
485 Vgl. OLG HH GRUR 1983, 140 (143) - Dimple.
486 Vgl BGH WRP 1991, 228 (230) - Salomon.

eignung eines etwaigen Rufes abzulehnen, auch zutreffend sein, so erscheint diese allgemeine Aussage gerade in Anbetracht der Eingangs erörterten Tatsache, dass auf gesättigten Gütermärkten auch Marken für technische Produkte mit untechnischen Assoziationen aufgeladen sein können und nur so einen Mehrwert für den Unternehmer erzeugen, zumindest diskutabel gewesen zu sein.[487]

In der Entscheidung *SL* legte der BGH für die Feststellung eines hohen Ansehens sowie eines damit verbundenen Prestigewertes von Mercedesfahrzeugen der Modellreihe SL immerhin auch die „allgemeine Lebenserfahrung" nahe, wobei fraglich ist, ob es sich hier wirklich um die „allgemeine" Lebenserfahrung oder um das eigene Verbraucherwissen des Senates ging und dieses der Präzisierung der Vorstellungen angesprochener Verbraucherkreise dienen konnte.[488]

Auch unter Geltung des MarkenG hat sich an der Vorgehensweise wenig geändert. Im Wesentlichen werden bei der Feststellung der Rufausbeutung Erwägungen zur Transfereignung eines nicht im Einzelnen ermittelten Rufes angestellt.

So wird etwa geprüft, ob die sich infolge der Markenverwendung gegenüberstehenden Produkte „mit gleichem Maße messen" ließen, was bei großem Warenabstand, beispielsweise bei Schokoladenwaffeln einerseits und Nassrasierern anderseits,[489] manchmal abgelehnt wird. Es geht also um charakteristische Merkmale, die einem mit der Marke gekennzeichneten Produkt zugeschrieben werden, der Begriff Attribut erscheint in diesem Zusammenhang passend.

Die Ablehnung des Imagetransfers erfolgt manchmal deshalb, weil sich die primären Gebrauchsbestimmungen der Produkte nicht überschneiden, insoweit kommt es also entscheidend auf die objektive Beschaffenheit des gekennzeichneten Produktes ab. Andererseits werden emotionale Attribute wie beispielsweise das Leitbild eines vermeintlich jugendlichen, nicht nur modisch gekleideten, sondern auch körperlich trainierten und zugleich gepflegten Konsumenten als eine zwei Produktkategorien verbindende Klammer zugrunde gelegt.[490]

---

487 Mit ähnlicher Kritik Rohnke in: GRUR 1991, 465 (467/468) (Anmerkung zu BGH Urt. v. 29.11.1990 - Salomon).

488 Vgl. BGH WRP 1991, 296 (300) - SL.

489 So OLG HH, Urt. v. 18.9.2003, Az. 3 U 275/01.

490 Vgl. OLG HH, Urt. v. 5.8.2004, Az. 5 U 96/03 (Rz.35).

Kann aus der Produktbetrachtung also ein Attribut gewonnen werden, dessen Übertragbarkeit im Hinblick auf das Produkt des Dritten dem zur Entscheidung berufenen Gericht als denkbar erscheint, wird die Rufausbeutung tendenziell eher bejaht. So rechtfertigt, nach Auffassung des OLG München, die Verwendung einer Marke für Potenzmittel die Annahme einer Rufausbeutung, wenn diese für alkoholische Getränke benutzt wird, weil beide Produktarten eher mit „Genuss" assoziiert seien.[491]

Der EuGH hat inzwischen mit der Entscheidung *Intel*[492] den Kriterienkatalog zur Anwendung des Bekanntheitsschutzes nach Art. 5 Abs. 2 MRL aus seiner Sicht konkretisiert, was allerdings keinen wesentlich veränderten Rahmen zieht. Demnach sei das Vorliegen einer in Art. 4 IV lit. a MRL, der inhaltlich dem Verbietungsrecht in Art. 5 Abs. 2 MRL entspricht, angesprochenen Beeinträchtigung oder der ernsthaften Gefahr einer künftigen Beeinträchtigung in gleicher Weise wie das Bestehen einer *gedanklichen Verknüpfung* zwischen den fraglichen Marken unter Berücksichtigung aller relevanten Umstände des Einzelfalles festzustellen.[493] Eine klare Trennung zwischen dem Erfordernis der gedanklichen Verknüpfung und den tatbestandsmäßigen Folgen daraus wird somit nicht vorgenommen, die Grenzlinien werden eher verwischt.

Folgende Punkte sollen zu berücksichtigen sein: Der Grad der Ähnlichkeit der einander gegenüberstehenden Marken, die Art der jeweils beanspruchten Waren und Dienstleistungen und insbesondere deren Nähe oder Unähnlichkeit, das Ausmaß der Bekanntheit der älteren Marke, der Grad der Unterscheidungskraft der älteren Marke sowie das etwaige Bestehen einer Verwechslungsgefahr für das Publikum.

Wie bereits oben bei der Frage der gedanklichen Verknüpfung erörtert, stehen die einzelnen Faktoren nach Art eines beweglichen Systems zueinander.[494] Auf die Vorgaben zur Feststellung einer Rufausbeutung im Rahmen des Art. 5 Abs. 2 MRL hat der EuGH inzwischen mehrfach bestätigend Bezug genommen.[495]

---

491 So OLG München, Urt. v. 17.6.2010, Az. 29 U 4083/09.

492 EuGH GRUR 2009, 56 ff. - Intel.

493 So EuGH GRUR 2009, 56 (59) - Intel.

494 Vgl. oben S. 86.

495 Vgl. u. a. EuGH GRUR 2009, 756 (760) - L´Oréal/Bellure.

Bei näherer Betrachtung fällt auf, dass auch nach der aktuellen Rechtsprechung des EuGH die Art der Waren und Dienstleistungen, die die einander gegenüberstehenden Marken beanspruchen, einschließlich des Grades ihrer Nähe oder Unähnlichkeit wesentliche Beurteilungskriterien sind. Die Frage der Qualität und vor allem des Ansehens einschließlich eines damit verbundenen Prestigewertes wird hingegen nicht genannt. Allerdings sollen die vom EuGH auch als „parasitäres Verhalten" oder „Trittbrettfahren" bezeichneten Ausnutzungstatbestände insbesondere dann vorliegen, wenn auf Grund der Übertragung des Bildes der Marke oder der durch sie vermittelten Merkmale auf die identisch oder ähnlich gekennzeichneten Waren des Dritten eine Ausnutzung der bekannten Marke gegeben ist.[496]

Zur Rufermittlung finden sich keine Vorgaben.[497] Der EuGH verweist im Übrigen auf die Entscheidung *Chevy*, wonach bei einer bekannten Marke zu beachten sei, dass eine der Tatbestandsalternativen des Art. 5 Abs. 2 MRL desto eher vorliegen wird, je größer die Unterscheidungskraft und die Wertschätzung der Marke ist.[498] Diese Formulierung „je größer...desto" lässt zwar Rückschlüsse für den Schutzbereich in Abhängigkeit vom Bekanntheitsgrad zu, sie sagt aber nichts im Hinblick auf die Ermittlung des Rufes, im Gegenteil, die Notwendigkeit einer solchen Ermittlung ist vielmehr gar nicht vorgesehen. Von einer versehentlichen Auslassung kann nicht ausgegangen werden, da die Rechtsprechung insoweit konsistent ist.

Zusammenfassend betrachtet, beschäftigt die Gerichte also eher die Feststellung irgendwelcher zur Beschreibung des mit der bekannten Marke gekennzeichneten Produktes geeigneter Attribute, deren Übertragbarkeit auf die Produkte des Dritten vorstellbar zu sein scheint. Dieses Vorgehen ist schon früher dahin gehend kritisiert worden, dass es nicht wirklich die Ermittlung der Assoziationen der potenziellen Verwender der fraglichen Produkte in den Mittelpunkt stellt. Es wurde deshalb in der Literatur in Erwägung gezogen, Verkehrsbefragungen nicht bloß zur Ermittlung der quantitativen Bekanntheit durchzuführen, sondern auch zur Feststellung des bestehenden Markenimages.[499] Gut zwei Jahr-

---

496 Vgl. hierzu Ingerl/Rohnke, MarkenG, § 14 Rn. 1279.

497 Vgl. EuGH GRUR 2009, 756 (760) - L´Oréal/Bellure.

498 Vgl. EuGH GRUR 2009, 56 (59) (Rz.69) mit Verweis auf EuGH GRUR Int. 2000, 73 (75) - Chevy.

499 So Rohnke in der Anmerkung zu BGH Entscheidung Salomon in: GRUR 1991, 465, (468).

zehnte später lässt sich heute jedoch konstatieren, dass sich dieser Ansatz in der Rechtsprechung nicht durchgesetzt hat. Auch wenn insoweit ein gewisser Zweifel an der Tragfähigkeit der jeweils präsentierten Urteilsbegründungen bestehen mag, so sind die gefundenen Ergebnisse, wie an späterer Stelle noch aufgezeigt werden wird, wohl meist vertretbar. Zwar sind für die Ermittlung von Imagestrukturen, die zu einer Marke bestehen, zahlreiche unterschiedliche qualitative und quantitative Verfahren bekannt.[500] Jedoch wären in Gerichtsverfahren Aufwand und Kosten einer Feststellung der Imagestruktur durch Einholung eines Umfragegutachtens beträchtlich. Schon deshalb hat sich ein derartiges Vorgehen als Regelfall wohl nicht durchgesetzt.[501]

Für die Feststellung des Imagetransfers stehen folglich eher Erwägungen zur Bekanntheit und dem Grad der Unterscheidungskraft der bekannten Marke sowie zur Waren- und Dienstleistungsnähe unter Berücksichtigung der Verkehrskreise im Mittelpunkt, mithin also die Frage der Transferfähigkeit eines *vorausgesetzten,* im Grunde aus der Eigenschaft der Bekanntheit einer Marke abgeleiteten Rufes. Eine ausdrückliche Imageanalyse findet nicht statt.

(b) Feststellung der Transfereignung

Wie nun soeben erörtert, kommt es für die Frage der Rufausbeutung u. a. auf eine Beurteilung der Waren- und Dienstleistungsnähe an. Erscheint es hierbei unter Berücksichtigung der betreffenden Verkehrskreise wahrscheinlich, dass Attribute der bekannten Marke auf die mit der jüngeren Marke gekennzeichneten Produkte übertragen werden können, kommt der Imagetransfer grundsätzlich in Betracht. Dies entspricht in den Grundzügen immer noch dem ursprünglichen Ansatz der deutschen Rechtsprechung zum Wettbewerbsrecht, die das Element der Unlauterkeit u. a. darin erblickte, dass auch der Inhaber der bekannten Marke in der Lage gewesen wäre, den Ruf seiner Marke in der betreffenden Produktkategorie (der jüngeren Marke) wirtschaftlich für sich zu nutzen.[502]

Wie mit den obigen Beispielen bereits angedeutet, ergibt sich die Transfereignung nicht stets aus den sachhaltigen Produktattributen, wie z. B. Qualität und technische Reife. Auch nichtsachhaltige, emotionale Produktattribute kommen in Betracht. Nach welcher Methodik bei der Ermittlung der entscheidenden

500 Vgl. hierzu Meffert/Burmann/Koers, Markenmanagement, S. 265.

501 Zur ähnlichen Problematik der Feststellung von „Bekanntheit" Ingerl/Rohnke, MarkenG, § 14 Rn. 1344.

502 Vgl. BGH WRP 1983, 399 (401) - Dimple.

Attribute vorzugehen ist, wird allerdings in der Rechtsprechung nicht deutlich offengelegt. Wie gezeigt, findet eben keine Analyse der Imagestruktur bei den relevanten Verbraucherkreisen statt. Dies geschieht allenfalls im Ansatz, wenn sich das erkennende Gericht selbst zu den angesprochenen Verbraucherkreisen zählt.

Trotzdem ist für die Feststellung einer Rufausbeutung entscheidend, dass ein Imagetransfer möglich ist. In den einschlägigen Gerichtsentscheidungen werden meist bestimmte Produktattribute als prägend benannt und anschließend deren Transfereignung diskutiert.

Es lässt sich der Rechtsprechung zunächst einmal die Grundannahme entnehmen, dass ein Imagetransfer besonders nahe liegt, wenn die jüngere Marke für Waren Verwendung findet, die mit den mit der bekannten, älteren Marke gekennzeichneten Waren weitgehend übereinstimmen.[503] Dies gilt insbesondere für die sachhaltigen Produktattribute.

Gleichen sich die fraglichen Waren hingegen nicht, sind die Betrachtungen der Rechtsprechung zur Transfereignung bestimmter Produktattribute uneinheitlich. Werden sachhaltige Produktattribute als entscheidend angesehen, orientieren sich die Gerichte dabei zur Feststellung ihrer Transfereignung an der Art und Gebrauchsbestimmung der Waren, für die das jüngere Zeichen Verwendung findet. Der im Zusammenhang mit Autos (Sportwagen) bekannten Marke *„CARRERA"* attestierte beispielsweise das OLG Stuttgart die Eigenschaften Hochwertigkeit, ausgereifte Technik und Ermöglichen eines sportiven Fahrverhaltens.[504] Obwohl die ältere Marke nicht die Ware Fahrräder beanspruchte und diese, abgesehen von ihrer Eigenschaft als Beförderungsmittel zu dienen, auch keine besondere Ähnlichkeit zu Kraftfahrzeugen aufwies, hielt das Gericht die Übertragbarkeit dieser Attribute auf Fahrräder für gegeben. Das Gericht sah es als möglich an, dass bei den angesprochenen Verbrauchern der Eindruck entstehen könne, die mit Sportwagen verbundenen Eigenschaften lägen auch bei Fahrrädern vor.[505] Um dies Annahme zu untermauern, wurde weiter auch auf bereits existierende Markenerweiterungen anderer Hersteller in das Produktsegment Fahrräder verwiesen. Eine Argumentation, die sich nicht selten findet, um zumindest in der

503 Vgl. BGH WRP 1991, 296 (300) - SL.

504 Vgl. OLG Stuttgart GRUR 2007, 313 (315) - Carrera.

505 Vgl. OLG Stuttgart GRUR 2007, 313 (315) - Carrera.

Tendenz eine tatsächliche Transferfähigkeit zu begründen.[506] In der alten BGH Entscheidung *Dimple* wurde das der Whiskymarke zugeschriebene Attribut herausragender Qualität und Beschaffenheit (sowie Exklusivität) auch für auf Herrenkosmetik übertragbar gehalten, freilich mit Verweis auf den vermeintlich weitgehend deckungsgleichen Käuferkreis für Whisky und Herrenkosmetikprodukte.[507] Anders beurteilte der BGH dies dort aber in Hinblick auf Reinigungsmittel, diesbezüglich hielt er den Warenabstand nun für zu groß, mit anderen Worten also eine Imageübertragung in den hierfür relevanten Verkehrskreisen für abwegig.[508]

Schwerer tut sich die Rechtsprechung mit der Transfereignung von nicht sachhaltigen, konnotativen Produktattributen. Auf diese wird meist dann abgestellt, wenn der Warenabstand so groß ist, dass eine Übertragung sachhaltiger Imageinhalte nicht unbedingt nahe liegend erscheint. So lehnte das OLG Hamburg in der Entscheidung *Duplo* die Übertragbarkeit der für eine Schokoladenwaffel angenommenen Attribute Charme, Modernität, Attraktivität und Jugendlichkeit auf Rasierapparate und -klingen ab.[509] Den Hauptgrund sah das Gericht darin, dass diese Merkmale zu nichtssagend seien, um Gemeinsamkeiten zwischen der bekannten Marke und den Transferprodukten Rasierapparate und -klingen vermitteln könnten.[510] Andererseits aber hielt ein anderer Senat des OLG Hamburg die Übertragung des Rufes einer Marke für Sportschuhe und -kleidung (NIKE) auf Kosmetikprodukte für möglich.[511] Es handele sich um nicht lebensnotwendige Produkte mit einem gewissen Image von Luxus. Als entscheidende Produktattribute identifizierte der Senat das in der Werbung vielfach vermittelte Leitbild des jugendlichen, nicht nur modisch gekleideten, sondern auch körperlich trainierten und zugleich gepflegten Konsumenten.[512] Abgesehen von der Tatsache, dass dieses Leitbild in nahezu jeder Werbung anzutreffen ist, stellt sich die Frage, ob Sportbekleidung unbedingt ein Luxuswert beizumessen ist. Andererseits stellt sich bei dieser Wertung im Hinblick auf die oben zitierte Entscheidung *Duplo* des OLG Hamburg die Frage, ob nicht zumindest die dort diskutierten Attribute des Schokoriegels wie z. B. Attraktivität und

---

506 Vgl. OLG Stuttgart GRUR 2007, 313 (315) - Carrera; OLG HH, Urt. v. 5.8.2004, Az. 5 U 96/03; OLG HH GRUR-RR 2005, 258 (260) - Ahoj-Brause.

507 Vgl. BGH WRP 1985, 399 (401) - Dimple.

508 Vgl. BGH WRP 1985, 399 (401) - Dimple.

509 Vgl. OLG HH GRUR-RR 2003, 367 (368) - Duplo.

510 So OLG HH GRUR-RR 2003, 367 (368) - Duplo.

511 Vgl. OLG HH , Urt. v. 5.8.2004, Az. 5 U 96/03 (II.4.a).

512 Vgl. OLG HH , Urt. v. 5.8.2004, Az. 5 U 96/03 (II.4.a).

Jugendlichkeit auf die streitgegenständlichen Männerpflegeprodukte, wie Rasierapparate und -zubehör, übertragbar gewesen wären.

In einer Entscheidung des OLG München wurden als Produktattribute eines Potenzmittels positive Assoziationen im Sinne von Vitalität, Genuss und Stärke identifiziert und deren Übertragung auf alkoholische Getränke, die mit ähnlichem Zeichen markiert waren, für möglich gehalten.[513]

Somit zeigt sich, dass die Vorgehensweise zur Bestimmung der Transfereignung der ermittelten Produktattribute in der Rechtsprechung nicht klar erkennbar ist.[514] Zum einen spielen natürlich die weiteren vom EuGH[515] benannten Faktoren zur Feststellung einer Beeinträchtigung im Sinne von Art. 5 Abs. 2 MRL, wie namentlich der Bekanntheitsgrad und erworbene Kennzeichnungskraft sowie der Grad der Ähnlichkeit der einander gegenüberstehenden Marken bei der Beurteilung eine wichtige Rolle. Zum anderen aber fehlt doch die Offenlegung der einer festgestellten Transfereignung zugrunde liegenden gedanklichen Operation. Welche Produktattribute sind für die Beurteilung als entscheidend anzusehen, und wovon hängt ihre Übertragbarkeit auf die Produkte des Dritten ab?

Hinsichtlich der Übertragbarkeit von Attributen wurde bereits von *Rößler*[516] darauf hingewiesen, dass hiervon umso eher auszugehen sei, je weniger allgemein, je spezifischer und prägnanter die an den sachhaltigen oder emotionalen Produkteigenschaften orientierten Imageinhalte sind. Bei allgemein gehaltenen Gütevorstellungen bedürfe es eines außergewöhnlichen Rufes, der die Marke gleichsam zum Inbegriff für einen bestimmten Rufinhalt mache, damit es zu einem Transfer kommen könne. Als solche allgemeinen Gütevorstellungen seien beispielsweise Attribute wie Luxus und Exklusivität zu sehen.

Meist werden es wohl die besonders bekannten Marken sein, die eine derartige Stellung im Markt erlangen. Daher ist es auch richtig, heute unter Berücksichtigung der EuGH Rechtsprechung den Bekanntheitsgrad und die erworbene Unterscheidungskraft der Marke als einen die Rufausbeutung begünstigenden Faktor zu berücksichtigen.

---

513 Vgl. OLG München PharmR 2010, 528 (531) - Viagra/Viaguara.

514 Ähnlich bereits Rößler, in: GRUR 1994, 559 (567).

515 Vgl. EuGH GRUR 2009, 56 (59) - Intel.

516 Vgl. hierzu Rößler, in: GRUR 1994, 559 (567).

Gleichwohl, das zeigt die Rechtsprechung aber ebenso, ist nicht jedes Produkt, das als Empfänger eines ggf. prägnanten Produktattributes in Betracht kommt, gleich gut als Transferprodukt geeignet. Deshalb kann es nicht nur auf das fragliche Attribut ankommen.

(c) Situation bei der geplanten Markenerweiterung

Zur sinnvolleren Einordnung der vorhandenen Rechtsprechung im Hinblick auf den für eine Rufübertragung erforderlichen Imagetransfer und die Klärung der Bedeutung des Transferproduktes bietet sich ein Blick auf die im Rahmen von geplanten Managementprozessen vorgenommenen Markenerweiterungen an. Mit einer planvollen Markenerweiterung wird aus der Unternehmensperspektive das Ziel verfolgt, das Image einer bereits bestehenden Marke auf ein neues Produkt, das sich in der gleichen oder in einer neuen, nicht verwandten Produktkategorie befindet, zu übertragen.[517] Hierdurch soll gerade durch Rückgriff auf eine bereits etablierte Markierung eine Steigerung der Kaufbereitschaft und Erstkaufrate sowie gar die Durchsetzung eines Preispremiums erreicht werden, ohne dass erst ein neuer zeit- und kostenaufwendiger Markenaufbau betrieben werden muss.[518] Ein Beispiel aus jüngerer Zeit ist die Ausdehnung der Schokoladenmarke *MILKA* auf eine neue Nuss-Nugat-Creme.[519]

Ein Rückgriff auf diese in der Betriebswirtschaftslehre untersuchte Erscheinungsform des Markenmanagements bietet sich deshalb an, weil in der Rechtsprechung von EuGH und BGH stets die Rufausbeutung durch einen Dritten der Ausgangspunkt der rechtlichen Bewertung ist. Das Verhalten eines Dritten im geschäftlichen Verkehr ist dann als unlautere Rufausbeutung anzusehen, wenn der eigentliche Markeninhaber ebenfalls die Möglichkeit gehabt hätte, seine Marke für das fragliche Produkt wirtschaftlich zu nutzen, was die Möglichkeit einer entsprechenden Markenerweiterung impliziert. Nutzt aber der Dritte unbefugt im geschäftlichen Verkehr die bekannte Marke anstelle des Markeninhabers, erlangt er wirtschaftliche Vorteile dadurch, dass er einen eigenen Marken-

517 Vgl. Caspar/Burmann, Markenerweiterungsstrategien, in: Meffert/Burmann/Koers, S. 246.

518 Vgl. Caspar/Burmann, Markenerweiterungsstrategien, in: Meffert/Burmann/Koers, S. 246..

519 Beispiel entnommen aus: Sattler, Markentransferstrategien, in: Bruhn, Handbuch der Markenführung, Bd. 2, S. 817 (819).

aufbau einspart. Hier spricht der EuGH deshalb auch von parasitärem Trittbrettfahren.[520]

In der betriebswirtschaftlichen Forschung wurden Analysen vorgenommen, bei denen untersucht wurde, ob die Erfolgswahrscheinlichkeit eines Transfers von bestimmten Erfolgsfaktoren abhängt.[521] Im Ergebnis kristallisierten sich einige externe (Markt-)Faktoren und einige interne, in der unternehmerischen Sphäre liegende Faktoren heraus. Mit überdurchschnittlicher Bedeutung und Dominanz traten dabei zum einen die Inhalte und Eigenschaften der Muttermarke, die Ausgangspunkt des Transfers ist, sowie insbesondere deren Beziehung zum Transferprodukt, das quasi Zielobjekt des Imagetransfers ist, hervor.[522] Im Hinblick auf diese Beziehung wird auch vom sog. „Fit" zwischen Muttermarke und Transferprodukt gesprochen. Unter dem Fit versteht man das Vorhandensein eines glaubwürdigen Zusammenhanges und konsistenter Gemeinsamkeiten zwischen Muttermarke und dem Erweiterungsprodukt.[523] Dieser Fit ist aus Sicht der Verbraucher zu beurteilen. Er kann entweder durch eine umfassende Ähnlichkeit von Attributen und Assoziationen erklärt werden oder aber auf einige wenige hervorstechende und damit besonders relevante Assoziationen zurückzuführen sein.[524] Es ist also auf die Eigenschaften und Nutzenversprechen des Transferproduktes zu schauen und danach zu fragen, ob diese die Image prägenden Assoziationen der Muttermarke widerspiegeln. Man bezeichnet diese Gemeinsamkeit und den damit einhergehenden Zusammenhang zwischen Muttermarke und Transferprodukt auch als *Transferklammer.*[525]

Im Hinblick auf den Erfolg eines Markentransfers, bei dem es also zu dem beabsichtigten Imagetransfer kommt, ist entscheidend, dass sich Muttermarke und Transferprodukt eben nicht bloß in irgendeiner Dimension ähnlich sind,

---

520 Vgl. EuGH GRUR 2009, 756 (760) - L´Oréal/Bellure.

521 Vgl. Sattler, Markentransferstrategien, in: Bruhn, Handbuch der Markenführung, Bd. 2, S. 817 (823).

522 Vgl. Sattler, Markentransferstrategien, in: Bruhn, Handbuch der Markenführung, Bd. 2, S. 817 (824).

523 Vgl. Caspar/Burmann, Markenerweiterungsstrategien, in: Meffert/Burmann/Koers, S. 262.

524 Vgl. Caspar/Burmann, Markenerweiterungsstrategien, in: Meffert/Burmann/Koers, S. 262.

525 Vgl. Meffert/Perrey, Mehrmarkenstrategien – identitätsorientierte Führung von Markenportfolios, in: Meffert/Burmann/Koers, Markenmanagement, S. 262; etwas undeutlicher noch Rößler in: GRUR 1994, 559 (567).

sondern dass die fragliche Dimension auch im Kontext der neuen Produktkategorie relevant sein muss, um positiv wahrgenommen zu werden.[526] Ist der Fit dagegen zu gering, droht eine Imagebeeinträchtigung, wenn infolge fehlender Gemeinsamkeiten zwischen Muttermarke und Transferprodukt negative Imagedimensionen entstehen.[527]

(d) Systematisierung der im Rahmen von § 14 Abs. 2 Nr. 3 MarkenG anzustellenden Überlegungen

Versucht man die Überlegungen, die in einem Managementprozess zur Herbeiführung einer Markenerweiterung (Imagetransfer) anzustellen sind, für die Beurteilung der Transferfähigkeit der von den Gerichten identifizierten Attribute der älteren, bekannten Marke auf die Waren, für die das jüngere Zeichen benutzt wird, fruchtbar zu machen, so wäre in der Tat die oben beschriebene Gemeinsamkeit (Transferklammer) beider Produktbereiche zu ermitteln. Es ist der Frage nachzugehen, ob die Eigenschaften und Nutzenversprechen des Produktes, auf das das Image der bekannten Marke transferiert worden sein könnte, relevante Übereinstimmungen mit dem Image der bekannten Marke aufweist.

Zunächst ist also das Augenmerk auf die das Image prägenden Assoziationen bezüglich der Ausgangsmarke (ältere, bekannte Marke) zu richten. Wie oben beschrieben, findet eine Analyse des von den Verbraucherkreisen getragenen Markenimages in der Rechtspraxis regelmäßig nicht statt. Die Gerichte beurteilen im Rahmen der Rufausbeutung ohne Weiteres selbst, was Gegenstand der besonderen Wertschätzung ist, sei es aus eigener Anschauung oder auf Grundlage der offenkundigen Gebrauchsattribute, die sich der älteren Marke in sinnvoller Weise zuordnen lassen. Technische Produkte verkörpern dann meist greifbare Attribute wie beispielsweise Präzision und Zuverlässigkeit,[528] während nichttechnische Produkte eher emotionale Assoziationen wie beispielsweise Jugendlichkeit, Exklusivität oder Attraktivität[529] repräsentieren.

---

526 Vgl. Meffert/Perrey, Mehrmarkenstrategien – identitätsorientierte Führung von Markenportfolios, in: Meffert/Burmann/Koers, Markenmanagement, S. 262.

527 Vgl. Sattler, Markentransferstrategien, in Bruhn, Handbuch der Markenführung, Bd. 1, S. 817 (822).

528 Vgl. bspw. BGH WRP 1991, 228 (229) - Salomon; BGH WRP 1991, 296 (300) - SL; OLG Stuttgart GRUR-RR 2007, 313 (315) - Carrera; vgl. auch OLG HH WRP 2002, 735 (737) - HDI.

529 Vgl. bspw. BGH WRP 1985, 399 (401) - Dimple; OLG HH GRUR-RR 2003, 367 (369) - Duplo; OLG HH, Urt. v. 5.8.19974, Az. 5 U 96/03 (NIKE).

Im nächsten Schritt wäre dann folglich danach zu fragen, ob sich die als Markenimage der Muttermarke identifizierten Attribute plausibel als Gemeinsamkeiten beider Produktarten einordnen lassen und diese für die Produkte, für die das jüngere Zeichen genutzt wird, auch wirklich relevant sind. Insofern ist also der mitunter in der Rechtsprechung anzutreffende Satz, der Verkehr müsse Anhaltspunkte dafür haben, dass die sich gegenüberstehenden Produkte mit gleichem Maße messen ließen und deshalb das, was für das eine gilt, ohne Weiteres auch für das andere angenommen werden dürfe,[530] nicht von der Hand zu weisen. Auch dürften es vor allem Produkte aus zumindest ähnlichen Bereichen sein, die für einen Imagetransfer in Betracht kommt, da meist dort ausreichende Gemeinsamkeiten zwischen den Image prägenden Assoziationen der „Muttermarke" und Attributen des „Transferprodukts" bestehen werden. Andererseits dürfte bei absolut unähnlichen Produkten, wie dem oben erwähnten Schokoriegel einerseits und dem Rasierapparat andererseits, zumindest seltener relevante und vor allem plausible Gemeinsamkeiten zu erwarten sein. In diesen Konstellationen wird oft auf die nichtsachhaltigen Attribute zurückgegriffen. So wurde in der Rechtsprechung z. B. das Retro-Image der für Brauselimonaden, Brausepulver, Zuckerwaren u.s.w. eingetragenen (bekannten) Marke *Ahoj-Brause* für auf die Warenart „T-Shirts" übertragbar gehalten.[531]

Die Tendenz in der Rechtsprechung geht aber dahin, eine Rufausbeutung bei großem Warenabstand eher abzulehnen und nur in Fällen, in denen eine identische Zeichenübernahme oder eine besonders großer Bekanntheit gegeben ist, in Erwägung zu ziehen.[532] Diese Überlegungen werden in der Rechtsprechung häufig in Erwägungen zu den angesprochenen Verkehrskreisen gekleidet. Dies ist jedoch lediglich eine andere Perspektive auf denselben Themenkomplex. Sind also beispielsweise, entsprechend der BGH-Entscheidung *Salomon*,[533] auf Seite der bekannten Marke die Waren „Skibindungen" und andererseits „Tabakerzeugnisse" betroffen, so ist die Ermittlung einer Transferklammer anhand von Gemeinsamkeiten zwischen Attributen der Tabakwaren und den das Image prägenden Assoziationen der mit Salomon gekennzeichneten Skibindungen immer anhand der Bedeutung und Relevanz für die angesprochenen Verbraucher zu

530 Vgl. u. a. OLG HH GRUR-RR 2003, 367 (368) - Duplo.

531 Vgl. OLG HH GRUR-RR 2005, 258 (260) - Ahoj Brause.

532 So bspw. im Falle BGH WRP 2006, 96 (101) - Boss-Club; BGH WRP 1991, 228.(230) - Salomon; vgl. mit Aussage zum Zusammenhang zwischen Branchenferne und Rufausbeutung OLG Frankfurt a. M. GRUR 2000, 1063 (1063).

533 Vgl. BGH WRP 1991, 228 ff.

beurteilen. Sind, wie der BGH in diesem Falle meinte, diese Kreise nicht deckungsgleich, setzt das Vorhandensein einer Transferklammer zunächst Bekanntheit der Ursprungsmarke in den Kreisen, in die das Image transferiert werden könnte, voraus. Letzteres mochte der BGH nicht annehmen, weshalb relevante Gemeinsamkeiten zwischen Transferprodukt und bekannter Marke abzulehnen waren und ein Anspruch wegen Rufausbeutung folglich ausschied.

(e) Fazit

Insgesamt also sind die in der Rechtsprechung anzutreffenden Entscheidungen im Ergebnis meist nachvollziehbar, auch wenn die Feststellung der relevanten Rufinhalte bei der bekannten Marke teilweise etwas grobkörnig erscheinen und nicht immer das Vorstellungsbild innerhalb der relevanten Verkehrskreise repräsentativ widerspiegeln muss. Sind die Markeninhaber diesbezüglich auf die Rezeption ihrer Marke bei den Streitgerichten angewiesen, trägt das nicht unbedingt zur Rechtssicherheit bei. Das methodische Vorgehen, das letztlich zu dem Ergebnis hinführen soll, wird selten transparent gemacht. Im Grundsatz erscheint zumindest die Suche nach gemeinsamen Produktattributen bei der Ausgangsmarke und dem Transferprodukt als richtiger Ansatzpunkt. Keinesfalls ist es so, dass der Ruf einer vielleicht sogar besonders bekannten Marke ein allgemein verwendbares „Gut" wäre, das beliebig für andere Produkte eingesetzt werden könnte.[534] Eine Anlehnung an die wissenschaftlichen Erkenntnisse zum Managementprozess der Markenerweiterung könnte hier, wie gezeigt, für mehr strukturelle Klarheit sorgen.

bb. Ausnutzung der Unterscheidungskraft

Der weitere in § 14 Abs. 2 Nr. 3 MarkenG bzw. Art. 5 Abs. 2 MRL geregelte Ausnutzungstatbestand betrifft die Unterscheidungskraft der bekannten Marke. Als Unterscheidungskraft wird in diesem Zusammenhang die durch Originalität des Zeichens und/oder durch Benutzung erlangte bzw. gesteigerte Kennzeichnungskraft einer Marke, also ihre Eignung, bei dem angesprochenen Verbraucher Merkbarkeit und Wiedererkennbarkeit zur Unterscheidung von Produkten hervorzurufen, verstanden.[535]

In der Rechtsprechung des BGH wurde unter dem Schlagwort der „Aufmerksamkeitsausbeutung" die als Grundlage für diese Verletzungsvariante dienende Konstellation herausgearbeitet. So legte der BGH in der Entscheidung *Kräutermeister* erstmals dar, dass bereits die bewusste Ausnutzung der mit einer

534 Ähnlich bereits Kohl, S. 82.

535 So Ingerl/Rohnke, MarkenG, § 14 Rn. 1367.

bekannten oder gar berühmten Marke in besonderem Maße verbundene Aufmerksamkeitswirkung die Unlauterkeit begründen könne.[536] So sei die aus der besonderen Aufmerksamkeitswirkung resultierende besondere Beachtung und Auseinandersetzung mit dem gekennzeichneten Produkt eine wesentliche Vorstufe des Verkaufserfolges, dies gelte gerade für neue Produkte auf dem jeweiligen Markt.[537]

Diese Argumentation findet sich auch in der jüngeren Rechtsprechung wieder, meist wird hierauf zurückgegriffen, wenn eine Rufausbeutung mangels Begründbarkeit eines Imagetransfers ausscheidet. In der Entscheidung *Lila-Postkarte* beispielsweise, bezweifelt der BGH zu Recht die Übertragbarkeit von Gütevorstellungen der für feine Back- und Süßwaren eingetragenen Marken *MILKA* sowie einer bestimmten Farbe auf eine scherzhafte Postkarte.[538] Gleichwohl nutze die Beklagte, so der BGH weiter, das mit der bekannten Marke verbundene besondere Maß an Aufmerksamkeit aus.[539] Als Begründung wird ausgeführt, dass der scherzhafte Charakter der Postkarte, den die Beklagte mit der Gestaltung der Postkarte erzielen wolle, nur dadurch zu erreichen sei, dass die angesprochenen Verkehrskreise die Anspielung auf die Marken der Klägerin erkennen.[540] Somit wird quasi bereits von der gedanklichen Verknüpfung zur klägerischen Marke, die stets Voraussetzung für das Eingreifen eines Verbietungsrechts aus dem Bekanntheitsschutz ist, auf eine Ausnutzung der Unterscheidungskraft geschlossen, was ohne hinzutretende besondere Rechtfertigungsgründe im Rahmen der Unlauterkeit zu einem Abwehrrecht des Markeninhabers führt.

(1) Kritik an der eigenständigen Bedeutung

In der Literatur erntete dieser Umgang mit der sog. Aufmerksamkeitsausbeutung schon früh Kritik. So wurde bereits zur früheren Rechtslage moniert, dass ein Aufmerksamkeitseffekt bereits aus der Bekanntheit der jeweiligen Marke resultiere und das Erkennbarmachen des Mitbewerbers allein, d. h., ohne seine Marke zu verwässern oder ihren Ruf auszunutzen oder zu beeinträchtigen, mit Blick auf die generell ja durchaus zulässige vergleichende Werbung nicht rechtswidrig

536 Vgl. BGH GRUR 1981, 142 (144) - Kräutermeister; BGH GRUR 2000, 875 (877) - Davidoff; im Übrigen bereits oben S. 34.

537 Vgl. BGH GRUR 1981, 142 (144) - Kräutermeister.

538 Vgl. BGH WRP 2005, 896 (898) - Lila-Postkarte.

539 Vgl. BGH WRP 2005, 896 (898) - Lila-Postkarte.

540 So BGH WRP 2005, 896 (898) - Lila-Postkarte.

sein könne.[541] Diese Argumentation kann mit Blick auf § 6 UWG auch heute Geltung beanspruchen. So wird mit ähnlicher Begründung der Ausnutzung der Unterscheidungskraft neben dem Tatbestand der Rufausbeutung teilweise eine eigenständige Bedeutung abgesprochen. Nicht schon die Erlangung eines Kommunikationsvorsprunges der beschriebenen Art auf Seiten des Zweitnutzers könne konstitutiv für die Markenrechtsverletzung sein, es fehle vielmehr die Benennung des unrechtskonstitutiven Elementes.[542]

In der Tat erscheinen bei systematischer Betrachtung Zweifel angebracht. Unbestreitbar resultiert aus einer Bekanntheit in den einschlägigen Verkehrskreisen eine gesteigerte Aufmerksamkeit, hieraus resultiert die Bekanntheit ja geradezu. Eine Marke, die keine besondere Aufmerksamkeit auf sich zieht, wird kaum imstande sein, relevante Marktanteile zu erobern und eine ausreichende Wiedererkennungsrate zu erzielen. Zu fragen ist nach dem Umstand, der die Annahme der Unlauterkeit der Zweitnutzung der bekannten Marke rechtfertigt. Käme es für die Ausbeutung der Unterscheidungskraft lediglich auf das ungerechtfertigte Hervorrufen einer gedanklichen Verknüpfung zu einer bekannten Marke an, wäre doch die Existenzberechtigung beispielsweise des Rufausbeutungstatbestandes erheblich infrage gestellt, wie letztlich die Entscheidung *Lila-Postkarte* auch zeigt. Mitunter findet sich die Argumentation, dass der Vorteil dieser Tatbestandsinterpretation darin bestehe, dass eine Untersagung der fraglichen Zeichenverwendung unter Rückgriff auf den Aufmerksamkeitsausbeutungstatbestand ohne aufwendig und oftmals schwierig zu treffende Feststellungen einer bestimmten Wertschätzung (Rufausbeutung) und einem damit verbundenem Imagetransfer, möglich sei.[543] Hier scheint die systematische Schwäche dieser Sichtweise deutlich auf. Eine derartige Auffangfunktion der Aufmerksamkeitsausbeutung lässt sich so nicht schlüssig begründen. Gegenüber den anderen Alternativen fehlt ein spezifisches, die Annahme einer Unlauterkeit rechtfertigendes Merkmal. Anderenfalls würden die übrigen Tatbestandsalternativen erheblich entwertet, wenn bereits das Hervorrufen einer gedanklichen Verknüpfung zu einer bekannten Marke die Annahme eines „werblichen Kommunikationsvorsprunges“, der sich als Ausnutzung des Unterscheidungskraft einordnen ließe, rechtfertigt.[544] Weder dem Wortlaut der Regelungen nach noch aus der Entstehungsgeschichte dieser Art des Rechtsschutzes lässt sich ein derartiges

541 So Rößler in: GRUR 1994, 559 (564).

542 Vgl. Fezer, Markenrecht, § 14 Rn. 808, 809.

543 Vgl. u. a. Ingerl/Rohnke, MarkenG, § 14 Rn. 1391;

544 Anders aber OLG Koblenz GRUR-RR 2009, 230 (234) - Fadenkreuz „Tatort“.

Rangverhältnis zwischen den Tatbestandsalternativen des § 14 Abs. 2 Nr. 3 Marken bzw. Art. 5 Abs. 2 MRL herleiten. Die von den Befürwortern des Aufmerksamkeitsausbeutungstatbestandes vorgeschlagene Einteilung, die sich im Wesentlichen an der Rechtsprechung orientiert, überzeugt somit nicht.

Die Kritiker des Aufmerksamkeitsausbeutungsansatzes wollen die unter diesen Tatbestand subsumierten Fälle über die übrigen Verletzungsalternativen lösen. So sieht *Marx* in den Fällen der Kommerzialisierung der besonderen Aufmerksamkeitswirkung nicht den Tatbestand der Ausnutzung, sondern vielmehr den der Beeinträchtigung der Unterscheidungskraft (sogenante Verwässerung) als möglich an.[545] Letztlich werde nicht die Unterscheidungskraft ausgenutzt, sondern schlicht die Bekanntheit. Deshalb seien die Fälle der sog. Aufmerksamkeitsausbeutung im Ergebnis eine Schwächung der bekannten Marke und somit unter die Beeinträchtigung der Unterscheidungskraft zu subsumieren.[546] Im Kern jedoch steht bei den Konstellationen, die der Aufmerksamkeitsausbeutung zugerechnet werden, eher die unlautere Erlangung eines *Vorteils* auf Kosten des Markeninhabers, bei dem Verwässerungstatbestand hingegen, wie an späterer Stelle noch eingehender darzustellen ist, die Unlauterkeit des seitens des Markeninhabers erlittenen *Nachteils* im Zentrum des Unrechtsvorwurfes. Es lässt sich nicht pauschal sagen, dass sämtliche typischerweise als Ausnutzung der Unterscheidungskraft einzustufenden Fälle die Annahme einer Schwächung der Marke rechtfertigen. Letztere stellt die neuere Rechtsprechung des EuGH ohnehin unter verschärfte Anforderungen in Bezug auf die Darlegungs- und Beweislast des Anspruchsstellers, wie ebenfalls an späterer Stelle noch zu zeigen ist. Die fraglichen Sachverhaltskonstellationen nehmen vielmehr stets die Perspektive einer Vorteilsnahme auf Kosten des Inhabers der bekannten Marke durch den Zweitnutzer ein. Der von *Marx* vorgeschlagene Weg überzeugt somit nicht. Es liegt näher, sich an der Rufausbeutung zu orientieren, die ihrerseits auch die Erlangung eines Vorteils auf Kosten des Markeninhabers in den Fokus nimmt.

So spricht sich *Fezer* u. a. dafür aus, den Terminus der Aufmerksamkeitsausbeutung nicht nur formell, sondern auch inhaltlich aufzugeben und ihn weitgehend dem Rufausbeutungstatbestand zuzuordnen.[547] Dies setze aber voraus, dass der Gegenstand des Rufausbeutungsschutzes, also die Wertschätzung, nicht nur im Sinne konkreter Qualitätsmerkmale, sondern auch im Sinne von positi-

545 Vgl. Marx, Rn. 775; ähnlich auch Fezer, Markenrecht, § 14 Rn. 807.

546 Vgl. Marx, Rn. 775.

547 Vgl. Fezer, Markenrecht, § 14 Rn. 803/808.

ven Assoziationen verstanden werde.[548] Diese Bedingung kommt der wirtschaftlichen Realität sehr nahe, wie im Kapitel B. dieser Arbeit aufgezeigt worden ist. Doch auch für die juristische Feststellung der Bekanntheit kommt es auf eine Reihe von Kriterien und nicht allein auf eine demoskopische Ermittlungen im Sinne von Bekanntheitsgraden an.[549] Beispielsweise setzt ein für die Annahme der Bekanntheit relevanter Marktanteil voraus, dass die Verbraucher einen über den bloßen Gebrauchsnutzen hinausgehenden Vorteil in dem Erwerb der gekennzeichneten Produkte sehen. Wäre dies nicht so, darf bei lebensnaher Betrachtung doch bezweifelt werden, dass sich die mit einer Marke gekennzeichneten Produkte auf den meistens relativ homogenen und weitgehend gesättigten Märkten durchsetzen würde. Etwas anderes könnte vielleicht für neue, wenig erschlossene Märkte gelten, wo ein Produkt mit wenig Konkurrenz schnell Marktanteile erlangen könnte. Aber auch dort sind gleichfalls die vom Markeninhaber getätigten Investitionen zur Förderung der Marke bei der Feststellung der Bekanntheit zu berücksichtigen. Gerade Werbung vermittelt bestimmte Markeninhalte. Es entspricht der in dieser Arbeit vertretenen Auffassung, dass die Wertschätzung bzw. das relevante Image einer Marke sowohl durch sachhaltige als auch durch nichtsachhaltige Attribute entscheidend geprägt sein kann und immer das subjektive Vorstellungsbild der Verbraucher zum Gegenstand hat. Die vorhergegangene Untersuchung der Rechtsprechung zur Rufausbeutung hat im Übrigen gezeigt, dass die Marke nicht ausschließlich als konkrete Qualitätsmerkmale verkörpernd verstanden wird.

Fezer geht implizit davon aus, dass die fragliche Aufmerksamkeitswirkung, die von einer Marke ausgeht, nicht neutral ist, sondern bereits mit bestimmten positiven Assoziationen besetzt ist und diese ausgenutzt werden. In der Tat ist fraglich, ob eine *wohlgemerkt bekannte* Marke völlig losgelöst von jeglichen inhaltlichen Assoziationen eine für jedes Produkt nutzbare Aufmerksamkeit erregen kann. Dies wäre streng genommen die Konsequenz aus einer am vermeintlichen Kommunikationsvorsprung orientierten Auslegung des Tatbestandes. Vermutlich würde doch aber kein Gericht auf die Idee kommen, beispielsweise bei Verwendung einer für WC-Reiniger bekannten Marke für Nahrungsmittel eine Aufmerksamkeitsausbeutung anzunehmen. Eine gewisse Kompatibilität zwischen den gekennzeichneten Produkten wird von der deutschen Rechtsprechung tatsächlich schon bisher für die Aufmerksamkeitsausbeutung außer-

548 Vgl. Fezer, Markenrecht, § 14 Rn. 803.
549 Vgl. GRUR-Int. 2000, 73 (75) - Chevy.

halb der Rufausbeutung verlangt.[550] Insofern könnte die Zuordnung der Ausbeutung der Unterscheidungskraft zum Rufausbeutungstatbestand für mehr argumentative Klarheit sorgen.

(2) Stellungnahme

Es ist *Fezer* also insoweit zuzustimmen, als dass die Ausbeutung der Attraktionskraft einer Marke letztlich als ein Fall der Rufausbeutung angesehen werden kann. Hierfür spricht zuletzt auch, dass der Schutzbereich des Markenrechts nicht übermäßig durch die Anwendung der bereits auf der gedanklichen Verknüpfung beruhenden Aufmerksamkeitsausbeutung ausgedehnt werden könnte. Keinesfalls dürfte freilich eine Integration der Ausnutzungstatbestände dazu führen, dass das Vorliegen der gedanklichen Verknüpfung in jedem Fall zu einer Rufausbeutung führt, denn so wäre im Ergebnis nichts gewonnen. Ein derartiges Verständnis zeichnet sich jedoch auch nicht ab. Für das Abwehrrecht kommt es in diesem Zusammenhang auf die Voraussetzungen entweder der Rufausnutzung oder bei ersichtlichen Inkompatibilitäten zwischen dem Image der bekannten Marke und dem Produkt des Zweitnutzers auf die der Rufbeeinträchtigung oder auf die der Beeinträchtigung der Unterscheidungskraft an. Genaueres zu den Beeinträchtigungstatbeständen ist an späterer Stelle noch darzustellen.

Im Ergebnis ist inzwischen auch der EuGH für eine Zusammenfassung der Ausnutzungstatbestände des Art. 5 Abs. 2 MRL unter dem Gesichtspunkt der Vorteilsnahme des Zweitnutzers durch die identische oder zumindest ähnliche Benutzung des bekannten Zeichens.[551] Der EuGH spricht in diesem Zusammenhang zusammenfassend von „parasitärem Verhalten" und „Trittbrettfahren".[552] Ob sich hieraus Folgen für die Praxis ergeben oder ob es sich um eine bloß terminologische Unterscheidung handelt, wie *Ingerl/Rohnke* meinen, bleibt abzuwarten.[553] Gerade in den Fällen, in denen sich ein Imagetransfer nicht fundiert begründen lässt und gleichzeitig eine Rufbeeinträchtigung ausscheidet, kommt es auf ein Mindestmaß an Gemeinsamkeit zwischen Wertschätzung des bekannten Marke und den gekennzeichneten Produkten des Zweitnutzers an. Dies allerdings wird wohl auch schon bisher in der deutschen Rechtsprechung so gehandhabt. Die Annahme des BGH in der Entscheidung *Lila-Postkarte* bei-

---

550 Vgl. BGH GRUR 1981, 142 (144) - Kräutermeister; OLG Frankfurt a. M. GRUR 2000, 1063 (1065) - Spee-Fuchs.

551 Vgl. EuGH GRUR 2009, 756 (760) - L'Oréal/Bellure; EuGH GRUR 2009, 56 (57) - Intel.

552 Vgl. EuGH GRUR 2009, 756 (760) - L'Oréal/Bellure.

553 Vgl. Ingerl/Rohnke, MarkenG, § 14 Rn. 1355.

spielsweise, wonach die mit der bekannten Marke *MILKA* verbundene besondere Aufmerksamkeit durch eine scherzhafte Postkarte ausgenutzt werde, erscheint in diesem speziellen Fall tragfähig, weil sich gerade hieraus der bezweckte scherzhafte, konterkarierende Charakter der Postkarte ergab.[554] Andererseits wurde eine Ausnutzung der Unterscheidungskraft einer für Bausparleistungen bekannten Marke für Waschmittel gerade wegen der großen Branchenferne abgelehnt.[555]

cc. Beeinträchtigung der Wertschätzung (sog. Rufbeeinträchtigung)

In enger Anlehnung an die Fälle der oben dargestellten Rufausbeutung stellt sich aus Sicht des Markeninhabers die Frage, wie es sich auf dessen Rechtsposition auswirkt, wenn die Benutzung seiner bekannten Marke durch einen Dritten zwar nicht zu einem Transfer der Markenimages auf die Drittprodukte führt, wohl aber zu einer Art negativer Rückkopplung auf seine Marke. Die Anwendbarkeit des Verbietungsrechts aus § 14 Abs. 2 Nr. 3 MarkenG bzw. Art. 5 Abs. 2 MRL unter dem Gesichtspunkt der Beeinträchtigung der Wertschätzung der Marke ist in diesen Fällen möglich. Der Definition des EuGH zufolge liegt eine solche Beeinträchtigung dann vor, wenn die Waren oder Dienstleistungen, für die das Zeichen durch den Zweitnutzer verwendet wird, auf die Öffentlichkeit in einer solchen Weise wirken können, dass die „Anziehungskraft" der Marke geschmälert wird.[556] Der EuGH spricht insoweit auch von „Verunglimpfung" oder „Herabsetzung".[557] Unter Berücksichtigung der obigen Ausführungen zur Rufausbeutung[558] kann dieser Ansatzpunkt wie folgt interpretiert werden:

Im Regelfall dürfte es so sein, dass die den Ruf der bekannten Marke prägenden Attribute nicht über ausreichende Gemeinsamkeiten mit dem Nutzenversprechen und den Eigenschaften des Produkts des Zweitnutzers verfügen und dieses somit das Markenimage der bekannten Marke nicht ausreichend widerspiegelt. Eine Rufausnutzung dürfte demzufolge im Wesentlichen ausscheiden. Die weitere Frage ist dann aber, ob sich zudem negative Auswirkungen auf das Image der bekannten Marke ergeben. Solche Auswirkungen wiederum dürften dann in Betracht kommen, wenn das Nutzenversprechen oder die Eigenschaften des Produkts des Zweitnutzers in einer Weise konträr zu dem Image der bekannten Marke stehen, dass hiervon eine negative Wirkung ausgehen kann. So hat

554 Vgl. BGH WRP 2005, 896 (898) - Lila-Postkarte.

555 Vgl. OLG Frankfurt a. M. GRUR 2000, 1063 (1065) - Spee-Fuchs.

556 Vgl. EuGH GRUR 2009, 756 (760) - L´Oréal/Bellure.

557 Vgl. EuGH GRUR 2009, 756 (760) - L´Oréal/Bellure.

558 Vgl. oben S. 103 ff.

etwa der BGH in der grundlegenden Entscheidung *DIMPLE* die Meinung vertreten, dass sich der Ruf der Whiskymarke wegen des großen Abstandes zu den Waren „Wasch- und Bleichmittel, Putz-, Polier-, Fettentfernungs- und Schleifmittel" nicht auf diese übertragen lasse; gleichwohl aber könne es durch die Benutzung der Marke für diese Waren zu einer Beeinträchtigung der Werbewirksamkeit und zu einem zusätzlichen negativen Image kommen.[559]

Grundsätzlich scheint es auch nicht gänzlich ausgeschlossen, dass das Produkt des Zweitnutzers der bekannten Marken auf der einen Seite zwar vom positiven Image der bekannten Marke profitiert und es damit zu einer Rufausbeutung kommt, auf der anderen Seite aber gleichzeitig bestimmte Produkteigenschaften und Nutzenversprechen des Transferprodukts negative Auswirkungen auf das Image der bekannte Marke auslösen. So jedenfalls urteilte der BGH in der Entscheidung *SL*, in der zum einen die Übertragung der angenommenen Attribute der für Kraftfahrzeuge eingetragenen bekannten Marke SL auf sog. Kleinwagen aus der Produktion der beklagten Zweitnutzerin der Marke für möglich gehalten und zum anderen zugleich eine Beeinträchtigung der besonderen Prestige- und Luxusattribute der bekannten Marke durch ihre Verwendung für die eher günstigen Kleinwagen in Erwägung gezogen wurde.[560]

Die in der Rechtsprechung ergangenen Entscheidungen werden von der Literatur weitgehend kasuistisch nach einigen Fallgruppen kategorisiert.

(1) Fallgruppen

Ein negativer Einfluss auf ein positives Markenimage könne hiernach darauf beruhen, dass (1) der Zweitbenutzer die bekannte Marke für Produkte nutzt, die (a) von schlechterer Qualität seien oder (b) von einem Unternehmen mit schlechtem Ansehen stammen; dass (2) unpassende Assoziationen hervorgerufen würden, insoweit wird auch von einem inkompatiblen Zweitgebrauch gesprochen; dass (3) die Verwendung der bekannten Marke in einer herabsetzenden Darstellungsform und in Verbindung mit herabsetzenden oder obszönen Zusätzen und Werbesprüchen etc. erfolge.[561]

---

559 Vgl. BGH WRP 1985, 399 (402) - Dimple.

560 Vgl. BGH WRP 1991, 296 (300/301) - SL.

561 Vgl. hierzu Ausführungen bei Hacker in Ströbele/Hacker, MarkenG, § 14 Rn. 317, 318 (m.w.N.); Ingerl/Rohnke, MarkenG, § 14 Rn. 1380 (m.w.N.); Sack, Sonderschutz bekannter Marken, in: GRUR 1995, 81 (83/84).

Zu der Fallgruppe 1a) hat beispielsweise das OLG Nürnberg[562] Überlegungen angestellt, ob die Wertschätzung des bekannten Markenzeichens eines deutschen Automobilherstellers (Opel) dadurch beeinträchtigt werden könnte, dass dieses Zeichen für Spielzeugautos verwendet wird, deren Qualität nicht den Anforderungen der Markeninhaberin genügen. Das OLG vertrat die inzwischen vom BGH bestätigte Auffassung, dass selbst eine schlechte Qualität eines Modellautos sich nicht negativ auf den Ruf des Originalkraftfahrzeugs auswirken könne; dieser werde vielmehr durch regelmäßige Tests und Erfahrungsberichte sowie eigene praktische Erfahrungen des Verbrauchers mit der Qualität des Fahrzeugs geprägt.[563]

Für die Fallgruppe 1b) scheint es bisher in der Rechtsprechung kein Beispiel zu geben, jedenfalls wird in der Literatur diese Beispielskonstellation genannt, ohne einen einschlägigen Beleg in der Rechtsprechung hierfür zu liefern.[564]

Die Fallgruppe 2) bezieht sich auf Fälle, in denen unpassende Assoziationen von dem Drittprodukt ausgehen, diesbezüglich wird auch von inkompatiblem Zweitgebrauch gesprochen. Hierfür wird die bereits oben angesprochene Entscheidung *DIMPLE* des BGH herangezogen. Insoweit kann auf die oben dargelegten Ausführungen verwiesen werden.[565] Offenbar soll die Verknüpfung mit Vorstellungen über Reinigungsmittel im Zusammenhang mit einer Whiskymarke geeignet sein, das Image dieser Marke zu beeinträchtigen. Welche gedankliche Operation zu diesem Ergebnis führt, hat der BGH in dieser Entscheidung nicht dargelegt.

In der Entscheidung *Markenverunglimpfung* führt der BGH diesbezüglich zumindest an, dass bestimmte Assoziationen einer Marke ein negatives Image verschaffen können, wenn die von der bekannten Marke angesprochenen Verbraucherkreise nicht mit diesen Assoziationen behelligt werden möchten und auch der Inhaber der bekannten Marke als Hersteller seiner Waren nicht mit diesen in Verbindung gebracht werden möchte. Im konkreten Fall handelte es sich

562 OLG Nürnberg GRUR-RR 2008, 393 (396) - Modellauto.

563 Vgl. BGH GRUR 2010, 726 (728) - Opel-Blitz II.

564 Vgl. Hacker in Ströbele/Hacker, MarkenG, § 14 Rn. 317, das dort genannte Beispiel RGZ 74, 308 betrifft das Namensrecht einer natürlichen Person aus § 12 BGB und beinhaltet auch nicht in Grundzügen die Konstellation, dass der Name für ein Unternehmen von „schlechtem Ansehen“ gebraucht wird; gänzlich ohne Nachweis Ingerl/Rohnke, MarkenG, § 14 Rn. 1380.

565 Vgl. oben S. 109.

um einen Süßwarenhersteller, dessen (bekannte) Marke zur Beschriftung von Präservativ-Verpackungen verwendet worden war.[566] Die vermeintlichen Assoziationen „Geschlechtsverkehr, Aidsverhütung“ waren in diesem Zusammenhang entscheidend und wurden als von den Verbrauchern unerwünscht angesehen.

In einem anderen Fall betraf die Zweitnutzung der bekannten Marke Tierfutter, während die Marke für zahlreiche Produkte der Schnellrestaurantbetreiberin McDonald´s Corporation eingetragen und bekannt war.[567] Der BGH bestätigte in dieser Entscheidung, dass bei den Konsumenten von Produkten der Markeninhaberin durch die Verwendung von Bezeichnungen wie „Mac Dog“ oder „Mac Cat“ für Hunde- und Katzenfutter auf Fleischbasis negative Assoziationen ausgelöst werden könnten.[568] Bemüht man die gedankliche Konstruktion der Wunschvorstellungen des Verbrauchers und der Markeninhaberin, so dürften hieran tatsächlich beide kein gesteigertes Interesse gehabt haben.

Die zuvor beschriebene BGH-Entscheidung *Markenverunglimpfung* offenbart noch einen weiteren Argumentationsstrang, der ebenfalls zur Begründung der Rufbeeinträchtigung herangezogen worden ist und hier der oben unter Ziffer 3) beschriebenen Fallgruppe zuzuordnen ist. Die Rufbeeinträchtigung soll danach auch auf besonders herabsetzende Darstellungen oder „obszöne“ Zusätze zurückgeführt werden können. Die streitgegenständliche Präservativ-Verpackung trug nämlich auf ihrer Innenseite zusätzlich einen leicht abgewandelten Werbeslogan der eigentlichen Markeninhaberin. Dieser lautete im Original *„Mars macht mobil bei Arbeit, Sport und Spiel“* und war ebenfalls als Marke der Klägerin eingetragen. In der Abwandlung dieses Slogans zu *„Mars macht mobil bei Sex, Sport und Spiel“* sah der BGH die Gefahr einer Markenschmähung.[569] Ähnliche Konstellationen sind aus der Rechtsprechung geläufig.[570] Soweit in der jeweiligen Darstellung noch eine (kritische) Meinungsäußerung zu sehen ist, ist das Ergebnis nach der Rechtsprechung im Lichte von Art. 5 Abs. 1 GG jedenfalls im Rahmen der Unlauterkeitsprüfung[571] zu würdigen.[572]

566 Vgl. BGH WRP 1994, 495 (500) - Markenverunglimpfung.

567 Vgl. BGH WRP 1998, 1181 ff. - MAC Dog.

568 Vgl. BGH WRP 1998, 1181 (1184) - Mac Dog.

569 Vgl. BGH WRP 1994, 495 (500) - Markenverunglimpfung.

570 Vgl. BGH GRUR 1995, 57 ff. - Markenverunglimpfung II; LG Hamburg GRUR 2000, 514 ff. - Markenbeeinträchtigung Deutsche Post.

571 Vgl. hierzu unten S. 120.

(2) Versuch einer Systematisierung

Betrachtet man das aufgezeigte Spektrum möglicher Fallkonstellationen, stellt sich die Frage nach einer übergeordneten Systematik, die eine etwaige Kernüberlegung, die sämtlichen Fallgruppen gemein ist, ggf. offenlegt.

Wie eingangs bereits angesprochen, lässt sich die zur Rufausbeutung dargelegte systematische Betrachtung auf die der Rufbeeinträchtigung übertragen und ergänzen. Meist wird es in Bezug auf das Image der bekannten Marke und die Produkte des Zweitnutzers an relevanten Gemeinsamkeiten fehlen. Ausschlaggebend hierfür sind neben dem Imageinhalt der bekannten Marke die *hervorstechenden* Produktattribute und Nutzenversprechen, die den Produkten des Zweitnutzers zugeordnet werden können. Fehlen hier plausible Gemeinsamkeiten, so scheidet auf der einen Seite ein Imagetransfer aus. Stehen darüber hinaus Nutzenversprechen und Produktattribute der Produkte des Zweitnutzers in einer konträren Beziehung zum Image der bekannten Marke, kann dieses negativ, d. h. mit einer den Absatz *nicht* fördernden Tendenz, beeinflusst werden.

Dies kann freilich auch bei einer bestehenden Transferklammer passieren, wenn nämlich *neben* den Gemeinsamkeiten noch zusätzliche, hervorstechende Produktattribute bei den Waren des Zweitnutzers existieren, die *nicht* in Einklang mit dem Image der bekannten Marke zu bringen sind. Letzteres lag in der Entscheidung *SL* des BGH vor. Wie sich dort gezeigt hat, hängt also die Möglichkeit einer Rufbeeinträchtigung nicht allein vom Abstand der mit der bekannten Marke und vom Zweitnutzer gekennzeichneten Waren ab. Gleichwohl spricht ein deutlicher Warenabstand für eine größere Wahrscheinlichkeit der Rufbeeinträchtigung. Hier lassen sich die Dissonanzen zum Image der bekannten Marke zumindest grundsätzlich leichter ausmachen. So dürften einem Reinigungs- und Fettentfernungsmittel z. B. die Nutzenversprechen Reinigungskraft, Schmutzentfernung, Lösemittel etc. zukommen. Dass diese konträr zu einer hochprozentigen, zum anspruchsvollen Trinkgenuss gedachten Spirituose stehen dürften, liegt auf der Hand. Insoweit ist die Annahme des BGH in der Entscheidung *Dimple* nicht zu kritisieren.

In der oben angesprochenen Entscheidung *Opel-Blitz II* des BGH musste hingegen eine Rufbeeinträchtigung der Automobilmarke, selbst bei unterstellt

572 So etwa im Fall LG Hamburg GRUR 2000, 514 (515) bei Benutzung der Bezeichnung Deutsche Pest auf einem ehemaligen, gelben Postfahrzeug.

schlechter Qualität der Spielzeugautos, ausscheiden.[573] Der Verkehr macht sich bei Spielzeugautos schlicht nicht dieselben Gedanken über „technische" Qualität, wie er sie vielleicht bei Kraftfahrzeugen anstellt. Es handelt sich also bei diesem Merkmal um kein relevantes, hervorstechendes Produktattribut der Ware Spielzeugauto. Folglich konnte der Ruf der Marke Opel hierdurch auch nicht beeinträchtigt werden. Die Annahme des BGH, der Verkehr beurteile die technische Qualität von Kraftfahrzeugen vornehmlich aufgrund von Testergebnissen und eigenen Erfahrungen und eben nicht anhand der Qualität von Spielzeugautos, trifft nicht den Kern der Problematik. Es darf mit guten Gründen bezweifelt werden, dass der Verkehr sich bei technisch derart komplexen und kostspieligen Produkten wie Kraftfahrzeugen, vornehmlich auf die eigene Erfahrung verlässt, die ja bei lebensnaher Betrachtung erst *nach* dem Kauf erworben wird. Testergebnisse als Informationsquelle hängen stark vom Fokus des jeweiligen Tests ab. So wird oftmals eine eher relative Qualität in punkto Ausstattung und Fahrverhalten im Vergleich zu Fahrzeugen derselben Fahrzeugklasse ermittelt. Sicherlich hätten die Verbraucher die Möglichkeit, sich vor dem Kauf durch eine Vielzahl erhältlicher technischer Testverfahren über das konkrete Kraftfahrzeug zu informieren. Im Wesentlichen dürfte es sich aber bei Autos um Vertrauensgüter handeln, deren tatsächliche Qualität sich aus Sicht des Erwerbers nur schwer einschätzen lässt und bei deren Kauf die Auto*marke* eine wichtige Reduktion der subjektiv empfundenen Qualitätsunsicherheit bewirkt.[574] Der Großteil der Verbraucher wird sich auf den guten Ruf der Automarke verlassen.

So gesehen trifft die Fallgruppe, die ihren Ansatz in unpassenden, von den Produkten des Zweitnutzers der bekannten Marke ausgehenden Assoziationen und einem „inkompatiblen Zweitgebrauch" sucht, den eigentlichen Kern der anzustellenden Überlegung. Fragwürdig ist lediglich, ob es um die subjektiven Interessen der Markeninhaber und der angesprochenen Verbraucher im Sinne einer „unerwünschten" Konfrontation mit diesen Assoziationen und Gebrauchsattributen gehen kann.[575] Diese Begründung macht den Eindruck, als ginge es um einen reinen „Interessenschutz", bei dem das wirtschaftliche Entwicklungspotenzial einer Marke geschützt werden soll. Dass dies nicht gemeint sein kann und vom BGH auch nicht beabsichtigt ist, zeigen die Begründungen anderer Entscheidungen. Es geht grundsätzlich darum, wettbewerbliche Besitzstände einem Rechtsträger zuzuweisen und es diesem zu ermöglichen, Dritte von einem

573 So mit anderer Begründung BGH GRUR 2010, 726 (728) - Opel Blitz II.

574 Vgl. hierzu oben S. 11.

575 So bspw. BGH WRP 1994, 495 (500) - Markenverunglimpfung.

Zugriff hierauf auszuschließen. Gegenstand des Bekanntheitsschutzes ist insoweit also die erworbene Werbekraft, das aufgebaute Markenimage und damit der erfolgreich realisierte Markenaufbau. Eine andere Interpretation würde auch den Ursprung des Schutzes von Rufbeeinträchtigungen im wettbewerbsrechtlichen Leistungsschutz verkennen. Das Abstellen auf die Wünsche der Verbraucher und Markeninhaber ist letztlich nur eine Hilfsüberlegung, um das Image der bekannten Marke irgendwie sichtbar zu machen, ohne die Verbraucher konkret zu befragen.

Damit stellt sich folglich die Frage, wann Assoziationen oder die Gebrauchsbestimmung der Produkte des Zweitnutzers geeignet sind, eine Rufbeeinträchtigung hervorzurufen. Nutzenversprechen der Produkte des Zweitnutzers (Zweitgebrauch) und etwaige damit verknüpfte Assoziationen sind dann geeignet, eine Rufbeeinträchtigung herbeizuführen, wenn sie in einer konträren Beziehung zum eigentlichen Image der bekannten Marke stehen. Letztlich geht es um die Unvereinbarkeit hervorstechender Produktattribute und Nutzenversprechen mit dem Image der bekannten Marke, insoweit lässt sich auch von unpassenden Assoziationen und inkompatiblem Zweitgebrauch sprechen. Nichts anderes auf Seiten des Zweitnutzers kann den Ruf einer bekannten Marke auf der anderen Seite überhaupt tangieren. Es sind schließlich die Produkte des Zweitnutzers der bekannten Marken, die im Verhältnis zu den Verbrauchern überhaupt in Erscheinung treten und eine Wirkung in Richtung des immateriellen Rufes oder Images der Marke entfalten könnten.

In dieser Weise lassen sich auch die übrigen Fallgruppen abhandeln. Wird auf konnotativer Ebene etwa ein geschmackloser Humor durch das Produkt des Zweitnutzers vorrangig vermittelt, ist auch diesbezüglich zu prüfen, ob dieser konträr zu dem ansonsten vermittelten Image der bekannten Marke steht. Der dissonante Bereich dürfte je eher erreicht werden, desto stärker etwa schambehaftete Ebenen eröffnet werden, die von der Originalmarke gar nicht bedient werden. So wäre die oben beschriebene Entscheidung *Markenverunglimpfung* gänzlich anders zu beurteilen gewesen, wenn die sexuellen Anspielungen nicht im Zusammenhang mit der Nutzung der Süßwarenmarke *MARS*, sondern mit einer (ebenso bekannten) Marke eines Erotikartikelhersteller vorgenommen worden wäre.

Verkörpert die bekannte Marke in besonderem Maße „Qualität" im Sinne von technischer Zuverlässigkeit und steht das Produkt des Zweitnutzers vornehmlich für anspruchslose Massenware, lässt sich hieraus womöglich eine

Rufbeeinträchtigung ableiten.[576] Verfehlt wäre es lediglich, in diesem Zusammenhang von einer objektivierten Qualität der bekannten Marke ausgehen zu wollen. Ausschlaggebend ist nur der Inhalt der Wertschätzung, des Markenimages, also dessen, was in der Wahrnehmung der Verbraucherkreise insoweit existent ist. Denn in § 14 Abs. 2 Nr. 3 MarkenG bzw. Art. 5 Abs. 2 MRL ist nicht von einer Diskrepanz zwischen den objektiven Beschaffenheiten der sich jeweils auf Seiten des Markeninhabers und des Zweitnutzers gegenüberstehenden Produkte als Tatbestandsvoraussetzung die Rede, sondern von einer Beeinträchtigung der Wertschätzung.

Fragwürdig bleibt hingegen, ob bereits das Ansehen *des Unternehmens* des Zweitnutzers über das Vorliegen einer Beeinträchtigung des Rufes der bekannten Marke entscheiden kann. *Ingerl/Rohnke* sehen hierzu bereits dann Veranlassung, wenn beispielsweise das Produkt des Zweitnutzers durch eine Wirtschaftsorganisation einer Sekte vertrieben werden würde.[577]

Zunächst ist in der empirischen Forschung vielfach nachgewiesen worden, dass der Name des Herstellers für die Verbraucher bei den meisten Waren für die Orientierung im Markt von stark untergeordneter Bedeutung ist.[578] Die Fähigkeit, zu bekannten Markennamen den Hersteller zutreffend zu benennen, korreliert wenig mit der Bekanntheit der Marke; die Wortmarke *Milka* beispielsweise ist zwar 99% der Bevölkerung bekannt, aber nur 4% können auch den Hersteller *Kraft Foods* richtig nennen.[579] Ob den Verbrauchern zudem unterstellt werden kann, dass ihnen auch noch das *Ansehen* des hinter einem Produkt stehenden Unternehmens geläufig ist, muss deshalb bezweifelt werden. Somit ist bereits der dieser Fallgruppe zugrunde gelegte Erfahrungssatz äußerst fraglich.

Hinzu kommt, dass die Verknüpfung von tatsächlichem Hersteller und Zeicheninhaber im MarkenG gegenüber dem früheren WZG keine Rolle mehr spielt und sich die Inhaberschaft jederzeit ändern kann. Sollte in einem solchen Fall der anzunehmende Ruf der Reputation des Nachfolgers angepasst werden? Es kann doch zu einer Beeinträchtigung des Rufes der bekannten Marke nur dann kommen, wenn das Negativimage des Zweitnutzers irgendwie durch seine Waren verkörpert und kommuniziert wird. So beispielsweise wenn durch sie - um

576 So auch Ingerl/Rohnke, MarkenG, § 14 Rn. 1380.
577 Vgl. Ingerl/Rohnke, MarkenG, § 14 Rn. 1380.
578 So Niedermann, in: GRUR 2006, 367 (370).
579 Vgl. hierzu näher Niedermann, in: GRUR 2006, 367 (370).

bei dem von *Ingerl/Rohnke* gebildeten Beispiel zu bleiben - auf konnotativer Ebene ein bestimmtes Weltbild vermittelt wird und dieses nicht in Einklang mit dem Image der bekannten Marke zu bringen ist. Dann aber lässt sich diese Konstellation in der hier vertretene Systematik abhandeln.

Was verbleibt, ist ein Bereich, in dem, aufgrund eines extremen Branchen- und Produktabstandes und divergierender Verkehrskreise, weder die Annahme einer Rufausbeutung noch einer Rufbeeinträchtigung nahe liegend erscheint. Fehlt es nämlich an überzeugenden Gemeinsamkeiten zwischen dem Image der bekannten Marke und den Produkten des Zweitnutzers, und ist dieses Verhältnis durch eine absolute Unähnlichkeit gekennzeichnet, ist es unwahrscheinlich, dass das Markenimage von Nutzenversprechen und Produktattributen der Waren des Zweitnutzers überhaupt (auch nur negativ) berührt wird. Es bedarf insoweit besonderer Feststellungen, warum auch diese Verkehrskreise die Benutzung der jüngeren Marke zur Kenntnis nehmen und warum sich daraus eine Beeinträchtigung des Rufes ergeben soll.[580] Andernfalls kommt noch eine Verwässerung unter den strengen vom EuGH aufgestellten Voraussetzungen in Betracht.

(3) Fazit

Das methodische Vorgehen zur Feststellung der Rufbeeinträchtigung wird in der Rechtsprechung, soweit ersichtlich, nicht abstrakt und vom zu entscheidenden Einzelfall unabhängig dargestellt. Um einer ausufernden Kasuistik vorzubeugen, bietet sich der soeben beschriebene Systematisierungsansatz, der auf grundlegenden Erkenntnissen zum Managementprozess der Markenerweiterung aufbaut, an. Im Übrigen bestehen in Bezug auf die Rufbeeinträchtigung dieselben Schwachstellen wie bei der Rufausbeutung. Das genaue Markenimage, das bei den angesprochenen Verbraucherkreisen vorliegen könnte, wird nicht demoskopisch-empirisch analysiert. Die Gerichte beurteilen dieses aus eigener Sachkunde heraus, was zumindest bei Produkten, die sich an die nahezu gesamte Bevölkerung als Käuferschicht wenden, und bei solchen, zu deren Abnehmern sich die erkennenden Kammern und Senate zählen,[581] weniger bedenklich sein dürfte. Gleichwohl steigert dieser Ansatz nicht unbedingt die Rechtssicherheit, weshalb wenigstens die gedanklichen Operationen bei der Rechtsfindung subsumtionsfähig benannt werden sollten.

580 So Ingerl/Rohnke, MarkenG, § 14 Rn. 1373.

581 Lesenswert insoweit OLG HH GRUR-RR 2005, 258 (260) - Ahoj Brause.

dd. Beeinträchtigung der Unterscheidungskraft

(1) Verhältnis zum früheren Schutz der berühmten Marke

Anders als der ursprünglich vom BGH unter dem Aspekt des Eingriffes in den eingerichteten und ausgeübten Gewerbebetrieb im Rahmen von §§ 823 Abs. 1, 1004 BGB unter dem Schlagwort der „Verwässerung“ entwickelte Schutz von Marken mit *überragender Verkehrsgeltung und in Alleinstellung*, schützt § 14 Abs. 2 Nr. 3 MarkenG bzw. Art. 5 Abs. 2 MRL unter der Voraussetzung der markenrechtlichen Bekanntheit die Kennzeichnungskraft einer Marke, also ihre Merkbarkeit und Wiedererkennbarkeit als Mittel zur Unterscheidung von Waren oder Dienstleistungen.[582] Prinzipiell wird hiermit also die wirtschaftlich bedeutsame Identifizierungsfunktion[583] der Marke angesprochen und unter der Voraussetzung der Bekanntheit der Marke geschützt. Diese gesteigerte Eignung zur Identifikation von Produkten ist der eigentliche Inhalt des durch den Markeninhaber erworbenen Besitzstandes, der auch den Schutzgegenstand des früheren Verwässerungsschutzes ausmachte, wenngleich der Verkehr dem Zeichen auch eine besondere Wertschätzung entgegen bringen musste, die aber bei überragender Verkehrsgeltung meist automatisch vorlag.[584]

Einer Alleinstellung der Marke bedarf es heute nicht mehr, dies hat auch der EuGH zuletzt betont.[585] Nach richtiger Auffassung des EuGH verfügt eine bekannte Marke zwangsläufig über zumindest erworbene Unterscheidungskraft. Je mehr jedoch die bekannte Marke einen einmaligen Charakter hat, desto eher ist die Benutzung eines zumindest ähnlichen jüngeren Zeichens geeignet, die Unterscheidungskraft der älteren Marke zu beeinträchtigen.[586] Ist die Marke umgekehrt bereits durch andere Fälle der Drittverwendung in ihrer Identifizierungsfunktion geschwächt und verwässert, liegt nach Auffassung von *Ingerl/Rohnke*[587] die Annahme einer Beeinträchtigung ihrer Unterscheidungskraft durch einen bestimmten Fall der Verwendung durch einen Dritten eher fern. Dieser Ansatz ist grundsätzlich richtig. Er darf jedoch nicht durch die Hintertür wieder das Erfordernis der Alleinstellung etablieren. Die einschlägigen Entscheidungen des BGH diskutieren die Schwächung des Werbewertes einer Mar-

---

582 Vgl. hierzu oben S. 31 ff.; Ingerl/Rohnke, MarkenG, § 14 Rn. 1367.

583 Vgl. hierzu oben S. 18.

584 Vgl. hierzu Moll, Die berühmte und die bekannte Marke, in: GRUR 1993, 8 (9 und 11); im Übrigen oben S. 31 ff.

585 Vgl. EuGH GRUR 2009, 56 (59) - Intel.

586 So EuGH GRUR 2009, 56 (59) - Intel.

587 Vgl. Ingerl/Rohnke, MarkenG, § 13 Rn. 1376.

ke nämlich unter dem Aspekt der fehlenden Alleinstellung.[588] Treten massenhaft Drittverwendungen auf, so dürfte dieser Umstand bereits der Bekanntheit der Marke in dem fraglichen Branchen- und Produktbereich abträglich sein, zumindest soweit es den demoskopisch gestützten Bekanntheitsnachweis betrifft, der auch nach der Rechtsprechung des EuGH nach wie vor zulässig ist.[589] Gerade aber diesem Tatbestandsmerkmal kommt in Bezug auf den Schutz der Marke vor einer Beeinträchtigung ihrer Unterscheidungskraft besondere Bedeutung zu. Wie nachfolgend aufzuzeigen ist, spielen sich die Fälle der Markenschwächung auch auf Produkt- und Branchengebieten ab, die einen deutlichen Abstand zu den von der bekannten Marke beanspruchten Gebieten aufweisen.

Die frühere Rechtsprechung zur berühmten Marke ist vom BGH nie explizit für erledigt erklärt worden, und auch die Gesetzesbegründung legt dies im Verhältnis zum markenrechtlichen Bekanntheitsschutz nicht nahe. Allerdings dürfte der Schutz berühmter Marken, wie er in der früheren deutschen Rechtsprechung entwickelt worden ist, *neben* dem markenrechtlichen Bekanntheitsschutz keine besondere Bedeutung mehr haben.[590]

(2) Die Markenschwächung

Teilweise wird zur Beschreibung der Beeinträchtigung der Unterscheidungskraft der von der Tatbestandsvariante der Ausbeutung der Wertschätzung bekannte Gedanke des Imagetransfers bemüht. Modifiziert wird jedoch insoweit, als dass es bei der Beeinträchtigung der Unterscheidungskraft zu einem *negativen Transfer der Kennzeichnungskraft* kommen müsse.[591] Ob dieser Begriff geeignet ist, diese Tatbestandsalternative zu beschreiben, erscheint zweifelhaft. Denn es wird nicht etwa eine schwache Kennzeichnungskraft auf Seiten des Zweitnutzers auf die bekannte Marke transferiert. Die Kennzeichnungskraft betrifft zunächst die bekannte Marke, die der Zweitnutzer in einer Weise nutzt, die die Herstellung einer gedanklichen Verknüpfung zu dieser Marke ermöglicht. Es kann also nichts transferiert werden, vielmehr tritt eine Schwächung der Kennzeichnungskraft der bekannten Marke durch die Zweitnutzung ein.

Den Vorgaben des EuGH zufolge setzt diese Schwächung voraus, dass die Benutzung eines zumindest ähnlichen Zeichens durch Dritte zur *Auflösung der*

588 Vgl. BGH GRUR 1991, 863 (865) - Avon; BGH GRUR 1966, 623 (Leitsatz b.) - Kupferberg.

589 Vgl. EuGH GRUR-Int. 2000, 73 (76) - Chevy.

590 Vgl. Begründung zum MarkenG in: BT-Drucks. 12/6581 S. 72.

591 Vgl. Büscher in Büscher/Dittmer/Schiwy, Kap. 3 § 14 Rn. 556.

Identität der Marke und ihrer Bekanntheit beim Publikum führt.[592] Damit wird die Verletzungsalternative nur bei besonders signifikanten Eingriffen vom EuGH in Erwägung gezogen.[593] Ähnliches ergab sich bereits früher aus der deutschen Rechtsprechung, wo eine nicht nur theoretische, sondern konkret nachvollziehbare, greifbare Beeinträchtigung verlangt worden ist.[594] Nicht erforderlich ist hingegen, dass auch *die Wertschätzung* der bekannten Marke beeinträchtigt wird.[595]

Das Vorliegen einer Beeinträchtigung der Unterscheidungskraft ist letztlich, wie die übrigen Verletzungsalternativen des § 14 Abs. 2 Nr. 3 MarkenG bzw. Art. 5 Abs. 2 MRL, unter Berücksichtigung aller relevanten Umstände des Einzelfalles, zu denen die bereits oben zur gedanklichen Verknüpfung erörterten Faktoren gehören, zu berücksichtigen.[596] Eine Unterscheidung nach den einzelnen Tatbestandsvarianten nimmt der EuGH letztlich nicht vor, eine Beeinträchtigung ist aus den genannten Faktoren herzuleiten, die aber in Abhängigkeit von der jeweiligen Verletzungsvariante in einer spezifischen Ausprägung vorliegen werden.

Wie zu den übrigen Verletzungsvarianten bereits dargestellt, spielen der Grad der Produktähnlichkeit und die damit verbundene Nähe der beteiligten Verkehrskreise sowie Bekanntheit und Kennzeichnungskraft eine entscheidende Rolle im System des Bekanntheitsschutzes. Ebenso ist bei der Feststellung der Tatbestandsverwirklichung der Grad der Zeichenähnlichkeit sowie eine etwaige Verwechslungsgefahr zu berücksichtigen. Wie bereits früher vom BGH hervorgehoben, ist die Annahme einer Markenschwächung abhängig von Branchenabstand und Bekanntheitsgrad.[597] Mit abnehmender Produktnähe wird mangels plausibler Gemeinsamkeiten zwischen den Produkten des Zweitnutzers sowie dem Image der bekannten Marke ein Imagetransfer unwahrscheinlicher. Je unähnlicher die beteiligten Produktbereiche sind, desto eher dürfte andererseits zwischen dem Nutzenversprechen des Produkts des Zweitnutzers und dem Image der bekannten Marke Inkompatibilitäten und damit die Möglichkeit der

592 Vgl. EuGH GRUR 2009, 756 (759) - L´Oréal/Bellure.

593 Vgl. Ingerl/Rohnke, MarkenG, § 14 Rn. 1370.

594 Vgl. OLG Frankfurt a. M. GRUR 2000, 1063 (1065) - Spee Fuchs.

595 Vgl. Büscher in Büscher/Dittmer/Schiwy, Kap. 3 § 14 Rn. 556; EuGH GRUR 2009, 756 (760) - L´Oréal/Bellure.

596 So EuGH GRUR 2009, 56 (59) - Intel; im Übrigen oben S. 82.

597 Vgl. BGH GRUR 2000, 1063 (1065) - Spee Fuchs; ähnlich Ingerl/Rohnke, MarkenG, § 14 Rn. 1371.

Beeinträchtigung eines an sich positiven Markenimages in Betracht zu ziehen sein. Zwingend ist dieser Zusammenhang allerdings nicht, vor allem wenn sich die Attribute der Produkte des Zweitnutzers nicht mehr in Beziehung zu der bekannten Marke setzen lassen. Dann scheidet unter Umständen auch eine Rufbeeinträchtigung aus.[598] Wird die absolute Branchen- und Produktunähnlichkeit und damit die Divergenz der beteiligten Verkehrskreise auf der anderen Seite durch einen höheren Grad an Bekanntheit und womöglich einer (nicht zwingend vorausgesetzten) Einmaligkeit überwunden, sollte, wie vom EuGH angedeutet, zumindest die Kommerzialisierung der deutlich gesteigerten Unterscheidungskraft und das damit verbundene Maß an Aufmerksamkeit infrage kommen.[599] Durch diese Wechselbeziehung wird auch der gegenüber der alten BGH-Rechtsprechung erweiterte Schutzbereich, sinnvoll begrenzt; in jener Rechtsprechung wurde nicht bloß die Bekanntheit nach heutiger Lesart, sondern gar die Berühmtheit der Marke gefordert.[600]

Die mit der Verwendung eines mit der bekannten Marke identischen oder ähnlichen Zeichens verbundene Markenschwächung besteht darin, dass die bekannte Marke in ihrer Funktion als Kennzeichnungs- und Identifizierungsmittel des Warenangebotes ihres Inhabers beeinträchtigt wird. Erforderlich ist aber nach Vorgabe des EuGH ein derart signifikanter Verfall der Identität der Marke, dass sich das wirtschaftliche Verhalten des Durchschnittsverbrauchers der Waren oder Dienstleistungen, für die die ältere Marke Bekanntheitsschutz beansprucht, infolge der Benutzung des jüngeren Zeichens geändert hat oder dass die ernsthafte Gefahr einer künftigen Änderung dieses Verhaltens besteht.[601] Hierfür trägt der Inhaber der bekannten Marke die Darlegungs- und Beweislast. Diese Anforderung an die Darlegungs- und Beweislast zeigt die erforderliche Intensität der Beeinträchtigung der Unterscheidungskraft und insgesamt die Höhe der Anforderungen an diese Verletzungsvariante eindrücklich auf.[602] Nicht von Bedeutung ist hingegen die Frage, ob der Verwender des jüngeren Zeichens einen tatsächlichen Vorteil aus der die Markenschwächung auslösenden gedanklichen Verknüpfung beider Zeichen zieht.

---

598 Vgl. oben S. 116.

599 Vgl. BGH WRP 2005, 896 (898) - Lila-Postkarte; EuGH GRUR 2009, 56 (59) - Intel; ähnlich Hacker in Ströbele/Hacker, MarkenG, § 14 Rn. 304.

600 Ähnlich Hacker in Ströbele/Hacker, MarkenG, § 14 Rn. 304; vgl. im Übrigen oben S. 29 ff.

601 So EuGH GRUR 2009, 56 (60) - Intel.

602 Ähnlich Ingerl/Rohnke, MarkenG, § 14 Rn. 1370.

ee. Ohne rechtfertigenden Grund in unlauterer Weise

Seinem lauterkeitsrechtlichen Ursprung entsprechend, setzt der Tatbestand des § 14 Abs. 2 Nr. 3 MarkenG bzw. Art. 5 Abs. 2 MRL die *Unlauterkeit* der Herbeiführung der soeben beschriebenen Beeinträchtigungen der bekannten Marke voraus. Darüber hinaus steht der erweiterte Schutz unter dem für das deutsche Recht selbstverständlichen Vorbehalt fehlender Rechtfertigungsgründe für das Verletzerhandeln.[603] Die beiden Tatbestandsmerkmale „ohne rechtfertigenden Grund" und „in unlauterer Weise" überschneiden sich jedoch, etwaige Rechtfertigungsgründe finden in der Regel schon im Rahmen der umfassenden Unlauterkeitsbeurteilung angemessene Berücksichtigung.[604] Mithin ist nach der Rechtsprechung des EuGH die Unlauterkeit durch die Prüfung des Vorliegens eines rechtfertigenden Grundes festzustellen. Kann der Zweitnutzer einen solchen Grund nicht darlegen und notfalls beweisen, wird die Unlauterkeit ohne Weiteres vorliegen.[605]

Das Tatbestandsmerkmal der Unlauterkeit verlangt letztlich die Festlegung der Reichweite des Schutzes bekannter Marken im Wege einer wertenden Betrachtung, die sicherzustellen hat, dass die Schutzgewährung nicht selbst dem Leistungswettbewerb und damit die Ausdehnung der Monopolisierung eines bekannten Kennzeichens der Institution eines freien Wettbewerbs widerspricht.[606] Das Markenrecht als gesetzliche Konkretisierung des Eigentums im Sinne von Art. 14 Abs. 1 GG wird nicht uneingeschränkt gewährt, sondern ist seinerseits im Lichte entgegenstehender Rechte Dritter auszulegen.[607] Anzumerken ist jedoch, dass bei Vorliegen der tatbestandsmäßigen Beeinträchtigungen im Regelfall auch die Unlauterkeit gegeben sein dürfte.[608] Der EuGH hat bisher eine gesonderte Prüfung der Unlauterkeit neben Feststellung der tatbestandsmäßigen Beeinträchtigungen nicht vorgenommen, wobei ihm, soweit ersichtlich, bisher abwägungsrelevante Rechte Dritter auch noch nicht untergekommen sind.[609] In diesem Sinne ist in geeigneten Fällen zur Feststellung der Unlauterkeit der Benutzung der bekannten Marke eine umfassende Interessenabwägung anzustellen.

---

603 So Ingerl/Rohnke, MarkenG, § 14 Rn. 1361.

604 Vgl. Hacker in Ströbele/Hacker, Markengesetz, § 14 Rn. 323.

605 Vgl. hierzu Sack, in: WRP 2011, 155 (158).

606 Vgl. Fezer, Markenrecht, § 14 Rn. 810.

607 Vgl. Mahr, in: WRP 2006, 1083 (1087); BVerfG GRUR 1979, 773 (779) - Weinbergsrolle.

608 Ähnlich Sack, in: WRP 2011, 155 (157).

609 Vgl. hierzu Ingerl/Rohnke, MarkenG, § 14 Rn. 1280.

Aus der Rechtspraxis sind in diesem Zusammenhang insbesondere Konstellationen geläufig, in denen sich der die bekannte Marke benutzende Dritte auf eigene Rechtspositionen von Verfassungsrang stützen kann. Insbesondere die Meinungsfreiheit aus Art. 5 Abs. 1 GG und die Kunstfreiheit aus Art. 5 Abs. 3 GG sind hier von Bedeutung. In der Entscheidung *Lila-Postkarte*[610] des BGH war eine Abwägung zwischen dem Eigentumsrecht der Markeninhaberin und dem Recht auf Kunstfreiheit auf der Seite der Beklagten vorzunehmen. Der BGH legte dar, dass die an sich als Aufmerksamkeitsausbeutung einzuordnende satirische Auseinandersetzung mit der Marke der Inhaberin im Rahmen einer Darstellung auf einer Postkarte nicht untersagt werden konnte; anders wäre der Fall etwa zu beurteilen gewesen, wenn eine Herabsetzung oder Verunglimpfung der bekannten Marke stattgefunden hätte oder mit der Darstellung der *ausschließliche* Zweck verfolgt worden wäre, ein sonst nicht verkäufliches eigenes Produkt auf den Markt zu bringen.[611] Dass *neben* der satirischen Auseinandersetzung sogar vornehmlich kommerzielle Zwecke mit der Darstellung verfolgt worden sind, soll insoweit nicht schaden.[612] Eine Aussage, die mit der Rechtsprechung des Bundesverfassungsgerichts gut in Einklang zu bringen sein dürfte.[613] In diesem Rahmen sind viele Fallkonstellationen denkbar.[614]

Eine weitere Besonderheit besteht, wenn der fragliche Lebenssachverhalt als *vergleichende Werbung* im Sinne der Richtlinie 2006/114/EG[615] über irreführende und vergleichende Werbung anzusehen ist. Im Wesentlichen wurden die Vorgaben dieser Richtlinie in § 6 UWG umgesetzt. Bereits in den Erwägungsgründen der WerbeRL findet sich der Hinweis, dass es für eine wirksame vergleichende Werbung unerlässlich sein könne, Produkte eines Mitbewerbers dadurch erkennbar zu machen, dass auf eine ihm gehörende Marke Bezug genommen werde.[616] Eine solche Benutzung von Marken eines Mitbewerbers verletze *nicht* dessen Ausschließlichkeitsrecht, wenn sie unter Beachtung der in der WerbeRL aufgestellten Bedingungen erfolgt und nur eine Unterscheidung be-

610 BGH WRP 2005, 896 (899) - Lila-Postkarte.

611 Vgl. BGH WRP 2005, 896 (899) - Lila-Postkarte.

612 Vgl. BGH WRP 2005, 896 (899) - Lila-Postkarte.

613 Vgl. insoweit zur Meinungsfreiheit im Rahmen kommerzieller Werbung BVerfG BB 2001, 112 (113) - Benetton-Werbung.

614 Vgl. Ingerl/Rohnke, MarkenG, § 14 Rn. 1361 m.w.N.

615 Vormals Richtlinie 84/450/EWG, nachfolgend als WerbeRL bezeichnet.

616 Vgl. Erwägungsgrund 14 WerbeRL.

zweckt, durch die Unterschiede objektiv herausgestellt werden sollen.[617] Schon anhand dieser Hinweise lässt sich die Problematik erahnen. Der europäische Gesetzgeber verfolgt offensichtlich eine einheitliche Auslegung von WerbeRL und MRL, soweit ein und derselbe Lebenssachverhalt die Anwendungsbereiche beider Regelungsmaterien eröffnet. Mit der WerbeRL bezweckt er vor allem eine Förderung des Wettbewerbes auf dem europäischen Binnenmarkt und die Förderung der vergleichenden Werbung als ein Mittel zur Unterrichtung der Verbraucher über die Vorteilhaftigkeit bestimmter Produktangebote.[618]

In der Entscheidung *O_2/H3G* stellte der EuGH klar, dass es aufgrund der weiten Begriffsdefinition der *„vergleichenden Werbung“* deutliche Überschneidungen mit dem Markenrecht geben kann.[619] Nach Art. 2 lit. c WerbeRL, setzt vergleichende Werbung lediglich voraus, dass ein Mitbewerber oder die Produkte eines Mitbewerbers unmittelbar oder auch nur mittelbar erkennbar gemacht werden. Vergleichende Werbung liegt danach bereits vor, wenn die werbende Äußerung vom Durchschnittsverbraucher als Hinweis auf einen Mitbewerber oder auf die von diesem angebotenen Produkte aufgefasst wird.[620] Prinzipiell setzt der *markenrechtliche* Bekanntheitsschutz voraus, dass ein mit der bekannten Marke zwar ähnliches, aber nicht die Annahme einer Verwechslungsgefahr rechtfertigendes Zeichen benutzt wird, um ohne Gegenleistung in den Bereich der Sogwirkung dieser Marke zu gelangen und von ihrer Anziehungskraft, ihrem Ruf und ihrem Ansehen zu profitieren.[621] Um nun den Markenschutz und die Verwendung vergleichender Werbung in Einklang zu bringen, sind nach Auffassung des EuGH Art. 5 Abs. 1 und 2 MRL und der die Zulässigkeit vergleichender Werbung regelnde Art. 4 WerbeRL dahin auszulegen, dass der Inhaber einer Marke nicht dazu berechtigt ist, die Benutzung eines mit seiner Marke identischen oder ihr ähnlichen Zeichens durch einen Dritten in einer vergleichenden Werbung zu verbieten, wenn diese Werbung sämtliche in Art. 4 WerbeRL genannten Zulässigkeitsbedingungen erfüllt.[622]

---

617 Vgl. Erwägungsgrund 15 WerbeRL.

618 Vgl. hierzu Erwägungsgrund 6 und 8 WerbeRL.

619 Vgl. EuGH GRUR 2008, 698 (699) - O2.

620 Vgl. EuGH GRUR 2008, 698 (699) - O2.

621 Vgl. EuGH GRUR 2009, 756 (760) - L´Oréal/Bellure; im Übrigen Ausführungen oben S. 80 ff. (0).

622 So EuGH GRUR 2008, 698 (699) - O2.

Stellt also die Verwendung eines Zeichens im geschäftlichen Verkehr, bei der eine gedankliche Verknüpfung zu einer bekannten Marke hergestellt wird, zugleich vergleichende Werbung dar, weil diese Benutzung dem Absatz von Waren oder der Erbringung von Dienstleistungen dient und gleichzeitig ein Mitbewerber bzw. dessen Produkte zumindest mittelbar erkennbar gemacht werden, kann eine damit evtl. verbundene Ausnutzung oder Beeinträchtigung des Rufes im Sinne des § 14 Abs. 2 Nr. 3 MarkenG nur dann als unlauter angesehen werden, wenn der Werbevergleich *nicht* die Zulässigkeitsvoraussetzungen des Art. 4 WerbeRL bzw. § 6 UWG erfüllt.[623]

ff. Anforderungen an die Darlegungs- und Beweislast

Zur Verteilung der Darlegungs- und Beweislast hat der EuGH in seiner Entscheidung *Intel* ausgeführt, dass der Inhaber der bekannten Marke grundsätzlich das Vorliegen einer tatsächlichen und gegenwärtigen Beeinträchtigung seiner Marke oder, wenn es hieran fehlt, zumindest das Vorliegen einer *ernsthaften* Gefahr einer solchen künftigen Beeinträchtigung nachzuweisen hat.[624] Es sind also Tatsachen nachzuweisen, aus denen sich eine Beeinträchtigung der Wertschätzung oder Unterscheidungskraft bzw. die Ausnutzung der Wertschätzung und Unterscheidungskraft ergibt. Die Annahme einer gedanklichen Verknüpfung zwischen bekannter Marke und dem Zeichen des Dritten, die Grundvoraussetzung für den Bekanntheitsschutz nach § 14 Abs. 2 Nr. 3 Marken bzw. Art. 5 Abs. 2 MRL ist, steht unabhängig neben dieser Darlegungslast. D. h., die Annahme einer gedanklichen Verknüpfung durch das Streitgericht entbindet den Anspruchssteller nicht von der Pflicht, den entsprechenden Nachweis für eine Beeinträchtigung oder die ernsthafte Gefahr einer solchen zu erbringen.

In Bezug auf die Alternative der *Beeinträchtigung der Unterscheidungskraft* ist es dem EuGH zufolge weiter konkret erforderlich, dass eine Änderung des wirtschaftlichen Verhaltens des Durchschnittsverbrauchers der Produkte, für die die bekannte Marke Schutz beansprucht, bzw. die ernsthafte Gefahr einer solchen Änderung, dargelegt wird; insoweit komme es aber nicht auch noch darauf an, dass der Inhaber der jüngeren Marke aus der Unterscheidungskraft der älteren Marken auch einen tatsächlichen wirtschaftlichen Vorteil zieht.[625]

---

623 Vgl. BGH WRP 2010, 252 (257) - Gib mal Zeitung; hierzu auch Alexander in: GRUR 2010, 482 (486).

624 Vgl. EuGH GRUR 2009, 56 (58) - intel.

625 So EuGH GRUR 2009, 54 (60) - intel.

f. Ergebnis: Der Funktionsschutz bei bekannten Marken

Es zeigte sich bereits im Teil B. dieser Arbeit, dass der Bekanntheitsschutz von Marken nach § 14 Abs. 2 Nr. 3 Marken / Art. 5 Abs. 2 MRL in seiner heutigen Form eine Weiterentwicklung des schon früh durch die Rechtsprechung vornehmlich auf Grundlage des Wettbewerbsrechts entwickelten Lauterkeitsschutzes von Kennzeichen ist. Mitunter wird daher insoweit auch vom Wettbewerbsrecht im Gewande des Markenrechts gesprochen.[626] Früher diente das Wettbewerbsrecht dazu, gewisse Unzulänglichkeiten des markenrechtlichen Schutzes im Interesse der Markeninhaber zu schließen. Bereits das Unlauterkeitserfordernis in § 14 Abs. 2 Nr. 3 MarkenG / Art. 5 Abs. 2 MRL zeugt von der wettbewerbsrechtlichen Herkunft. Zweck war und ist es, mit dem Kennzeichen verknüpfte wettbewerbliche Besitzstände dem ungehinderten Zugriff von Wettbewerbern zu entziehen. Das Erfordernis einer Berühmtheit, das speziell für den durch die deutsche Rechtsprechung geprägten Verwässerungsschutz verlangt wurde, ist dem Bekanntheitserfordernis des § 14 Abs. 2 Nr. 3 MarkenG /Art. 5 Abs. 2 MRL im Sinne der EuGH-Entscheidung *Chevy*,[627] wonach die Bekanntheit anhand einer Reihe von Marktdaten zu ermitteln ist, gewichen.

An das Tatbestandsmerkmal der Bekanntheit wird die größtmögliche Ausdehnung des markenrechtlichen Schutzbereiches geknüpft. Anders als bei den noch zu erörternden Verletzungstatbeständen aus Art. 5 Abs. 1 MRL (§ 14 Abs. 2 Nr. 1 u. 2 MarkenG), greift das Verbietungsrecht aus der Marke auch außerhalb des Warenidentitäts- bzw. Warenähnlichkeitsbereiches ein. Erst recht greift es, nach der Rechtsfortbildung durch den EuGH, *innerhalb* des Warenähnlichkeitsbereiches. Das Vorliegen einer Verwechslungsgefahr wird nach der Rechtsprechung der EuGH, der sich der BGH prinzipiell angeschlossen hat, nicht vorausgesetzt. Es soll vielmehr ausreichen, wenn die Benutzung der bekannten Marke einen Waren- oder Dienstleistungsbezug aufweist und infolge ihrer Benutzung in identischer oder zumindest ähnlicher Form eine gedankliche Verknüpfung bei den angesprochenen Verbrauchern hervorgerufen werden könnte.

Daneben ist im Grundsatz erforderlich, dass aus wirtschaftlicher Sicht zentrale Funktionen der Marke beeinträchtigt werden. Letztlich ist es die jeweilige Zielrichtung der tatbestandsmäßigen Beeinträchtigungen, aus der sich der Schutz wirtschaftlicher Werte ergibt. Die Identifizierungsfunktion wird unter

---

626 Vgl. Born, in: GRUR 2006, 192 (193).

627 EuGH GRUR Int. 2000, 73 ff.

dem Schlagwort der Verwässerung geschützt, während der Imagegehalt der bekannten Marke vor Ausnutzung oder Beeinträchtigung geschützt ist, indem eine dahin gehende Beeinträchtigung das Abwehrrecht eröffnet.

Der EuGH prüft die gedankliche Verknüpfung und das Vorliegen tatbestandsmäßiger Beeinträchtigungen anhand eines einheitlichen Kriterienkataloges. Danach sind im Konfliktfall nach Art eines beweglichen Systems der Grad der Ähnlichkeit von Zeichen, Waren und Verkehrskreisen sowie der Grad der Bekanntheit und Unterscheidungskraft der bekannten Marke und eine etwaige Verwechslungsgefahr zu berücksichtigen. Von wesentlicher Bedeutung ist das Verhältnis des Bekanntheitsgrades zur Zeichen-, Waren- und Verkehrskreisähnlichkeit. Je mehr sich die Absatzkreise überschneiden, d. h., je größer die Produkt- und damit Verkehrskreisähnlichkeit ist, desto eher kann eine Rufausbeutung vorliegen, wobei eine auch gleichzeitige Rufbeeinträchtigung, wie in der BGH-Entscheidung *SL*, nicht ausgeschlossen ist.[628]

Bei abnehmender Schnittmenge der Absatzkreise wird eine Rufausbeutung unwahrscheinlicher, wobei aber ein höherer Bekanntheitsgrad bzw. Grad von Unterscheidungskraft evtl. kompensierend eingreifen können soll. Der Imagetransfer zwischen sehr unterschiedlichen Produktkategorien scheitert jedoch meist am Fehlen notwendiger Gemeinsamkeiten. Stehen die Attribute des Produktes des Zweitnutzers gar in einem konträren Verhältnis zu dem Image der bekannten Marke, kommt aber eine Rufbeeinträchtigung in Betracht. Sind die Produkte nicht mehr in eine gedankliche Beziehung zueinander zu bringen, scheidet eine Rufbeeinträchtigung eher aus.

Der Verwässerungsschutz setzt zwar keine Berühmtheit (mehr) voraus, kommt jedoch umso eher in Betracht, je bekannter und einmaliger die Marke ist. Allerdings gelten die strengen vom EuGH aufgestellten Anforderungen an die Darlegungs- und Beweislast des anspruchstellenden Inhabers der bekannten Marke.[629] Insoweit setzt diese einen tatsächlich feststellbaren und nachweisbaren Markenverfall voraus.

Aus dem Verständnis des Bekanntheitsschutzes heraus, der unabhängig vom Bestehen einer Verwechslungsgefahr im Falle einer nachweislich am Markt erfolgreichen Marke (= Bekanntheit) deren Identifizierungskraft und Image dem

628 Siehe hierzu oben S. 110.

629 Vgl. hierzu EuGH GRUR 2009, 56 (60) - Intel.

ungerechtfertigten, also unlauteren Zugriff Dritter entzieht, lässt sich somit die rechtliche Berücksichtigung positiver externer Effekte belegen.[630] Diese externen Effekte, die *Rößler* als Anmutungspotenzial von Kennzeichen beschrieb und für systemfremd im Hinblick auf den früheren Leistungsschutz hielt, sind heute unbestreitbar Gegen-stand des markenrechtlichen Bekanntheitsschutzes. Die (gesteigerte) Identifizierungswirkung und die Imagewirkung einer bekannten Marke sind erworbene und auf entsprechende Marktaktivitäten des Markeninhabers zurückgehende Eigenschaften. So werden im Rahmen des Bekanntheitsschutzes gerade die wirtschaftlich wertvollen, im Rahmen des Markenaufbaus erworbenen Eigenschaften, mithin zumindest indirekt auch die für den Markenaufbau aufgewandten Investitionen, einem Schutz zugeführt. Insofern werden die potenziell einer Marke zukommenden Funktionen der gesteigerten Identifizierungskraft und Imageträgerschaft erst ab erfolgreicher Marktrealisierung durch den Markeninhaber geschützt.

Ob diese Schutzbereichserweiterung stufenartig erfolgt, d. h. erst mit Erreichen von Markenbekanntheit einsetzt und sich dann, wie gezeigt, innerhalb des Bekanntheitsschutzes in Abhängigkeit vom Grad der Bekanntheit vollzieht oder ob der erfolgreiche Markenaufbau schon unterhalb der Schwelle zur Bekanntheit zu einer fließenden Veränderung des Schutzbereiches führt, wird sich erst anhand der nachfolgenden Untersuchung klären lassen.

Versteht man die diskutierten Funktionsbegriffe als potenzielle Eigenschaften einer Marke und weniger als von vornherein vorliegende Eigenschaften, so ist es gerechtfertigt, die Imagefunktion und Identifizierungsfunktion als von einem Erwerb abhängige Funktionen zu begreifen.[631] Hingegen ist die sog. (abstrakte) Herkunftsfunktion der Marke quasi conditio sine qua non für die Einordnung eines Zeichens als Marke im Sinne des Markenrechts. Ist ein Zeichen per se nicht geeignet, als Unterscheidungsmittel im Waren- und Dienstleistungsverkehr zu dienen, ist dessen Monopolisierung durch das Markenrecht auch nicht legitim. Dies bringt der in § 3 Abs. 1 MarkenG und neben weiteren Aussagen in Art. 2 MRL verankerte Grundsatz zum Ausdruck.[632] Ist ein Zeichen dagegen grundsätzlich schutzfähig, so wird es in dieser Funktion markenrechtlich ge-

630 So auch Eichhammer, S. 185.

631 So zu Recht Hacker, in: MarkenR 2009, 333 (335); Szalai, in: MarkenR 2012, 8 (16) hingegen verkennt die Bedeutung dieser Funktion, wenn er insoweit von der bloßen Eignung als Einsatzmittel in der Werbung ausgehen möchte.

632 Vgl. Fezer, in: WRP 2010, 165 (180).

schützt, obwohl der wirtschaftliche Wert der Marke, etwa bei fehlender Markteinführung innerhalb der Nutzungsschonfrist, quasi gegen Null tendiert, weil die Marke noch keine weitere Funktion tatsächlich wahrnimmt.[633]

633 Vgl. IDW (IDW S 5) Rn 57.

2. Der Verwechslungsschutz nach § 14 Abs. 2 Nr. 2 MarkenG, Art. 5 Abs. 1 lit. b MRL

Außerhalb des Bekanntheitsschutzes eröffnet § 14 Abs. 2 Nr. 2 MarkenG, der Art. 5 Abs. 1 lit. b MRL umsetzt, dem Markeninhaber ebenfalls die Möglichkeit, Dritte von der Nutzung seines Zeichens auszuschließen und widrigenfalls unter anderenorts geregelten zusätzlichen Voraussetzungen Abwehr- und Kompensationsansprüche geltend zu machen. Voraussetzung für das Verbietungsrecht ist zunächst, dass es infolge einer Identität oder zumindest einer Ähnlichkeit zwischen dem verwendeten Zeichen und der Marke des Markeninhabers sowie einer Identität oder Ähnlichkeit der durch das verwendete Zeichen und die Marke des Inhabers erfassten Waren oder Dienstleistungen zu einer Verwechslungsgefahr, evtl. auch nur im mittelbaren oder weiteren Sinne, kommt.

a. Allgemeines zum Verwechslungsschutz

Der EuGH hat zur Auslegung der MRL schon früh und im Übrigen wiederholt festgestellt, dass das Ausschließlichkeitsrecht aus Art. 5 Abs. 1 MRL (= § 14 Abs. 2 Nr. 1 und 2 MarkenG) bezweckt, spezifische Interessen des Markeninhabers zu sichern.[634] Diese spezifischen schutzwürdigen Interessen bestehen nach Auffassung des EuGH darin, bestimmte Funktionen der Marke markenrechtlich zu sichern.[635] Um welche Funktion es sich hierbei handelt, hat der EuGH mit Blick auf den Verwechslungsschutz dahin gehend konkretisiert, dass das Vorliegen einer Verwechslungsgefahr die Möglichkeit der Beeinträchtigung der sog. *Hauptfunktion* der Marke, also die Gewährleistung der Herkunft der Ware gegenüber den Verbrauchern, beinhalte.[636]

Dass nicht jede Verwendung eines Zeichens geeignet ist, eine solche Beeinträchtigung der Marke hervorzurufen, ergibt sich bereits aus Art. 5 Abs. 5 MRL, der eine Zeichenverwendung nicht nur zu Zwecken der Unterscheidung von Waren oder Dienstleistungen als denkbar voraussetzt.

---

634 Vgl. EuGH GRUR 2009, 756 (761) (Rz. 61) - L´Oréal/Bellure; EuGH WRP 2002, 1415 (1419) - Arsenal; EuGH WRP 2002, 664 (665) - Hölterhoff.

635 Vgl. EuGH WRP 2002, 1415 (1419) - Arsenal.

636 Vgl. EuGH GRUR 2009, 756 (761) Tz. 59: soweit dort von der Möglichkeit der Beeinträchtigung „einer" Hauptfunktion die Rede ist, muss auf die englische Sprachversion verwiesen werden. Dort heißt es unter der Tz. 59 „the essential function". Da sich diese Formulierung auch mit der unter Tz. 58 zu findenden Darstellung deckt, ist insoweit die englische Sprachfassung maßgeblich zugrunde zu legen.

Für den Bereich des Verwechslungsschutzes scheidet folglich eine Markenrechtsverletzung aus, wenn die fragliche Nutzung von vornherein nicht geeignet ist, die markenrechtliche Hauptfunktion der Marke, die bereits in § 3 Abs. 1 MarkenG bzw. Art. 2 MRL als Grundbedingung des Markenschutzes zum Ausdruck kommt, zu beeinträchtigen.[637] Schon anhand dieser für den Schutzbereich des Markenrechts im Bereich des Verwechslungsschutzes entscheidenden Grundvoraussetzung zeigt sich, dass es hier jedenfalls primär nicht um den Schutz von hinzu erworbenen Markenfunktionen geht. Man muss insoweit davon ausgehen, dass etwa die Imagefunktion der Marke anders als beim Bekanntheitsschutz nach § 14 Abs. 2 Nr. 3 MarkenG bzw. Art. 5 Abs. 2 MRL für den Schutz im Rahmen von § 14 Abs. 2 Nr. 2 Marken bzw. Art. 5 Abs. 1 lit. b MRL keine tragende Rolle spielt.[638] Die Beeinträchtigung der grundlegenden Unterscheidungseignung der Marke scheint das Abwehrrecht zu eröffnen. In der wirtschaftlichen Realität hängt jedoch der Markenwert nicht von Bekanntheits-*schwellen* ab, sondern steigt unter bestimmten Bedingungen kontinuierlich. Also verändert sich der (wirtschaftliche) Funktionsgehalt auch unterhalb der juristischen Bekanntheitsschwelle, wenn eine Marke zunehmend bekannter wird und ihr Ruf mit Inhalten angereichert wird. Dies verkennt auch das Gesetzesrecht im Grundsatz nicht. Denn speziell für den Fall der vergleichenden Werbung nach § 6 Abs. 1 UWG, der Art. 2 lit. c der Richtlinie 2006/114/EG (WerbeRL) umsetzt, kommt in den gesetzlichen Zulässigkeitsvoraussetzungen zum Ausdruck, dass Kennzeichen, hierzu zählen ausweislich des Wortlauts von Art. 4 lit. f WerbeRL

637 Art. 5 Abs. 5 MRL zwingt spätestens seit der L´Oréal/Bellure -Entscheidung des EuGH (EuGH GRUR 2009, 756) nicht mehr zu dem Postulat einer einheitlichen Auslegung des Benutzungsbegriffes innerhalb der drei Tatbestände des § 14 Abs. 2 Nr. 1 - 3 MarkenG. Denn der EuGH differenzierte dort im Hinblick auf den markenrechtlichen Schutz der Markenfunktionen zwischen dem Identitäts- und dem Verwechslungsschutz. Lediglich für den Verwechslungsschutz ist danach vornehmlich auf die Herkunfts(unterscheidungs)funktion abzustellen. Für den Bekanntheitsschutz galt ohnehin schon vorher, wie oben dargelegt, ein modifizierter Benutzungsbegriff, der gerade nicht auf der Gefahr einer Herkunftsverwechslung basiert. In der vorliegenden Arbeit wird daher generell von einem dreigeteilten Benutzungsbegriff ausgegangen (vgl. hierzu im Übrigen Hacker, MarkenR 2009, 333 (335)). Ging der BGH zunächst von einem weitgehend einheitlichen Benutzungsbegriff aus, der sich an der Herkunftsfunktion der Marke orientierte, so folgt auch er inzwischen der vom EuGH nunmehr vorgegebenen Einteilung (vgl. zunächst BGH WRP 2005, 896 (897) - Lila-Postkarte, nunmehr BGH GRUR 2010, 726 (728) - Opel-Blitz II).

638 Ähnlich Berneke, in: WRP 2007, 1417 (1420).

auch Marken im Sinne des MarkenG,[639] *unabhängig von markenrechtlicher Bekanntheit* einen Ruf innehaben können. Dieser kann danach auch von einem Mitbewerber ausgenutzt oder beeinträchtigt werden, vgl. § 6 Abs. 2 Nr. 4 UWG. Freilich sind das Erkennbarmachen der Marke eines Mitbewerbers und ein damit evtl. verbundener Imagetransfer bzw. eine damit einhergehende Rufbeeinträchtigung nicht per se wettbewerbswidrig. Es gilt aber der Vorbehalt einer am Gesetzeszweck orientierten Verhältnismäßigkeitsprüfung, d. h., der betroffene Unternehmer muss die vergleichende Werbung nur dann und auch nur soweit hinnehmen, wie dies der Erhöhung der Markttransparenz förderlich ist.[640]

Vor diesem Hintergrund stellt sich die Frage, ob der markenrechtliche Schutz außerhalb des Bekanntheitsschutzes statisch an der Herkunftsfunktion anknüpft oder ob sich ein erfolgreicher Markenaufbau im Gesamtgefüge des Verwechslungsschutzes auswirkt. Gerade die in Erwägungsgrund 11 der MRL zum Ausdruck kommende Wechselwirkungslehre deutet auf etwas anderes als eine statische Schutzkonstruktion hin. Aber auch, wenn das Gesetz hier einen variablen Schutz errichten sollte, würde sich gleichwohl immer noch die Frage stellen, ob es sich insoweit um eine vom Gesetz bezweckte Schutzbereichserweiterung handelt oder ob dieser Schutz lediglich reflexhaft zustande kommt.

b. Das Tatbestandsmerkmal der Verwechslungsgefahr

Vergleicht man die entsprechenden Regelungen des früheren Warenzeichengesetzes (WZG) mit dem Verwechslungsschutz der MRL/MarkenG, so fällt auf, dass zwar auch das WZG einen Markenschutz, der über den Bereich der Zeichenidentität hinausging, konstituierte. Nach § 31 WZG galt nämlich, dass die Anwendung der Bestimmungen des WZG im Warengleichartigkeitsbereich nicht durch eine Verschiedenheit der Zeichenform oder durch sonstige Abweichungen ausgeschlossen war, sofern diese Abweichungen die Gefahr einer Verwechslung im Verkehr begründeten. Bewahrte ein Zeichen trotz bestehender Abweichungen den Gesamteindruck der geschützten älteren Marke, kam grundsätzlich die Annahme einer Verwechslungsgefahr in Betracht.[641] Anders als unter der heutigen Regelungslage setzte dieser Zeichenschutz jedoch eine Verwendung des zumindest ähnlichen Zeichens innerhalb des *Warengleichartigkeitsbe-*

---

639 Vgl. im Übrigen hierzu Piper/Ohly/Sosnitza, § 6 Rn. 58.

640 Vgl. Ohly, Vergleichende Werbung für Zubehör und Warensortimente, in: GRUR 2007, 3 (9); Sack, Die unlautere Ausnutzung des Rufes von Marken im Marken- und Wettbewerbsrecht, WRP 2011, 155 (156).

641 Vgl. Baumbach/Hefermehl, WZG, § 31 Rn. 1.

reichs voraus. Den Bereich der bloßen Warenähnlichkeit umfasste der Verwechslungsschutz der früheren gesetzlichen Konzeption nach also nicht; wobei aber der Begriff der Warengleichartigkeit des WZG weit reichen sollte. Er bestimmte sich danach, ob innerhalb der beteiligten Verkehrskreise der Durchschnittsabnehmer bei identischer und normal kennzeichnungskräftiger Kennzeichnung annehmen konnte, die so gekennzeichneten Waren stammten aus derselben betrieblichen Herkunftsstätte.[642] Ein innerer Zusammenhang zwischen den Tatbestandsmerkmalen der Warengleichartigkeit und der Verwechslungsgefahr bestand nur insoweit, als sich beide Begriffe darauf bezogen, welche Vorstellungen der Durchschnittsverbraucher in Bezug auf die betriebliche Herkunft der Waren hatte.[643] Schutzzweck des Verwechslungsschutzes sollte vornehmlich die Herkunftsfunktion des Zeichens sein.[644]

Anders ist dagegen das heute geltende Markenrecht ausgestaltet. Dem Erwägungsgrund 11 MRL zufolge hängt das Vorliegen der Verwechslungsgefahr von einer Vielzahl von Umständen ab. Namentlich führt die Richtlinie insbesondere den Bekanntheitsgrad der Marke im Markt, den Grad der gedanklichen Verbindung, die das benutzte oder eingetragene Zeichen zu ihr hervorrufen kann, sowie der Grad der Ähnlichkeit zwischen der Marke und dem Zeichen sowie eben zwischen den damit gekennzeichneten Waren oder Dienstleistungen auf. Schon anhand dieser Aufzählung, die inzwischen durch Literatur und Rechtsprechung mit bestimmten Kriterien konkretisiert wird, zeigt sich der insoweit abwägungsoffene Charakter des modernen Begriffes der Verwechslungsgefahr.

In Anbetracht dessen erscheint es diskutabel, ob der Schutzbereich des Markenrechts im Bereich des Verwechslungsschutzes heute *ausschließlich* daran zu messen ist, was sich der jeweils maßgebliche Verbraucherkreis in Bezug auf die *betriebliche Herkunft* des Zeichens vorstellt oder vorstellen könnte. Zwar weist Erwägungsgrund 11 der MRL daraufhin, dass der durch die (eingetragene) Marke gewährte Schutz darin bestehen solle, die Herkunftsfunktion der Marke zu gewährleisten. Allerdings deutet die Richtlinie an derselben Stelle daraufhin,[645] dass dies nicht unbedingt der alleinige Schutzzweck ist. Auch in der Rechtspre-

642 So Baumbach/Hefermehl, WZG, § 31 Rn. 17.

643 So Baumbach/Hefermehl, WZG, § 31 Rn. 17.

644 So Baumbach/Hefermehl, WZG, § 31 Rn. 1a.

645 Vgl. Erw.-Grd. 11 MRL: Der Schutz solle „insbesondere“ die Herkunftsfunktion der Marke gewährleisten.

chung des EuGH wird hervorgehoben, dass die Herkunftsfunktion, wie sie als rechtliche Hauptfunktion der Marke in Art. 2 MRL zum Ausdruck kommt, verletzt sein kann, wenn sich das Publikum in Bezug auf die Herkunft der betreffenden Waren oder Dienstleistungen täuschen kann; gleichwohl aber klingt dort auch an, dass dies nicht der einzige Zweck speziell des Verwechslungsschutzes sein muss.[646] Lediglich *ohne* die Gefährdung der markenrechtlichen Hauptfunktion wird der Verwechslungsschutz ausscheiden, weil der Begriff der Verwechslungsgefahr gemäß Erwägungsgrund 11 MRL im Hinblick auf die Herkunftsfunktion auszulegen ist.[647] Insofern ist es zutreffend, dass im Rahmen von Art. 5 Abs. 1 lit. b MRL / § 14 Abs. 2 Nr. 2 MarkenG der Schutz etwa der Imagefunktion, wenn überhaupt, dann *in Abhängigkeit* zu dem an der Herkunftsfunktion ausgerichteten Schutz vor Verwechslungsgefahr steht.[648]

Jedoch weist beispielsweise die Diskussion über die dogmatische Einordnung der Rolle der Kennzeichnungskraft innerhalb des Abwägungsprozesses zur Ermittlung der Verwechslungsgefahr darauf hin, dass auch im Bereich des Verwechslungsschutzes andere Eigenschaften als die bloße Herkunftsfunktion Einfluss auf den Schutzbereich des Markenrechts in dem Sinne erlangen könnten, dass die Eröffnung des von Mitbewerbern einzuhaltenden Abstandsgebotes zwar zunächst von der Beeinträchtigung der Herkunftsfunktion abhängt, dann aber ganz erheblich vom wirtschaftlichen Erfolg der Marke beeinflusst wird.[649] Dies soll an späterer Stelle noch eingehend erörtert werden.

Auch bei der Ermittlung der Zeichenähnlichkeit spielt in der Rechtsprechung des BGH die Kennzeichnungskraft der Marke eine wichtige Rolle und wird im Wesentlichen auf bestimmte Erfahrungssätze zurückgeführt. Mit Blick auf die Entwicklung dieser Erfahrungssätze in den letzten Jahrzehnten lässt sich jedoch eine deutliche Kehrtwende in der argumentativen Begründung ausmachen, was wiederum Zweifel an den empirischen Grundlagen aufkommen lassen könnte und die Frage nach normativen Erwägungen aufwirft.

Jedenfalls bestimmt die jeweils im Einzelfall zu ermittelnde Verwechslungsgefahr maßgeblich den Schutzbereich des Markenrechts, da sie letztlich

---

646 Vgl. EuGH GRUR 1998, 922 (924) - Canon; a.A. offenbar Büscher, S. 142.

647 Vgl. Berneke, in: WRP 2007, 1417 (1420).

648 So Ingerl/Rohnke, MarkenG, § 14 Rn. 388.

649 Vgl. zum Überblick hierzu nur Ingerl/Rohnke, MarkenG, § 14 Rn. 604; Büscher, S. 141/142.

das Abstandsgebot für jüngere Zeichen gegenüber älteren Marken festlegt.[650] Der Begriff der Verwechslungsgefahr ist folglich von großer Bedeutung und soll nachfolgend mit Blick auf den oben dargestellten Untersuchungsansatz unter Berücksichtigung des soeben aufgezeigten Spannungsfeldes analysiert werden. Gerade das Kriterium der sog. „erworbenen" Kennzeichnungskraft eröffnet innerhalb des Tatbestandsmerkmals der Verwechslungsgefahr einen Spielraum, den es dabei näher zu beleuchten gilt.

aa. Rechtsnatur

Die MRL überlässt die Regelung von Fragen wie der Art und Weise der Feststellung der Verwechslungsgefahr und insbesondere der Beweislast ausdrücklich den nationalen Verfahrensregelungen, vgl. Erwägungsgrund 11 MRL. Obwohl man in Anbetracht der gesetzlichen Formulierung, die in Art. 5 Abs. 1 lit. b MRL / § 14 Abs. 2 Nr. 2 MarkenG von der Gefahr einer Verwechslung für das Publikum einschließlich der Gefahr eines gedanklichen In-Verbindung-Bringens infolge der Zeichenbenutzung spricht, annehmen könnte, es käme maßgeblich auf die real belegbare Möglichkeit wirklicher Verwechslungen an, fasst der BGH das Tatbestandsmerkmal der Verwechslungsgefahr in ständiger Rechtsprechung als Rechtsfrage auf.[651] Als solche sind entsprechende Feststellungen der Berufungsgerichte voll im Wege der Revision durch den BGH überprüfbar. Es stellt sich somit die Frage, inwieweit es im Hinblick auf das Tatbestandsmerkmal der Verwechslungsgefahr in der Rechtspraxis auf die reale Gefahr von Verwechslungen ankommt. Das Bundespatentgericht hat in einer jüngeren Entscheidung die Auffassung vertreten, dass die Verwechslungsgefahr im Rechtssinne nicht viel mit der Frage zu tun habe, ob zwei Zeichen im Verkehr tatsächlich einer Verwechslung unterliegen, vielmehr gehe es um den Abstand, den Dritte von der älteren Marke zu wahren haben.[652] Demgegenüber betont der EuGH in Bezug auf die Auslegung der Verwechslungsgefahr in ständiger Rechtsprechung, dass eine Verwechslungsgefahr dann vorliege, wenn das Publikum glauben könnte, dass die betreffenden Waren oder Dienstleistungen aus demselben Unternehmen oder gegebenenfalls aus wirtschaftlich miteinander verbundenen Unternehmen stammen.[653] Dies könnte auf eine stärker an den tatsächlichen Gegebenheiten orientierte Auslegungsdirektive hindeuten. *Ingerl/Rohnke* zufol-

---

650 Ähnlich Berneke, in: WRP 2007, 1417 (1420).

651 Vgl. bspw. BGH WRP 2009, 1533 (1539) - airdsl; Berneke, in: WRP 2007, 1417 (1420); Ingerl/Rohnke, MarkenG, § 14 Rn. 405.

652 Vgl. BPatG, Beschluss v. 14.4.2008, Az. 32 W (pat) 18/06, Rz. 59 - FlowParty/flow.

653 Vgl. EuGH GRUR 1998, 922 (924) - Canon.

ge verbietet sich gerade mit Blick auf diese EuGH-Rechsprechung eine von den tatsächlichen Gegebenheiten losgelöste Sichtweise auf das Tatbestandsmerkmal der Verwechslungsgefahr.[654] Dem ist jedoch entgegenzuhalten, dass bereits der zur Feststellung der Verwechslungsgefahr im Einzelnen anzulegende Maßstab, der entscheidend vom durchschnittlich interessierten, verständigen und situationsadäquat aufmerksamen Durchschnittsbetrachter geprägt ist, ein gedankliches Konstrukt ist, um das Schutzniveau des Markenrechts festzulegen. Darüber hinaus spielt die tatsächliche Frage, ob es in diesen Kreisen bereits zu Verwechslungen infolge der Zeichenbenutzung gekommen ist, für die Feststellung derselben keine entscheidende, sondern allenfalls eine indizielle Rolle; denn selbst wenn dies der Fall sein sollte, ist die Verwechslungsgefahr keinesfalls zwangsläufig zu bejahen.[655] Vor diesem Hintergrund ist das Tatbestandsmerkmal der Verwechslungsgefahr als ein wertungsabhängiger Begriff anzusehen.[656] Die Auslegung normativer Begriffe hat sich soweit möglich grundsätzlich an dem gesetzgeberischen Zweck der betreffenden Vorschrift zu orientieren.[657] Insoweit ist insbesondere an Erwägungsgrund 11 MRL anzuknüpfen. Der Markenschutz dient danach primär, wenn auch nicht ausschließlich, der Gewährleistung der Herkunftsfunktion der Marke. Die Feststellung einer Verwechslungsgefahr hat sich, so wird man den EuGH in ständiger Rechtsprechung zu verstehen haben, also primär hieran auszurichten, denn schließlich scheidet der Schutz assoziativer gedanklicher Verknüpfungen im Rahmen von Art. 5 I lit. b MRL aus.[658] Die von Erwägungsgrund 11 MRL vorgegebenen Einflussfaktoren, die bei der Ermittlung der Verwechslungsgefahr zu berücksichtigen sind, bilden die tatsächliche Grundlage für die normativ geprägte Feststellung der Verwechslungsgefahr.[659] Insoweit sind also Tatsachenfragen zu ermitteln, die schließlich Eingang in die rechtlich-wertende Ermittlung finden.[660] In weiten Bereichen wird insoweit auf anerkannte Erfahrungssätze zurückgegriffen und nicht stets eine Tatsachenermittlung etwa anhand von Verkehrsbefragungen durchgeführt.

---

654 Vgl. Ingerl/Rohnke, MarkenG, § 14 Rn. 405.

655 Vgl. hierzu Berneke, in: WRP 2007, 1417 (1420).

656 So auch Fezer, Markenrecht, § 14 Rn.

657 Vgl. Rüthers/Fischer, Rechtstheorie, Rn. 183.

658 So EuGH WRP 1998, 39 (42) - Springende Raubkatze; vgl. im Übrigen EuGH GRUR 2009, 756 (761) - L´Oréal/Bellure; EuGH GRUR 2008, 698 (700) - o2 (UK)/H3G.

659 So auch Fezer, Markenrecht, § 14 Rn. 232.

660 Ähnlich Berneke, in: WRP 2007, 1417 (1420).

bb. Die Wechselwirkungslehre

Zum revisiblen Teil der Feststellung der Verwechslungsgefahr gehört die Gewichtung der relevanten und durch Tatsachenfeststellungen untermauerten Einzelfaktoren innerhalb der normativ zu ermittelnden Verwechslungsgefahr.

Erwägungsgrund 11 der MRL zufolge hängt das Vorliegen der Verwechslungsgefahr von einer Vielzahl von Umständen ab, jedoch *„insbesondere"* von dem Bekanntheitsgrad der Marke im Markt, der gedanklichen Verbindung, die das benutzte oder eingetragene Zeichen zu ihr hervorrufen kann, sowie dem Grad der Ähnlichkeit zwischen der Marke und dem Zeichen und den damit gekennzeichneten Waren oder Dienstleistungen. Die Formulierung der MRL deutet daraufhin, dass die Aufzählung nicht abschließend ist. Dann aber stellt sich generell zunächst die Frage, welche Faktoren überhaupt Berücksichtigung finden dürfen. Fraglich ist also, wie eine sinnvolle Eingrenzung möglicher Aspekte vorgenommen werden könnte und wie schließlich die in Betracht kommenden Faktoren im Verhältnis zueinander zu gewichten sind.

Zunächst formulierte der EuGH in der Entscheidung *Springende Raubkatze* zur Auslegung der Verwechslungsgefahr im Rahmen des Art. 5 Abs. 1 lit. b MRL, dass *„alle"* Umstände des Einzelfalles umfassend zu berücksichtigen seien.[661] Diese weite Formulierung ließ die Selbstverständlichkeit unerwähnt, dass die Relevanz von Einzelfallumständen für den Tatbestand maßgeblich durch den jeweiligen Normzweck definiert wird werden muss. Spätestens jedoch seit der Entscheidung *Marca Mode* taucht dann auch in ständiger Rechtsprechung des EuGH das Gebot zur Berücksichtigung aller *relevanten* Umstände des Einzelfalles auf.[662] Damit ist deutlich geworden, dass eine normative Selektion von Umständen vorzunehmen ist.[663]

Der EuGH[664] definierte drei wesentliche Faktoren, die den Ausführungen in Erwägungsgrund 11 MRL zu entnehmen sein sollen. Danach sei der Begriff der Ähnlichkeit für die Feststellung der Verwechslungsgefahr von zentraler Bedeutung und nehme sowohl Bezug auf die Zeichen- als auch die Waren- bzw. Dienstleistungsähnlichkeit; darüber hinaus beeinflusse die Bekanntheit der Marke im Markt die Verwechslungsgefahr, da sie zu einer erhöhten Kennzeich-

---

661 Vgl. EuGH WRP 1998, 39 (42) - Springende Raubkatze.

662 Vgl. EuGH GRUR Int. 2000, 899 (901) - Marca Mode.

663 Vgl. hierzu Ingerl/Rohnke, MarkenG, § 14 Rn. 419.

664 Vgl. nachfolgend EuGH GRUR 1998, 922 (923) - Canon.

nungskraft der Marke führe, und eine solche besonders kennzeichnungskräftige Marke einen umfassenderen Schutz genieße als Marken, deren Kennzeichnungskraft geringer sei.[665] Der zuletzt genannte Faktor der Kennzeichnungskraft wird also zwar in der Richtlinie nicht explizit genannt, aber aus der Eigenschaft der dort sehr wohl benannten Bekanntheit einer Marke abgeleitet. Dies dürfte gerade vor dem Hintergrund, dass die Aufzählung in Erwägungsgrund 11 MRL ohnehin nicht abschließend ist, unproblematisch sein.

In der Rechtspraxis beschränkt sich die Prüfung der Verwechslungsgefahr überwiegend auf die Ermittlung anhand der soeben genannten drei Faktoren, nämlich der Identität oder Ähnlichkeit von Marke und Zeichen, der Identität oder Ähnlichkeit der von den Zeichen beanspruchten Waren oder Dienstleistungen sowie der Kennzeichnungskraft der Marke.[666]

Wie sich aus dem Wortlaut von § 14 Abs. 2 Nr. 2 MarkenG / Art. 5 Abs. 1 lit. b MRL ergibt, müssen die Voraussetzungen der Identität oder Ähnlichkeit von Marke und Waren bzw. Dienstleistungen kumulativ vorliegen. D. h., diese Voraussetzungen stellen einen unverzichtbaren Kernbereich der Einflussfaktoren dar.[667] Liegt in einem der beiden Bereiche eine absolute Unähnlichkeit vor, hat eine Verwechslungsgefahr auszuscheiden. Dies gilt trotz des Gebotes der umfassenden Beurteilung der Verwechslungsgefahr anhand aller relevanten Umstände des Einzelfalles. Dieses Gebot impliziert eine gewisse Wechselbeziehung zwischen den in Betracht kommenden Faktoren der Art, dass eine schwächere Ausprägung des einen Faktors durch eine stärkere Ausprägung eines anderen Faktors kompensiert werden kann. So kann beispielsweise trotz eines eher geringen Grades der Ähnlichkeit zwischen den gekennzeichneten Waren oder Dienstleistungen eine Verwechslungsgefahr festgestellt werden, wenn die Ähnlichkeit zwischen den Marken groß und die Unterscheidungskraft der älteren Marke hoch ist.[668] Prinzipiell entscheidet also die graduelle Ausprägung der Einzelfaktoren in einer Gesamtschau über das Vorliegen der Verwechslungsgefahr, vorausgesetzt, der Produkt- oder Zeichenvergleich führt nicht zur Feststellung absoluter Unähnlichkeit.

---

665 Vgl. im Übrigen auch EuGH GRUR Int. 2000, 899 (901) - Marca Mode.

666 So Hacker in Ströbele/Hacker, MarkenG, § 9 Rn. 31.

667 Vgl. EuGH GRUR Int. 2000, 899 (901) - Marca Mode; Ingerl/Rohnke, MarkenG, § 14 Rn. 435.

668 So EuGH GRUR 1998, 922 (923) - Canon.

Dieses System der sich wechselseitig beeinflussenden und evtl. kompensierenden Einflussfaktoren wird – wohl weithin anerkannt – als „Wechselwirkungslehre“ bezeichnet und in ständiger Rechtsprechung des BGH zum Bereich des markenrechtlichen Verwechslungsschutzes als maßgeblich benannt und herangezogen.[669]

Nun wurde oben bereits herausgearbeitet, dass ein Imageschutz nach der Art des Bekanntheitsschutzes nach § 14 Abs. 2 Nr. 3 MarkenG / Art. 5 Abs. 2 MRL im Rahmen des Verwechslungsschutzes so nicht in Betracht kommt. Jedoch sollen nachfolgend einzelne Aspekte, die im Rahmen der Feststellung der Verwechslungsgefahr zum Tragen kommen, mit Blick auf die wirtschaftlichen Funktionen der Marke und einem gesteigerten Werbewert der Marke näher betrachtet werden. Wie oben aufgezeigt, können Marken auch unterhalb der formalen markenrechtlichen Bekanntheit im Sinne von § 14 Abs. 2 Nr. 3 MarkenG / Art. 5 Abs. 2 MRL über einen gesteigerten Werbewert infolge einer gesteigerten Identifizierungs- oder Imageträgereigenschaft verfügen.[670]

c. Die unmittelbare Verwechslungsgefahr in Abhängigkeit von der Kennzeichnungskraft als Abwägungskriterium

Bereits unter Geltung des Warenzeichengesetzes galt der Grundsatz, je stärker die Kennzeichnungskraft einer Marke ist, desto größer ist auch ihr Schutzbereich. Allerdings wurde diese Schutzbereichserweiterung vornehmlich für eine über die durchschnittliche deutlich hinausgehende Kennzeichnungskraft, wie sie bei bekannten Marken anzunehmen sei, in Betracht gezogen.[671] Die Erweiterung des Schutzbereiches in Abhängigkeit von der Stärke der sog. Kennzeichnungskraft wurde unter dem Gesichtspunkt einer gesteigerten *Schutzwürdigkeit* diskutiert. Uneins war man sich insoweit, ob eine derartige Schutzbereichserweiterung dem Warenzeichen- oder dem Wettbewerbsrecht zugewiesen werden sollte, weil das Tatbestandsmerkmal der Verwechslungsgefahr nach damaliger Interpretation teilweise als ungeeignet zu einer Einbeziehung der Kennzeichnungskraft angesehen wurde.[672]

---

669 Vgl. bspw. BGH WRP 2006, 92 (93) - coccodrillo; BGH WRP 2001, 1315 (1318) m.w.N. - Marlboro Dach.

670 Vgl. oben S. 127.

671 Vgl. Baumbach/Hefermehl, WZG, § 31 Rn. 15.

672 Vgl. hierzu Baumbach/Hefermehl, WZG, § 31 Rn 16 m.w.N.

Zur richtlinienkonformen Auslegung von § 14 Abs. 2 Nr. 2 MarkenG gelten die Vorgaben des EuGH, wie sie zunächst grundsätzlich in der Entscheidung *Springende Raubkatze* zum Ausdruck gebracht wurden. Danach sei die Verwechslungsgefahr dahin gehend auszulegen, dass diese umso größer sei, je größer sich die Kennzeichnungskraft der älteren Marke darstelle.[673] In der Entscheidung *Canon* konkretisierte der EuGH diesen Ansatz dahin gehend, dass eine Marke infolge ihrer Bekanntheit *oder* bereits von Hause aus eine hohe Kennzeichnungskraft besitzen und somit einen umfassenderen Schutz genießen könne, als eine Marke, deren Kennzeichnungskraft geringer sei.[674] Es zeigt sich, dass die Kennzeichnungskraft als Parameter der Verwechslungsgefahr vor allem aus der Bekanntheit abgeleitet wird und somit infolge der Vorgaben der Richtlinie als solcher fest verwurzelt ist. Die Kennzeichnungskraft hat gegenüber der früheren Rechtslage erheblich an Bedeutung gewonnen, da bereits die originäre Kennzeichnungskraft eines Zeichens Einfluss auf den Schutzbereich nimmt.

aa. Definition und Natur der Kennzeichnungskraft

Zunächst ist zu klären, was unter der sog. Kennzeichnungskraft zu verstehen ist. Eine Legaldefinition fehlt, der Begriff der Kennzeichnungskraft taucht im Gegenteil gar nicht explizit in den Erwägungsgründen oder dem Normtext von Art. 5 Abs. 1 lit. b der MRL auf, sondern wird aus dem Begriff der Bekanntheit abgeleitet. *Ingerl/Rohnke* definieren Kennzeichnungskraft als die Eignung eines Zeichens, sich dem Publikum aufgrund seiner Eigenart und seines ggf. durch Benutzung erlangten Bekanntheitsgrades *als Marke* im Sinne des Markengesetzes, also als Herkunftshinweis, einzuprägen.[675] Dieser Ansatz steht im Einklang mit der Herangehensweise des EuGH, wonach zur Feststellung einer erhöhten Kennzeichnungskraft die Eignung einer Marke zur Herkunftsunterscheidung zu prüfen ist.[676]

Diese Eignung ist einmal im Hinblick auf die originäre Kennzeichnungsstärke unter Berücksichtigung etwaiger schwächender Elemente, wie etwa beschreibende Anklänge, zu ermitteln. Als normal kennzeichnungskräftig gilt insoweit eine Marke, die einerseits uneingeschränkt zur Unterscheidung von Waren und Dienstleistungen der betrieblichen Herkunft nach geeignet ist, also keine beschreibenden Anklänge aufweist, die andererseits aber auch noch nicht im

673 Vgl. EuGH WRP 1998, 39 (42) - Springende Raubkatze.

674 Vgl. EuGH GRUR 1998, 922 (923) - Canon.

675 So Ingerl/Rohnke, MarkenG, § 14 Rn. 497; ebenso Berneke, in: WRP 2007, 1417 (1421).

676 Vgl. hierzu EuGH GRUR Int. 1999, 734 (736) - Lloyd.

Verkehr hervorgetreten ist.[677] Als kennzeichnungsstark kann eine Marke gelten, wenn sie von Hause aus originell, eigenartig, einprägsam und insoweit möglichst eine Alleinstellung aufweist.[678] Zum anderen aber kann die Kennzeichnungskraft auch nachträglich erworben werden. Die Prüfung einer erworbenen Kennzeichnungskraft inkludiert den Vorgaben des EuGH zufolge inhaltlich die aus anderem Zusammenhang geläufige Bekanntheitsprüfung. So legt der EuGH[679] unter Bezugnahme auf seine Entscheidung *Chiemsee*[680] dar, dass zur Ermittlung des Grades an Kennzeichnungskraft speziell der von der Marke gehaltene Marktanteil, die Intensität, geografische Verbreitung und die Dauer der Benutzung der Marke sowie der von Inhaberunternehmen getätigte Werbeaufwand, der Anteil der beteiligten Verkehrskreise, der die Waren und Dienstleistungen als von einem Unternehmen stammend erkennt sowie schließlich die entsprechenden Erklärungen von Industrie- und Handelskammern oder von anderen Berufsverbänden zu berücksichtigen seien. Der BGH hat den Kriterienkatalog unter Bezugnahme auf die soeben zitierte EuGH-Rechtsprechung weitgehend übernommen.[681]

Es handelt sich bei der Feststellung der Kennzeichnungskraft ebenso um einen Rückgriff auf den Kriterienkatalog zur Ermittlung der Verkehrsdurchsetzung im Rahmen von § 8 Abs. 3 MarkenG, der auf Art. 3 Abs. 4 MRL zurückgeht. Art. 3 Abs. 4 MarkenG spricht insoweit jedoch nicht von „Verkehrsdurchsetzung", ein Begriff, der durch die deutsche Rechtstradition geprägt ist, sondern im vorliegenden Zusammenhang eingängiger von „durch Benutzung erworbener Unterscheidungskraft".[682] Es soll jedoch nicht gesagt sein, dass die verschiedenen Tatbestandskreise in puncto Verkehrsdurchsetzung, Bekanntheit oder Kennzeichnungskraft identisch auszulegen wären. Im Einzelnen hat sich ihre Auslegung am jeweiligen Gesetzeszweck zu orientieren. Dies wurde in vorherigen Kapiteln[683] auch bereits besprochen. Anders als im Rahmen des Bekanntheitsschutzes steht beispielsweise die Verschiebung des Schutzbereiches im Rahmen des Verwechslungsschutzes durch gesteigerte Kennzeichnungskraft nicht in Abhängigkeit vom Erreichen eines Schwellenwertes, sondern wirkt sich stetig im

677 So Berneke, in: WRP 2007, 1417 (1421).

678 Vgl. Berneke, in: WRP 2007, 1417 (1421).

679 Vgl. hierzu EuGH GRUR Int. 1999, 734 (736) - Lloyd.

680 Vgl. hierzu EuGH WRP 1999, 629 (634) - Chiemsee.

681 Vgl. BGH WRP 2009, 824 (827) - Ostsee-Post.

682 Vgl. insoweit oben S. 61.

683 Vgl. oben S. 51 ff., S. 76 ff.

Abwägungsverhältnis der im Rahmen der Wechselwirkungslehre zu berücksichtigenden Parameter aus.[684] Gilt ein Zeichen als verkehrsdurchgesetzt im Sinne von § 8 Abs. 3 MarkenG, so mag dieses Zeichen die Eintragungshindernisse aus § 8 Abs. 2 Nr. 1 - 3 MarkenG zwar überwinden, fehlte dem Zeichen zuvor jedoch die originäre Unterscheidungskraft, und hat es sich diese erst durch Benutzung erwerben müssen (Verkehrsdurchsetzung), so sind für das so verkehrsdurchgesetzte Zeichen im Hinblick auf eine eventuelle Stärkung der Kennzeichnungskraft strengere Anforderungen zu stellen.[685]

Festzuhalten bleibt aber, dass die Faktoren zur Ermittlung der Markenbekanntheit im Sinne von § 14 Abs. 2 Nr. 3 MarkenG bzw. Art. 5 Abs. 2 MRL allesamt auch in der Prüfung zur Ermittlung der durch Benutzung erworbenen Kennzeichnungskraft wieder auftauchen.[686] Der Sache nach wird folglich von der Markenbekanntheit auf das anzunehmende Maß an Kennzeichnungskraft geschlossen. Ein gesteigerter Bekanntheitsgrad bewirkt eine Steigerung der Unterscheidungskraft. Vor diesem Hintergrund ist die Herleitung der Kennzeichnungskraft aus dem Merkmal der Bekanntheit in Erwägungsgrund 11 MRL nachvollziehbar.

Anhand der genannten Kriterien wird im Ergebnis der Erfolg einer Marke im Markt geprüft. Gerade Marktanteil, Dauer der Marktpräsenz und ggf. Wiedererkennungsraten geben Auskunft über die Zielerreichung eines Markenaufbaus. Dies ergibt sich schon daraus, dass sich auch bei einer starken Marke an der eigentlichen Grundeigenschaft der Marke, also der Unterscheidungseignung im Hinblick auf eine betriebliche Herkunft eines gekennzeichneten Produkts, an sich nichts geändert hat. Die Marke hat sich schlicht auf dem Markt mehr oder weniger durchgesetzt. Sie wurde u. a. längere Zeit auf dem Markt benutzt und beworben, erzeugt gewisse Wiedererkennungsraten und hat Marktanteile erobert. Dies erzeugt Bekanntheit im markenrechtlichen Sinne und führt zu einer gesteigerten Kennzeichnungskraft.

Der Schutzbereich des Markenrechts wird jedenfalls schon innerhalb des Verwechslungsschutzes verstärkt, da im Rahmen der oben erörterten Wechselwirkungslehre bei gesteigerter Kennzeichnungskraft geringere Anforderungen

684 Ähnlich Inger/Rohnke, Marken, § 14 Rn. 1317.

685 Vgl. BGH GRUR 2003, 1040 (1043) - Kinder.

686 Vgl. insoweit oben S. 76.

an den Grad der Zeichenähnlichkeit und der Waren- bzw. Dienstleistungsähnlichkeit zu stellen sind, und ein Abwehrrecht demzufolge eher entstehen wird.

bb. Auswirkungen des erfolgreichen Markenaufbaus auf den Schutzbereich des Markenrechts

Die Auswirkungen eines erfolgreichen Markenaufbaus auf den Bereich des Verwechslungsschutzes lassen sich gut erkennen. Zunächst sei noch einmal an die Ausführungen im Teil B. dieser Arbeit erinnert.[687] Der Markenaufbau verfolgt zunächst schlicht das Ziel, dass ein gekennzeichnetes Leistungsangebot einen Mehrwert für den Unternehmer erzeugt. Dies wird durch die Erzeugung von Wiedererkennungseffekten und der Etablierung eines positiven Markenimages erreicht.

Die Faktoren, anhand derer die Bekanntheit und letztlich die Kennzeichnungskraft zu ermitteln ist, setzen voraus, dass der Unternehmer als Inhaber der Marke in seinem Bemühen, gewisse Wiedererkennungseffekte bei den Verbrauchern in Bezug auf die fragliche Marke zu erzeugen und positive Assoziationen mit der konkreten Marke in der Wahrnehmung der Verbraucher zu verknüpfen, erste Erfolge erzielt hat. Diese müssen noch nicht derart signifikant sein, dass die Marke über die Bereiche der Zeichen- und Warenähnlichkeit hinaus geschützt wird, also die Schwelle zur markenrechtlichen Bekanntheit überschreitet. Der Schutzbereich des aus der Marke resultierenden Ausschließlichkeitsrechts ist also keineswegs statisch angelegt. Er beschränkt sich auch nicht auf eine bloße Abwägung der Ähnlichkeitsgrade der sich gegenüberstehenden Produkte und Kennzeichen. Vielmehr nimmt ein Zuwachs an wirtschaftlichem Erfolg über den Parameter der Kennzeichnungskraft zumindest de facto Einfluss auf die Schutzbereichsbestimmung. Das Abwehrrecht wird bei gesteigerter Kennzeichnungskraft schon bei einem geringeren Grad an Zeichen- und Produktähnlichkeit eröffnet, der Schutzbereich hierdurch erweitert.

Ob aber Kennzeichnungskraft hier mit Blick auf den zweifellos dahinterstehenden unternehmerischen Erfolg normativen Gehalt hat oder ob sich aus den relevanten Faktoren lediglich bestimmte Erfahrungssätze im Hinblick auf die Verwechslungsgefahr ableiten lassen, ist zu erörtern.

cc. Dogmatische Einordnung

Über die Rolle der Kennzeichnungskraft der älteren Marke bei der Ermittlung der Verwechslungsgefahr besteht zumindest im Ergebnis bereits seit langem Ei-

687 Vgl. oben S. 14 (0).

nigkeit. So konstatierte *Kraft* bereits im Jahre 1977 zum Warenzeichengesetz, dass die Rechtsprechung des BGH, wonach das bekannte, kennzeichnungskräftige Zeichen verstärkten Schutz gegen Verwechslungen genieße, auch im Schrifttum weitgehend gebilligt werde.[688]

Ungeachtet dieser Akzeptanz aber herrscht seit ebenso langer Zeit Streit über die dogmatische Begründung dieser Einbeziehung bei der Schutzbereichsbestimmung.[689] Auch noch nach Inkrafttreten des Markengesetzes stehen sich insoweit unverändert zwei Lager gegenüber, die jeweils einen empirischen Ansatz und einen normativen Ansatz zur Begründung des erweiterten Schutzumfanges heranziehen.[690] Während in der Literatur jedenfalls überwiegend von einem normativen Ansatz ausgegangen wird,[691] scheint die Rechtsprechung und vor allem der BGH von einer empirisch geprägten Begründung zur Rolle der Kennzeichnungskraft auszugehen.[692] Der EuGH hat allerdings die Berücksichtigung der Kennzeichnungskraft bisher kaum inhaltlich begründet, sondern seit der Entscheidung *Springende Raubkatze* lediglich der Sache nach bestätigt.[693] Daneben steht das Bundespatentgericht, das sich mit seiner Rechtsprechung beinah schon traditionell für die Seite der Befürworter einer normativen Berücksichtigung der Kennzeichnungskraft des älteren Zeichens im Rahmen der Verwechslungsgefahr ausspricht.[694]

Da im Hinblick auf die Natur des Begriffes der Verwechslungsgefahr als Rechtsbegriff Einigkeit besteht und - soweit ersichtlich - keine nachweisbare Gefahr tatsächlicher Verwechslungen gefordert wird, spielt der Streit für die

688 Vgl. Kraft, in: GRUR 1977, 417 (418).

689 Vgl. bereits Kraft, in: GRUR 1977, 417 (418).

690 Vgl. Büscher, in: Festschrift für Ullmann, S. 141; Ingerl/Rohnke, MarkenG, § 14 Rn. 604; Berneke, in: WRP 2007, 1417 (1421); Schultz/Schweyer, Markenrecht, § 14 Rn. 142.

691 Vgl. Schutz/Schweyer, Markenrecht, § 14 Rn. 132; Berneke, in: WRP 2007, 1417 (1421); Ingerl/Rohnke, MarkenG, § 14 Rn. 604; Hacker in Ströbele/Hacker, MarkenG, § 9 Rn. 103; a.A. Büscher, in: Festschrift für Ullmann, S. 141.

692 Deutlich bspw. BGH GRUR 2001, 158 (160) - Drei-Streifen-Kennzeichnung; bgh wrp 2001, 1315 (1320) - Marlboro-Dach.

693 Vgl. EuGH WRP 1998, 39 (42) - Springende Raubkatze; EuGH GRUR 1998, 922 (923); EuGH GRUR Int. 1999, 734 (736).

694 Vgl. BPatG GRUR 2005, 777 (778) - natalla/Nutella; BPatG GRUR 2000, 807 (808) - Lior/dior; im Übrigen zur Rechtsprechung des BPatG noch zu Zeiten des WZG Kraft, in: GRUR 1977, 417 ff.

praktische Rechtsanwendung eine untergeordnete Rolle.[695] Dies ist vielleicht auch der Grund, warum sich beispielsweise der BGH bisher nicht wesentlich mit dieser Thematik auseinandergesetzt hat. Gleichwohl aber ist mit der dogmatischen Einordnung der Kennzeichnungskraft im Rahmen der Verwechslungsgefahr eine grundlegende Aussage über den Schutz wirtschaftlicher Markenfunktionen verbunden. Denn auch wenn der Verwechslungstatbestand die Möglichkeit einer Beeinträchtigung der Herkunftshinweisfunktion voraussetzt,[696] würde die wertende Berücksichtigung unternehmerischer Leistungen bei der Bestimmung des *Schutzumfanges* dem Verwechslungsschutz ein doch anderes, nicht ausschließlich an der Hauptfunktion der Marke ausgerichtetes Gesamtgepräge ergeben. Eine gesteigerte Identifizierungskraft einer Marke ist ein entscheidender Schritt im wirtschaftlichen Markenaufbau. Gerade die Rückgriffe der Rechtsprechung auf die Kriterien zur Ermittlung von Markenbekanntheit bzw. Unterscheidungskraft zeigen, dass unternehmerische Leistungen sich in diesen Bereichen deutlich auswirken können. Letztlich steht in wirtschaftlicher Hinsicht hinter dem Markenerfolg in erster Linie die von Markenbekanntheit getragene Imageträgereigenschaft, die theoretisch jede markenrechtlich geschützte Kennzeichnung in funktionaler Hinsicht übernehmen kann. Von daher ist also die Beantwortung der Frage, ob die Kennzeichnungskraft der älteren Marke im Rahmen einer am Normzweck orientierten Wertung schutzbereichserweiternd zu berücksichtigen ist, für eine adäquate Einordnung des Markenrechts im Bereich des Verwechslungsschutzes bedeutsam.

(1) Empirischer Ansatz

Vor allem in der höchstrichterlichen Rechtsprechung in Deutschland zeichnete sich seit den 1940er Jahren ein Ansatz zur Einordnung der Kennzeichnungskraft ab, der gemeinhin als „empirisch“ bezeichnet wird.[697] Reichsgericht und BGH traten mehrfach der instanzgerichtlichen Rechtsprechung, wonach mit steigender Kennzeichnungskraft die Wahrscheinlichkeit tatsächlicher Verwechslungen nicht steige, sondern sich vielmehr reduziere, entgegen.[698] Zeichen mit gesteigerter Verkehrsgeltung seien im Gegenteil in ihrer Unterscheidungskraft mit erheblichem Nachdruck zu schützen.[699] Dieses Erfordernis soll nach der bis heute anzutreffenden Argumentation aus der Annahme resultieren, dass mit zuneh-

695 Ähnlich Ingerl/Rohnke, MarkenG, § 14 Rn. 604.

696 So EuGH GRUR 2009, 756 (761) - L´Oréal/Bellure.

697 Vgl. nur Büscher, in: Festschrift für Ullmann, S. 141.

698 Vgl. RGZ 171, 147 (153) - Salamander; BGH GRUR 1965, 601 (602) - roter Punkt; BGH GRUR 1952, 35 (37) - Ardia/Widia.

699 So BGH GRUR 1953, 35 (36) - Ardia/Widia.

mender Bekanntheit einer Marke der Verkehr umso eher über die Besonderheiten eines noch ähnlichen Zeichens hinwegsieht, in ihm vielmehr die Marke mit Verkehrsgeltung wiederzufinden glaubt und so der Gefahr von Verwechslungen unterliegt.[700] Diese Annahme beanspruchte in der Rechtsprechung des BGH unter dem früher zugrunde zu legenden Verbraucherleitbild Geltung und tut dies auch heute unter dem insoweit geänderten Leitbild. So sei es nach Auffassung des BGH in der Entscheidung *Drei-Streifen-Kennzeichnung* im Hinblick auf dieses Argumentationsmuster nicht hinderlich, dass bei der Beurteilung der Verwechslungsgefahr auf einen durchschnittlich informierten, aufmerksamen und verständigen Durchschnittsverbraucher der betreffenden Warenart abzustellen ist.[701] Der Wechsel vom flüchtigen und gedankenlosen Betrachter als Maßstab[702] hat sich im Hinblick auf die Grundannahme zur Bedeutung der Kennzeichnungskraft also nicht ausgewirkt.

Der BGH befindet sich im Ergebnis in Einklang mit der Rechtsprechung des EuGH, der jedenfalls im Ergebnis ebenfalls von einer umso größeren Verwechslungsgefahr ausgeht, je größer die anzunehmende Kennzeichnungskraft einer Marke ist.[703] Eine explizite Begründung dieses Grundsatzes liefert dieser, wie oben bereits angesprochen, jedoch nicht.

(2) Normativer Ansatz

Anders als die Vertreter des empirischen Ansatzes folgen die Anhänger des normativen Begründungsmusters überwiegend der vom BGH[704] im Ergebnis nicht bestätigten Annahme, dass mit höherer Kennzeichnungskraft die Gefahr tatsächlicher unmittelbarer Verwechslungen gerade nicht steige, weil der Verkehr Fehlvorstellungen über das tatsächliche Aussehen eines Zeichens weniger häufig unterliege; bei Lichte betrachtet soll danach die Gefahr unmittelbarer Verwechslungen sogar eher sinken.[705]

---

700 RGH 171, 147 (153) - Salamander; BGH GRUR 1952, 35 (36) - Adria/Widia; BGH GRUR 2001, 158 (160) - Drei-Streifen-Kennzeichnung; BGH WRP 2001, 1315 (1320) - Marlboro-Dach.

701 Vgl. BGH GRUR 2001, 158 (160) - Drei-Streifen-Kennzeichnung.

702 Vgl. insoweit Baumbach/Hefermehl, WZG, § 31 Rn. 28.

703 Vgl. EuGH GRUR 1998, 922 (923) - Canon; EuGH WRP 1998, 39 (42) - Springende Raubkatze.

704 Vgl. BGH WRP 2001, 1315 (1320) - Marlboro-Dach.

705 Vgl. bereits Kraft, in: GRUR 1977, 417 (420); Berneke, in: WRP 2007, 1417 (1423); zumindest im Ergebnis ähnlich Risthaus, S. 93 und Ingerl/Rohnke, MarkenG, § 14 Rn. 607 sowie Fezer, Markenrecht, § 14 Rn. 287; im Übrigen BPatG GRUR 2000, 807

Gleichwohl aber wird an der den Schutzbereich erweiternden Wirkung gesteigerter Kennzeichnungskraft, wie oben bereits dargelegt, festgehalten. Zur Begründung wird hier folglich auf einen anderen Aspekt abgestellt. Hervorzuheben ist die geradezu als traditionell zu bezeichnende Rechtsauffassung des Bundespatentgerichts, wonach für die Feststellung der Verwechslungsgefahr ganz wesentlich eine normative Betrachtung anzustellen ,ist, die der hinter einer Steigerung der Kennzeichnungskraft einer Marke stehenden unternehmerischen Leistung einen besonderen Stellenwert einräumt und hieraus ein größeres Abstandsgebot herleitet.[706] Dieser Auffassung haben sich auch Literaturstimmen angeschlossen. Der größere Schutzbereich sei unter Gerechtigkeitserwägungen zu fordern; kennzeichnungsstarke Marken verdienten wegen der Leistungen ihrer Inhaber, das Zeichen bekannt gemacht und damit vor allem ihren Werbewert gesteigert zu haben, einen größeren Schutzbereich als Zeichen, die zwar ihre grundlegende Aufgabe, Erzeugnisse ihrer betrieblichen Herkunft nach zu unterscheiden, nicht aber oder jedenfalls nur kaum die hinzutretende Werbefunktion erfüllten.[707]

Folgt man dieser Ansicht, käme gerade den hinzu erworbenen Funktionen ein entscheidender Stellenwert zu. Wie oben bereits dargelegt, ist Kennzeichnungskraft nicht bloß im Sinne demoskopischer Bekanntheit zu verstehen, sondern setzt eine umfassende Ermittlung gewisser Erfolgsindikatoren voraus, die wiederum bei erfolgreich aufgebauten Marken vorliegen dürften. Natürlich kann eine Marke auch einmal eine bereits originär gesteigerte Kennzeichnungskraft haben, die maßgeblich auf die Eigenschaften des gewählten Zeichens zurückzuführen ist. In Anbetracht des hohen registermäßigen Zeichenbestandes und der damit verbundenen Zeichendichte[708] wird man jedoch zugeben müssen, dass die erworbene gegenüber der originären Kennzeichnungskraft bei Ermittlung der

---

(808) - lior/dior; BPatG GRUR 2005, 777 (778) - natalla/nutella; BPatG, Beschl. v. 30.10.2009, Az. 24 W (pat) 56/08, Tz. 46.

706 Vgl. zur historischen Rechtsprechung des BPatG Kraft, in: GRUR 1977, 417 (420); BPat, Beschl. v. 30.10.2009, Az. 24 W (pat) 56/08, Tz. 46; BPatG GRUR 2000, 807 (808) - lior/dior; BPatG GRUR 2005, 777 (778) - natalla/nutella.

707 So Berneke, in: WRP 2007, 1417 (1425); ähnlich Schultz/Schweyer, Markenrecht, § 14 Rn. 142.

708 Mit Stand 2010 waren insgesamt 773.744 Zeichen als Marken im Markenregister eingetragen, vgl. DPMA Jahresbericht 2010, „Auf einen Blick" (abrufbar unter: http://www.dpma.de/service/veroeffentlichungen/jahresberichte/index.html (zuletzt aufgerufen am 17.11.2011).

Verwechslungsgefahr von deutlich übergeordneter Häufigkeit und Bedeutung sein dürfte. Davon abgesehen stellt natürlich auch die Wahl eines originär hervorstechenden Zeichens eine unternehmerische Leistung dar.

(3) Stellungnahme

Bei näherer Betrachtung fällt zunächst auf, dass der als „empirisch" bezeichnete Ansatz, soweit ersichtlich, nie im Wege einer methodisch stringenten empirischen Erkenntnisgewinnung ermittelt worden ist. Jedenfalls findet sich in den einschlägigen Entscheidungen keine Bezugnahme auf entsprechende Untersuchungen.

In der früheren reichsgerichtlichen Rechsprechung wurde zunächst eine gesteigerte Kennzeichnungskraft im Rahmen der Ermittlung von Verwechslungsgefahr bei möglicher Verkehrsgeltung der den Schutz beanspruchenden Marke sogar als der Verwechslungsgefahr entgegenstehend angesehen, weil der Verkehr infolge der Gewöhnung an das fragliche Zeichen nicht so leicht in die Gefahr einer Verwechslung komme und zur Unterscheidung der beteiligten Zeichen imstande sei.[709] Später rückte das Reichsgericht hiervon ab und billigte einer gesteigerten Kennzeichnungskraft zwar einen grundsätzlichen Einfluss auf die Feststellung der Verwechslungsgefahr zu, dieser sollte aber nicht einmal soweit gehen, dass selbst bei errungener Alleinstellung des Zeichens auf dem entsprechenden Markt eine ursprüngliche Kennzeichnungsschwäche überwunden werden konnte.[710] Schließlich gelangte die höchstrichterliche deutsche Rechtsprechung aber zu der oben dargestellten Sichtweise, dass eine zunehmende Kennzeichnungskraft der den Schutz beanspruchenden Marke die Verwechslungsgefahr erhöhe.[711]

Den Geltungsanspruch dieses, insbesondere vom BGH aufgestellten, Grundsatzes wird man daher weniger als einen empirischen aufzufassen haben. Vielmehr sollte insoweit von einem nicht apodiktischen Erfahrungssatz ausgegangen werden, der vor allem von seiner Anerkennung durch die Rechtsprechung lebt. Solche Erfahrungssätze dienen nach h. M. als Hilfsgedanken der Gesetzesauslegung.[712] Diese Einordnung verträgt sich letztlich auch mit der Rechtsnatur der Verwechslungsgefahr, die nach einhelliger Meinung als Rechtsbegriff einer Be-

709 So RG MuW 1923, 77 (78).

710 Vgl. RG MuW 1922, 40 (41).

711 Vgl. RGZ 171, 147 (153).

712 Vgl. hierzu vor allem Hacker, Methodenlehre und Gewerblicher Rechtsschutz, in: GRUR 2004, 537 (545).

weiserhebung nicht zugänglich ist und somit auch nicht von der Gefahr tatsächlich nachgewiesener Verwechslungen abhängt. Die Verwechslungsgefahr umschreibt im Prinzip den Beurteilungsmaßstab für die im Verhältnis der konkurrierenden Unternehmen allein interessierende Frage, welchen Abstand ein Markeninhaber von den Verwendern konkurrierender Zeichen fordern kann.[713]

Der Inhalt des in der höchstrichterlichen deutschen Rechtsprechung anerkannten Erfahrungssatzes geht also dahin, dass bei gesteigerter Kennzeichnungskraft von einer größeren Verwechslungsgefahr auszugehen ist. Dieser Ansatz fußt auf der Annahme, dass sich die Verbraucher bei gesteigerter Kennzeichnungskraft eines Zeichen im Kollisionsfall besser an dieses erinnern können, diese Erinnerung bereits bei geringerer Zeichenähnlichkeit abgerufen werden, und es somit in höherem Maße zu Verwechslungen kommen kann.

Die gegenteilige Annahme, also die, dass kennzeichnungskräftige Zeichen im Kollisionsfall gerade aufgrund des besseren Erinnerungsvermögens genauer wahrgenommen und somit seltener verwechselt werden, ist vom argumentativen Ansatz her weder überzeugender noch abwegiger. Sie weist keinen logischen Denkfehler auf. Denn weil das Erinnerungsvermögen an die kennzeichnungsstarke Marke nicht so schwach ist wie bei anderen Marken, sind auch kleinere Unterschiede möglicherweise viel eher geeignet, eine Unterscheidung der Kennzeichnungen zu ermöglichen.[714] Prinzipiell weist auch der BGH selbst diesen Ansatz nicht völlig zurück, ist aber bemüht, an der traditionellen Auffassung festzuhalten. Letztlich misst er nämlich in der Entscheidung *Marlboro-Dach* der allgemeinen Präsenz einer kennzeichnungskräftigen Marke im Erinnerungsvermögen der Verbraucher eine größere Bedeutung bei als einem da-mit doch eigentlich genauso verbundenen Detailwissen über die Gestaltung des Zeichens.[715] Die argumentative Herleitung der Grundannahme zur Bedeutung gesteigerter Kennzeichnungskraft für die Verwechslungsgefahr sowohl in die eine wie in die andere Richtung allein zwingt also nicht zu einer Festlegung.[716]

---

713 So Hacker, Methodenlehre und Gewerblicher Rechtsschutz, in: GRUR 2004, 537 (545)

714 Vgl. Risthaus, Rn. 208.

715 Vgl. BGH WRP 2001, 1315 (1320) - Marlboro-Dach.

716 Weitergehend Berneke, in: WRP 2007, 1417 (1422), wonach der empirische Befund einer regelmäßigen Verminderung der Gefahr unmittelbarer Verwechslungen bei Kennzeichnungsstärke einer Marke so nahe liegend sei, dass das Gegenteil nicht zum Inhalt eines typisierenden Erfahrungssatz gemacht werden könne.

Bemerkenswert ist allerdings, dass sich das inzwischen veränderte Verbraucherleitbild auf die Handhabung des Erfahrungssatzes nicht ausgewirkt hat. Gerade was die Wahrnehmung der Verbraucher angeht, muss es im Hinblick auf das kennzeichnungskräftige Zeichen einen Unterschied machen, ob von einem flüchtigen oder von einem angemessen aufmerksamen und verständigen Verbraucher auszugehen ist. Dieser Umstand trägt nicht unbedingt zur Überzeugungskraft des vom BGH angenommenen Erfahrungssatzes bei.

Darüber hinaus lässt die historische Entwicklung zumindest den Verdacht aufkommen, dass zumindest teilweise eine normative Wertung unter dem Deckmantel einer empirisch geprägten Betrachtung versteckt worden ist.

Die frühere reichsgerichtliche Rechtsprechung, die bei gesteigerter Kennzeichnungskraft erstmals von einer größeren Gefahr tatsächlicher Verwechslungen ausging, mag vor dem Hintergrund entstanden sein, dass gerade das Schutzbedürfnis bekannter Marken in der damaligen Zeit erkannt worden ist. Die Anerkennung dessen manifestierte sich mit der wettbewerbsrechtlichen Entwicklung des Schutzes bekannter Marken, dem letztlich eine normative Bewertung unternehmerischer Leistungen als rechtlich schutzwürdig zugrunde lag.[717] Möglicherweise kann die Schutzbereichserweiterung des Markenrechts, die als empirisch bedingt deklariert wird, bei gesteigerter Kennzeichnungskraft über den markenrechtlichen Verwechslungsschutz als Versuch gesehen werden, den Bekanntheitsschutz zumindest teilweise doch noch in den Anwendungsbereich des insoweit unzulänglichen Warenzeichengesetzes zu ziehen. Denn bereits unter Geltung des WZG zog eine gesteigerte Kennzeichnungskraft im Ergebnis eine Absenkung der Anforderungen an den Grad der Zeichenähnlichkeit und Warengleichartigkeit nach sich, jedenfalls sollte das kennzeichnungskräftige Zeichen über einen größeren Schutzbereich verfügen.[718]

Es lässt sich noch ein weiteres Argument aufzeigen, das zumindest mittelbar auf eine normativ motivierte Schutzbereichserweiterung schließen lässt. Der EuGH definiert Kennzeichnungskraft, dies ist oben bereits erörtert worden, als die Eignung einer Marke, Waren oder Dienstleistungen ihrer betrieblichen Herkunft nach zu unterscheiden.[719] Zur Feststellung des Grades der Kennzeichnungskraft ist insbesondere auf die Parameter zurückzugreifen, die auch für die Feststellung der Bekanntheit im Sinne des Art. 5 Abs. 2 MRL oder für die Fest-

717 Vgl. hierzu bereits oben S. 28 ff.

718 Vgl. Baumbach/Hefermehl, WZG, § 31 Rn. 15.

719 So EuGH GRUR Int. 1999, 734 (736) - Lloyd.

stellung der Verkehrsdurchsetzung nach Art. 3 Abs. 3 MRL in jeweils unterschiedlicher Ausprägung ausschlaggebend sein sollen.[720] Der BGH hat sich dem angeschlossen.[721]

Nun haben das RG und später auch der BGH noch unter Geltung des WZG zunächst ohne nähere Begründung und inhaltliche Definition festgestellt, dass der im Hinblick auf einen unter bestimmten Voraussetzungen aus einer Markenrechtsverletzung resultierende Schadensersatzanspruch auch denjenigen Aufwand erfasse, der dazu erforderlich ist, eine eingetretene „Marktverwirrung" zu beseitigen.[722] Der kompensationsfähige Marktverwirrungsschaden sei, so zunächst die Begründung des RG, nicht in einer Umsatzschmälerung zu sehen, sondern liege „eher in einer Einbuße an geschäftlichem Ansehen" begründet.[723] Diese Einbuße sollte unter anderem durch eine verstärkte „Reklametätigkeit" ausgleichbar sein.[724] Die Marktverwirrung bestand folglich neben dem ersatzfähigen, entgangenen Gewinn in einer Art Störungszustand, der doch in gewisser Weise einer Vermögenseinbuße gleichgesetzt wurde.[725] Der Terminus des sog. Marktverwirrungsschadens findet sich bis heute in der ständigen Rechtsprechung im Zusammenhang mit Schadensersatzansprüchen aus Markenverletzungen wieder.[726] Er ist auch keinesfalls auf den Anwendungsbereich des Bekanntheitsschutzes beschränkt worden.

Erst längere Zeit nachdem die Ersatzfähigkeit dieser Art von Vermögenseinbußen durch RG und BGH erstmalig anerkannt worden ist, wurde der Versuch unternommen, die Natur der sog. Marktverwirrung bzw. des sog. Marktverwirrungsschadens näher zu ergründen. So stellte zunächst *Teplitzky* fest, dass zwischen dem infolge einer Markenrechtsverletzung auftretenden (Störungs-)Zustand, der lediglich die - wenn auch hohe - Wahrscheinlichkeit einer künftigen Umsatzeinbuße bedinge, und dem sich zum Schaden manifestierenden ursprünglichen Störungszustand zu unterscheiden sei.[727] Dem Störungszustand lasse sich durch die Geltendmachung von Abwehransprüchen begegnen. Inso-

720 Vgl. insoweit oben S. 134 ff; im Übrigen EuGH GRUR Int. 1999, 734 (736) - Lloyd.

721 Vgl. nur BGH WRP 2009, 824 (827) - Ostsee-Post.

722 Vgl. RG GRUR 1935, 175 (180) sowie BGH GRUR 1954, 457 (459) - Irus/Urus.

723 So RG GRUR 1935, 175 (180).

724 So BGH GRUR 1954, 457 (459) - Irus/Urus.

725 So Teplitzky, Kap. 34 Rn. 7.

726 Vgl. BGH WRP 1991, 708 (710) - Sahnesiphon; BGH WRP 1999, 530 (534) - Cefallone; BGH WRP 2007, 1187 (1188) - Windsor Estate.

727 Vgl. zum Folgenden Teplitzky, Kap. 34 Rn. 6 - 10.

weit lasse sich eine Parallele zum Fall der Körperverletzung ziehen, die an sich schließlich auch noch keine Vermögenseinbuße darstelle.[728] Erst der Aufwand, der - ähnlich wie die durch Körperverletzung verursachten Heilungskosten - für die *Entwirrung* des Marktes erforderlich ist, könne letztendlich einen individuellen Schaden darstellen.[729] Dieser Schaden besteht allerdings nicht in einer Gewinneinbuße, denn diese sollte ja gerade *neben* dem Marktverwirrungsschaden ersatzfähig sein, sodass diese beiden Schadensarten nicht deckungsgleich sein können.

Vorliegend interessiert ganz entscheidend die Frage, was hier der BGH zum möglichen Inhalt des Schadensersatzanspruches gemacht hat. Denn es dürfte in der Rechtswissenschaft gemeinhin anerkannt sein, dass nur solche Schäden im Rahmen des Schadensersatzanspruches kompensierbar sind, die vom Schutzzweck der jeweiligen Anspruchsnorm auch umfasst sind. Die Lehre vom Schutzzweck der Norm kann das Ergebnis einer adäquaten Zurechnung eines faktisch eingetretenen Schadens begrenzen oder erweitern.[730] Jedenfalls sollte sich der zu ersetzende Schaden tunlichst mit dem Schutzzweck der jeweiligen Anspruchsnorm decken. An der grundsätzlichen Ersatzfähigkeit von Marktentwirrungskosten bei Markenrechtsverletzungen bestehen aber weder in der Literatur noch in der Rechtsprechung Zweifel.[731] Es sollte also vom hier zu kompensierenden Interesse auf den entsprechend zugrunde gelegten Normzweck geschlossen werden können.

Es ist zunächst festzustellen, dass der BGH nach dem soeben Dargelegten in ständiger Rechtsprechung für den Fall, dass das Zeichen eines Dritten in den Schutzbereich eines Markenrechts eingedrungen ist, prinzipiell die Kompensation von Beeinträchtigungen der *Eignung* der Marke zur Generierung künftiger Umsätze gewährt. Zur Wiederherstellung des ursprünglichen Zustandes soll eine verstärkte bzw. nötigenfalls aufklärende Werbung betrieben werden können.[732] Letztlich geht es also darum, dass das Bild der Marke in den Köpfen der Verbraucher wieder zurechtgerückt wird. Sowohl die Präsenz der Marke in der

---

728 Vgl. Teplitzky, Kap. 34 Rn. 7.

729 Vgl. Teplitzky, Kap. 34 Rn. 8; unter Bezugnahme auf Teplitzky a. a. O. BGH WRP 1991, 708 (710) - Sahnesiphon.

730 Vgl. Staudinger/Schiemann (2005), § 249 Rn. 27.

731 Vgl. hierzu Teplitzky, Kap. 34 Rn. 10 und 11; Ohly, Schadensersatzansprüche wegen Rufschädigung im Marken- und Lauterkeitsrecht, in: GRUR 2007, 926 (930).

732 Vgl. BGH GRUR 1954, 457 (459) - Irus/Urus.

Wahrnehmung der Verbraucher, als auch die inhaltlichen Assoziation werden durch die Markenkommunikation mitbestimmt. Vom Erfolgsgrad ist dabei schließlich abhängig, welchen Marktanteil die Marke erobert und wie weit eine zeitliche und räumliche Nutzungsausdehnung erfolgen kann. Es sind u. a. diese Umstände, die eine gesteigerte Kennzeichnungskraft indizieren könne. Letztlich geht es also auch um die Wiederherstellung der Eignung zur Herkunftsunterscheidung, mithin also der ursprünglichen, womöglich gesteigerten Kennzeichnungskraft. Dieses Ziel konstatierte auch der BGH *ausdrücklich* in seiner Entscheidung *Cheri*.[733]

Der konkret zu ersetzende Aufwand besteht in der Wiederherstellung der ursprünglich mit der Marke verbundenen Kennzeichnungskraft durch den Einsatz von Werbung und Marketing. Teilweise wird insoweit eine Analogie zu § 249 Abs. 2 Satz 1 BGB als dogmatische Grundlage in Erwägung gezogen, da der geschädigte Markeninhaber - ähnlich wie im Falle des Schadensersatzes wegen Beschädigung einer Sache oder Verletzung einer Person - die Wiederherstellung des Werbewertes und des diesem zugrunde liegenden Markenimages nicht dem Markenverletzer zu überlassen braucht.[734]

Diskutiert wird in der Literatur auch, ob der BGH bei näherem Hinsehen sogar noch über die Gewährung des Ersatzes von Restitutionskosten hinaus geht und irreversible Beeinträchtigungen der Marke in ihrer Kennzeichnungskraft und Imageträgereigenschaft bei der Schadensberechnung gesondert berücksichtigt wissen möchte.[735] So wurde vereinzelt neben dem Marktverwirrungsschaden auch ein sogenannter Diskreditierungsschaden nach § 251 Abs. 1 BGB ins Feld geführt.[736] Zwar wurde der sog. Diskreditierungsschaden meist in einem Atemzug mit dem Marktverwirrungsschaden genannt, die Bezugnahme auf § 251 Abs. 1 BGB deutet jedoch auf einen eigenständigen Charakter hin, da der reine Marktverwirrungsschaden ja in den Restitutionskosten im Hinblick auf die (vorübergehend) beeinträchtigte Kennzeichnungskraft besteht. Somit könnte in der Tat eine Art Bestandsschaden der Kennzeichnungskraft im Wege der konkreten

733 Vgl. BGH GRUR 1972, 180 (183).

734 Vgl. Ohly, Schadensersatzansprüche wegen Rufschädigung im Marken- und Lauterkeitsrecht, in: GRUR 2007, 926 (931).

735 Vgl. Ohly, Schadensersatzansprüche wegen Rufschädigung im Marken- und Lauterkeitsrecht, in: GRUR 2007, 926 (930); Fezer, Markenrecht, § 14 Rn. 1032.

736 Vgl. BGH NJW 1966, 823 (826) - Meßmer Tee II; BGH GRUR 1975, 85 (87) - Clarissa.

Schadensberechnung in Betracht gezogen werden. Soweit ersichtlich, ist der BGH zwar hiervon nie abgerückt, neuere Urteilbegründungen, in denen diese Schadensposition ausdrücklich als ersatzfähig angesehen worden wäre, sind allerdings auch nicht ersichtlich. Diesbezüglich dürfte jedoch die Tatsache eine Rolle spielen, dass die Bezifferung des Schadens keine leichte Aufgabe ist. Bereits für die Festlegung des (ursprünglichen) Wertes einer Marke gibt es eine Reihe betriebswirtschaftlicher Methoden, die sicherlich durch Sachverständige angewendet werden könnten, die jedoch im Ergebnis teilweise gravierend divergieren.[737] Teilweise behilft sich die Rechtsprechung hier bei der Bezifferung des Schadens auf Grundlage der Lizenzanalogie durch eine Erhöhung der zu leistenden Lizenzgebühren.[738]

Für die vorliegend interessierende Fragestellung kann zumindest festgehalten werden, dass die Argumentation des BGH, wonach die Kennzeichnungskraft als Einflussfaktor der Verwechslungsgefahr lediglich einen empirischen Befund im Hinblick auf die Wahrscheinlichkeit tatsächlicher Verwechslungen darstellt, nicht konsistent mit der am Schutzzweck der jeweiligen Norm zu orientierenden Beurteilung der Ersatzfähigkeit von sog. Marktverwirrungsschäden ist. Der Sache nach geht es dort auch um die Kompensation von Beeinträchtigungen der Eignung einer Marke zur Identifizierung und Unterscheidung von Unternehmensprodukten auf dem Markt, mithin also um den Schutz der Kennzeichnungskraft.[739] Dieser Ansatz des BGH wiederum lässt sich aber dann nachvollziehbar begründen, wenn der gesteigerten Kennzeichnungskraft im Rahmen des Verwechslungsschutzes zumindest auch ein normativer Gehalt zuerkannt wird. Es leuchtet nicht ein, dass die Beeinträchtigung der Kennzeichnungskraft zwar in der Rechtsfolge einer Markenrechtsverletzung kompensationsfähig sein soll, mit ihr auf Tatbestandsebene aber lediglich ein empirisch begründeter Erfahrungssatz zur Beurteilung der tatsächlichen Verwechslungsgefahr verbunden sein soll. Wäre dies so, läge in diesem Bereich der ausschließliche Ersatz des Differenzschadens in Gestalt von entgangenem Gewinn im Rahmen der konkreten Schadensberechnung näher.

---

737 Vgl. hierzu Tafelmeier, S. 169; im Übrigen Ohly, Schadensersatzansprüche wegen Rufschädigung im Marken- und Lauterkeitsrecht, in: GRUR 2007, 926 (932).

738 Vgl. hierzu Ohly, Schadensersatzansprüche wegen Rufschädigung im Marken- und Lauterkeitsrecht, in: GRUR 2007, 926 (932).

739 Ähnlich Fezer, Markenrecht, § 14 Rn. 1026: vgl. auch BGH GRUR 1972, 180 (183) - Cheri.

Die Ersatzfähigkeit unternehmerischer Leistungen beim Aufbau einer Marke, etwa die gesteigerte Unterscheidungskraft, die Herstellung von Markenbekanntheit und Werbekraft infolge eines positiven Markenimages *neben den Umsatzeinbußen infolge der Markenverletzung* muss sich deshalb auf Tatbestandsebene widerspiegeln. Vor diesem Hintergrund wird in der vorliegenden Arbeit der Auffassung des Bundespatentgerichts und den weiteren Literaturstimmen, die den Einfluss der Kennzeichnungskraft für die Feststellung der Verwechslungsgefahr vor allem auf eine am Normzweck zu orientierende Wertung zurückführen, gefolgt. Dies schließt jedoch nicht aus, dass daneben Aspekte Berücksichtigung finden, die für eine tatsächliche Verwechslungsgefahr sprechen. Schließlich geht es bei der Ermittlung der Verwechslungsgefahr gerade um die positive Feststellung der Verwechslungsgefahr, die nicht etwa allein aufgrund deutlich gesteigerter Kennzeichnungskraft im Wege wertender Betrachtung vermutet werden könnte.[740]

Diese Auffassung verträgt sich auch mit der vom EuGH in der Entscheidung *L'Oréal/Bellure* geäußerten Vorgabe, die Anwendung des Art. 5 Abs. 1 lit. b MRL (= § 14 Abs. 2 Nr. 2 MarkenG) setze die Beeinträchtigung der Hauptfunktion der Marke, nämlich der Herkunftsfunktion, voraus.[741] Dieses Credo wird durch die hier vertretene Einordnung der Kennzeichnungskraft im Rahmen der Feststellung der Verwechslungsgefahr nicht berührt, da es bereits für *die Eröffnung* des Anwendungsbereiches des Verwechslungsschutzes zum Tragen kommt.[742] Die Kennzeichnungskraft wirkt sich, von BGH *und* EuGH gleichermaßen anerkannt, letztlich erst bei der Bestimmung der Weite des Schutzbereiches aus.

d. Die Gefahr eines gedanklichen In-Verbindung-Bringens in Abhängigkeit von der Kennzeichnungskraft

Scheidet die Gefahr einer unmittelbaren Verwechslung von Zeichen und Marke aus, bleibt nach der Rechtsprechung des BGH die Möglichkeit einer Verwechslungsgefahr unter dem Gesichtspunkt eines gedanklichen In-Verbindung-

740 So EuGH GRUR Int. 2000, 899 (901), Tz. 39, 41.

741 Vgl. EuGH GRUR 2009, 756 (761), Tz. 59: soweit dort von der Möglichkeit der Beeinträchtigung „einer" Hauptfunktion die Rede ist, muss auf die englische Sprachversion verwiesen werden. Dort heißt es unter der Tz. 59 „the essential function". Da sich diese Formulierung auch mit der unter Tz. 58 zu findenden Darstellung deckt, ist insoweit die englische Sprachfassung maßgeblich zugrunde zu legen.

742 Vgl. oben S. 126/126.

Bringens von Zeichen und Marke.[743] Hinter dieser Formulierung, die sich in identischer Form in Art. 5 Abs. 1 lit. b MRL und § 14 Abs. 2 Nr. 2 MarkenG findet, verbirgt sich nicht eine Alternative zu der vorgesehenen Verwechslungsgefahr, sondern eine besondere Ausformung derselben.[744] Im Ergebnis hat sich hier die Beurteilung der Gefahr eines gedanklichen In-Verbindung-Bringens, die zwar an sich eine Rechtsfrage ist, ebenso wie die unmittelbare Verwechslungsgefahr an der Klärung der Möglichkeit tatsächlich zu befürchtender Irrtümer entweder im Hinblick auf die mögliche Inhaberschaft der beteiligten Zeichen oder im Hinblick auf mögliche wirtschaftliche Beziehungen der als verschieden erkannten Zeicheninhaber zueinander zu orientieren. Der BGH spricht in diesem Zusammenhang inzwischen meist von einer mittelbaren Verwechslungsgefahr, insbesondere unter dem Aspekt eines Serienzeichens[745] als ihrem Hauptanwendungsfall, sowie von einer Verwechslungsgefahr im weiteren Sinne.[746] Der EuGH benutzt insoweit eine andere Terminologie. Er leitet aber inhaltlich in ständiger Rechtsprechung ebenfalls die Verwechslungsgefahr aus der Gefahr her, dass das Publikum glauben könnte, die mit den sich gegenüberstehenden Zeichen gekennzeichneten Waren oder Dienstleistungen stammten aus demselben bzw. aus wirtschaftlich miteinander verbundenen Unternehmen.[747] Die oben erörterte Gefahr der unmittelbaren Zeichenverwechslung steht neben diesen Arten der Verwechslungsgefahr. Man könnte, wie jüngst von *Sosnitza* vorgeschlagen, als jeweils verbindendes Element bzgl. der drei Kategorien von Verwechslungsgefahr somit auch von der Gefahr eines Zeichenirrtums, eines Inhaberirrtums oder eines Beziehungsirrtums sprechen.[748] Der Vorteil dieser Terminologie bestünde darin, dass die Gefahrenrichtung unmittelbar in der Bezeichnung wiedergegeben wird. Im Folgenden soll jedoch aus eher praktischen Gründen der terminologischen Einteilung des BGH gefolgt werden.

Auch die Feststellung eines gedanklichen In-Verbindung-Bringens steht, so wie die Prüfung der unmittelbaren Verwechslungsgefahr auch, in einer ganz wesentlichen Abhängigkeit zur Kennzeichnungskraft. Auch insoweit gilt die oben dargestellte Rolle der Kennzeichnungskraft im Rahmen der Wechselwirkungs-

---

743 So BGH WRP 2001, 534 (536) - big; BGH WRP 1999, 530 (533) - Cefallone.
744 So EuGH WRP 1998, 39 ff. (Rz. 18) - springende Raubkatze.
745 Vgl. BGH WRP 1999, 530 (533) - Cefallone.
746 Vgl. BGH GRUR 2004, 865 (867) - Mustang.
747 Vgl. EuGH GRUR 2011, 915 (917) - UNI.
748 So Sosnitza, in: GRUR 2011, 867 (869).

lehre, vor allem allerdings auf bestimmte Bestandteile der Marke bezogen.[749] Stimmen in der Literatur folgen auch insoweit - so wie bei der unmittelbaren Verwechslungsgefahr - dem oben diskutierten normativen Begründungsansatz.[750] Es gilt deshalb im Folgenden, die Auswirkungen erworbener Kennzeichnungskraft auch in Bezug auf die Verwechslungskategorien außerhalb der unmittelbaren Verwechslungsgefahr darzustellen. Darüber hinaus sollen die gegensätzlichen Positionen zur Einordnung der Kennzeichnungskraft noch einmal aufgegriffen werden, soweit diese auf Begründungen zurückgreifen, die in einem spezifischen Zusammenhang zur Gefahr eines gedanklichen In-Verbindung-Bringens i. S. des § 14 Abs. 2 Nr. 2 MarkenG / Art. 5 Abs. 1 lit. b MRL stehen.

aa. Zur mittelbaren Verwechslungsgefahr

Eine mittelbare Verwechslungsgefahr ist hauptsächlich nach der gängigen Begründung des BGH dann anzunehmen, wenn die Zeichen in einem Bestandteil übereinstimmen, den der Verkehr als Stamm mehrerer Zeichen eines Unternehmens ansieht und infolgedessen die nachfolgenden Bezeichnungen, die einen wesensgleichen Stamm aufweisen, demselben Inhaber zuordnet.[751] Diesbezüglich sind jedoch strenge Anforderungen an den Schutz zu stellen, da er im Prinzip eine Abweichung von dem für die Feststellung der Verwechslungsgefahr und insbesondere für den Zeichenvergleich geltenden Grundsatz der Maßgeblichkeit des Gesamteindrucks der Marke darstellt und auf einen im Markenrecht an sich nicht zu rechtfertigenden Elementenschutz hinausläuft.[752] Die Figur der mittelbaren Verwechslungsgefahr unter dem Aspekt des Serienzeichens greift nach Auffassung des BGH die verbreitete Gepflogenheit mancher Unternehmen auf, sich eines Stammzeichens für mehrere Produkte zu bedienen und dieses zur Kennzeichnung der einzelnen Warenarten abzuwandeln.[753] Verwendet nun also ein Dritter einen solchen als Markenstamm erkennbaren Bestandteil einer Marke, kommt jedenfalls grundsätzlich eine Verwechslungsgefahr unter dem Aspekt des Serienzeichens in Betracht. Hierfür ist nicht zwingend erforderlich, dass der als Stammbestandteil in Betracht kommende Markenteil selbständig, in Allein-

749 Vgl. bspw. zur Verwechslungsgefahr unter dem Aspekt des Serienzeichens BGH WRP 1999, 530 (Leitsatz) - Cefallone.

750 Vgl. Berneke, in: WRP 2007, 1417 (1425); Ingerl/Rohnke, MarkenG, § 14 Rn. 607.

751 Vgl. BGH WRP 2009, 824 (829) - ostsee-post; BGH WRP 2001, 534 (536) - big; zu weiteren Formen der mittelbaren Verwechslungsgefahr vgl. Ingerl/Rohnke, MarkenG, § 14 Rn. 1168.

752 Vgl. insoweit Ingerl/Rohnke, MarkenG, § 14 Rn. 1172.

753 So BGH WRP 2001, 534 (536) - big.

stellung geschützt ist, entscheidend ist vielmehr, dass der fragliche Zeichenteil in den beteiligten Marken enthalten ist und als *konkreter* Herkunftshinweis hervortritt.[754] Während das Hervortreten aus den Gesamtzeichen eine gewisse Isolierbarkeit des Stammbestandteils, was vor allem von der Struktur von Zeichen und Gegenzeichen abhängt, voraussetzt, resultiert der Hinweischarakter primär aus dem übereinstimmenden Bestandteil selbst, aus den weiteren Bestandteilen oder gar aus einem Zusammenwirken beider Teile.[755]

Dies wird auch vom EuGH soweit anerkannt.[756] Allerdings hat der EuGH für den insoweit inhaltsgleichen Gemeinschaftsmarkenschutz neben anderen Aspekten, wie z. B. der Zeichenstruktur, darauf abgestellt, dass das als Stammbestandteil infrage kommende Zeichen bereits in einer genügenden Anzahl von Markenfamilien oder -serien Verwendung gefunden haben muss, da anderenfalls vom Verbraucher nicht erwartet werden könne, dass er aufgrund des gemeinsamen Zeichenelementes auch tatsächlich eine Verbindung im Sinne einer gemeinsamen betrieblichen Herkunft verbinde.[757]

Letztlich dürfte hinter diesen Erwägungen also der Grad der Herkunftsunterscheidungseignung stehen. Kann man insoweit mit anderen Worten auch von Kennzeichnungskraft sprechen, die grundsätzlich nach den oben beschriebenen Maßstäben zu ermitteln ist, so ist doch nicht zu verkennen, dass es hier um eine spezifische Ausprägung der Kennzeichnungskraft geht. Vom EuGH wird es als erforderlich angesehen, dass die angesprochenen Verbraucher über ein Wissen darüber verfügen, dass das Zeichen als Bezeichnung von Markenserien dient. So erklärt sich das Erfordernis einer wohl mehrfachen Benutzung als Serienzeichen, das zumindest eine Indizkraft für ein entsprechendes Wissen nahelegt. Eine zahlenmäßige Festlegung, in welcher Häufigkeit eine solche Verwendung bisher stattgefunden haben sollte, hat der EuGH bisher nicht getroffen, er spricht lediglich von einer „genügenden Anzahl".[758] Letztlich bestimmt danach der Grad der Präsenz des Stammbestandteils, ausgedrückt durch eine entsprechende Anzahl am Markt bereits benutzter Serienzeichen, die Kennzeichnungskraft des Stamm-

754 Vgl. Eichelberger, in: WRP 2006, 316 (318).
755 Vgl. Eichelberger, in: WRP 2006, 316 (319).
756 Vgl. in Bezug auf die Gemeinschaftsmarke EuGH WRP 2007, 1322 (1327) - Bainbridge.
757 Vgl. EuGH WRP 2007, 1322 (1328) - Bainbridge; EuGH GRUR 2011, 915 (917) - UNI.
758 EuGH GRUR 2008, 343 (346) - Il Ponte Finanziaria.

bestandteils einer Markenserie.[759] Ein an sich kennzeichnungsschwacher Markenteil scheidet von vornherein zur Begründung einer mittelbaren Verwechslungsgefahr aus, wobei ein solcher Bestandteil wohl ohnehin nicht als Serienzeichen erfolgreich Verwendung finden wird.[760]

Vor diesem Hintergrund dürfte die bisherige Rechtsprechung des BGH, wonach auch eine bloße *Eignung* eines Zeichenteils zur Bildung einer Zeichenserie ausreichen können soll, ohne dass dieser bereits für eine solche Verwendung gefunden hat,[761] zu hinterfragen sein.[762] Prinzipiell kommt es nach Auffassung des BGH auf eine gewisse Verkehrsgewöhnung an, die auf einer Verwendung des Bestandteils als Serienzeichen oder Unternehmensschlagwort beruhen kann, aber eben auch allgemein auf Verkehrsbekanntheit als Produktkennzeichnung.[763] Objekt der jeweiligen Betrachtung muss der fragliche Zeichenbestandteil, der als Serienbezeichnung in Betracht gezogen wird, und nicht etwa die ihm ggf. zugrunde liegende Marke sein.[764]

In der Entscheidung *AQUA* wird ausdrücklich hervorgehoben, dass es entscheidend auf den Hinweischarakter des infrage stehenden Bestandteils ankomme und dieser nicht zwingend durch eine bereits erfolgte Verwendung *als Serienzeichen* geprägt sein müsse, sondern aus anderen Gründen als betrieblicher Herkunfts- oder Firmenhinweis *Verkehrsgeltung* erreicht haben könne.[765] Bei näherer Betrachtung zeigt diese Rechtsprechung des BGH also, dass die Erlangung von Verkehrsgeltung eines Zeichenteils als betrieblicher Herkunftsnachweis oder als Firmenhinweis für die Annahme einer Verwechslungsgefahr unter dem Aspekt des Serienzeichens ausreichend sein soll.[766] In der bezeichneten Entscheidung wurde für den fraglichen - von Hause aus eher kennzeichnungsschwachen - Zeichenteil ein Bekanntheitsgrad von über siebzig Prozent in den beteiligten Fachkreisen angenommen und ihm dort infolgedessen eine starke Hinweiskraft auf den Betrieb der Zeicheninhaberin attestiert. Das vom EuGH aufgestellte Kriterium der Erkennbarkeit als Serienzeichen findet sich in der

759 So Sosnitza, in: GRUR 2011, 867 (871).
760 Vgl. Hacker in Ströbele/Hacker, MarkenG, § 9 Rn. 459; Sosnitzer, in: GRUR 2011, 867 (871).
761 Vgl. BGH WRP 2002, 534 (536) - big.
762 So Ingerl/Rohnke, MarkenG, § 14 Rn. 1178/1179.
763 Vgl. Eichelberger, in: WRP 2006, 316 (319).
764 Vgl. BGH WRP 2001, 37 (40) - Bayer/BeiChem.
765 So BGH WRP 1997, 453 (455) - aqua.
766 Vgl. BGH WRP 1997, 453 (455) - aqua.

Rechtsprechung des BGH im Zusammenhang mit einer geforderten Sensibilisierung des Publikums durch ständige Konfrontation mit den Bezeichnungen der Hersteller, was vornehmlich in relevanten Fachkreisen anzutreffen sein soll, ansatzweise wieder.[767]

Nun ist in den bisher noch überschaubaren Entscheidungen des EuGH zur Serienzeichenproblematik eine grenzwertige Konstellation noch nicht aufgetaucht. Denn dort fehlte es entweder bereits an einer adäquaten Verwendung der Marke überhaupt[768] oder zumindest an einer Verwendung im Rahmen einer Zeichenserie,[769] wobei in beiden Fällen eine gesteigerte Kennzeichnungskraft/Verkehrsgeltung nicht in Betracht zu ziehen gewesen war oder eben die Verwendung im Rahmen einer solchen Zeichenserie stand außer Frage.[770] Insofern ist die Annahme, die vom EuGH aufgestellte Voraussetzung einer „*genügenden Anzahl von Verwendungen des Zeichens im Rahmen von Zeichenserien*“ schlösse die Begründung einer mittelbaren Verwechslungsgefahr auf anderem Wege aus, nicht zwingend.[771] Zudem gilt der Grundsatz, dass die Verwechslungsgefahr unter Berücksichtigung aller relevanten Umstände des Einzelfalles umfassend zu beurteilen ist, was der EuGH auch in Bezug auf die mittelbare Verwechslungsgefahr nicht infrage stellt.[772] Eine Reduzierung des Parameters der Kennzeichnungskraft auf das Erfordernis einer serienzeichenmäßigen Prägung durch eine entsprechende Nutzung, würde von vornherein den Kreis relevanter Sachverhaltsgestaltungen stark einschränken. Es schieden von vornherein zumindest die bisher nicht als Serienzeichen in Erscheinung getretenen Zeichen aus. Auch in der jüngsten *UNI*-Entscheidung des EuGH spielt, neben der Struktur des Zeichens des Dritten, die Kennzeichnungskraft der Marke eine wichtige Rolle für die Begründung der mittelbaren Verwechslungsgefahr.[773] Der anerkannte Grundsatz, dass insbesondere kennzeichnungsschwachen Markenteilen der für die Annahme des Serienzeichencharakters erforderliche betriebliche Herkunfts- oder Firmenhinweis abzusprechen ist,[774] dürfte somit auch vom EuGH geteilt werden. Es ist bisher noch nicht gesagt, dass eine gegenteilige Ausgangssituation allein zur Begründung der mittelbaren Verwechslungsgefahr

767 Vgl. BGH GRUR 1998, 927 (928) - Compo-Sana.

768 EuGH GRUR 2008, 343 (346) - Il Ponte Finanziaria.

769 EuGH GRUR Int. 2009, 397 (402) - obelix/mobilix.

770 EuGH GRUR 2011, 915 (916) - UNI.

771 A.A. Ingerl/Rohnke, MarkenG, § 14 Rn. 1184.

772 Vgl. EuGH GRUR 2011, 915 (917) - UNI.

773 Vgl. EuGH GRUR 2011, 915 (917) - UNI.

774 Vgl. Hacker in Hacker/Ströbele, MarkenG, § 9 Rn. 459.

auch nicht in Betracht zu ziehen ist. Nach wie vor sollte daher an der Auffassung des BGH festgehalten werden.

Im Übrigen wird zu Recht darauf verwiesen, dass die Verwechslungsgefahr unter dem Aspekt des Serienzeichens letztlich ein Fall der zeichenrechtlichen Verwechslungsgefahr ist und es hierbei nicht um den Schutz einer ganzen Zeichenserie gehe.[775] Ein Kaprizieren auf das Erfordernis einer Seriennutzung, die gegebenenfalls sicherlich die Annahme der mittelbaren Verwechslungsgefahr zumindest begünstigt, verkennt danach möglicherweise die Schutzrichtung des Verwechslungsschutzes.

Eine abschließende Kategorisierung des EuGH sollte daher mangels entsprechender Sachverhaltsvarianten aber auch aus sachlichen Gründen nicht angenommen werden können.[776]

Daraus folgt, dass - neben anderen hier nicht näher erörterten Voraussetzungen - mit zunehmender Kennzeichnungskraft eines Zeichens oder Zeichenbestandteils auch die Möglichkeit der Annahme eines gedanklichen In-Verbindung-Bringens im Allgemeinen und im Besonderen einer Verwechslungsgefahr unter dem Aspekt des Serienzeichens steigt.[777] Bei nur schwach kennzeichnungskräftigen Zeichen scheidet eine entsprechende Annahme aus, selbst bei normal kennzeichnungskräftigen Zeichen soll Zurückhaltung mit einer entsprechenden Annahme geboten sein.[778]

Somit eröffnet gerade die erworbene Kennzeichnungskraft einer Marke den markenrechtlichen Schutz über den Bereich der unmittelbaren Verwechslungsgefahr hinaus, wenn der Verkehr von einem entsprechenden Hinweischarakter und Beziehung der Zeichenteile innerhalb eines Kombinationszeichens ausgehen kann. Der Inhalt der Kennzeichnungskraft ist also, wie erwähnt, teilweise spezifisch. Neben der gesteigerten Kennzeichnungskraft infolge einer Verkehrsbekanntheit spielen andere auf die Gewöhnung der angesprochenen Verkehrskreise Bezug nehmende Faktoren eine wichtige Rolle. Obwohl in dieser Arbeit, wie oben erörtert, grundsätzlich dem normativen Ansatz zur Einordnung der Rolle der Kennzeichnungskraft im Rahmen der Ermittlung der Verwechslungs-

775 Ähnlich Hacker in Hacker/Ströbele, MarkenG, § 9 Rn. 452.

776 Im Ergebnis ähnlich Sosnitzer, in: GRUR 2011, 867 (869).

777 So Büscher, S. 144; Berneke, in: WRP 2007, 1417 (1424).

778 So Büscher, S. 144.

gefahr gefolgt wird, ist hier die Bezugnahme auf empirische Zusammenhänge unverkennbar. Diese erklären jedoch nicht allein, wieso bekannte Produktmarken in bestimmten strukturellen Konstellationen der Markenbildung vom Verkehr unbedingt als Serienzeichen identifiziert werden sollen. Ähnlich wie im Zusammenhang mit der Verwechslungsgefahr im weiteren Sinne, was noch zu zeigen sein wird,[779] müsste dieser Erkenntnis eine rechtliche Bewertung, die die Kenntnis einer Genehmigungsbedürftigkeit von Verwendungen selbständig nicht geschützter Zeichenbestandteile umfasst, zugrunde liegen. Dies lässt sich in Anbetracht des insoweit maßgeblichen Verbraucherleitbildes aber so nicht unterstellen. Daher ist zumindest von einer *auch* normativ motivierten Berücksichtigung der Kennzeichnungskraft auszugehen.

bb. Zur Verwechslungsgefahr im weiteren Sinne

Verwechslungsgefahr im weiteren Sinne wurde in der Rechtsprechung schon früh beim Schutz von Unternehmenskennzeichen nach § 16 UWG, § 12 BGB als mögliche Form der Verwechslungsgefahr angenommen, bei Warenzeichen hingegen vor allem dann, wenn das Klagezeichen auch Firmenschlagwort war.[780] Ihr liegt die Annahme zugrunde, dass ein gedankliches In-Verbindung-Bringen in Form der Verwechslungsgefahr im weiteren Sinne darin bestehen kann, dass der Verkehr trotz Auseinanderhaltens der beteiligten Zeichen und der sie verwendenden Unternehmen den unzutreffenden Eindruck gewinnen könnte, die fraglichen Waren bzw. Dienstleistungen stammten zumindest aus miteinander vertraglich oder organisatorisch oder in sonstiger Weise wirtschaftlich verbundenen Unternehmen.[781] Diese Art der Verwechslungsgefahr könnte also mit dem Begriff eines Beziehungsirrtums umschrieben werden.[782] Zur ihrer Feststellung gelten die üblichen Vorgaben, dass die Verwechslungsgefahr unter Berücksichtigung aller relevanten Umstände des Einzelfalles, insbesondere unter Beachtung von Zeichenähnlichkeit, Produktähnlichkeit sowie der Kennzeichnungskraft, zu erfolgen hat.[783]

Heute ist diese Variante der Verwechslungsgefahr nicht mehr allein den als Firmenschlagwort angesehenen Marken vorbehalten. Dies gilt spätestens seit der EuGH-Entscheidung *Thomson Life* zur Auslegung von Art. 5 Abs. 1 lit. b) MRL, wonach zumindest eine Verwechslungsgefahr im weiteren Sinne in Be-

---

779 Siehe unten S. 152.

780 Vgl. Büscher, S. 144.

781 Vgl. Ingerl/Rohnke, MarkenG, § 14 Rn. 1222.

782 So Sosnitza, in: GRUR 2011, 867 (869).

783 Vgl. BGH GRUR 2000, 608 (610) - ARD-1.

tracht komme, wenn ein normal kennzeichnungskräftiger Zeichenbestandteil in ein prioritätsjüngeres Zeichen übernommen wird, ohne dieses zu prägen, und er eine sog. selbstständig kennzeichnende Stellung behält.[784] Nicht vorausgesetzt ist danach also, dass die Marke auch einen Hinweis auf das konkrete Unternehmen darstellt. Im Prinzip greift diese Fallgruppe im Gegenteil vor allem dann, wenn das ältere Zeichen gerade nicht Firmenschlagwort ist, sondern vielmehr als Produktmarke einem jüngeren Zeichen mit prägendem Unternehmenshinweischarakter hinzugefügt wird. Der BGH beschränkt die Annahme einer Verwechslungsgefahr aufgrund selbstständig kennzeichnender Stellung der als Bestandteil übernommenen prioritätsälteren Marke aber nicht auf diese Konstellation, sondern verzichtet mitunter auch auf das Erfordernis eines Unternehmenshinweischarakters der im Übrigen aber prägenden jüngeren Marke, sofern der Bestandteil der älteren Marke eine selbstständig kennzeichnende Stellung inne hat.[785]

Die Kennzeichnungskraft der prioritätsälteren Marke ist in besonderem Maße von Bedeutung. Im Grundsatz ist dies in der deutschen Rechtsprechung nicht nur seit langem anerkannt, sondern bei genauerer Betrachtung sogar ausschlaggebend für die Entwicklung der Figur der markenrechtlichen Verwechslungsgefahr im weiteren Sinne gewesen. Das Bundespatentgericht war schon früh darum bemüht, sog. wettbewerbliche Bestände, die mit stark benutzten und im Verkehr bekannten prioritätsälteren Zeichen verbunden waren, durch die Anwendung der Verwechslungsgefahr im weiteren Sinne zu berücksichtigen.[786] Der BGH hielt die Berücksichtigung der auf die jeweilige Benutzungslage zurückgehenden Kennzeichnungskraft bei der Feststellung der Verwechslungsgefahr im weiteren Sinne jedenfalls im Ergebnis ebenfalls für angezeigt, betonte aber zugleich, den empirischen Gesichtspunkt, der hinter dieser Erwägung stehe.[787] So bewirke eine Stärkung der Kennzeichnungskraft eine Steigerung der Verwechslungsgefahr auch im weiteren Sinne; denn selbst wenn es dem Verkehr gelinge, die Herkunft der jeweils gekennzeichneten Waren aus verschiedenen Herkunftsstätten auseinanderzuhalten, liege doch die Gefahr nahe, dass er irrigerweise organisatorische oder sonstige Verbindungen zwischen den Betriebs-

784 Vgl. EuGH GRUR 2005, 1042 (1044) - Thomson Life.
785 Vgl. BGH WRP 2009, 824 (829) - Ostsee-Post.
786 Vgl. insoweit BGHZ 38, 267 (269).
787 Vgl. BGH GRUR 1952, 35 (37) - Widia/Ardia; BGHZ 38, 267 (273).

stätten vermute, wenn ihm ein im Verkehr bekanntes Zeichen von starker Kennzeichnungskraft in einer zusammengesetzten Marke gegenübertritt.[788]

Nach der in dieser Arbeit vertretenen und oben[789] begründeten Auffassung wird hier der - neben anderen vom Bundespatentgericht propagierten - normativen Einordnung der Bedeutung der Kennzeichnungskraft gefolgt. Gleichwohl ist nicht zu verkennen, dass insbesondere bei der identischen Übernahme einer starken Marke in ein anderes zusammengesetztes Zeichen in der Form der Usurpation durchaus die Annahme einer Unternehmensverbindung durch den Verkehr als lebensnah erscheint. Dies mag im Falle nicht prägender Integration des Zeichens in selbstständig kennzeichnender Stellung gelten.

Berneke[790] weist insoweit jedoch zutreffend darauf hin, dass diese Annahme hingegen nicht überzeugt, soweit das Zeichen lediglich in abgewandelter Form übernommen wird. Zu folgen ist seiner Auffassung, dass die Annahme eines Verkehrsverständnisses, welches bei einer zwar abgewandelten aber zumindest noch ähnlichen Übernahme des Zeichens, die Schlussfolgerung umfasse, dem Zeichenverwender müsste doch zumindest eine Lizenz an der Markennutzung erteilt worden sein, das empirisch Begründbare überspannt. Die zu Recht kritisierte Annahme unterstellt doch eigentlich ein juristisches Grundverständnis, das selbst mit dem heute maßgeblichen Verbraucherleitbild nicht in Einklang zu bringen ist. Eine empirisch belegte Begründung, warum der Verkehr davon ausgehen sollte, dass die Verwendung einer Abwandlung ohne Lizenzierung nicht zulässig sein könnte, ist nicht ersichtlich. Deshalb ist insoweit die normativ motivierte Berücksichtigung der Kennzeichnungskraft auch im Kontext der Verwechslungsgefahr im weiteren Sinne zumindest überwiegend vorzugswürdig, da die empirisch geprägte Sichtweise nicht für alle Konstellationen überzeugt.

e. Das Abwägungskriterium der Zeichenähnlichkeit in Abhängigkeit von der Kennzeichnungskraft

aa. Allgemeines zum Zeichenvergleich

Kollisionsmarken gelten als identisch, wenn das angegriffene Zeichen ohne Änderung oder Hinzufügung alle Elemente wiedergibt, die die Klagemarke bilden *oder* lediglich geringfügige Unterschiede aufweist, die einem Durchschnittsver-

---

788 Vgl. BGH GRUR 1968, 697 (698) - SR.

789 Siehe S. 140 ff.

790 Vgl. nachfolgend Berneke, in: WRP 2007, 1417 (1424).

braucher der jeweils angesprochenen Verkehrskreise entgehen können.[791] Gehen die Abweichungen über diesen Bereich hinaus, scheidet der Identitätsschutz nach § 14 Abs. 2 Nr. 1 MarkenG / Art. 5 Abs. 1 lit. a) MRL bereits aus und es kommt für die Feststellung der Verwechslungsgefahr auf die Ermittlung der Zeichenähnlichkeit an. Auch der *Grad* der Zeichenähnlichkeit ist zu ermitteln, weil dieser im Rahmen der oben besprochenen Wechselwirkungslehre einfließen muss. Die Zeichenähnlichkeit beurteilt sich anhand des Grades an Übereinstimmung im (Schrift-)Bild, im Klang und in der Bedeutung; denn Marken wirken überwiegend auf diesen Ebenen der Wahrnehmung auf den Verbraucher, wobei speziell bei neueren Markenformen auch andere Parameter sinnvoll sein können.[792] Es gilt hierbei in der Rechtsprechung von EuGH und BGH der Grundsatz, dass der Gesamteindruck von den beteiligten Marken für die Feststellung von Zeichenähnlichkeit maßgeblich ist. Grund hierfür ist, dass der Verbraucher Marken im Normalfall als Ganzes wahrnimmt und sie nicht zergliedernd oder analysierend betrachtet.[793] Ein Elementeschutz etwa bei zusammengesetzten Marken soll es demnach grundsätzlich nicht geben.[794]

Nun lässt sich im Wege der Ermittlung von Zeichenähnlichkeit speziell bei Kombinationsmarken nicht allein mit den gerade genannten Parametern der Zeichenähnlichkeit ein Ergebnis im Hinblick auf die zu ermittelnde Verwechslungsgefahr finden. Denkbar sind nämlich neben der Hinübernahme einer einteiligen Marke in eine Alleinstellung zum einen die von einigen als „Usurpation“ bezeichnete Hinübernahme einer einteiligen Marke in toto in ein neues Kombinationszeichen (A → AB), zum anderen die Hinübernahme einzelner Bestandteile einer Kombinationsmarke in ein jüngeres Kombinationszeichen (AB → AC) oder in eine Alleinstellung (AB → A).[795]

Nach ständiger höchstrichterlicher Rechtsprechung ist es auch bei gebotener Berücksichtigung des Gesamteindrucks möglich, dass unter Umständen ein oder mehrere Bestandteile einer komplexen Marke für den durch sie im Gedächtnis der angesprochenen Verkehrskreise hervorgerufenen Gesamteindruck prägend

791 Vgl. EuGH GRUR 2003, 422 (425) - Arthur/Arthur et Félicie.

792 Vgl. BGH WRP 2009, 1533 (1535) m. w. N. - airdsl; Schultz/Schweyer, § 14 Rn. 77.

793 Vgl. hierzu EuGH GRUR 2005, 1042 (1044) - Thomson Life; BGH WRP 2008, 831 (835) - Stofffähnchen; Büscher, in: GRUR 2005, 802 (804).

794 So Büscher, in: GRUR 2005, 802 (804).

795 Vgl. hierzu Eisenführ, in: GRUR 2005, 811 (811).

sein können.[796] Das gilt in Bezug auf Zeichen und Gegenzeichen.[797] Eine anhand der vorstehend benannten Parameter ermittelte Ähnlichkeit der prägenden Elemente einer Marke mit einem anderen Zeichen kann somit eine Zeichenähnlichkeit begründen.[798] Welche Bestandteile einer Marke als prägend angesehen werden können und welche Bestandteile hierfür eher nicht in Betracht zu ziehen sind, ist Gegenstand einer sehr umfangreichen, am Einzelfall orientierten und vornehmlich durch den BGH unter dem Begriff der sog. Prägetheorie entwickelten Rechtsprechung.[799] So gilt beispielsweise der Erfahrungssatz, dass dem Wortanfang einer Wortmarke in der Wahrnehmung des Verkehrs größere Bedeutung zukommt als den nachfolgenden Silben,[800] wohingegen Wortendungen im allgemeinen Sprachverkehr häufig verloren gehen sollen.[801] Der EuGH teilt den Ansatz des BGH, wonach, jedenfalls im Grundsatz, der Bestandteil ausschlaggebend für den Zeichenvergleich sein soll, der das jeweilige Zeichen prägt.[802]

Für die Ermittlung der Verwechslungsgefahr ist schließlich der für die prägenden Bestandteile ermittelte Grad an Zeichenähnlichkeit mit dem Grad der Produktähnlichkeit und der Größe der Kennzeichnungskraft ins Verhältnis zu setzen. Die mittelbare Verwechslungsgefahr und die Verwechslungsgefahr im weiteren Sinne basieren auf der Prämisse, dass der Verkehr die fraglichen Zeichen gerade nicht unmittelbar miteinander verwechselt. Wie oben gezeigt, unterscheidet der Verkehr dort vielmehr die Zeichen voneinander, schließt jedoch aufgrund weiterer Umstände gleichwohl auf eine gemeinsame betriebliche Herkunft oder zumindest auf wirtschaftliche oder organisatorische Verbindungen der als verschieden erkannten Herstellerunternehmen. Insoweit wird die Prägetheorie im Bereich der Usurpation einteiliger Marken durch die - jedenfalls in ihrer Begrifflichkeit durch den EuGH geschöpften - Lehre von der „selbständig kennzeichnenden Stellung“ ergänzt, die einen verstärkten Schutz einteiliger Marken nach sich zieht, wenn nämlich das jüngere Zeichen nicht durch die übernommene Marke geprägt wird, letztere aber zumindest eine selbständig

796 Vgl. BGH WRP 2009, 831 (835) - Stofffähnchen; EuGH GRUR 2005, 1042 (1044) - Thomson Life.

797 Vgl. BGH WRP 2003, 1228 (1230) - City Plus.

798 Vgl. Lange, in: WRP 2006, 311 (314).

799 Vgl. hierzu Ingerl/Rohnke, Marken, § 14 Rn. 1001.

800 Vgl. BGH GRUR 1998, 942 (943) - Alka seltzer.

801 Vgl. OLG Bremen WRP 1997, 331 (336) - Comtes.

802 Vgl. EuGH GRUR Int. 2004, 843 (845) - Matrazen Concord.

kennzeichnende Stellung behält.[803] Somit gilt das Erfordernis einer Ähnlichkeit der *prägenden* Zeichenbestandteile vor allem für die Verwechslungsgefahr im unmittelbaren Sinne.[804]

In der vorliegenden Arbeit soll es nicht um eine umfassende Darstellung existierender Erfahrungssätze im Rahmen der Prägetheorie gehen. In Anbetracht der hier aufgeworfenen Forschungsfragen ist aber darzustellen, inwieweit sich ein erfolgreicher Markenaufbau, durch den sich die Eigenschaft der Marke, als Imageträger zu fungieren, entfaltet und die Marke entsprechenden Markterfolg erzielt sowie einen gesteigertem Werbewert erlangt, auch auf den anzustellenden Zeichenvergleich auswirken kann. Näher zu betrachteten ist daher auch hier insbesondere die Rolle der Kennzeichnungskraft im Zusammenhang mit dem Zeichenvergleich. Denn wie oben erörtert,[805] spiegelt vor allem die erworbene Kennzeichnungskraft inhaltlich das Ergebnis dieses Markenaufbaus wider.

bb. Zur Auswirkung der Kennzeichnungskraft auf den Zeichenvergleich

Gerade bei Übernahme einer Marke in ein zusammengesetztes Zeichen ist, abgesehen von der Möglichkeit der zwar nicht prägenden aber zumindest selbständig kennzeichnenden Stellung innerhalb dieses jüngeren Zeichens, bei der Ermittlung der Zeichenähnlichkeit auch eine eventuell gesteigerte Kennzeichnungskraft der älteren Marke hinsichtlich der Frage der Prägung des jüngeren Zeichens zu berücksichtigen.[806] Zunächst hatte der BGH lange Zeit daran festgehalten, dass der Gesamteindruck des jüngeren Zeichens *unabhängig* von der konkreten Kollisionslage allein anhand der Gestaltung dieser Marke selbst zu beurteilen sei.[807] Dies wurde in der Literatur teilweise mit Verweis auf die Möglichkeit kritisiert, dass der Verkehr einen Zeichenbestandteil aufgrund seiner im Rahmen der älteren Marke erworbenen Bekanntheit in dem jüngeren Zeichen wieder zu erkennen glaubt.[808] In der grundlegenden Entscheidung *City Plus* wich der BGH dann von seinem bis dahin geltenden Postulat ab und stellte insoweit fest, dass die Frage der Prägung des angegriffenen Zeichens durch einzelne Bestandteile nicht abstrakt, sondern nur bezogen auf die in Rede stehende

---

803 Vgl. EuGH GRUR 2005, 1042 ff. - Thomson Life; im Übrigen hierzu Rohnke, in: GRUR 2006, 21 (22).

804 Vgl. hierzu Lange, in: WRP 2006, 311 (314).

805 Siehe oben S. 136 ff.

806 Vgl. BGH WRP 2005, 744 (746) m.w.N. - MEY/Ella May.

807 Vgl. etwa BGH WRP 2001, 165 (167) - Wintergarten.

808 Vgl. bspw. Ingerl/Rohnke, MarkenG (2. Auflage), § 14 Rn. 716.

Kollisionslage beantwortet werden könne.[809] Es gilt, dass der Verkehr einem Zeichen mit gesteigerter Kennzeichnungskraft auch in einem zusammengesetzten Zeichen eine hervorgehobene Herkunftshinweiseigenschaft entnimmt.[810] Gerade also die durch Benutzung erworbene Kennzeichnungskraft, die in der Praxis gegenüber der originär gesteigerten Kennzeichnungskraft an Bedeutung bei weitem überwiegt, beeinflusst die Prägeverhältnisse in dem jüngeren Zeichen gravierend.

Außerdem ist es nach der Rechtsprechung des BGH auch möglich, dass die Prägeverhältnisse innerhalb der *älteren* zusammengesetzten Marke durch eine gesteigerte Kennzeichnungskraft einzelner Bestandteile in Richtung eben dieser Bestandteile beeinflusst werden.[811] Dann ist die Ermittlung der Zeichenähnlichkeit anhand der Zeichenprägungen hieran auszurichten.

Letztlich spiegelt sich auch in Bezug auf die Einordnung der Kennzeichnungskraft bei der Vornahme des Zeichenvergleichs der Streit über die generelle Rolle der Kennzeichnungskraft im Rahmen des Verwechslungsschutzes wider. So vertritt *Schweyer* die Auffassung, dass die Berücksichtigung der Kennzeichnungskraft auch bei der Feststellung der Zeichenprägung aus Rechtsgründen zu erfolgen hat, so wie die Berücksichtigung der Kennzeichnungskraft im Rahmen der Verwechslungsgefahr insgesamt schutzbereichserweiternd erfolgt, weil einem Zeichen mit gesteigerter Kennzeichnungskraft ein gesteigerter Schutzumfang aus normativen Gesichtspunkten zu gewähren ist.[812] Nach der Ansicht *Büschers* beruhe die Wirkung der Kennzeichnungskraft auf dem Verständnis des Verkehrs und diesem bleibe eben, dies vertritt der BGH gleichermaßen, ein bekanntes Zeichen eher in Erinnerung, so dass er es deshalb eher in einer anderen Kennzeichnung wiederzuerkennen glaube.[813]

Diesbezüglich kann vor dem Hintergrund der oben zur Frage der grundsätzlichen Einordnung der Kennzeichnungskraft als Abwägungsfaktor im Rahmen der Wechselwirkungslehre geäußerten Ansicht hier aber nichts anderes gelten. Die empirische Einordnung überzeugt insoweit nicht, als dass die Annahme einer steigenden Verwechslungsgefahr bei steigender Kennzeichnungskraft ge-

809 Vgl. BGH WRP 2003, 1228 (1230) - City Plus.

810 Vgl. hierzu Büscher, S. 148; Schultz/Schweyer, § 14 Rn. 126.

811 Obwohl im Ergebnis verneint, zumindest grundsätzlich für möglich haltend, BGH WRP 2009, 831 (836) - Stofffähnchen.

812 Vgl. Schultz/Schweyer, MarkenG, § 14 Rn. 126, 142.

813 Vgl. Büscher, S. 148; BGH WRP 2006, 1227 (1232) - Malteserkreuz.

danklich nicht zwingend ist. Mit zunehmender Bekanntheit nimmt auch das Verbraucherwissen über die Marke einen höheren Detaillierungsgrad an, was einer tatsächlichen Verwechslung gerade im unmittelbaren Sinne auch entgegenstehen kann. Dass die Kennzeichnungskraft nicht ausschließlich als empirischer Beleg für die Annahme tatsächlicher Verwechslungsgefahr einzuordnen ist, zeigt die in der Rechtsprechung des BGH anerkannte Ersatzfähigkeit eines Verlustes an Kennzeichnungskraft infolge einer Markenrechtsverletzung.[814]

Nicht geklärt ist aber bisher, ob auch der EuGH im Hinblick auf die Beeinflussung der Zeichenprägung durch die Kennzeichnungskraft der älteren Marke die Auffassung des BGH teilt. Bisher sprach sich das EuG und ihm folgend auch der EuGH in Einzelfällen gegen eine gesonderte Berücksichtigung der Kennzeichnungskraft im Rahmen des Zeichenvergleichs aus.[815]

---

814 Vgl. insoweit nochmals oben S. 140 ff.

815 Vgl. EuG GRUR Int. 2003, 553 (556); EuGH GRUR Int. 2005, 934 (937).

f. Ergebnis: Schutz unternehmerischer Leistung des Markeninhabers im Rahmen des Verwechslungsschutzes

Für den Bereich des Verwechslungsschutzes ergibt sich somit, dass das Markenrecht im Rahmen von § 14 Abs. 2 Nr. 2 MarkenG / Art. 5 Abs. 1 lit. b) MRL bei Identität bzw. Ähnlichkeit der sich gegenüberstehenden Produkte und Zeichen ein Abwehrrecht eröffnet, das in erster Linie das Vorliegen einer Verwechslungsgefahr und zumindest *die Möglichkeit* der Beeinträchtigung der Herkunftsfunktion voraussetzt.[816] Diese Voraussetzung kommt bereits bei der funktionsspezifischen Interpretation des Benutzungsbegriffes im Rahmen des Verwechslungsschutzes zum Ausdruck. Der EuGH hat insoweit wiederholt entschieden, dass generell die Markenbenutzung beispielsweise zu bloß beschreibenden Zwecken vom Anwendungsbereich des Art. 5 Abs. 1 MRL ausgeschlossen ist.[817]

Allerdings ist der Schutzbereich des Markenrechts im Bereich des Verwechslungsschutzes keinesfalls statisch angelegt. Die Bemessung *der Reichweite* des Abwehrrechts gegen eine die Herkunftsfunktion zumindest gefährdende Benutzung ist in besonderer Weise von der Bekanntheit einer Marke abhängig. Dies ergibt sich bereits aus Erwägungsgrund 11 MRL, der die Verwechslungsgefahr in Abhängigkeit zur Bekanntheit setzt. Die inhaltliche Ausfüllung des Begriffes der Bekanntheit einer Marke korreliert offensichtlich mit dem Grad ihrer Kennzeichnungskraft.[818] Je erfolgreicher und präsenter eine Marke am Markt ist, desto weiter reicht das von ihr ausgehende und in § 14 Abs. 2 Nr. 2 MarkenG / Art. 5 Abs. 1 lit. b MRL verankerte Abstandsgebot. Denn mit zunehmender Kennzeichnungskraft sinken die Anforderungen an die Zeichen- und Produktähnlichkeit. Diese Berücksichtigung insbesondere der erworbenen Kennzeichnungskraft entspricht, wie oben gezeigt, in erster Linie einem normativen Gebot. Denn erfolgreich aufgebaute und am Markt mehr oder weniger etablierte Zeichen sind das Ergebnis wettbewerblicher Leistung, die in der Erzeugung einer erhöhten Werbekraft besteht. Anders als beim Bekanntheitsschutz, wo bereits die unlautere Beeinträchtigung der Imagefunktion etwa im Rahmen der Rufbeeinträchtigung das Abwehrrecht entstehen lässt, ist die Kennzeichnungskraft allerdings nur ein Abwägungsfaktor im Rahmen der Wechselwirkungslehre bzw. eine Einflussgröße bei der Bestimmung der Zeichenähnlichkeit. Gleichwohl steht hinter dieser Abhängigkeit der Schutzbereichsgrenzen

816 Vgl. EuGH GRUR 2009, 756 (761) - L´Oréal/Bellure.

817 Vgl. oben S. 126 f.

818 Vgl. oben S. 134 ff.

von der Kennzeichnungskraft ein deutlicher Bezug zu der Imageträgereigenschaft der Marke. Denn letztlich beruht die mit gesteigerter Werbekraft verbundene Stärke einer Marke nach dem hier vertretenen wirkungsbezogenen Markenverständnis auf einem positiven Markenimage, aufgrund dessen sich Umsätze generieren sowie Marktanteile erobern und halten lassen.[819] Es findet insoweit jedoch keine Entkopplung von der Maßgeblichkeit der Herkunftsfunktion statt, denn allein normative Gesichtspunkte auf Grundlage gesteigerter, erworbener Kennzeichnungskraft sind im Rahmen des Verwechslungsschutzes nicht dazu geeignet, eine Verwechslungsgefahr zu begründen.[820] Ihre Feststellung hat sich grundsätzlich an der Frage der tatsächlichen Verwechselbarkeit auszurichten,[821] wird aber eben *auch* von normativen Gesichtspunkten, die ihren Ursprung in der Würdigung wettbewerblicher Leistungen haben, beeinflusst. Ein erfolgreicher Markenaufbau, der relevante Wiedererkennungsraten in Bezug auf die Marke und ein positives Markenimage in den Köpfen der Verbraucher erzeugt, wirkt sich also auch unterhalb der Bekanntheitsschwelle im Sinne des § 14 Ab. 2 Nr. 3 MarkenG / Art. 5 Abs. 2 MRL auf das aus dem Markenrecht resultierende Abwehrrecht aus.

819 Vgl. hierzu nochmals oben S. 13 ff.

820 Ähnlich Berneke, in: WRP 2007, 1417 (1425/1426).

821 Vgl. insoweit EuGH GRUR 1998, 922 (924) - Canon.

3. Der Identitätsschutz nach § 14 Abs. 2 Nr. 1 MarkenG bzw. Art. 5 Abs. 1 lit. a MRL

Im Falle der Identität zwischen der Marke und dem benutzten Zeichen sowie zwischen den beanspruchten Waren oder Dienstleistungen ist bekanntlich der häufig als Identitätsschutz bezeichnete Tatbestand des § 14 Abs. 2 Nr. 1 MarkenG bzw. Art. 5 Abs. 1 lit. a MRL in Betracht zu ziehen. Das Merkmal der Zeichenidentität ist restriktiv auszulegen, wobei der Beurteilung die Sichtweise eines durchschnittlich informierten, aufmerksamen und verständigen Durchschnittsverbrauchers, dessen anzunehmende Aufmerksamkeit situationsabhängig variieren kann, zugrunde zu legen ist. Die Marke ist deshalb mit dem angegriffenen Zeichen identisch, wenn Letzteres ohne Änderung oder Hinzufügung alle Elemente wiedergibt, die die Marke bilden *oder* lediglich geringfügige Unterschiede aufweist, die einem Durchschnittsverbraucher entgehen können.[822]

Warenidentität ist gegeben, wenn das angegriffene Zeichen für die durch Eintragung oder Benutzung der Klagemarke beanspruchten Waren/Dienstleistungen Verwendung gefunden hat. Sofern es sich bei dem angegriffenen Zeichen um eine ihrerseits registrierte Marke handelt, lässt sich dies gut anhand des beanspruchten Waren- bzw. Dienstleistungsverzeichnisses belegen.

Ausweislich des Erwägungsgrundes 11 MRL soll der Schutz in diesem Bereich absolut sein und insbesondere die dort benannte Herkunftsfunktion der Marke schützen. Allein diese Formulierung lässt zunächst nicht unbedingt erwarten, dass es im Rahmen des Identitätsschutzes auf die Eignung der Marke, als Imageträgerin zu fungieren, in irgendeiner Weise ankommen würde oder dass ein erfolgreicher Markenaufbau, also die Etablierung einer Markenidentität auf dem entsprechenden Markt, einen Einfluss auf den Schutzbereich des Markenrechts haben könnte. Lange Zeit gab auch die Rechtsprechung des EuGH der deutschen Literatur und Rechtsprechung kaum Anlass, dies anders zu sehen. In jüngster Zeit haben allerdings einige Entscheidungen des EuGH[823] zum Identitätsschutz die Diskussion über das insoweit gebotene Verständnis neu entfacht.

822 Vgl. EuGH GRUR 2003, 422 (425) - Arthur/Arthur et Félicie.

823 U. a. vor allem EuGH GRUR 2009, 756 ff. - L´Oréal/Bellure; EuGH GRUR 2010, 445 ff. - Google France; EuGH WRP 2011, 1550 ff. - Interflora.

a. Zur Maßgeblichkeit der Herkunftsfunktion der Marke

Der EuGH hatte in der Vergangenheit häufig Anlass sich mit dem von der MRL vorausgesetzten Regelungszweck des Identitätsschutzes auseinanderzusetzen. Konkret ging es stets um die Frage, ob jedwede Benutzung eines mit der geschützten Marke identischen Zeichens für identische Waren mithilfe des markenrechtlichen Identitätsschutzes unterbunden werden kann. Art. 5 Abs. 5 MRL nimmt nationale Bestimmungen über den Schutz gegenüber der Verwendung eines Zeichens zu anderen Zwecken als der Unterscheidung von Waren oder Dienstleistungen von der Regelung durch die MRL aus. Im Umkehrschluss folgern nicht nur EuGH und BGH, dass es Zeichenverwendungen geben muss, die nicht vom Markenrecht erfasst werden und insofern auch nicht der richtlinienkonformen Auslegung unterworfen sind.[824] Die Feststellung einer markenrechtlich relevanten Benutzung der Marke wird in der für die Wahrung der MRL maßgeblichen Rechtsprechung des EuGH in zwei Schritten vorgenommen.

In einem ersten Schritt ist festzustellen, ob die Benutzung der Marke für die Waren oder Dienstleistungen des Dritten erfolgt. Denn nach inzwischen gefestigter Rechtsprechung des EuGH ist Art. 5 Abs. 1 lit. a MRL dahin auszulegen, dass diese Vorschrift nur die Verwendung des Zeichens für von dem Dritten vertriebene Waren oder erbrachte Dienstleistungen betrifft.[825] Über das Erfordernis eines Produktbezuges, der beispielsweise auch im Fall vergleichender Werbung im Hinblick auf den Werbenden mit Verweis auf die Verwendung der fremden Marke auch zur Absatzförderung von dessen Produkten bejaht wird, hinaus gewährt die MRL einen Schutz nur für spezifische Interessen des Markeninhabers.

Diese Überlegung konkretisiert den Schutzzweck des Markenrechts näher und ist in einem zweiten Schritt anzustellen. Hierzu sind einige Entscheidungen des EuGH ergangen. In seiner Entscheidung *Arsenal FC* traf der EuGH im Jahre 2002 jedoch grundlegende Feststellungen zum Regelungszweck der MRL in Bezug auf Art. 5 Abs. 1 lit. a[826]:

Demnach müsse ein Unternehmer in einem System eines unverfälschten Wettbewerbs in die Lage versetzt werden, Kunden durch seine Waren oder Dienstleistungen an sich zu binden, was wiederum Kennzeichen voraussetze,

---

824 Vgl. EuGH WRP 2002, 1415 (1419) - Arsenal FC; Ohly, in: GRUR 2010, 776 (779); Näheres Sack, in: WRP 2010, 198 (202); ferner Dissmann, S. 88.

825 Vgl. EuGH WRP 2007, 299 (302) - Adam Opel/Autec; EuGH GRUR 2008, 698 (699) - o2/H3G.

826 Vgl. nachfolgend EuGH WRP 2002, 1415 (1419) - Arsenal FC.

mit denen sich seine Produkte im Marktgeschehen identifizieren ließen. Hieraus leite sich nach Auffassung des EuGH die wirtschaftliche Hauptfunktion der Marke ab. Diese solle nämlich darin bestehen, dem Verbraucher oder Endabnehmer die Ursprungsidentität der durch die Marke gekennzeichneten Waren oder Dienstleistung zu garantieren, indem sie ihm ermögliche, das Produkt ohne Verwechslungsgefahr von denen anderer Unternehmen zu unterscheiden.[827] Insoweit solle die Marke zumindest Gewähr dafür bieten, dass alle mit ihr gekennzeichneten Waren oder Dienstleistungen unter der Kontrolle eines einzigen Unternehmens, das für deren Qualität verantwortlich gemacht werden kann, hergestellt oder erbracht worden sind.[828] Der Gerichtshof stellt insoweit klar, dass der Gemeinschaftsgesetzgeber eben diese Hauptfunktion der Marke durch die Bestimmung in Art. 2 MRL anerkannt habe.

Zum Schutze dieser Herkunftsgarantie müsse, so der EuGH weiter, der Markeninhaber vor Konkurrenten geschützt werden, die unter Missbrauch der Stellung und des guten Rufes der Marke widerrechtlich mit dieser Marke versehene Waren veräußern. Dieses Anliegen werde gleichsam im heutigen Erwägungsgrund 11 MRL durch die Absolutheit des Identitätsschutzes unterstrichen. Der in Art. 5 Abs. 1 lit. a MRL niedergelegte Schutz diene spezifischen, an den Funktionen der Marke ausgerichteten Interessen des Markeninhabers, mithin insbesondere also der soeben dargestellten Herkunftsfunktion, die als Hauptfunktion der Marke anzusehen sei.

Obwohl der Begründung des EuGH nicht zwingend entnommen werden kann, dass der Identitätsschutz *ausschließlich* dem Schutz der so verstandenen Herkunftsfunktion dient - schließlich wird der Formulierung über den Schutz dieser Funktion der Marke stets das Wort „insbesondere" vorangestellt und auch sonst nicht zum Ausdruck gebracht, dass es keine weiteren spezifischen Interessen des Markeninhabers innerhalb des Systems eines unverfälschten Wettbewerbs gebe könne - wurde fortan in der deutschen Rechtsprechung, aber auch in der des EuGH ausschließlich auf die Herkunftsfunktion zurückgegriffen. Somit schien es lange so, als wäre Art. 5 Abs. 1 MRL weitestgehend auf den Schutz der Herkunftsfunktion ausgerichtet und der Zusatz „insbesondere" der Entscheidung *Arsenal FC* nur dazu bestimmt gewesen, Sonderfälle wie die Zubehör- und Ersatzteilwerbung in den Schutzbereich des Art. 5 Abs. 1 MRL einzubeziehen.[829] Der Schutz weiterer Funktionen, wäre demzufolge stets nur als eine Art

827 Vgl. EuGH WRP 2002, 1415 (1419) - Arsenal FC.

828 Vgl. EuGH WRP 2002, 1415 (1419) - Arsenal FC.

829 So Ohly, in: GRUR 2010, 776 (779/780).

Reflex, ausgelöst durch den Schutz der wirtschaftlichen Herkunftsfunktion, zu sehen. Dies wurde in Teilen der Literatur mit der Begründung kritisiert, dass letztlich aus Art. 5 Abs. 5 MRL das Erfordernis einer Zeichenverwendung zur Unterscheidung von Waren oder Dienstleistungen ihrer betrieblichen Herkunft nach hergeleitet werde, obwohl weder Wortlaut noch Systematik zu dieser Annahme zwinge.[830]

b. Die Erweiterung des Funktionsschutzes im Rahmen von Art. 5 Abs. 1 lit. a MRL durch den EuGH

Der Rückgriff auf diese spezifische Markenfunktion dient grundsätzlich dazu, Benutzungsformen herauszufiltern, die dem insoweit gesetzlich legitimierten Interesse des Markeninhabers nicht zuwiderlaufen und somit von vornherein keine Markenrechtsverletzung im Sinne von Art. 5 Abs. 1 lit. a MRL darstellen können.

aa. Entscheidung „L´Oréal/Bellure“

In dem Sachverhalt, der der Entscheidung *L´Oréal/Bellure*[831] vom 18. Juni 2009 zugrunde lag, wandte sich der Parfumhersteller L´Oréal vor dem High Court of Justice (England und Wales) gegen die Verwendung von sog. Vergleichslisten, mittels derer die beklagten Unternehmen Parfum, das verschiedene L´Oréal-Düfte imitieren sollte, an Einzelhändler vertrieben, um diesen, unter namentlicher Bezugnahme auf verschiedene bekannte, von L´Oréal gehaltene Parfummarken, Produktbeschreibungen zur Verfügung zu stellen. Hierin sah die Klägerin Verletzungen ihrer Markenrechte, hatte zunächst jedoch nur teilweise Erfolg mit ihrer Klage. Das Rechtsmittelgericht legte dem EuGH im Rahmen des Verfahrens nach Art. 267 AEUV u. a. die Frage vor, ob die Benutzung einer Marke in einer Weise, die *keine* Verwechslungsgefahr zwischen Marke und Zeichen hervorrufe und auch die Herkunftsfunktion der Marke *nicht* beeinträchtige, unter Art. 5 Abs. 1 lit. a oder b MRL falle. Weiter wollte das Gericht wissen, ob die Benutzung einer notorisch bekannten Marke in einer Weise, die auf Eigenschaften des Produktes eines anderen Händlers hinweise, aber weder eine Verwechslungsgefahr hervorrufe, noch den Verkauf der unter der Originalmarke vertriebenen Produkte beeinträchtige, und auch nicht die Hauptfunktion der Marke beeinträchtige, oder den Ruf der Marke verwässere oder beeinträchtige, *wohl aber*

830 Vgl. hierzu m.w.N. Danger, Rn. 333 - 336.
831 GRUR 2009, 756 ff.

für die Vermarktung der Produkte dieses Händlers eine bedeutende Rolle spiele, unter Art. 5 Abs. 1 lit. a MRL falle.

Es ist unschwer zu erkennen, dass der Inhalt der Vorlage auf die Klärung der bis dahin offen gebliebenen bzw. von der Rechtsprechung nicht weiter diskutierte Frage nach dem Schutz weiterer spezifischer Interessen des Markeninhabers durch die MRL abzielte. Weder der Wortlaut der MRL, insbesondere der des Erwägungsgrundes 11, noch die Begründungen des EuGH in anderen Entscheidungen zum Schutzzweck des Art. 5 Abs. 1 MRL legen zwingend eine ausschließliche Maßgeblichkeit der Herkunftsnachweisfunktion in dem in der Entscheidung *Arsenal FC* dargelegten Sinne nahe. Gleichwohl basierte die bisherige Rechtsprechung auch in Deutschland maßgeblich auf dieser Annahme.

Der Gerichtshof stellte zunächst fest, dass die verwandten Vergleichslisten als vergleichende Werbung im Sinne der Richtlinie 2006/114/EG anzusehen seien. Es handele sich insoweit um eine Äußerung der beklagten Unternehmen, die als Werbung im Sinne von Art. 2a dieser Richtlinie anzusehen sei, die zudem einen Mitbewerber bzw. die von ihm angebotenen Erzeugnisse unmittelbar oder zumindest mittelbar erkennbar mache.[832]

Im Übrigen ging der EuGH auch davon aus, dass die Benutzung eines mit der Marke eines Mitbewerbers identischen oder ihr ähnlichen Zeichens durch einen Werbenden in einer vergleichenden Werbung dem Zweck diene, *auch die von ihm angebotenen Waren zu identifizieren*. Deshalb sei diese Art der Markenverwendung als eine Benutzung im Sinne von Art. 5 Abs. 1 und 2 MRL *für die eigenen Waren und Dienstleistungen des Werbenden* anzusehen.[833] Ein markenrechtlicher Abwehranspruch sollte nach Auffassung des EuGH deshalb, unter der Voraussetzung einer Beeinträchtigung oder Gefährdung einer vom Schutzzweck erfassten Markenfunktion, grundsätzlich in Betracht kommen, sei aber unter Berücksichtigung der von ihm in der Entscheidung *O2/H3G* geäußerten Auffassung mit der Richtlinie 2006/114/EG in der Weise in Einklang zu bringen, dass eine danach zulässige vergleichende Werbung nicht durch das Markenrecht unterbunden werden könne.[834]

832 Vgl. EuGH GRUR 2009, 756 (761) - L´Oréal/Bellure.

833 Vgl. EuGH GRUR 2009, 756 (761) - L´Oréal/Bellure.

834 Vgl. EuGH GRUR 2009, 756 (761) - L´Oréal/Bellure; im Übrigen hierzu bereits oben S. 121 f.

Sodann führt der EuGH unter Bezugnahme auf seine - oben dargestellten - Ausführungen zum Schutzzweck von Art. 5 Abs. 1 lit. a MRL in der Entscheidung *Arsenal FC* aus, dass die spezifischen Interessen des Markeninhabers an der Funktionswahrnehmung seiner Marken keinesfalls auf die durch die Marke vermittelte Herkunftsgarantie zu beschränken sei. Zwar sei diese Funktion wohl nach wie vor als rechtlich geschützte Hauptfunktion der Marke anzusehen, doch seien weitere Funktionen hinzuzurechnen.[835] Namentlich werden, offenbar noch nicht einmal abschließend gemeint, die Gewährleistung der Qualität der gekennzeichneten Waren oder Dienstleistungen, die Kommunikations-, Investitions- und Werbefunktion genannt.[836] Die Gefährdung oder Beeinträchtigung der Herkunftsfunktion, dies geht aus der Urteilsbegründung deutlich hervor, wird nicht als conditio sine qua non einer Markenrechtsverletzung im Bereich des Identitätsschutzes dargestellt. Der Markeninhaber soll der Benutzung seiner Marke nur dann nicht widersprechen können, wenn keine der Markenfunktionen beeinträchtigt werden kann.

Diese Aussagen stellen gegenüber der bisherigen Rechtsprechung einen erheblichen Schritt dar, der naturgemäß zu einem breiten, kontroversen Echo in der Literatur geführt hat. Teilweise wird von einer „Sternstunde" der markenrechtlichen Funktionslehre gesprochen, die die tatsächliche Multifunktionalität der Marke rechtlich anerkenne.[837] Andere sprechen gar von einem Fehler, weil das Merkmal der „Beeinträchtigung einer Markenfunktion" zu einer Art Blackbox werde, deren Undurchschaubarkeit die Praxis vor erhebliche Probleme stellen werde.[838] *Haberstumpf* hält demgegenüber die gesamte Funktionslehre im Markenrecht für überflüssig.[839]

Feststehen dürfte aber, dass diese Entscheidung des EuGH einstweilen nicht unbedingt für Klarheit gesorgt hat. So liefert diese Entscheidung keinen zufriedenstellenden definitorischen Ansatz im Hinblick auf die genannten Funktionen.

bb. Entscheidungen „Google France" und „Interflora"

Dies änderte sich auch nicht mit der am 23. März 2010 ergangenen Entscheidung *Google France.* Dort wurde geprüft, ob Art. 5 Abs. 1 lit. a oder b MRL dahin gehend auszulegen sei, dass der Inhaber einer Marke es einem Dritten verbieten dürfe, auf ein mit der Marke identisches oder ihr ähnliches Schlüssel-

835 Vgl. EuGH GRUR 2009, 756 (761) - L'Oréal/Bellure.

836 Vgl. EuGH GRUR 2009, 756 (761) - L'Oréal/Bellure.

837 So Fezer, in: WRP 2010, 165 (178).

838 So Ohly, in: GRUR 2010, 776 (782).

839 Vgl. Haberstumpf, in: MarkenR 2011, 429 (429).

wort (sog. Ad-Word), das von diesem Dritten ohne Zustimmung des Markeninhabers im Rahmen eines Internetreferenzierungsdienstes ausgewählt oder gespeichert wurde, eine Anzeige für Produkte, die mit den von der Klagemarke erfassten Produkten identisch oder ihnen ähnlich sind, zu zeigen bzw. zeigen zu lassen.[840] Der EuGH referierte in dieser Entscheidung im Zusammenhang mit dem Schutz nach Art. 5 Abs. 1 lit. a MRL zunächst den bereits aus der Entscheidung *L'Oréal/Bellure* geläufigen markenrechtlichen Funktionskanon der Gewährleistung der Qualität der gekennzeichneten Produkte, der Kommunikations-, Investitions- und Werbefunktion sowie das Erfordernis einer Funktionsbeeinträchtigung oder Möglichkeit einer solchen Beeinträchtigung infolge der Benutzung der Marke durch den Dritten für dessen Produkte. Ohne nähere Begründung wird der Kreis relevanter Funktionen dann jedoch auf die bereits bekannte Herkunftsfunktion sowie auf die Werbefunktion reduziert.

Die Möglichkeit einer Beeinträchtigung der Herkunftsfunktion wird in dem der Entscheidung zugrunde liegenden Kontext in spezifischer Weise von der Richtlinie 2000/31/EG über den elektronischen Rechtsverkehr beeinflusst. Eine Beeinträchtigung lehnte der EuGH letztlich ab, was jedoch an dieser Stelle der vorliegenden Arbeit keiner näheren Betrachtung unterzogen werden soll. Vorliegend interessiert aber gerade das nach der Sichtweise des EuGH anzunehmende Verständnis von der sog. Werbefunktion und deren Verhältnis zur sog. Investitions-, sowie Kommunikationsfunktion. Die inhaltlichen Ausführungen des EuGH hierzu dürften allgemeiner Natur und nicht etwa beschränkt auf die besonderen Fälle des sog. Key-Word-Advertising sein. Denn abgesehenen von den speziellen aus der Richtlinie 2000/31/EG abgeleiteten Implikationen für den Schutz der Herkunftsfunktion, die keinesfalls als maßgeblich für die Begründung des Schutzes der Werbefunktion oder Investitionsfunktion benannt werden, lässt die im Folgenden wiedergegebene Begründung des EuGH nichts erkennen, was gegen eine generelle Aussage zur Schutzfähigkeit der übrigen benannten Funktionen der Marke spricht.

Der EuGH leitet seine Erwägungen[841] zu einer möglichen Beeinträchtigung der Werbefunktion mit der Feststellung ein, dass ein Markeninhaber angesichts der im geschäftlichen Verkehr angebotenen Vielfalt an Waren und Dienstleistungen nicht nur ein Interesse an der identifizierenden Wirkung seiner Marke habe. Er verfolge vielmehr auch das Ziel, seine Marke werbend einzusetzen, um

840 Vgl. EuGH GRUR 2010, 445 (446) - Google France.

841 Vgl. nachfolgend EuGH GRUR 2010, 445 (449) - Google France.

so den Verbraucher zu „informieren“ und zu „überzeugen“. Daher dürfe es der Inhaber einer Marke verbieten, dass ohne seine Zustimmung ein mit seiner Marke identisches Zeichen für Waren oder Dienstleistungen benutzt werde, die mit denjenigen identisch sind, für die die Marke eingetragen ist, wenn durch diese Benutzung seine Möglichkeit, die Marke als Element der Verkaufsförderung oder Instrument einer Handelsstrategie einzusetzen, beeinträchtigt werde.[842]

Viel deutlicher wird der EuGH inhaltlich leider nicht. Auch in seiner aktuellen Entscheidung *Interflora* wiederholt er in diesem Zusammenhang lediglich die Eignung der Marke, den Verbraucher zu informieren und letztlich zu überzeugen sowie als Mittel einer Handelsstrategie dienen zu können.[843]

Fraglich ist, worauf nun diese sog. Werbefunktion abzielen soll. Bezugsobjekt der Marke und der mit ihr verknüpften Aussagen kann dabei nur das gekennzeichnete Produkt sein, denn bereits das Verständnis von der Herkunftshinweisfunktion ist nach Auffassung des EuGH ein abstraktes im Sinne einer Gewährleistung einer einheitlichen Produktverantwortung.[844] Somit kann die Marke Aussagen zu dem mit ihr gekennzeichneten Produkt treffen, aber kaum zu anderen neben ihr stehenden Bezugsobjekten. Soll demnach die Marke als Mittel zur Information und als Instrument einer Handelsstrategie eingesetzt werden können, so dient die Marke mit anderen Worten als Vehikel für produktbezogene Informationen. In dieser den Verkauf fördernden Rolle kann eine Marke aber nur sein, wenn sie in der Wahrnehmung der Verbraucher mit positiven Informationen verknüpft wird, also über ein positives, möglicherweise in verschiedenen Facetten angereichertes Image verfügt. Prinzipiell ließe sich also das eingangs erörterte wirtschaftliche Markenverständnis, aus dem sich ja die Markenfunktionen ableiten, hier fruchtbar machen.[845] Soweit ist der EuGH freilich noch nicht gegangen.

Dass es aber nicht um ein vom Imageaufbau losgelöstes Verständnis gehen kann, zeigt letztlich die konkrete Entscheidung *Google France* und, sich hierauf beziehend, auch *Portakabin.* Dort diskutierte der EuGH, im Zusammenhang mit der bereits angesprochenen Ad-Word-Problematik, zunächst den gerade darge-

842 Vgl. EuGH GRUR 2010, 445 (449) - Google France.

843 Vgl. EuGH WRP 2011, 1550 (1556) - Interflora.

844 So EuGH GRUR 2002, 1415 (1419) - FC Arsenal.

845 Vgl. oben S. 11 ff.

stellten möglichen Inhalt der sog. Werbefunktion, um dann eine Beeinträchtigung dieser Funktion zu prüfen.

Der Gerichtshof stellte fest: Wenn ein anderer Wirtschaftsteilnehmer bei einem Internetreferenzierungsdienst Schlüsselwörter bucht, die mit der Marke identisch sind, kann das zwar *de facto* eine Erschwerung des Einsatzes der Marke als strategisches Werbeinstrument durch ihren Inhaber sein.[846] Eine hierauf gründende markenrechtlich relevante Beeinträchtigung der Werbefunktion lehnt der EuGH aber gleichwohl ab, da diese Sachverhaltskonstellation lediglich bewirke, dass der Markeninhaber seinen finanziellen Werbeaufwand erhöhen müsse. Denn schließlich müsse er beispielsweise mehr Geld aufwenden, um zu erreichen, dass bei einer Internetsuche seine Anzeigen vor denen der anderen Wirtschaftsteilnehmer in der angezeigten Trefferliste des jeweiligen Referenzierungsdienstes erscheine.[847] Es wird nach Auffassung des EuGH durch Art. 5 Abs. 1 lit. a MRL also nicht vor jeglicher Erschwerung des Einsatzes der Marke zur Verkaufsförderung oder zusätzlich erforderlichem Werbeaufwand geschützt. Entscheidend muss die Beeinträchtigung eines erlangten Markterfolges hinzukommen.

Genauso wenig wird der reine bisher schon getätigte Investitionsaufwand vom Schutzzweck des Art. 5 Abs. 1 lit. a MRL erfasst. Die aufgeworfene sog. *Investitionsfunktion* soll nicht generell davor schützen, dass der Markeninhaber seine Anstrengungen zum Erwerb oder zur Wahrung eines Rufes anpassen und evtl. verstärken muss. Grundsätzlich nehme eine Marke die sog. Investitionsfunktion wahr, wenn sie ihrem Inhaber durch ihren Einsatz ermögliche, einen Ruf zu erwerben oder zu wahren und den Verbraucher so „anzuziehen“ und „zu binden“.[848] Bereits dieses Begriffspaar ist nicht sonderlich trennscharf zu den Funktionen „informieren“ und „überzeugen“, mit denen die Werbefunktion beschrieben wird.

Der EuGH unterscheidet im Hinblick auf die Investitionsfunktion in der Entscheidung *Interflora* zwei verschiedene Stadien:

- Genießt die Marken bereits einen Ruf, so kann die Investitionsfunktion beeinträchtigt sein, wenn die Benutzung - die übrigen Voraussetzungen des

846 Vgl. EuGH GRUR 2010, 445 (449) - Google France; EuGH GRUR 2010, 841 (843) - Portakabin/Primakabin.

847 So EuGH WRP 2011, 1550 (1555) - Interflora.

848 Vgl. EuGH WRP 2011, 1550 (1556) - Interflora.

Identitätsschutzes einmal vorausgesetzt - negative Auswirkungen hierauf hat und dessen Wahrung gefährdet.[849] Inwieweit sich dieser Ansatz noch zum geäußerten Inhalt der sog. Werbefunktion abgrenzen lässt, wird nicht klar, wobei auch der EuGH Überschneidungen zu ihr einräumt, jedoch auch eine teilweise Eigenständigkeit der Investitionsfunktion annehmen möchte.

- Geht es jedoch gerade um den Einsatz der Marke zum „Erwerb" eines Rufes, so könne der Markeninhaber die Benutzung unter dem Aspekt einer Beeinträchtigung der Investitionsfunktion nur außerhalb eines „fairen" Wettbewerbes verbieten. Die Grenze zum wohl als „unfair" zu bezeichnenden Wettbewerb soll dann überschritten sein, wenn wiederum die Herkunftshinweisfunktion der Marke nicht mehr gewahrt wird.[850] Es wird also nach den bisher ersichtlichen Ausführungen des EuGH nicht klar, worin die Eigenständigkeit der Investitionsfunktion neben Herkunftshinweis- und Werbefunktion im Schutzbereich des Art. 5 Abs. 1 lit. a MRL zu sehen sein soll.

cc. Eigene Bewertung der erweiterten Funktionslehre

Kritisiert wurde der EuGH nach der Entscheidung *Google France* u. a. dafür, dass er dort ohne Begründung nur eine Prüfung der Herkunfts- und der Werbefunktion vornahm, ohne diese Funktionen von den übrigen in der Entscheidung *L'Oréal/Bellure* aufgeworfenen Funktionen abzugrenzen.[851] So wirft *Ohly*, daran anknüpfend, die Frage auf, ob die sog. Investitionsfunktion, die bis zur Entscheidung *Interflora* inhaltlich nicht weiter erörtert worden ist, möglicherweise subsidiär zur Werbefunktion sein könnte.[852] Weiter warf er dem EuGH vor, die Chance einer weiteren Konkretisierung der im Zusammenhang mit dem Schutzzweck von Art. 5 Abs. 1 lit. a MRL aufgeworfenen Markenfunktionen ungenutzt gelassen zu haben.[853]

Neben der Herkunftsnachweis- und Werbefunktion zählt der EuGH inzwischen regelmäßig noch die Funktion der Gewährleistung der Qualität der gekennzeichneten Waren oder Dienstleistungen sowie die Kommunikationsfunktion der Marke auf.

849 Vgl. EuGH WRP 2011, 1550 (1556) - Interflora.
850 Vgl. EuGH WRP 2011, 1550 (1556) - Interflora.
851 Vgl. EuGH GRUR 2010, 445 (449) - Google France.
852 Vgl. Ohly, in: GRUR 2010, 776 (782).
853 Vgl. Ohly, in: GRUR 2010, 776 (782).

Zur Erinnerung sei an dieser Stelle noch einmal an die eingangs in dieser Arbeit aufgestellte Prämisse erinnert, dass nämlich zunächst die Frage der wirtschaftlichen Funktionen einer Produktkennzeichnung von der nach deren markenrechtlichen Schutz zu trennen ist.[854] Mit Blick auf die Interessenlage eines Markeninhabers, zu der das eingangs erörterte ökonomische Markenverständnis einige Anhaltspunkte liefert, ist bereits fraglich, ob beispielsweise die Funktion der Gewährleistung von Qualität neben der Werbefunktion über eine eigenständige Bedeutung verfügt.[855] Wie oben doch gezeigt worden ist, ist der Qualitätsbegriff im Rahmen des ökonomischen Markenverständnisses nicht absoluter Natur. Die Verbraucher schreiben einem gekennzeichneten Produkt eher eine Qualität zu, die nicht unbedingt einem objektiven, nachvollziehbaren Maßstab entsprechen muss. Je komplexer und undurchsichtiger ein Produkt für den Laien ist, desto mehr verlässt sich der Verbraucher häufig auf den Ruf und das Image einer Marke. Insofern kann eine Marke zwar für Qualität bürgen, diese Qualität lebt aber in erster Linie vom entsprechenden Ruf der Marke. Dieser kommt nicht ohne die Einlösung von Qualitätsversprechen zustande, gleichwohl braucht aber keine Deckungsgleichheit zwischen objektiver, z. B. im Sinne technischer Verlässlichkeit, und angenommener Qualität zu bestehen. Insofern erscheint es bereits nicht geboten, die Funktion der Gewährleistung von Qualität als eigenständige, vom Schutzzweck des Art. 5 Abs. 1 lit. a MRL erfasste Funktion aufzufassen.

Auch im Hinblick auf die sog. Investitionsfunktion zeigt der definitorische Ansatz des EuGH in der Entscheidung *Interflora* keine Eigenständigkeit auf. Denn hat eine Marke noch keinen Ruf aufgebaut, wird die vom EuGH als maßgeblich angesehene Frage, ob die Benutzung der Marke einem „fairen Wettbewerb" entspricht, also insbesondere die Herkunftsfunktion der Marke wahrt, entscheidend sein. Daran lässt sich erkennen, dass auch im Rahmen von Art. 5 Abs. 1 lit. a MRL nicht jegliche Investition in die Marke geschützt werden soll. Ein ähnliches Ergebnis findet sich auch für den Bekanntheitsschutz nach Art. 5 Abs. 2 MRL, der die in die Marke geflossenen Investitionen nur bei einem entsprechenden Markterfolg schützt, was im Tatbestandsmerkmal der Bekanntheit seinen Ausdruck findet.[856] Die ohne Erfolg getätigten Investitionen sollten daher nicht zu einem Abwehranspruch unter Rückgriff auf die sog. Investitionsfunktion führen.

---

854 Siehe hierzu oben S. 2 f., 49 f.

855 Siehe hierzu oben S. 18 f.

856 Vgl. hierzu oben S. 76 f.

Ist bereits ein Ruf aufgebaut und soll dieser einem wie auch immer ausgestalteten Schutz zugeführt werden, vermag jedenfalls eine Abgrenzung danach, ob die Marke den Verbraucher „anzieht und bindet", was der Investitionsfunktion entsprechen soll, oder ob sie den Verbraucher „informiert und überzeugt", was der Werbefunktion entsprechen soll, nicht zu überzeugen. Letztlich „bindet" eine Marke, wenn diese ihre Zielgruppe „überzeugt". Ob darüber hinaus eine Marke Verbraucher in einem ersten Schritt „anzieht", hängt entscheidend ab von der Präsenz der Marke und dem Inhalt des Rufes, dem Markenimage oder, anders ausgedrückt, vom Informationsinhalt, der durch die Marke vermittelt wird. Damit erscheint es zumindest zweifelhaft, ob der sog. Investitionsfunktion grundsätzlich überhaupt ein eigenständiger Gehalt zukommt.

Markenrechtlich im Hinblick auf eine Abgrenzung zwischen Werbe- und Investitionsfunktion außerdem danach unterscheiden zu wollen, worauf der Ruf zurückzuführen ist, d. h. beispielsweise auf Werbung, der EuGH scheint hier von klassischer Werbung auszugehen, oder auf bestimmte Geschäftsmodelle,[857] erscheint doch gekünstelt. Zudem fragt sich, wie so etwas in die Beurteilung des Abwehranspruches einfließen sollte.

Die sog. Werbefunktion in einem weiten Sinne, d. h. sämtliche für das Kaufverhalten relevante Rufinhalte in Bezug auf Qualität, Gebrauchsnutzen und emotionalen Wert umfassend, sollte neben der Herkunftshinweisfunktion hier die einzige eigenständige Markenfunktion darstellen. Dies legt schon das wirtschaftliche Markenverständnis nahe, auf das für die Beantwortung der Frage nach den „spezifischen Interessen" der Markeninhaber, zu deren Schutz gemäß Erwägungsgrund 11 MRL das Markenrecht dient, zurückgegriffen wird.[858]

Auch mit Blick auf die bisher vom EuGH noch nicht erörterte Rolle der sog. Kommunikationsfunktion sollte nichts anderes gelten. Generalanwalt *Paolo Mengozzi* beschreibt in dem Verfahren L´Oreál/Bellure die sog. Kommunikationsfunktion dahin gehend, dass eine Marke den Verbrauchern Informationen unterschiedlicher Art über die mit ihr gekennzeichneten Waren übermitteln könne; häufig handele es sich um „gespeicherte" Informationen über die Marke infolge der Verkaufsförderung oder Werbung des Markeninhabers.[859] Konsequen-

857 Vgl. EuGH WRP 2011, 1550 (1556) - Interflora.

858 Siehe hierzu bereits oben S. 18.

859 Vgl. Schlussanträge vom 10.02.2009 in der Rechtssache C-487/07 Tz. 54.

terweise unterscheidet er schließlich die Frage der Beeinträchtigung der Herkunftsfunktion als Hauptfunktion der Marke sowie die Frage der Schädigung der Wertschätzung und der damit verbundenen „Kommunikationsfunktionen".[860] Zum einen bringt er durch die Wahl des Plurals die verschiedenen Facetten der kommunikativen Inhalte zum Ausdruck, ohne weiter nach Qualitätsfragen und anderen Inhalten zu unterscheiden. Zum anderen deutet er auf die Verbindung von Imageträgereigenschaft und kommunikativen Aspekten der Marke hin. So gesehen mag die sog. Kommunikationsfunktion möglicherweise den von der Marke ausgelösten Vorgang der Informationsvermittlung beschreiben, während die Werbefunktion das inhaltliche Ergebnis des Kommunikationsvorganges, nämlich das Markenimage, betrifft. Auch *Fezer* als Anhänger der neueren Funktionslehre des EuGH begreift die Kommunikationsfunktion der Marke als Ausdruck ihrer Eigenschaft, als Instrument des Dialoges zwischen Marktteilnehmern dienen zu können, wobei sie gleichermaßen den Absatzinteressen des Markeninhabers als auch den Informationsinteressen der Verbraucher nütze.[861]

Hat also mit anderen Worten der Markeninhaber ein positives Markenimage in der Wahrnehmung der Verbraucher etablieren können, kommuniziert die Marke gleichsam dessen Inhalt, obwohl es natürlich letztlich die Verbraucher sind, die die Verknüpfung von Marke und Image herstellen. Generalanwalt *Mengozzi*[862] geht in der Begründung seiner Schlussanträge in der Rechtssache *L'Oréal/Bellure* davon aus, dass die Kommunikationsebene gerade *durch* die einer Marke entgegengebrachte Wertschätzung eröffnet wird. Insoweit ist entgegen der Ansicht *Fezers*[863] keinesfalls gesagt, dass die „Markenwelt des EuGH" von einem multifunktionalen Verständnis ausgeht, das von Erwerbstatbeständen insoweit unabhängig ist, als dass grundsätzlich das gesamte Funktionspotenzial einer Marke zu schützen ist. Der von *Fezer*[864] wohl eher abwertend als „Reduktionsmodell" titulierte Ansatz, zwischen der Herkunftsfunktion als originäre Markeneigenschaft, die conditio sine qua non des Markenschutzes und durch Steigerung der Unterscheidungskraft veränderlich ist, sowie den übrigen Markeneigenschaften als erworbene Funktionen zu unterscheiden, entspricht im Grunde viel eher der ökonomischen Realität, auf die Bezug genommen wird.[865]

---

860 Vgl. Schlussanträge vom 10.02.2009 in der Rechtssache C-487/07 Tz. 54.

861 Vgl. Fezer, in: WRP 2010, 165 (178).

862 Vgl. Schlussanträge vom 10.02.2009 in der Rechtssache C-487/07 Tz. 60.

863 So ausdrücklich in: WRP 2010, 165 (180).

864 Vgl. Fezer, in: WRP 2010, 165 (180).

865 Vgl. auch Hacker, in: MarkenR 2009, 333 (335).

Fraglich ist also, ob es angemessen wäre, neben dem Ergebnis des durch die Marke vermittelten Kommunikationsvorganges auch den Vorgang selbst als ein spezifisches Interesse des Markeninhabers aufzufassen. Dies würde bedeuten, losgelöst von einem konkreten Erfolg des Markenaufbaus in Form der Etablierung eines positiven Rufes/Markenimages und der Erlangung von Bekanntheit, die Kommunikationsbemühungen des Markeninhabers erfassen zu wollen. Wie sollten diese rechtlich lokalisiert werden, wollte man insoweit nicht auf Zuordnungsverwirrungen infolge der Verletzung der Herkunftshinweisfunktion abstellen. Denn schließlich bedarf es zur Etablierung eines Markenimages zunächst einmal einer produktidentifizierenden Eigenschaft der Marke, was eine Wiedererkennung des fraglichen Zeichens als Marke durch die Verbraucher voraussetzt.[866] Bisher hat der EuGH im Zusammenhang mit Art. 5 Abs. 1 MRL hierzu noch keine konkreten Ausführungen geliefert. Die Rezeption der EuGH Rechtsprechung durch den BGH ist an späterer Stelle noch darzustellen, jedoch findet sich auch dort kein Ansatz, der auf die Annahme einer selbstständigen Bedeutung einer sog. Kommunikationsfunktion hindeuten würde.

Im Grunde läge als zusammenfassende Bezeichnung des neueren Funktionskanons der Begriff „Imagefunktion“ näher. Es ist aber nicht zu leugnen, dass eine Einführung dieses Begriffes nun zu weiteren Verwirrungen führen würde. Es bedarf daher einer grundlegenden und umfassenden Auseinandersetzung mit den der MRL zugrunde zu legenden Markenfunktionen durch den EuGH. Jedenfalls aber ist die Reduzierung der Markenfunktionen auf die Herkunfts- und Werbefunktion, wie sie der EuGH tatsächlich in der Entscheidung *Google France*[867] und daran anknüpfend in *Portakabin*[868] und *Bananabay*[869] vorgenommen hat, durchaus nicht sinnwidrig. Es sind künftige Entscheidungen abzuwarten, die zeigen, ob der EuGH die Eigenständigkeit der übrigen Funktionen ablehnt oder lediglich entsprechende Funktionsbeeinträchtigung in den konkreten Entscheidungen von vornherein für abwegig hielt.

---

866 Siehe hierzu oben S. 16.

867 Vgl. EuGH GRUR 2010, 445 (449) - Google France.

868 Vgl. EuGH GRUR 2010, 841 (843) - Portakabin.

869 Vgl. EuGH GRUR 2010, 641 (642) - Bananabay.

c. Die Rezeption des erweiterten Funktionsschutzes in der Rechtsprechung des BGH

Die Konkretisierung des Schutzzwecks von Art. 5 Abs. 1 lit. a MRL im Hinblick auf die durch den EuGH vorgenommene Erweiterung des Kreises der spezifischen Interessen der Markeninhaber stellt auch den BGH vor die Aufgabe, die Anwendung des Identitätsschutzes aus § 14 Abs. 2 Nr. 1 MarkenG künftig hieran auszurichten. Dies gilt vor allem deshalb, weil der EuGH die Feststellung von Funktionsbeeinträchtigungen letztlich den nationalen Gerichten überlässt. Erste Entscheidungen des BGH, die nach der EuGH-Entscheidung *L´Oréal/Bellure* ergangen sind, greifen die neuere Rechtsprechung des EuGH auf, interessant ist dabei die Umsetzung im Einzelnen.

aa. BGH-Entscheidung „Opel-Blitz II“

In dem der Entscheidung *Opel-Blitz II* zugrunde liegenden Sachverhalt wandte sich die Inhaberin der für Landfahrzeuge und Spielzeug eingetragenen deutschen Bildmarke, die den sog. Opel-Blitz darstellt, gegen die Verwendung der Marke für Modellfahrzeuge durch einen Spielzeughersteller. Die entsprechenden Modelle trugen das Opel-Blitz-Zeichen originalgetreu auf dem Kühlergrill, wurden jedoch unter Verwendung deutlich sichtbarer Marken der Beklagten vertrieben.

Der BGH legte u. a. die Frage dem EuGH zur Vorabentscheidung vor, ob die Benutzung einer auch für Spielzeug geschützten Marke im Sinne des Art. 5 Abs. 1 lit. a MRL vorliege, wenn der Hersteller eines Automodells ein real existierendes Vorbildfahrzeug in verkleinertem Maßstab einschließlich der auf dem Vorbild angebrauchten Marke des Markeninhabers nachbildet und in den Verkehr bringt. Der EuGH stellte zum einen fest, dass zwar eine identische Benutzung der klägerischen Marke „für“ das Produkt der Beklagten erfolgte, welches auch identisch war mit denjenigen Waren, für die die Marke eingetragen worden ist.[870] Zum anderen, so führte der EuGH aus, bleibe es Sache des vorlegenden Gerichts, durch Bezugnahme auf den Durchschnittsverbraucher von Spielzeug in Deutschland festzustellen, ob die konkrete Nutzung der Marke im Ausgangsverfahren die Funktionen des Opel-Logos als für Spielzeug eingetragene Marke beeinträchtige.[871]

---

870 Vgl. EuGH WRP 2007, 299 (301) - Adam Opel/Autec.

871 Vgl. EuGH WRP 2007, 299 (301) - Adam Opel/Autec.

In der Folgeentscheidung des BGH[872] wurde festgestellt, dass die Herkunftsfunktion des Opel-Blitz-Zeichens, soweit es für Spielzeug eingetragen ist, im Ergebnis nicht verletzt sei, weil die Verbraucher in dem auf dem Modell befindlichen Zeichen keinesfalls einen Hinweis auf dessen Herkunft sähen. Gleiches gelte auch für die übrigen Funktionen der für Spielzeug eingetragenen Klagemarke. Namentlich werde - so wörtlich - die Qualitäts-, Werbe-, Kommunikations- oder Investitionsfunktion nicht durch die Verwendung des Opel-Blitz-Zeichens auf dem Modellauto der Beklagten beeinträchtigt.[873] Dies gelte, weil das Opel-Blitz-Zeichen vom Verkehr schon nicht mit von der Klägerin hergestellten Spielzeugautos in Verbindung gebracht werde.[874]

Es fällt auf, dass der BGH ebenfalls die vom EuGH in der Entscheidung *L'Oreál* neben der Herkunftshinweisfunktion aufgeworfenen Funktionen sprachlich zusammenfasst und diese nicht etwa gesondert prüft. Dies mag eine sprachliche Ungenauigkeit sein, sodass hieraus noch nicht auf die Annahme der Unselbständigkeit mancher Funktionen geschlossen werden sollte, wobei der BGH auch keine der genannten Funktionen herausstellt. Zudem ist aber bemerkenswert, dass der BGH zur Begründung der fehlenden Funktionsbeeinträchtigung im Prinzip darauf abstellt, dass der Verkehr das Opel-Blitz-Zeichen auf dem Modellauto schon nicht mit den von der Klägerin hergestellten Produkten in Verbindung bringe. Mit anderen Worten würde eine Beeinträchtigung etwa der Werbefunktion zunächst voraussetzen, dass der Verkehr das Produkt der Beklagten aufgrund der beschriebenen Markenverwendung mit der Klägerin in Verbindung bringt und somit einer möglichen Verwirrung über Herkunft bzw. Produktverantwortlichkeit unterliegt. Hieran ist erkennbar, dass der BGH in der Entscheidung *Opel-Blitz II* insoweit also von einer Abhängigkeit der vom EuGH neben der Herkunftsfunktion anerkannten übrigen Funktionen ausgeht. Insoweit wäre allerdings an dem bis zur Entscheidung *L'Oréal/Bellure* geltenden Status quo nicht viel verändert, der Schutz der weiteren Funktionen wäre allenfalls als Reflex einer Verletzung der Herkunftshinweisfunktion zu sehen.

bb. BGH-Entscheidung „Große Inspektion für alle"

Anders allerdings fällt die Begründung des BGH[875] in der Entscheidung *Große Inspektion für alle* vom 14.4.2011 aus. Hier ging es um die Benutzung einer u. a.

---

872 Vgl. zum Nachfolgenden BGH GRUR 2010, 726 (728) - Opel-Blitz II.
873 Vgl. BGH GRUR 2010, 726 (728) (Tz. 25) - Opel Blitz II.
874 Vgl. BGH GRUR 2010, 726 (728) (Tz. 25) - Opel Blitz II.
875 Vgl. zum Nachfolgenden BGH WRP 2011, 1602 ff. - Inspektion für alle.

für Kraftfahrzeuge und deren Teile sowie für Reparatur, Instandhaltung, Wartung von Fahrzeugen eingetragenen Wort-/Bildmarke durch die Betreiberin von unabhängigen Autoreparaturwerkstätten in einem Prospekt. In ihm wurde für Inspektionen von Kraftfahrzeugen geworben, die unter der Marke der Klägerin hergestellt und vertrieben wurden. Nach den vom BGH unbeanstandet gebliebenen Ausführungen des Berufungsgerichts wurde zunächst angenommen, dass die Klagemarke von der Beklagten für eine identische Waren- und Dienstleistungsgruppe verwendet worden sei. Weiter sei zwar die konkrete Verwendungsform nicht dazu geeignet gewesen, die Herkunftsfunktion, wohl aber die Werbefunktion der als überragend bekannt anzusehenden Klagemarke zu beeinträchtigen.[876]

Der BGH unterscheidet in dieser Entscheidung jedenfalls nominell sämtliche in der Entscheidung *L´Oréal/Bellure* des EuGH neben der Herkunftsfunktion aufgeworfenen Funktionen und erkennt diese ausdrücklich an. Sodann prüft er jedoch im Ergebnis abermals ohne weitere Begründung neben der Herkunftsfunktion ausschließlich eine mögliche Beeinträchtigung der Werbefunktion der Klagemarke.[877] Zunächst wird festgestellt, dass die Beklagte das angegriffene Zeichen nicht nur beschreibend benutzt habe, sondern hiermit auch Werbezwecke verfolgt habe; denn die Verwendung der Wort-/Bildkombination ziehe den Blick des Betrachters ganz besonders auf sich. Es komme insoweit nicht darauf an, ob die Verwendung der Marke zur Bestimmung des Gegenstandes der Dienstleistungen der Beklagten notwendig gewesen sei, diese Erwägungen seien vielmehr erst bei der Prüfung der Schrankenbestimmung des § 23 Nr. 3 MarkenG zu berücksichtigen, was später im Ergebnis aber auch abgelehnt wird.[878] Der BGH erkennt weiterhin an, dass es im Rahmen von § 14 Abs. 2 Nr. 1 MarkenG nach der Rechtsprechung des EuGH nicht lediglich einer *Ausnutzung* der Werbefunktion der Klagemarke bedarf, sondern vielmehr einer *Beeinträchtigung* oder zumindest der *Möglichkeit einer Beeinträchtigung* dieser Funktion. Bezug nehmend auf die oben dargestellte EuGH-Entscheidung *Google France* sei von einer Beeinträchtigung auszugehen, wenn die Möglichkeit des Markeninhabers behindert werde, die Marke als Element der Verkaufsförderung oder als Instrument einer Handelsstrategie einzusetzen. Versuche ein Dritter, sich durch Benutzung eines mit der bekannten Marke identischen Zeichens in den Bereich der Sogwirkung der Marke zu begeben, um von Anziehungskraft, ihrem

876 Vgl. BGH WRP 2011, 1602 (1603) - Große Inspektion für alle.
877 Vgl. BGH WRP 2011, 1602 (1603) - Große Inspektion für alle.
878 Vgl. BGH WRP 2011, 1602 (1603) - Große Inspektion für alle.

Ruf und ihrem Ansehen zu profitieren, so liege regelmäßig eine Ausnutzung der Unterscheidungskraft oder Wertschätzung der Marke vor, wobei mit dem damit verbundenen Imagetransfer auch eine Schwächung der Kennzeichnungskraft der bekannten älteren Marke und damit eine Beeinträchtigung ihrer Werbefunktion einhergehe.[879]

Unverkennbar lehnt der BGH seine Prüfung an die im Zusammenhang mit dem Bekanntheitsschutz geläufigen Erwägungen an. Zugleich tritt aber das damit verbundene Problem hervor, dass der Tatbestand des Art. 5 Abs. 1 lit. a MRL und dessen Umsetzung in § 14 Abs. 2 Nr. 1 MarkenG kein Merkmal aufweist, das es erlauben würde, von einer *Ausfüllung* der Werbefunktion auszugehen. Während in Art. 5 Abs. 2 MRL und § 14 Abs. 2 Nr. 3 MarkenG das Tatbestandsmerkmal der Bekanntheit, mit seiner inhaltlichen Konkretisierung durch den EuGH, ein sicheres Indiz dafür ist, dass der Markeninhaber über eine sehr erfolgreiche Marke und damit verbundene Marktposition verfügt,[880] fehlt beim Identitätsschutz ein Anknüpfungspunkt. In der konkreten Entscheidung *Große Inspektion für alle* bestand die Besonderheit, dass die überragende Bekanntheit der Klagemarke wohl ohne Weiteres in dem Verfahren angenommen werden konnte. Die Ausführungen in dieser Entscheidung lassen sich so aber nicht verallgemeinern.

Der BGH geht offenbar von einer durch die Beklagte begangenen Ausnutzung der Wertschätzung oder Unterscheidungskraft aus. Eine Begründung des nötigen Imagetransfers fehlt, wobei dieser durchaus denkbar gewesen sein dürfte. Kritisch unter Berücksichtigung der EuGH-Rechtsprechung zu würdigen ist der Rückschluss vom Vorliegen einer Ausnutzung von Werbekraft oder Unterscheidungskraft auf eine Art Verwässerung im Hinblick auf eine Schwächung der Kennzeichnungskraft.[881] Dieser Rückgriff des BGH mag auf die Prämisse des EuGH zurückzuführen sein, wonach eine schlichte *Ausnutzung* für die Annahme einer Funktionsbeeinträchtigung im Rahmen des Identitätsschutzes nicht ausreiche, sondern eine *Beeinträchtigung* bzw. die ernsthafte Möglichkeit einer Beeinträchtigung erforderlich sei.[882]

879 Vgl. BGH WRP 2011, 1602 (1603/1604) - Große Inspektion für alle.
880 Vgl. hierzu oben S. 76 ff.
881 Vgl. BGH WRP 2011, 1602 (1604) - Inspektion für alle.
882 Vgl. EuGH GRUR 2009, 756 (762) - L´Oréal/Bellure.

cc. *Eigene Bewertung der Rezeption der EuGH-Rechtsprechung durch den BGH*

Nun wurde eingangs festgestellt, dass auch die *nicht* im Sinne von Art. 5 Abs. 2 MRL / § 14 Abs. 2 Nr. 3 MarkenG bekannte Marke in geringerem Maße eine Werbefunktion erfüllen kann. Es konnte gezeigt werden, dass auch gesetzliche Regelungen an anderer Stelle hiervon ausgehen. Daher ist die Anerkennung eines insoweit schutzwürdigen spezifischen Interesses des Markeninhabers durch den EuGH grundsätzlich zu begrüßen. Fraglich ist aber, wie der Schutz dieser Funktion unter dem Regime des Identitätsschutzes gehandhabt werden soll.

Dem Wortlaut nach gilt der Bekanntheitsschutz, dem in erster Linie der markenrechtliche Schutz der Werbefunktion zugeschrieben wird, *nur außerhalb* des Produktähnlichkeitsbereiches, sodass, von den rechtstechnischen Anwendungsschwierigkeiten einmal abgesehen, Raum für den Schutz der Werbe- oder Imagefunktion im Rahmen des Identitätsschutzes bliebe. Der EuGH hat jedoch im Jahre 2003 im Hinblick auf die Auslegung des Art. 5 Abs. 2 MRL in einem Umkehrschluss u. a. klargestellt, dass die Vorschrift ihrem Sinn und Zweck nach entsprechend anzuwenden ist, wenn ein mit der bekannten Marke identisches Zeichen *innerhalb* des Identitätsbereiches der Waren oder Dienstleistungen, für die sie Schutz genießt, benutzt wird.[883] Hier wird zu Recht eine gesteigerte Schutzbedürftigkeit angenommen, da die Rufausbeutung für Konkurrenten besonders reizvoll ist.

Da nicht zu erkennen ist, dass der EuGH den Bekanntheitsschutz nach Art. 5 Abs. 2 MRL, der durch § 14 Abs. 2 Nr. 3 MarkenG in nationales Recht übernommen worden ist, in seiner jetzigen Ausgestaltung durch die Rechtsprechung revidieren will, stellt sich folglich die Frage, wie ein Schutz der Werbefunktion im Rahmen von Art. 5 Abs. 1 lit. a MRL widerspruchsfrei neben der Umsetzung des Bekanntheitsschutzes in § 14 Abs. 2 Nr. 3 MarkenG erfolgen sollte. Da der deutsche Gesetzgeber die fakultative Vorgabe der MRL aus Art. 5 Abs. 2 übernommen hat, hat die Rechtsanwendung richtlinienkonform unter Berücksichtigung der Vorgaben des EuGH zu erfolgen.[884] Es ist fraglich, ob durch die teilweise Überleitung des Schutzes der Werbefunktion in den Identitätsschutz des Art. 5 Abs. 1 lit. a MRL bereits manifestierte Wertungen des weit entwickelten Bekanntheitsschutzes infrage gestellt werden. So weicht die BGH-Entscheidung

883 Vgl. EuGH WRP 2004, 360 (363) - Davidoff II; Ingerl/Rohnke, MarkenG, § 14 Rn. 1350.

884 So auch Dissmann, S. 87; a.A. Hacker in Ströbele/Hacker, MarkenG, § 14 Rn. 263.

Große Inspektion für alle in einigen Punkten augenscheinlich von der unter Art. 5 Abs. 2 MRL/§ 14 Abs. 2 Nr. 3 MarkenG etablierten Konkretisierung des Tatbestandes ab.

(1) Fehlender tatbestandlicher Indikator der Werbefunktion

Zunächst stellt sich das Problem, dass es im Art. 5 Abs. 1 lit. a MRL an einem Tatbestandsmerkmal fehlt, das die Ausfüllung insbesondere der von BGH und EuGH bezeichneten Werbefunktion indizieren würde. Die konkrete Ausfüllung des Tatbestandsmerkmals der Bekanntheit in Art. 5 Abs. 2 MRL, wie sie in der EuGH-Entscheidung *Chevy*[885] vorgegeben wird, erfüllt genau diese Funktion.

Das generelle Erfordernis der Beeinträchtigung eines spezifischen Interesses des Markeninhabers im Rahmen des Art. 5 Abs. 1 MRL, wie es aus Erwägungsgrund 11 MRL abgeleitet wird, kommt wie eingangs erwähnt nicht expressis verbis im Gesetzeswortlaut zum Ausdruck. Was die Herkunftshinweisfunktion angeht, so bedarf es keiner gesonderten Feststellung, da sie Grundvoraussetzung des Markenschutzes ist. Dies ist jedoch bei Funktionen wie der Werbe- oder Imagefunktion anders, da sie von einer Marke nicht in jedem Falle ausgeübt wird, sondern vielmehr erworben wird. Im Grunde könnte eine Feststellung von Werbekraft im Rahmen der erforderlichen Prüfung der Funktionsbeeinträchtigung erfolgen, wodurch zwar der Funktionsbegriff weiter mit Bedeutung aufgeladen werden würde; doch auch die Feststellung einer möglichen Beeinträchtigung der Herkunftshinweisfunktion setzt weitere Erwägungen voraus, im Falle der Werbefunktion wären es sich lediglich andere Überlegungen. Die Gefahr, dass die Frage der Funktionsbeeinträchtigung zu einer die Praxis erheblich belastenden Blackbox wird,[886] besteht durchaus. Begrenzt werden kann diese zunächst, indem von einem ausufernden und undifferenzierten Funktionskanon Abstand genommen wird. Will man ein Verbietungsrecht im Rahmen des Identitätsschutzes auf eine Beeinträchtigung der Werbefunktion stützen, kommt man nach dem hier vertretenen Verständnis nicht umhin, eine gesteigerte Werbekraft der Marke festzustellen. Hierfür könnte grundsätzlich auf die Vorgaben des EuGH aus der Entscheidung *Chevy* zurückgegriffen werden, denn deren Zweck besteht, wie erwähnt, in erster Linie in der Feststellung des Vorhandenseins einer schutzwürdigen Werbekraft der Marke. Es lassen sich insoweit die nachfolgend dargestellte Grenzen aufzeigen:

885 Vgl EuGH WRP 1999, 1130 (1132) (Rn. 27) - Chevy.

886 So Ohly, in: GRUR 2010, 776 (782).

Fraglos dürfte auf der einen Seite eine auch nach den Maßstäben des Art. 5 Abs. 2 MRL / § 14 Abs. 2 Nr. 3 MarkenG gegebene Bekanntheit bei entsprechender Kollisionslage im Bereich des Identitätsschutzes grundsätzlich die Annahme einer Beeinträchtigung der Werbefunktion rechtfertigen. Genau hiervon ging der BGH in der Entscheidung *Große Inspektion für alle* deshalb auch völlig zu Recht aus, wobei die dahinterstehenden Erwägungen leider nicht offengelegt worden sind.[887]

Auf der anderen Seite stellt sich die Frage, ob beispielsweise das Berufen auf eine Beeinträchtigung der Werbefunktion einer innerhalb der Schonfrist des § 25 Abs. 1 MarkenG bisher unbenutzten Marke die Annahme eines Verbietungsrechts rechtfertigen würde. Nach dem in dieser Arbeit vertretenen und oben dargelegten Ansatz, wonach die Werbefunktion durch entsprechende Marktaktivitäten erworben werden muss, dürfte sich für den Regelfall ein Rückgriff auf die Werbefunktion verbieten.

Zwischen diesen beiden Endpunkten der Skala wären insbesondere Feststellungen im Hinblick auf Marktanteil der Marke, Intensität, geografische Ausdehnung und die Dauer ihrer Benutzung sowie den Umfang der getätigten Investitionen anzustellen. Die Schwelle zum Tatbestandsmerkmal der „Bekanntheit" im Sinne von § 14 Abs. 2 Nr. 3 MarkenG bzw. Art. 5 Abs. 2 MRL muss allerdings nicht erreicht werden, ansonsten könnte man dem Schutz der Werbe- bzw. Imagefunktion im Rahmen von § 14 Abs. 2 Nr. 1 MarkenG bzw. Art. 5 Abs. 1 lit. a MRL kaum eigenständige Bedeutung beimessen, da eine Kollisionslage im Identitätsbereich bei markenrechtlicher Bekanntheit in den meisten Fällen den Tatbestand vor allem der Rufausbeutung im Rahmen des Bekanntheitsschutzes erfüllen dürfte.

(2) Die Feststellung einer Beeinträchtigung der Werbefunktion

Selbst bei solchen Marken, die über einen bereits gesteigerten Werbewert verfügen, muss jedoch der Schutzbereich des § 14 Abs. 2 Nr. 1 MarkenG / Art. 5 Abs. 1 lit. a MRL vor einer uferlosen Ausdehnung bewahrt werden, wenn ein Abwehrrecht unabhängig von der Beeinträchtigung der Herkunftshinweisfunktion auch auf eine die Werbefunktion beeinträchtigende Markenverwendung gestützt werden kann. Der BGH bemüht in der Entscheidung *Große Inspektion für alle* die Schranken des § 23 MarkenG, soweit es darum geht, ein Abwehrrecht auf Grundlage einer Beeinträchtigung der Werbefunktion zu begrenzen. Bereits

887 Siehe insoweit oben S. 171.

auf Ebene des Tatbestandes des Verbietungsrechts prüft der BGH unter Bezugnahme auf die Entscheidung *Google France* weitere Merkmale, die eine Beeinträchtigung der Werbefunktion belegen sollen, die aber keinesfalls dem Wortlaut der Vorschrift entnommen werden können. Die in jener Entscheidung aufgestellte Prämisse, dass eine Beeinträchtigung der Werbefunktion gegeben sei, wenn durch die beanstandete Benutzung die Möglichkeit des Markeninhabers beeinträchtigt werde, die Marke als Element der Verkaufsförderung oder als Element einer Handelsstrategie einzusetzen, konkretisiert der BGH anhand der Prüfung einer Schwächung der Kennzeichnungskraft der Marke.[888] Wie oben dargestellt,[889] lehnt er sich hierbei an die vom markenrechtlichen Schutz bekannter Marken her geläufigen Grundsätze an.

Die Tatsache, dass sich die Kollisionslage im Falle des Art. 5 Abs. 1 lit. a MRL / § 14 Abs. 2 Nr. 1 MarkenG im Identitätsbereich abspielt, erlaubt gewisse Aussagen zur Feststellung der Zeichenkollision unter dem Aspekt der Beeinträchtigung der Werbefunktion. In der Entscheidung *Intel* führt der EuGH insoweit aus, dass die Gefahr einer Ausnutzung oder Beeinträchtigung von Wertschätzung oder Unterscheidungskraft der älteren Marke umso größer ist, je unmittelbarer und stärker die ältere Marke von der jüngeren Marke in Erinnerung gerufen werde.[890] Im Falle einer Kollisionslage im Bereich des Identitätsschutzes findet die größtmögliche Annäherung von Marke und Drittzeichen statt. Demzufolge ist die im Rahmen des Bekanntheitsschutzes nötige Prüfung der *gedanklichen Verknüpfung* nicht zwingend.

Die zu ihrer Feststellung maßgeblichen Kriterien sind aber gleichzeitig maßgeblich für die Feststellung der *tatbestandlichen Beeinträchtigung*.[891] Folglich ist die Vorgehensweise des BGH richtig, wonach bei gerechtfertigter Annahme einer Wahrnehmung der Werbefunktion durch eine Marke bereits die Kollisionslage im Identitätsbereich eine Beeinträchtigung der Werbefunktion weitgehend indizieren könnte. Die Werbefunktion konnte der BGH, wie erwähnt, aufgrund der unstreitig überragenden Bekanntheit der Marke annehmen. Der BGH stellt fest, dass eine Ausnutzung der Unterscheidungskraft oder Wertschätzung einer bekannten Marke vorliege, wenn sich ein Dritter durch die Be-

888 Vgl. BGH WRP 2011, 1602 (1603) - Große Inspektion für alle; EuGH GRUR 2010, 445 (449) - Google France.

889 Vgl. oben S. 171.

890 Vgl. EuGH GRUR 2009, 56 (59) - Intel.

891 Vgl. EuGH GRUR 2009, 56 (59) (Tz. 68) - Intel.

nutzung eines identischen Zeichens in den Bereich der „Sogwirkung“ der Marke begebe. In diese Sogwirkung - ein Begriff, der der EuGH-Entscheidung L´Oréal/Bellure entnommen ist[892] - begibt sich der Zeichenverwender naturgemäß, wenn er ein der Marke identisches Zeichen für seine Produkte, die denjenigen des Markeninhabers entsprechen, benutzt.

Der EuGH lässt jedoch, anders als der Tatbestand des Art. 5 Abs. 2 MRL, im Hinblick auf den Identitätsschutz bloße Funktions*ausnutzungen* im Bereich des Identitätsschutzes nicht genügen, sondern fordert die *Beeinträchtigung* spezifischer Interessen bzw. die *Gefährdung* spezifischer Interessen des Markeninhabers.[893] Der BGH berücksichtigt dies, begnügt sich insoweit aber mit der Feststellung, dass es durch das Auftauchen des Drittzeichens im Identitätsbereich und damit in der unmittelbaren Sogwirkung der Marke ohne Weiteres auch zu einer Schwächung der Kennzeichnungskraft der (bekannten) Marke kommen solle.[894] Die hohen Anforderungen an die Darlegungslast, wie sie der EuGH in der Entscheidung *Intel*[895] zur Feststellung einer Verwässerung im Bereich des Bekanntheitsschutzes fordert, finden sich hier nicht wieder. Dort gilt, dass neben den Voraussetzungen einer gedanklichen Verknüpfung darzulegen ist, dass es hierdurch zu einer Änderung im wirtschaftlichen Verhalten der angesprochenen Durchschnittsverbraucher kommt, es wird insoweit auch von dem Erfordernis einer Auflösung der Identität der Marke gesprochen.[896] Es erscheint zumindest zweifelhaft, wenn bei einer weniger bekannten Marke, auch im Bereich des Identitätsschutzes, ohne Weiteres von einer Schwächung der Marke ausgegangen wird, obwohl sich womöglich keinerlei Änderungen im Verbraucherverhalten nachweisen ließen.

Fraglich bleibt zudem, ob bei einer Kollisionslage im Bereich des Identitätsschutzes neben der Beeinträchtigung der Unterscheidungskraft auch eine Beeinträchtigung des Markenimages auftreten kann. Dies wurde in der zitierten BGH-Entscheidung *Große Inspektion für alle* nicht angesprochen. Hierfür wären gewisse Inkompatibilitäten erforderlich, die jedenfalls im Bereich des Identitätsschutzes nicht aus dem Gebrauchsnutzen abgeleitet werden können, da dieser nun gerade übereinstimmen dürfte. Es kämen allenfalls Imageinhalte der Kla-

---

892 Vgl. EuGH GRUR 2009, 756 (760) - L´Oréal/Bellure.

893 Vgl. EuGH GRUR 2009, 756 (761) - L´Oréal/Bellure.

894 Vgl. BGH WRP 2011, 1602 (1604) - Große Inspektion für alle.

895 Vgl. EuGH GRUR 2009, 56 (60) - Intel.

896 Vgl. EuGH GRUR 2009, 56 (60) - Intel.

gemarke infrage, die in konträrer Beziehung zu den durch das Zeichen des Dritten vermittelten Aussagen stehen. Nach der bisherigen Praxis des BGH im Bereich des Bekanntheitsschutzes wird es somit vor allem auf *das Verhältnis* hervorstechender und eben nicht an den Gebrauchsnutzen anknüpfender Produktattribute von Marke und Zeichen zueinander ankommen.[897] Dieser Aspekt ist stark einzelfallabhängig und wird jedenfalls im Regelfall kaum in Betracht kommen können.

(3) Das Fehlen einer tatbestandlichen Abwägungsmöglichkeit

Anders als das Tatbestandsmerkmal der „Unlauterkeit“ beim Bekanntheitsschutz ermöglicht der Tatbestand des Art. 5 Abs. 1 lit. a MRL / § 14 Abs. 2 Nr. 1 MarkenG keine Interessenabwägung. Der Schutz ist hier, wie bereits erwähnt, absolut angelegt. Die Feststellung einer von einer Zuordnungsverwirrung unabhängigen Beeinträchtigung der Werbefunktion erfordert aber nach Ansicht *Ohlys* in besonderem Maße eine Abwägung der beteiligten Interessen.[898]

Dieses Erfordernis zeigen z. B. die Fallkonstellationen der Verwendung von Ad-Words im Rahmen von Internetreferenzierungsdiensten wie *Google* auf. Das Ad-Word wird nach Art eines Schlüsselwortes, das mit der geschützten Marken identisch ist, für Produkte gebucht, die auch von der fremden Marke beansprucht werden, damit z. B. entsprechende Werbelinks des Dritten angezeigt werden, sobald die geschützte Marke als Suchbegriff eingegeben wird. Der EuGH hat bereits entschieden, dass es sich hierbei grundsätzlich um eine Benutzung der Marke im Sinne von Art. 5 Abs. 1 MRL handeln kann, da die Internetwerbung mit Schlüsselwörtern, die mit Marken von Mitbewerbern identisch sind, um eine Benutzung „für Produkte des Werbenden“ handelt.[899] Ein Handeln im geschäftlichen Verkehr kommt hierbei ohnehin in Betracht.

Es kommt somit auf die Möglichkeit einer Beeinträchtigung geschützter Funktionen an. Der EuGH führt im Hinblick auf ein aus der Richtlinie 2000/31/EG abgeleitetes Transparenzgebot im Internethandel zunächst die spezifische Maßgeblichkeit *der Gestaltung* der auf das Schlüsselwort hin angezeigten Anzeige ein, soweit es um eine mögliche Beeinträchtigung *der Herkunftsfunktion* geht.[900] Ist der Werbelink jedoch weder missverständlich noch vage in

897 Vgl. hierzu auch oben S. 109 ff.

898 So Ohly, in: GRUR 2010, 776 (785).

899 Vgl. EuGH GRUR 2010, 445 (448) - Google France.

900 Vgl. hierzu Henning-Bodewig, in: GRUR Int. 2011, 592 (596).

Bezug auf mögliche wirtschaftliche Verbindungen zum Markeninhaber gestaltet, scheidet eine Beeinträchtigung der Herkunftsfunktion aus.

Im Hinblick auf die doch eher unbestimmte Formel des EuGH, wonach eine Beeinträchtigung der Werbefunktion in Betracht komme, wenn durch die Verwendung der Marke die Möglichkeit ihres Inhabers, die Marke als Element der Verkaufsförderung oder Instrument der Handelsstrategie einzusetzen, beeinträchtigt werde,[901] scheint eine Begrenzung des Schutzbereiches unerlässlich. In der konkreten Entscheidung *Google France* stellte sich die Frage, ob die Werbefunktion der Marke dadurch verletzt worden wäre, dass der Markeninhaber infolge der Buchung passender Schlüsselwörter durch Dritte gezwungen ist, einen höheren Preis für eine vorrangige Listung seiner Anzeige zu zahlen. Doch obwohl dieser Sachverhalt sicher den Einsatz der Marke zur Verkaufsförderung erschwert, lehnte der EuGH eine relevante Beeinträchtigung der Werbefunktion ab. In der Tat wäre ein Schutz derartiger Interessenlagen durch das Markenrecht untypisch und eher zweifelhaft. Gleichwohl verlangt die Einschränkung des vom EuGH zuvor aufgestellten Credos eine Begründung. Die dahinterstehenden, wertenden Überlegungen werden jedoch nicht offengelegt. Dies ist auch schwierig, da es an einem Anknüpfungspunkt im Wortlaut der Vorschrift fehlt. Dies ist der Grund, weshalb *Ohly* zu Recht die Gefahr größerer Rechtsunsicherheiten sieht, die mit der Ermittlung der Funktionsbeeinträchtigung verbunden sind.[902]

Durch den Rückgriff auf die Erwägungen, wie sie vom Bekanntheitsschutz her anerkannt sind, präzisiert der BGH in seiner Entscheidung *Große Inspektion für alle* die Prüfung der Beeinträchtigung der Werbefunktion weiter. Eine Wertungsebene wird hierdurch zwar auch nicht unmittelbar eröffnet. Im Rahmen von Art. 5 Abs. 2 MRL wird jedoch angenommen, dass zumindest im Regelfall mit Vorliegen der tatbestandsmäßigen Beeinträchtigungen auch zugleich die nach § 14 Abs. 2 Nr. 3 MarkenG erforderliche Unlauterkeit impliziert ist.[903] Insoweit sorgt der Ansatz des BGH, durch die Bezugnahme auf die dort als tatbestandsmäßig angenommenen Beeinträchtigungen für etwas Klarheit. Allerdings ist das Erfordernis der Unlauterkeit auch beim Bekanntheitsschutz nicht in jedem Fall erfüllt und stellt keine überflüssige Leerformel dar. Es sind diesbezüglich grundsätzlich sämtliche Umstände des Einzelfalles zu würdigen und die

901 Vgl. EuGH GRUR 2010, 445 (449) - Google France.

902 Vgl. Ohly, in: GRUR 2010, 776 (785).

903 Vgl. Ingerl/Rohnke, MarkenG, § 14 Rn. 1280.

beiderseitigen Interessen umfassend abzuwägen.[904] Insofern stellt auch die Herangehensweise des BGH noch keine belastbare Lösung des Problems zur Verfügung.

Zumindest aber kommt der Schrankenregelung des § 23 MarkenG bzw. Art. 6 MRL größeres Gewicht zu als dies im Anwendungsbereich des Bekanntheitsschutzes der Fall wäre. In Bezug auf Letzteren fließen die Erwägungen zu § 23 MarkenG in die Ermittlung der „unlauteren Beeinträchtigung ohne rechtfertigenden Grund" ein und haben kaum eigenständige Bedeutung im Sinne der Schrankenregelung.[905] Eine Befrachtung des Tatbestandes des Identitätsschutzes mit einer Abwägungsprüfung ist im Anwendungsbereich des § 23 MarkenG gar nicht geboten. Richtig ist daher die Auseinandersetzung des BGH in der Entscheidung *Große Inspektion für alle* mit der markenrechtlichen Schrankenregelung. Es wird dort die Verwendung der VW-Wort-/Bildmarke unter dem Gesichtspunkt der notwendigen Verwendung als Angabe über die Bestimmung der angebotenen Dienstleistung geprüft. Die Beklagte in dem Verfahren betrieb Autoreparaturwerkstätten und bot unter Verwendung der geschützten Marke Kfz-Inspektionen für VW-Automobile an. Hinsichtlich der Notwendigkeit der Verwendung der konkreten Wort-/Bildmarke stellt der BGH fest, dass es keine andere Möglichkeit zur Benennung der besagten Zweckbestimmung als die der Verwendung einer Marke der Klägerin gab. Die Frage, ob ein schutzwürdiges Interesse der Klägerin verletzt worden ist und etwa die Benutzung der bloßen Wortmarke weniger belastend gewesen wäre, erörtert der BGH dann zutreffend im Rahmen der Schranken-Schranke der „guten Sitten". In der Rechtsprechung des EuGH wird insoweit unter Bezugnahme auf Art. 6 Abs. 1 MRL von den „anständigen Gepflogenheiten in Gewerbe und Handel" gesprochen, wobei es auch danach um die Pflicht des Zeichenverwenders gehen soll, den berechtigten Interessen des Markeninhabers nicht *in unlauterer Weise* zuwiderzuhandeln.[906] Unter anderem handelt der die fremde Marke nutzende Dritte dann unlauter, wenn die konkrete Benutzung den Wert der Marke dadurch beeinträchtigt, dass sie deren Unterscheidungskraft oder Wertschätzung in unlauterer Weise ausnutzt.[907] Genauso könnte eine Herabsetzung der Marke infolge der Benutzung das Eingreifen der Schrankenregelung verhindern.[908] Es kommt nach ständiger

904 Vgl. Hacker in Ströbele/Hacker, MarkenG, § 14 Rn. 319.
905 Vgl. Hacker in Ströbele/Hacker, MarkenG, § 23 Rn. 6.
906 Vgl. EuGH GRUR 2005, 509 (512); Hacker in Ströbele/Hacker, MarkenG, § 23 Rn. 14.
907 Vgl. EuGH GRUR 2005, 509 (512) - Gillette.
908 Vgl. EuGH GRUR 2005, 509 (512) - Gillette.

Rechtsprechung des BGH darauf an, ob der die Marke verwendende Dritte alles getan hat, um den berechtigten Interessen des Markeninhabers nicht zuwiderzuhandeln.[909] Dies ist anhand einer Gesamtwürdigung aller relevanten Umstände des Einzelfalles festzustellen.

Raum für Abwägungen eröffnet also § 23 MarkenG für die dort geregelten Zusammenhänge zwanglos über die markenrechtliche Schrankenregelung. Gerade aufgrund der Kollisionslage im Bereich des Identitätsschutzes und des Erfordernisses des Bezuges der Markenbenutzung zu den Produkten des Dritten dient die Schrankenregelung als geeignetes Korrektiv. Sie erlaubt umfassende Interessenabwägungen auch unter Einbeziehung verfassungsrechtlicher Wertungen.[910] Die Sachverhaltskonstellationen, die unter dem Aspekt der Beeinträchtigung der Werbefunktion bei einer Kollisionslage im Identitätsbereich vorstellbar sind, sind begrenzt. Es dürfte sich in der überwiegenden Zahl der Fälle um eine Zeichenverwendung im Rahmen werbender Maßnahmen handeln, bei denen aufgrund der konkreten Angebotsgestaltungen eine Herkunftsverwirrung nicht in Betracht kommt.

(4) Fazit

Nach alldem kommt es also zunächst darauf an festzustellen, ob die fragliche Marke geeignet ist, die Werbefunktion wahrzunehmen. Dazu ließen sich die zum Tatbestandsmerkmal der Bekanntheit nach Art. 5 Abs. 2 MRL durch den EuGH eingeführten Kriterien jedenfalls zur Ermittlung von Anhaltspunkten aufgreifen und unter geringeren Anforderungen als dort auch für den Identitätsschutz prüfen.

Soweit es um die Begrenzung des Markenrechts im Bereich des Identitätsschutzes unter dem Aspekt der Beeinträchtigung der Werbefunktion geht, bewahren die vom EuGH vorgegebene zweistufige Benutzungsprüfung sowie die Anwendung der Schrankenregelung den Rechtsverkehr vor einem weitreichenden Kommunikationsmonopol des Markeninhabers.

Neben dem Erfordernis der Funktionsbeeinträchtigung, die im Grunde in einem zweiten Schritt zu prüfen ist, ist zunächst erforderlich, dass der Verwender die Marke „für eigene Produkte“ verwendet.[911] Dabei muss die Markenverwen-

909 Vgl. BGH GRUR 2005, 163 (164) - Aluminiumräder.

910 So Fezer, in: GRUR 2003, 457 (466).

911 Vgl. EuGH GRUR 2008, 698 (699) - O2/H3G.

dung natürlich auch im geschäftlichen Verkehr erfolgen, wie sich bereits aus dem unmittelbaren Wortlaut der entsprechenden europäischen und deutschen Norm ergibt. Das Erfordernis des Warenbezuges wird sehr weit gesehen und ist auch dann noch als erfüllt anzusehen, wenn der Dritte seine eigenen Waren im Rahmen vergleichender Werbung im Sinne von § 6 Abs. 1 UWG denjenigen des Markeninhabers gegenüberstellt. Denn nach Auffassung des EuGH dient der Werbevergleich letztlich dazu, den Absatz der Waren und Dienstleistungen des Werbenden zu fördern.[912] Diese Sichtweise ist nachvollziehbar, da sich ein Unternehmer sicher nicht selbstlos der Schaffung von Markttransparenz verpflichtet sieht, sondern an ihr nur dann ein Interesse haben wird, wenn sie der Förderung des eigenen Produktabsatzes dient.

Allgemein sollten auch im Bereich des Identitätsschutzes solche Fälle aus dem Schutzbereich der Marke ausscheiden, in denen die Markenbenutzung nicht zur Kennzeichnung der eigenen Ware dient. Insoweit ist dem EuGH ausdrücklich zuzustimmen. Dies hat auch dann zu gelten, wenn die konkrete Benutzung grundsätzlich geeignet ist, aus Sicht des Markeninhabers den Einsatz der Marke als Mittel der Verkaufsförderung zu erschweren. Es sollten also Benutzungsformen zu redaktionellen Zwecken, wie beispielsweise der Produkt- oder Markenkritik, aus dem Schutzbereich ausscheiden.[913]

Nimmt die Marke die Werbefunktion wahr und wird sie für die Produkte des Dritten verwandt, kommt dem EuGH zufolge eine Beeinträchtigung dieser Funktion durch die konkrete Verwendung des Zeichens durch einen Dritten in Betracht. Als Möglichkeiten dürften dem Sinne nach die Verwässerung und die Rufbeeinträchtigung der Marke in Betracht zu ziehen sein. In beiden Fällen sollten konkrete Feststellungen in Bezug auf die Möglichkeit einer Funktionsbeeinträchtigung nicht unterbleiben. Was die Rufbeeinträchtigung angeht, wird nach Art einer Rechtsfrage die Möglichkeit negativer Rückkopplungen auf das Image der Klagemarke zu prüfen sein. Ein solcher Effekt wird aber bei der konkreten Kollisionslage im Identitätsbereich auch eher selten vorkommen, weil sich die jeweiligen Produktattribute weitgehend gleichen dürften. Im Hinblick auf die Verwässerung schließlich ist den Vorgaben des EuGH zufolge selbst im Bereich des Schutzes bekannter Marke, in deren Sogwirkung sich dritte Zeichennutzer wohl am häufigsten zur Steigerung des eigenen Markenerfolges begeben werden, ein Markenverfall durch den Anspruchssteller nachzuweisen. Es ist kein

912 Vgl. EuGH GRUR 2008, 698 (699) - O2/H3G.

913 Vgl. hierzu auch Ingerl/Rohnke, MarkenG, § 14 Rn. 342, 347.

guter Grund ersichtlich, warum bei nicht bekannten Marken gänzlich von dieser Feststellung abgesehen werden sollte.

Auf diese Weise wird das Abwehrrecht sinnvoll begrenzt, wobei die Vielgestaltigkeit möglicher Sachverhaltskonstellationen kaum im Rahmen einer generellen Darstellung befriedigend erfasst werden kann. Ziel der vorstehenden Ausführungen ist jedoch der Erörterung der allgemeinen Bedeutung der Werbefunktion.

d. Ergebnis: Funktionsschutz im Rahmen des Identitätsschutzes nach § 14 Abs. 2 Nr. 1 MarkenG / Art. 5 Abs. 1 lit. a MRL

Der Identitätsschutz ist im Wandel begriffen. Der erfolgreiche Markenaufbau hat bisher nach überkommener Auffassung keinen Einfluss etwa auf die Erfolgsaussicht einer Klage gehabt, die gegen die Benutzung eines mit der geschützten Marke identischen Zeichens erhoben worden ist, wenn das Zeichen für Produkte, die denen von der Marke beanspruchten entsprachen, benutzt wurde. Es ging in der bisherigen Rechtspraxis insoweit um die Möglichkeit einer Beeinträchtigung der Herkunftsfunktion. Der Aufbau einer erfolgreichen Marke und die Etablierung eines positiven Markenimages auch unterhalb der Bekanntheitsschwelle des § 14 Abs. 2 Nr. 3 MarkenG wird künftig jedoch einen anderen Stellenwert erlangen. Offen ist allerdings bisher, wie sich die Prüfung des Tatbestandes unter diesem Aspekt einer Funktionsbeeinträchtigung künftig darstellen wird. Erste Anhaltspunkte, die der BGH-Rechtsprechung entnommen werden können, deuten auf eine Anlehnung an die Prüfung im Bereich des markenrechtlichen Schutzes bekannter Marken hin. Dieser lässt sich jedoch nicht eins zu eins übertragen, da sich die Kollisionslagen der Ziffern 1 und 3 im Rahmen von § 14 Abs. 2 MarkenG unterscheiden. Allerdings lassen sich bereits erste Erkenntnisse und Aussagen der Rechtsprechung entnehmen. Dies wurde oben dargestellt.

Festzuhalten bleibt, dass künftig auch im Bereich des Identitätsschutzes der erfolgreiche Aufbau einer Marke in dem dieser Arbeit zugrunde liegenden Sinne eine Erweiterung des Schutzbereiches nach sich ziehen kann. Denn eine Marke, die die Werbefunktion bzw. Imagefunktion, wie sie oben herausgearbeitet worden ist, nicht wahrnimmt, wird keinen nennenswerten Markterfolg erzielen und somit lediglich unter dem Aspekt einer Beeinträchtigung der Herkunftsfunktino und somit (zumindest) seltener geeignet sein, Dritte von ihrer Benutzung auszuschließen.

4. Ergebnis der Betrachtung des markenrechtlichen Untersagungsrechts

Die Untersuchung des Schutzbereiches hat gezeigt, dass sich dieser in Abhängigkeit von einem erfolgreichen Markenaufbau nicht lediglich stufenartig vom Schutz der im Sinne des Markengesetzes bzw. der MRL „nicht bekannten“ Marke zum Schutz der in diesem Sinne „bekannten“ Marke verändert. Vielmehr tritt mehr oder weniger eine fließende Veränderung des Schutzbereiches auf.

Eine Marke ist zunächst nur potenziell geeignet, als Image- und Werbeträger des Markeninhabers zu fungieren. Ob dies letztlich passiert, wird in der Rechtsprechungspraxis anhand der Kriterien, die der EuGH zur Feststellung markenrechtlicher Bekanntheit aufgestellt hat, beurteilt. Die hierfür relevanten Größen wie Marktanteil, Dauer und Intensität der Markennutzung sowie getätigter Werbeaufwand eignen sich als Beleg für einen erfolgreichen Aufbau von Werbekraft und die Realisierung der Imageträgereigenschaft der Marke. Denn ausgehend vom wirkungsbezogenen, ökonomischen Markenverständnis beruht der wirtschaftliche Erfolg einer Marke auf diesen Eigenschaften.

Auswirkungen hat die Feststellung der Bekanntheit nicht nur im Rahmen des Tatbestandes des § 14 Abs. 2 Nr. 3 MarkenG bzw. Art. 5 Abs. 2 MRL. Dort allerdings erfährt der markenrechtliche Schutz seine größtmögliche Ausdehnung, indem über den Bereich von Verwechslungsgefahr und Warenähnlichkeit hinaus ein Abwehrrecht eröffnet werden kann, wenn eine Beeinträchtigung der Werbe- und Imageträgereigenschaft bzw. eine Gefährdung der hierfür nötigen Grundvoraussetzung der Produkt-Identifizierungseignung wenigstens droht.

Doch auch im Bereich des Verwechslungsschutzes nach § 14 Abs. 2 Nr. 2 MarkenG, Art. 5 Abs. 2 lit. b MRL beeinflusst der Markterfolg der Marke die Reichweite des Abwehrrechts. Über das Tatbestandsmerkmal der Verwechslungsgefahr fließen die den Bekanntheitsbegriff ausfüllenden Kriterien in die Beurteilung der Kennzeichnungskraft ein, die wiederum eine Einflussgröße für die festzustellende Verwechslungsgefahr ist. Mit zunehmendem Markterfolg im Sinne jener Bekanntheitskriterien werden im Rahmen der anzuwendenden Wechselwirkungslehre geringere Anforderungen an den zu fordernden Grad von Zeichen- und Produktähnlichkeit gestellt. Somit erweitert sich der Schutzbereich auch hier in Abhängigkeit zum Markterfolg. Die erworbene Kennzeichnungskraft spielt darüber hinaus eine wichtige Rolle für den Zeichenvergleich, soweit es um die Frage der Zeichenprägung und die Feststellung der Zeichenähnlichkeit geht. Es konnte gezeigt werden, dass es sich bei den Auswirkungen des Markterfolges einer Marke auf die Feststellung der Verwechslungsgefahr nicht um einen empirisch begründeten (Neben-)Effekt handelt, sondern die Erweiterung des Schutzbereiches bei konsistenter Rechtsanwendung vielmehr dem Gesetzeszweck entspricht.

Die Entwicklungen zum Identitätsschutz in der Rechtsprechung sind noch frisch. Klarheit besteht hier in Bezug auf den Schutz der Werbefunktion, wie vom EuGH jetzt vorgegeben, letztlich noch nicht. Es ist jedoch festzuhalten, dass eine Marke, die über eine gesteigerte Werbekraft verfügt, geeignet ist, auch in Konstellationen, in denen eine Herkunftsverwirrung nicht zu befürchten ist, einen Abwehranspruch zu begründen, wenn nämlich eine Beeinträchtigung ihrer Werbefunktion droht. Die Frage, ob eine Marke die Werbefunktion überhaupt wahrnimmt, ließe sich auch hier anhand der zum Tatbestandsmerkmal der markenrechtlichen Bekanntheit entwickelten Kriterien beurteilen, hierauf deutet jedenfalls in Ansätzen die Rechtsprechung des BGH hin. Ist die Annahme gerechtfertigt, dass eine Marke tatsächlich als Werbe- und Imageträgerin fungiert, kann auch in Konstellationen, die beispielsweise eine Rufbeeinträchtigung oder Verwässerung befürchten lassen, ein Abwehrrecht des Markeninhabers entstehen.

Vor diesem Hintergrund kann noch einmal auf die gedankliche Konstruktion *Ulmers*[914] aus dem Jahre 1929 zurückgegriffen werden. Die Theorie der Entwicklungsbegünstigung bestand danach darin, dass zunächst das Warenzeichenrecht einen rechtlichen abgesicherten Entwicklungsmodus einräumte, der im Idealfall den Aufbau einer bekannten und erfolgreichen Marken ermöglichte, die umfassend schließlich durch das Wettbewerbsrecht gegen Ausnutzung und Beeinträchtigung geschützt wurde. Letztlich ist diese Lehre heute nicht mehr geeignet, das Verhältnis von Marken- und Lauterkeitsrecht zu beschreiben. Der markenrechtliche Schutz war hiernach Teil des Wettbewerbsrechts. Heute ist der Schutz bekannter Marken in das Markengesetz integriert worden, und darüber hinaus hat das Lauterkeitsrecht einen Wandel von einem individualrechtlich geprägten System hin zu einem auch am Schutz von Interessen der Allgemeinheit orientierten System vollzogen, während der Markenschutz seiner individual-

914 Vgl. hierzu bereits oben S. 26.

rechtlichen Konzeption verhaftet geblieben ist.[915] Es lässt sich aber mit Blick auf den Kerngedanken der Entwicklungsbegünstigung sagen, dass auch das heutige Markenrecht einen zeitlich unbegrenzten, von einem Benutzungserfordernis abhängenden Entwicklungsmodus einräumt, im Rahmen dessen ein zunehmender Markterfolg eine Erweiterung des Schutzbereiches nach sich zieht, wovon wichtige wirtschaftliche Werte des Markeninhabers erfasst werden. Die Werbe- oder Imagefunktion spielt somit keine der abstrakten Herkunftsfunktion untergeordnete Rolle. Im Hinblick auf den Begriff der markenrechtlichen Bekanntheit im Sinne der oben erörterten EuGH-Entscheidung *Chevy*[916] lässt sich sagen, dass der konkrete Schutz dieser Funktionen jedoch nicht ohne Weiteres originär mit dem Markenrecht verknüpft ist, sondern erst durch entsprechende Marktaktivitäten des Markeninhabers erreichbar ist.[917] Dies gilt für die abstrakte Herkunftsfunktion nicht, bei ihr handelt es sich sozusagen um eine originäre Funktion der Marke.[918] Deshalb richtet sich der Markenschutz zunächst einmal an ihr aus. Er bleibt aber, sofern die Marke einen Entwicklungsprozess durchläuft und eine gesteigerte Werbekraft erwirbt, keinesfalls hierauf beschränkt.

915 Vgl. Henning-Bodewig, in: GRUR Int. 2007, 986 (987).

916 Vgl. oben S. 76.

917 A.A. offenbar Fezer, in: WRP 2010, 165 (180).

918 Weiler, in: MarkenR 2011, 495 (495), spricht insoweit von der Herkunftsfunktion im Sinne einer „geborenen“ Markenfunktion.

III. Zum Schutzbereich des Markenrechts - die markenrechtlichen Schrankenregelungen

1. Gegenstand der Schrankenregelungen der §§ 23, 24 MarkenG

Liegen die Voraussetzungen des markenrechtlichen Abwehrtatbestandes aus § 14 Abs. 2 MarkenG bzw. Art. 5 Abs. 1 und 2 MRL vor, ziehen insbesondere die Bestimmungen der Art. 6 und 7 MRL, die durch die §§ 23, 24 MarkenG in das deutsche Recht umgesetzt worden sind, dem Markenrecht dennoch Grenzen.

Hinter diesen Schrankenbestimmungen steht eine Abwägung von beteiligten Interessen, namentlich die des Markeninhabers an der Realisierung des wirtschaftlichen Wertes seiner Marke einerseits sowie die der Allgemeinheit an einer möglichst ungehinderten Verwendung bestimmter Angaben sowie an der Verkehrsfähigkeit von Waren- und Dienstleistungen im Geschäftsverkehr andererseits.[919] Diese Interessen sind dem EuGH zufolge so gegeneinander abzuwägen, dass das Markenrecht seine Rolle als wesentlicher Teil eines Systems unverfälschten Wettbewerbs spielen kann.[920]

Bereits im Eintragungsverfahren ist dieser Interessenausgleich zunächst Aufgabe des DPMA, das insbesondere unter Berücksichtigung der Eintragungshindernisse nach § 8 Abs. 2 Nr. 1 bis 3 Marken ungerechtfertigte staatliche Monopolisierungen verhindern soll. Soweit im Eintragungsverfahren jedoch Verkehrsdurchsetzung eines Zeichens festgestellt werden kann, fällt die Interessenabwägung zugunsten des Markenanmelders aus, wie sich aus § 8 Abs. 3 MarkenG bzw. Art. 3 Abs. 3 MRL ergibt. In diesem Fall ändert sich zwar an dem Zeichen und seiner ihm innewohnenden Kennzeichenschwäche nichts, jedoch gelingt es dem Anmelder *in der Wahrnehmung* der angesprochenen Verkehrskreise einen Bedeutungswandel in Bezug auf das fragliche Zeichen als Marke herbeizuführen.[921] Im Eintragungsverfahren wird jedoch keine konkrete Wettbewerbslage zugrunde gelegt, die anzustellenden Erwägungen sind keinesfalls geeignet, jede nur erdenklich künftige Behinderung von Mitbewerbern des Markenanmelders zu berücksichtigen.[922]

---

919 Vgl. EuGH WRP 1999, 407 (413) - BMW/Deenik.

920 Vgl. EuGH WRP 1999, 407 (413) - BMW/Deenik.

921 Vgl. hierzu bereits oben S. 69 f.

922 Vgl. hierzu Hacker in Ströbele/Hacker, MarkenG, § 23 Rn. 4.

a. Zu § 23 MarkenG / Art. 6 MRL

§ 23 MarkenG übernimmt zumindest weitgehend wortgleich die Vorgaben der MRL in Art. 6. Hauptsächlich beschränkt § 23 MarkenG den aus §§ 14, 15 MarkenG hervorgehenden Schutz, soweit es um die Verwendung der geschützten Marke als Name, beschreibende Angabe und Bestimmungsangabe im Ersatzteil-, Zubehör- und Servicegeschäft geht. Die Gesetzesbegründung stellt klar, dass es für die Anwendbarkeit der Schrankenregelung auf eine Würdigung aller Umstände des Einzelfalles und nicht vornehmlich auf das Vorliegen von Verwechslungsgefahr und kennzeichenmäßiger Benutzung ankommt.[923] Letztere ist allerdings durch den EuGH in gewisser Weise in die Prüfung des Abwehrrechts aus § 14 Abs. 2 MarkenG verlagert worden, wobei der Gerichtshof ohnehin eher zu einer tatbestandsintegrierenden Anwendung der Schutzschranken neigt.[924]

Während in Art 6 MRL davon die Rede ist, dass die Freistellungstatbestände nicht eingreifen, wenn die Benutzungshandlung nicht den anständigen Gepflogenheiten in Gewerbe oder Handel entsprechen, erfasst der Wortlaut der deutschen Gesetzesfassung als Rückausnahme „sittenwidrige" Benutzungshandlungen. Obwohl bisher keine sachlichen Unterschiede ersichtlich geworden sind,[925] dürfte bei der Auslegung eine Orientierung an dem Lauterkeitsbegriff, der den Begriff der Sittenwidrigkeit im Gesetz gegen den unlauteren Wettbewerb (UWG) abgelöst hat, zwar erlaubt sein, eine Verkürzung hierauf allein aber nicht. Im Hinblick auf den Bekanntheitsschutz aus § 14 Abs. 2 Nr. 3 MarkenG kommt § 23 MarkenG allerdings kaum eigenständige Bedeutung zu, da er in den dort anzustellenden Erwägungen zu der Tatbestandsvoraussetzung „ohne rechtfertigenden Grund in unlauterer Weise" aufgeht.[926] Eine tatbestandsmäßige Beeinträchtigung einer bekannten Marke im Sinne von § 14 Abs. 2 Nr. 3 MarkenG ist jedenfalls im Regelfall als unlauter und nicht gerechtfertigt anzusehen.[927] Dies wiederum legt den Gedanken nahe, dass die Begrenzung der Schrankenregelung in § 23 MarkenG im Übrigen nicht unbedingt an zusätzliche, über die nach dem Tatbestand des Bekanntheitsschutzes anzustellenden Erwägungen hinausgehende Voraussetzungen geknüpft ist. Danach müssten Ruf und Unter-

---

923 Vgl. BT-Drucksache 12/6581, S. 80.

924 Vgl. hierzu bereits das vorherige Kapitel 0; Ingerl/Rohnke, MarkenG, § 23 Rn. 2.

925 Vgl. Hacker in Ströbele/Hacker, MarkenG, § 23 Rn. 1; Ingerl/Rohnke, MarkenG, § 23 Rn. 10.

926 Vgl. hierzu Ingerl/Rohnke, MarkenG, § 23 Rn. 6.

927 Ähnlich Sack, in: WRP 2011, 155 (157); im Übrigen oben S. 120 ff.

scheidungskraft einer Marke insoweit auch für diese Schranken-Schranke von besonderer Bedeutung sein. Dieser Frage ist in den nachfolgenden Abschnitten nachzugehen.

b. Zu § 24 MarkenG / Art. 7 MRL

Die in § 24 MarkenG geregelte Erschöpfung des Markenrechts dient der Umsetzung von Art. 7 MRL. Danach gewährt die Marke ihrem Inhaber nicht das Recht, einem Dritten zu verbieten, die Marke für Waren zu benutzen, die unter der Marke vom Inhaber oder zumindest mit dessen Zustimmung in der Gemeinschaft in den Verkehr gebracht worden sind. Von einem Inverkehrbringen ist auszugehen, wenn der Markeninhaber die Verfügungsgewalt über die mit der Marke versehenen Waren auf einen Dritten übertragen und dadurch den wirtschaftlichen Wert der Marke realisiert hat.[928] In der deutschen Fassung ist, entsprechend dem Abkommen über den Europäischen Wirtschaftsraum, der EWR ausdrücklich mit einbezogen.

Die Erschöpfung verhindert grundsätzlich die Kontrolle der Vertriebswege durch den Markeninhaber über den Erstvertrieb hinaus. Mit dem tatbestandsmäßigen Inverkehrbringen durch den Markeninhaber bzw. - wenn dies nicht unmittelbar durch den Inhaber vorgenommen wird - durch ein Inverkehrbringen mit dessen Zustimmung, erschöpfen sich namentlich das Veräußerungsrecht, das Ankündigungsrecht sowie das Kennzeichnungsrecht. Der Markeninhaber verliert also markenrechtliche Einflussmöglichkeiten auf weitere Veräußerungshandlungen. Auch die Verwendung des Zeichens zu Zwecken der Werbung in Bezug auf die mit ihm gekennzeichnete Ware liegen dann nicht mehr im Einflussbereich des Markeninhabers, genauso wenig das Recht, das geschützte Kennzeichen auf den Waren oder ihrer Verpackung anzubringen.[929] Zu beachten ist, dass sich die Erschöpfung nicht auf Dienstleistungen, sondern nur auf gekennzeichnete *Waren* bezieht. Die Schranke aus § 23 MarkenG greift hingegen auch bei Dienstleistungen und hat für diese deshalb besondere Bedeutung.[930]

Dem Interesse der Abnehmer der gekennzeichneten Waren und der Allgemeinheit an Rechtssicherheit und freiem Handel innerhalb der und zwischen den relevanten Staaten, dem das Erschöpfungsprinzip dient, können aber im Rahmen

928 Vgl. BGH GRUR 2007, 882 (883) - Parfumtester.

929 Vgl. hierzu Bottenschein, in: WRP 2004, 435 ff.; Ingerl/Rohnke, MarkenG, § 24 Rn. 53.

930 Vgl. hierzu Bottenschein, in: WRP 2004, 435 (440).

einer Interessenabwägung auch berechtigte Interessen des Markeninhabers entgegenstehen, wie sich § 24 Abs. 2 Marken bzw. Art. 7 Abs. 2 MRL entnehmen lässt.

c. Zwischenfazit

Grundsätzlich fließen also Interessen Dritter im Bereich der Schrankenbestimmungen deutlich in die Bestimmung des markenrechtlichen Schutzbereiches ein. Gleichwohl finden sich sowohl im Hinblick auf die Beschränkungen der Wirkung der Marke aus § 23 MarkenG als auch im Hinblick auf die Erschöpfung gem. § 24 MarkenG tatbestandliche Korrektive, die bestimmte Interessen des Markeninhabers besonders hervorheben, indem deren Beeinträchtigung zu einer Begrenzung der markenrechtlichen Schrankenregelung führt. Folglich ist die Frage interessant, wie weit im Rahmen der anzustellenden Abwägung der Kreis der zu berücksichtigenden Interessen des Markeninhabers gezogen wird. Die schutzwürdigen Interessen des Markeninhabers sollen insbesondere unter Berücksichtigung der Herkunfts-, Qualitäts- und Werbefunktion der Marke zu bestimmen sein.[931] Die Tatbestandsmerkmale, die die jeweilige Schrankenregelung ihrerseits wieder eingrenzen (sog. Schranken-Schranke), verdienen also unter der in dieser Arbeit aufgeworfenen Fragestellung eine genauere Betrachtung.

931 Vgl. Schuster, S. 221.

2. Inhalt der Schranken-Schranken

a. Die Rolle der berechtigten Interessen am Beispiel der BGH-Entscheidung „Aluminiumräder"

In dem der BGH-Entscheidung *Aluminiumräder* zugrunde liegenden Sachverhalt wandte sich die Klägerin als Inhaberin des als Wort-/Bildmarke eingetragenen Porschewappens dagegen, dass die beklagte Herstellerin von Aluminiumrädern in einer Werbeanzeige ein mit ihren Rädern ausgestattetes Fahrzeug aus der Produktion der Klägerin samt Kennzeichnungen abbildete.[932] Die konkreten Räder wurden von der Beklagten speziell für den gezeigten Fahrzeugtyp produziert. Der BGH ließ letztlich mit Blick auf die Schrankenregelung des § 23 Nr. 3 MarkenG offen, ob hierin eine Verwirklichung des Tatbestandes des § 14 Abs. 2 Nr. 1 MarkenG gesehen werden konnte. Nach Auffassung des Gerichtshofs diente die Wiedergabe des Porsche-Fahrzeuges als Hinweis auf die Bestimmung der Aluräder.[933]

Anschließend setzte sich der BGH mit der Frage der *Notwendigkeit* einer etwaigen Zeichenbenutzung auseinander. Die Beschränkung des Markenrechts greift nur soweit, wie die Benutzung des Zeichens die Bestimmung der Waren vor allem als Zubehörteil konkretisiert. Die anzustellenden Erwägungen erinnern an eine Verhältnismäßigkeitsprüfung, bei der es um die Feststellung geht, ob das gewählte Mittel im Hinblick auf den verfolgten Zweck möglichst geringe Nachteile für den Rechtsinhaber mit sich bringt. Im Grunde ist nämlich zu fragen, ob die Verwendung des Zeichens zur Herbeiführung eines möglichst ungehinderten wettbewerblichen Verhaltens dritter Unternehmen auf dem Zubehörmarkt geeignet ist und auch erforderlich ist, was dann nicht der Fall wäre, wenn es ein gleich geeignetes Mittel gäbe, das die Interessen des Markeninhabers jedoch nicht durch Verwendung seiner Marke beeinträchtigen würde. Der BGH sah die Zeichenverwendung zum Zwecke der Konkretisierung des Bestimmungszweckes in der Werbeanzeige als „notwendig" an, weil der ästhetische Eindruck, auf den es den Kunden von Alurädern in erster Linie ankomme, in vollem Umfange nur vermittelt werden könne, wenn die Räder nicht isoliert und nicht nur im Ausschnitt des Radkastens gezeigt würden.[934] Somit schieden also Darstellungsvarianten, bei denen eine markenmäßige Identifizierung des Fahrzeuges nicht in Betracht kam, aus, weil diese im Hinblick auf eine möglichst

932 Vgl. BGH GRUR 2005, 163 (163/164) - Aluminiumräder.

933 Vgl. BGH GRUR 2005, 163 (164) - Aluminiumräder.

934 So BGH GRUR 2005, 163 (164) - Aluminiumräder.

ungehinderte Betätigung der Beklagten zum Warenabsatz nicht gleich gut geeignet waren.

Im Rahmen des Sittenwidrigkeitsvorbehalts, der für alle Varianten des § 23 MarkenG gilt, weist der BGH dann unter Bezugnahme auf die EuGH-Entscheidung *BMW/ Deenik* darauf hin, dass der Dritte im Übrigen alles tun müsse, um den *„berechtigten Interessen"* des Markeninhabers nicht zuwiderzuhandeln.[935] Nach inzwischen ständiger Rechtsprechung des EuGH entspricht das Merkmal der „anständigen Gepflogenheiten in Gewerbe und Handel" in Art. 6 MRL der Sache nach nämlich der in Art. 7 Abs. 2 MRL genannten Pflicht, den berechtigten Interessen des Markeninhabers nicht in unlauterer Weise zuwiderzuhandeln.[936] Im Ergebnis stellte der BGH in der Entscheidung *Aluminiumräder* jedoch das Eingreifen der Schrankenregelung aus § 23 Nr. 3 MarkenG fest. Die konkrete Werbeanzeige sei weder dazu geeignet, dem Verkehr Handelsbeziehungen zwischen den Parteien zu suggerieren noch werde die Unterscheidungskraft oder Wertschätzung der klägerischen Marken in unlauterer Weise ausgenutzt.[937]

Die Schranken-Schranken berücksichtigen also berechtigte Interessen des Markeninhabers. Der Frage, welche Interessen des Markeninhabers insoweit als „berechtigt" anzusehen sind, soll im Folgenden nachgegangen werden.

b. Gegenstand berechtigter Interessen

Bereits zum Warenzeichengesetz hat der EuGH die später oft wiederholte Leitlinie formuliert, dass das Warenzeichenrecht ein wesentlicher Bestandteil des Systems eines unverfälschten Wettbewerbs sei, das der EG-Vertrag schaffen und erhalten wolle; in einem solchen System müssten jedoch die Unternehmen in der Lage sein, die Kundschaft durch die Qualität ihrer Erzeugnisse oder ihrer Dienstleistungen an sich zu binden, was Zeichen voraussetze, mit denen sich diese Produkte identifizieren ließen.[938] Der spezifische Gegenstand des Markenrechts besteht nach der Rechtsprechung des EuGH darin, den Markeninhaber vor Konkurrenten zu schützen, die die Stellung und den Ruf der Marke zu miss-

935 Vgl. BGH GRUR 2005, 163 (164) - Aluminiumräder.

936 Vgl. EuGH GRUR 2007, 971 (973) - Céline; EuGH GRUR 2005, 153 (157) - Anheuser Busch; EuGH GRUR 2004, 234 (235) - Gerolsteiner Brunnen; EuGH WRP 1999, 407 (413) - BMW/Deenik.

937 Vgl. BGH GRUR 2005, 163 (164) - Aluminiumräder.

938 EuGH NJW 1991, 626 (627) (Rz. 13) - Hag II.

brauchen suchen.[939] Die Grenze zur Markenrechtsverletzung verläuft also auch im Bereich der Schrankenregelung u. a. dort, wo Unterscheidungskraft oder Wertschätzung der Marke in unlauterer Weise ausgenutzt wird, wie der EuGH unter Bezugnahme auf den insoweit gleich auszulegenden Art. 7 Abs. 2 MRL (= § 24 MarkenG) auch für Art. 6 MRL (= § 23 MarkenG) entschieden hat.[940] Prinzipiell sollte insoweit zumindest eine Orientierung an den Grundsätzen möglich sein, die aus der zu § 14 Abs. 2 Nr. 3 MarkenG ergangenen Rechtsprechung mit den dortigen Fallgruppen der Rufausbeutung, Rufschädigung, Aufmerksamkeitsausbeutung und Verwässerung bekannt sind.[941] Dies kommt in neueren Entscheidungen des BGH auch recht deutlich zum Ausdruck, wenn er im Ergebnis die unlautere Ausnutzung der Wertschätzung als einen Fall der Beeinträchtigung berechtigter Interessen des Markeninhabers prüft, wobei er aber im Einklang mit dem EuGH auf die Bedeutung auch der außerhalb der eigentlichen Zeichengestaltung liegenden Begleitumstände hinweist.[942] Im Regelfall dürften also, wie eingangs dieses Kapitels erwähnt, mit dem Vorliegen einer derartigen Beeinträchtigung auch die berechtigten Interessen des Markeninhabers verletzt sein.

In Bezug auf die gebotene Berücksichtigung der Begleitumstände geht es dem EuGH vor allem um die Berücksichtigung der konkreten Darbietung der fraglichen Marke sowie um die Anstrengungen, die der Dritte unternimmt, um sicherzustellen, dass die Verbraucher seine Waren von denjenigen unterscheiden, für die er keinen Markenschutz beansprucht.[943] So gibt es Entscheidungen des BGH, die diese Vorgaben aufgreifen und beispielsweise die Benutzung einer Wortbildmarke wegen ihrer gegenüber einer schlichten Wortmarke gesteigerten „blickfangmäßigen" Wirkung und der damit einhergehenden möglichen Ausnutzung der Wertschätzung dieser Marke im Rahmen von § 23 Nr. 3 MarkenG als sittenwidrig einordnen.[944]

In der EuGH-Entscheidung *Gillette*[945] konkretisiert der EuGH, dass eine Markennutzung neben den schon angesprochenen Fällen der Markenausbeutung bzw. Markenbeeinträchtigung nicht den berechtigten Interessen des Inhabers

939 Vgl. EuGH WRP 1999, 407 (412/413) - BMW/Deenik; EuGH NJW 1991, 626 (627) (Rz. 14) - Hag II.

940 Vgl. EuGH WRP 1999, 407 (412/413) (Rz. 63, 52) - BMW/Deenik.

941 So zu Recht Ingerl/Rohnke, MarkenG, § 23 Rn. 16.

942 Vgl. insoweit BGH WRP 2011, 1602 (1604) - Große Inspektion für alle.

943 Vgl. EuGH GRUR 2005, 509 (512) - Gillette.

944 Vgl. BGH WRP 2011, 1602 (1605) - Große Inspektion für alle.

945 Vgl. insoweit EuGH GRUR 2005, 509 (513) - Gillette.

dieser Marke entspricht, wenn sie in einer Weise erfolgt, die glauben machen kann, dass eine Handelsbeziehung zwischen dem Dritten und dem Markeninhaber besteht oder die die Marke herabgesetzt bzw. schlechtmacht. Ebensowenig zulässig soll es sein, wenn der Dritte seine Ware als Imitation oder Nachahmung der mit der fremden Marke gekennzeichneten Ware darstellt.

Einen weiteren unmittelbaren Hinweis auf die Berechtigung bestimmter Gründe, auf die sich ein Markeninhaber berufen könnte, enthält § 24 Abs. 2 MarkenG bzw. Art. 7 Abs. 2 MRL. Danach soll sich der Markeninhaber auf berechtigte Gründe insbesondere dann berufen können, wenn der Zustand der Waren nach ihrem Inverkehrbringen verändert oder verschlechtert wurde. Es handelt sich, wie an dem Zusatz „insbesondere" im Text der Richtlinie und im MarkenG abzulesen ist, um Beispielsfälle, die nicht abschließend gemeint sind.[946] Gleichwohl ist zu überlegen, in welchem Verhältnis diese geregelten Beispiele zu den vom EuGH in der Entscheidung *Gillette* aufgestellten Konstellationen relevanter Interessenbeeinträchtigungen stehen.

aa. Veränderung oder Verschlechterung der Ware im Sinne von § 24 Abs. 2 MarkenG

In der Rezeption der Rechtsprechung des EuGH durch den BGH wird deutlich, dass es im Hinblick auf die in § 24 Abs. 2 MarkenG geregelten Beispiele berechtigter Interessen nicht um Aspekte objektiver Produktqualitäten im Sinne beispielsweise technischer Verlässlichkeit oder Ähnlichem geht. Der BGH stellt nämlich ausdrücklich klar, dass es weniger auf die Feststellung einer „Verschlechterung" der mit der Marke gekennzeichneten Originalware ankommt, wenngleich dies eine im Gesetzestext angeführte Möglichkeit ist. Entscheidend sei vielmehr, ob durch die Veränderung *die Eigenart* der Ware verändert werde.[947] Die Eigenart der Ware kann gleichermaßen infolge Veränderung oder Verschlechterung berührt sein, wobei eine wie auch immer geartete „Verschlechterung" zugleich eine Veränderung des Produktes voraussetzt und insofern keine eigenständige Fallgruppe, sondern vielmehr ein Unterfall der Veränderung darstellt.[948] Da es in Bezug auf die Veränderung auf den Erhalt der Eigenart der Ware ankommt und nicht jedwede Veränderung geeignet ist, einen berechtigten Grund abzugeben, bildet die Eigenart der Ware den anzulegenden

946 So EuGH GRUR Int. 1998, 140 (143) - Dior/Evora.

947 Vgl. BGH GRUR 2005, 160 (161) - sim-Lock; BGH GRUR 2007, 882 (883) - Parfümtester.

948 So auch Ingerl/Rohnke, MarkenG, § 24 Rn. 58.

Maßstab bei der Feststellung der berechtigten Interessen im Zusammenhang mit Produktveränderungen.

Ingerl/Rohnke gehen davon aus, dass die Eigenart eines Produktes nur mit Bezug auf dessen *Eigenschaften* bestimmt werden könne.[949] *Stuckel* meint zudem, es gehe jedenfalls im Zusammenhang mit Produktveränderungen im Sinne von § 24 Abs. 2 MarkenG um die *charakteristischen* Sacheigenschaften.[950] Bei deren Bestimmung ist entscheidend auf die Verkehrsauffassung zurückzugreifen.[951]

Der BGH rückt in der Tat Merkmale des Produkts in den Vordergrund, soweit diese vom Markeninhaber vorgesehen sind, und deren Vorhandensein vom Verkehr erwartet wird. So vertrat er in seiner Entscheidung *SIM-Lock* die Auffassung, dass die durch Händler veranlasste Beseitigung von Netzbeschränkungen in Mobiltelefonen, die vom herstellenden Markeninhaber in die Geräte implementiert und vom weiterveräußernden Netzbetreiber vorausgesetzt worden sind, die Erschöpfung gem. § 24 Abs. 2 MarkenG ausschließen könne.[952] Die Veränderung gerade des Verwendungszweckes dürfte nämlich den Kernbereich der charakteristischen Sacheigenschaften einer Ware betreffen, während dies für eher oberflächliche Veränderungen nicht zutrifft, sofern es nicht zu einer Markenausbeutung oder -beeinträchtigung bzw. zum Hervorrufen der Annahme des Bestehens von Handelsbeziehungen zwischen dem Dritten und dem Markeninhaber kommt.[953] Auch die Veräußerung von in üblicher Weise reparierter Gebrauchtware im geschäftlichen Verkehr steht einer Erschöpfung nicht grundsätzlich entgegen.[954] Veränderungen an der Verpackung einer Ware können hingegen dann erhebliche Eingriffe darstellen, wenn der Verkehr die Verpackung als für das Produkt wesentlich ansieht, z. B. wenn die darin verpackte Ware häufig als Geschenk erworben wird, wie dies bei Parfümflakons der Fall sein soll.[955]

Allein der Markeninhaber entscheidet über die charakteristischen Eigenschaften einer Ware. Es macht auch keinen Unterschied, ob der Markeninhaber unter derselben Marke unterschiedlich ausgestattete Waren in den Verkehr

---

949 Vgl. Ingerl/Rohnke, MarkenG, § 24 Rn. 59.
950 Vgl. Schulz/Stuckel, § 24 Rn. 28.
951 Vgl. Ingerl/Rohnke, MarkenG, § 24 Rn. 59.
952 Vgl. BGH GRUR 2005, 160 (161) - SIM-Lock.
953 Vgl. BGH GRUR 2006, 329 (331) - Gewinnfahrzeug mit Fremdemblem.
954 Vgl. Ingerl/Rohnke, MarkenG, § 24 Rn. 62.
955 So im Falle OLG HH GRUR -RR 2007, 73 (75) - Parfümtester II.

bringt bzw. in anderen Fällen Produktveränderungen durch Dritte zustimmt.[956] Hieraus allerdings den Schluss zu ziehen, die Qualitäts- oder Garantiefunktion, die neben weiteren Funktionen das durch die Rechtsprechung erklärte Schutzziel der Ausnahme von der Erschöpfung nach § 24 Abs. 2 MarkenG sein soll, bestehe darin, dass die Marke dem Verbraucher eine bestimmte in der Regel gleichbleibende Qualität oder Beschaffenheit versprechen können soll, trifft jedoch nicht ganz den Kern der tragenden Erwägungen.[957] Geht es um die berechtigten Interessen des *Markeninhabers*, so ist vielmehr dessen Deutungshoheit über Aspekte der Produktidentität zu betonen und hervorzuheben. Die Produktidentität und das Image einer Marke sollen aus Sicht des Markeninhabers miteinander korrelieren, letztlich kommuniziert die Marke schließlich die Produkteigenschaften und darüber hinaus assoziative Implikationen. Verändert ein im geschäftlichen Verkehr handelnder Dritter die charakteristischen Eigenschaften des markierten Produkts, verliert der Markeninhaber letztlich die Hoheit über die Produktidentität und den Aussagegehalt seiner Marke.[958] Diese Folge beschränkt sich also keinesfalls auf das konkrete Warenstück, sondern betrifft die Marke an sich. Dies gilt zumindest solange, wie sich das Markenzeichen auf der Ware befindet, nach Entfernung desselben ergeben sich grundsätzlich keine markenrechtlichen Ansprüche mehr.[959] Wird allerdings eine markenrechtlich geschützte Verpackung beispielsweise wiederbefüllt, kommt hingegen eine Markenverletzung in Betracht, da die Erschöpfung der Kennzeichenrechte an dem Behältnis nicht die Neubefüllung und das Inverkehrbringen dieses Behältnisses erfasst.[960]

Der Übergang zur Rufbeeinträchtigung kann bei Veränderungen der Ware fließend sein, auch der Ruf ist ein Aspekt der Produkt- oder Markenidentität. Was die zu berücksichtigende Interessenlage auf Seiten des Markeninhabers angeht, so ist das Markenprodukt ganzheitlich zu betrachten. So gesehen bleiben den vom EuGH vorgesehenen Fallgruppen der Markenausnutzung und -beeinträchtigung vor allem Sachverhalte vorbehalten, bei denen es *ohne Veränderung* charakteristischer Wareneigenschaften zu solchen Folgen kommt, wobei aber wegen der Grundentscheidung in § 24 Abs. 1 MarkenG Zurückhaltung bei der Annahme dieser Fallgruppen geboten ist.[961]

---

956 So BGH GRUR 2005, 160 (161) - SIM-Lock.

957 Vgl. BVerfG GRUR 1979, 773 (778); siehe im Übrigen bereits oben S. 3.

958 Ähnlich Fezer, Markenrecht, § 24 Rn. 47.

959 Vgl. Hacker in Ströbele/Hacker, MarkenG, § 24 Rn. 61.

960 So Ingerl/Rohnke, MarkenG, § 24 Rn. 84.

961 Ähnlich Ingerl/Rohnke, MarkenG, § 24 Rn. 87.

bb. Ohne Vorliegen einer Produktveränderung

Ohne Veränderungen im soeben beschriebenen Sinne kann das Interesse des Markeninhabers am Erhalt von Marken- und Produktidentität vor allem durch die konkreten Rahmenbedingungen der Markennutzung in relevanter Weise beeinträchtigt werden. Bereits in der EuGH-Entscheidung *Bristol-Meyers Squibb*[962] führte der Gerichtshof aus, dass eine drohende Rufbeeinträchtigung vom Markeninhaber nicht hingenommen werden muss, wenn etwa die äußere Aufmachung umgepackter Arzneimittel einen schadhaften oder unordentlich Eindruck von schlechter Qualität vermittelt. Bei der anzustellenden Beurteilung ist die Art der Ware von ausschlaggebender Bedeutung, bei Arzneimitteln, wie in der zitierten EuGH-Entscheidung, reagieren die angesprochenen Verkehrskreise besonders sensibel. Nun lag in der Entscheidung *Bristol-Meyers Squibb* eine Produktveränderung vor. Der EuGH griff jedoch die Erwägungen zur drohenden Beeinträchtigung des Rufes der Marke in späteren Entscheidungen wieder auf und setzte sich mit Gesichtspunkten außerhalb der physischen Produktveränderung auseinander. In seiner Entscheidung *Dior/Evora* wog der Gerichtshof in Bezug auf Parfüme und kosmetische Erzeugnisse, die durch den Markeninhaber in den Verkehr gebracht und von ihm gekennzeichnet wurden, das Interesse des Markeninhabers an der Wahrung des Rufes seiner Marke mit dem Interesse des Wiederverkäufers an dem Weiterverkauf der Waren unter Verwendung üblicher Werbeformen gegeneinander ab.[963] Dabei ging der Gerichtshof auf die Frage ein, ob der Ruf der Marke, für die ein besonderes, durch einen Luxus- und Prestigecharakter geprägtes Image in Anspruch genommen wurde, durch die konkreten Vertriebsumstände in relevanter Weise beeinträchtigt werden könnte.[964]

Der EuGH hielt berechtigte, gegen die Erschöpfung sprechende Gründe nur für den Fall *erheblicher* Schädigungen des Rufes der Marke für möglich. Soweit der Vertrieb unter Verwendung branchenüblicher Werbeformen erfolge, scheide ein Eingriff aus. Das gelte selbst dann, wenn der Markeninhaber andere Werbeformen verwende oder der Dritte neben den fraglichen Waren auch andere Produkte minderer Qualität vertreibe.[965]

962 Vgl. EuGH WRP 1996, 880 (Rz. 75).

963 Vgl. EuGH GRUR 1998, 140 ff.

964 Vgl. EuGH GRUR 1998, 140 (143) - Dior/Evora.

965 Vgl. EuGH GRUR 1998, 140 (143) - Dior/Evora.

Der EuGH setzt also den möglichen Einwänden, die als berechtigte Interessen auch gegen die Annahme der Erschöpfung nach Art. 7 Abs. 2 MRL angeführt werden können, sehr enge Grenzen. Letztlich ist die Feststellung einer Schädigung des Rufes einer Marke eine Tatfrage, deren Klärung den nationalen Gerichten obliegt. Eine erhebliche Schädigung könnte dem EuGH zufolge aber beispielsweise dann anzunehmen sein, wenn der Wiederverkäufer die gekennzeichneten Produkte in seiner Werbung in einer Umgebung zeigen würde, die dem vom Markeninhaber erarbeiteten Image abträglich sein könnte.[966] Diese Ausführungen des EuGH gehen möglicherweise auf die Begründung des Generalanwalts *Jacobs* in derselben Rechtssache zurück. Dieser nannte in diesem Zusammenhang das Beispiel, dass die Marke für „Luxusparfüm" beeinträchtigt werden könnte, indem der Wiederverkäufer in seiner Werbung die fraglichen Produkte zu herabgesetzten Preisen neben Toilettenpapierrollen und Zahnbürsten in einer „Verkaufskiste" (wohl sog. Grabbeltisch) aufgehäuft abbilde.[967]

In der EuGH-Entscheidung *Copad* aus dem Jahre 2009, in dem es um den Verkauf von Markenwaren durch einen Lizenznehmer an außerhalb eines selektiven Vertriebssystems stehende Dritte ging, hielt es der Gerichtshof zumindest grundsätzlich für möglich, dass der Verkauf von sog. Prestigewaren durch Discounter geeignet sein könnte, den besonderen Ruf einer Marke zu schädigen. Diese Fallkonstellation wird im nachfolgenden Abschnitt noch einmal genauer aufgegriffen.

Vor diesem Hintergrund könnte man zusammenfassend sagen, dass der Weiterverkauf renommierter Markenprodukte zumindest zu einer angemessenen Werbepräsentation verpflichtet, wobei es auf Üblichkeiten der Branche entscheidend ankommt. Dass eine unmittelbare Diffamierung und Herabsetzung der Marke geeignet ist, die berechtigten Interessen des Markeninhabers zu beeinträchtigen, ist vor dem Hintergrund der vorstehenden Darstellungen ohne Weiteres einsichtig, in der Praxis aber ein wohl eher seltener Fall.

Wird im Rahmen der Werbung beim Vertrieb auf den weiteren Handelsstufen der Eindruck erweckt, es bestünden Handelsbeziehungen zwischen dem Wiederverkäufer und dem Markeninhaber, kann dies nach Auffassung des EuGH ebenfalls den berechtigten Interessen des Markeninhabers zuwiderlaufen, da hier ein unlauteres Ausnutzen der Unterscheidungskraft oder Wertschätzung

966 Vgl. EuGH GRUR 1998, 140 (143) - Dior/Evora.

967 So Generalanwalt Jacobs in der Rechtssache C-337/95 (Dior/Evora), Rz. 51.

in Betracht kommen kann, was nach Auffassung des Gerichtshofes den Wert der Marke beeinträchtigt.[968] Auch insoweit ist maßgeblich auf die Verkehrsauffassung abzustellen.

Es wird wohl grundsätzlich eher selten zum Ausnutzen der Unterscheidungskraft oder Wertschätzung infolge des Weitervertriebes kommen. Markenartikel üben naturgemäß eine größere Anziehungskraft auf die Verbraucher aus, wodurch auch das Image des konkreten Händlers u. U. angehoben werden wird.[969] Markenrechtlich ist dieser Effekt jedoch nicht zu beanstanden, sondern im Gegenteil gerade ein Teilaspekt des Investitionsanreizes auf Seiten des Markeninhabers, da sich durch diesen Attraktionswert seiner Marke letztlich auch sein Umsatz steigern kann. Unlauter kann dieses Ausnutzen nur in Bezug auf fremde Waren werden, was in § 23 MarkenG auch zum Ausdruck kommt.

Was die Anpreisung von Waren des Händlers als Imitat, Nachbau oder Ähnlichem unter fremder Marke angeht, so kommt bereits anhand des Identitätsschutzes nach § 14 Abs. 2 Nr. 1 MarkenG klar zum Ausdruck, dass die Verletzung berechtigter Interessen, deren Schutz das MarkenG dient,[970] anzunehmen sind. Es handelt sich insoweit um offene Markenkopien, die ohne Weiteres unter den Abwehrtatbestand subsumierbar sind, vom eigentlichen Markeninhaber gar nicht in den Verkehr gebracht worden sind und im Rahmen von § 23 MarkenG wegen der Rufausnutzung auch nicht zuzulassen sind.[971]

cc. Schädigung der Markenidentität bei lizenzvertragswidrigem Vertrieb

In der Entscheidung *Copad* ging es um den lizenzvertragswidrigen Verkauf von Waren an einen außerhalb eines selektiven Vertriebssystems stehenden Dritten durch einen Lizenznehmer. In diesem Zusammenhang stellte der EuGH zunächst klar, dass Verstöße des Lizenznehmers gegen Bestimmungen des Lizenzvertrages im Sinne von Art. 8 Abs. 2 MRL (= § 30 Abs. 2 MarkenG) einer Erschöpfung gemäß Art. 7 Abs. 1 MRL (= § 24 Abs. 1 MarkenG) entgegenstehen können. In den dort geregelten Fällen gilt, dass ein etwaiges Inverkehrbringen durch den Lizenznehmer nicht mit Zustimmung des Markeninhabers erfolgt.[972] Infolgedessen kommt es auch nicht zum Eintritt der Erschöpfung. Allerdings

---

968 Vgl. EuGH WRP 1999, 407 (412) - BMW/Deenik.

969 Vgl. Schuster, S. 198.

970 Vgl. hierzu EuGH WRP 1999, 407 (412/413) - BMW/Deenik; EuGH NJW 1991, 626 (627) (Rz. 14) - Hag II.

971 Vgl. Hacker in Ströbele/Hacker, MarkenG, § 14 Rn.245.

972 Vgl. EuGH WRP 2009, 938 (940) - Copad.

hob der EuGH hervor, dass die in Art. 8 Abs. 2 MRL geregelten Gegenstände abschließender Natur seien.[973] Zu klären war durch den EuGH u. a. die Frage, ob Art. 8 Abs. 2 MRL dahin gehend auszulegen sei, dass der Markeninhaber gegen einen Lizenznehmer die Rechte aus der Marke geltend machen kann, wenn Letzterer entgegen der Bestimmungen des Lizenzvertrages handelt, wonach aus Gründen des Ansehens der Marke der Verkauf an Discounter untersagt sei.

Generalanwältin *Kokott*[974] wies in Bezug auf die fraglichen lizenzvertraglichen Gegenstände mit Blick auf Art. 8 Abs. 2 lit. e) MRL darauf hin, dass Verstöße gegen Qualitätsvorgaben hinsichtlich ihrer Relevanz nicht, wie vielleicht der Wortlaut der Vorschrift vermutet lassen könnte, auf Eigenschaften beschränkt seien, die die Waren durch den Herstellungsprozess erwürben. Bei Luxus- oder Prestigewaren sei regelmäßig auch der Ruf der Ware für ihre Qualität relevant. Bereits die Schädigung des Markenrufes könne dazu führen, dass die mit ihr gekennzeichneten Waren nicht mehr in gleicher Weise als Luxus- oder Prestigewaren anerkannt würden.

Diese Überlegung griff der EuGH in der Beantwortung der Vorlagefrage auf und hielt fest, dass die Schädigung einer evtl. bestehenden luxuriösen Ausstrahlung geeignet sei, die Qualität der Waren selbst zu beeinträchtigen.[975] Grundsätzlich sei nicht auszuschließen, dass der Verkauf von Prestigewaren durch den Lizenznehmer an außerhalb des selektiven Vertriebsnetzes stehende Discounter derartige Folgen haben könne. Lässt sich eine drohende Rufbeeinträchtigung also feststellen, kann der Markeninhaber wie bei sonstigen Verstößen des Lizenznehmers gegen Qualitätsvorgaben des Lizenzvertrages gegen sämtliche Glieder der Vertriebskette markenrechtlich vorgehen.[976]

Konsequenterweise müssten dann auch andere qualitätssichernde Lizenzvertragsklauseln, wie beispielsweise Regelungen zum Produktangebot, zur Produktwerbung sowie der Produktentsorgung, die allesamt nicht auf die unmittelbaren Sacheigenschaften des Produkts bezogen sind, die hier beschriebene Wirkung haben, soweit sie im Verkehr den Ruf des Produktes prägen.[977]

---

973 Vgl. EuGH WRP 2009, 938 (940) - Copad.

974 Vgl. Generalanwältin Kokott in der Rechtssache C-59/08 (Rn. 30, 31) - Copad.

975 Vgl. EuGH WRP 2009, 938 (940) - Copad.

976 Vgl. Ingerl/Rohnke, MarkenG, § 30 Rn. 41.

977 So zu Recht Fezer, Markenrecht, § 30 Rn. 30; ähnlich nun auch Hacker in Ströbele/Hacker, MarkenG, § 30 Rn. 50.

Lässt sich hingegen keine Schädigung von Ruf und Image infolge von Verstößen gegen qualitätssichernde Bestimmungen und auch keine anderen Verletzungen von Qualitätsvorgaben feststellen, gelten die vom Lizenznehmer vertriebenen Waren jedenfalls vor dem Hintergrund des Art. 8 Abs. 2 lit. e) MRL bzw. § 30 Abs. 2 Nr. 5 MarkenG als mit Zustimmung des Inhabers in den Verkehr gebracht.

3. Ergebnis der Betrachtung der Schrankenregelungen

Die Schranken-Schranken verfolgen den Schutz der einheitlich zu verstehenden sog. berechtigten Interessen des Markeninhabers. Diese Interessen können betroffen sein, wenn es bei der Verwendung der geschützten Marke zu Markenausbeutungen oder Markenbeeinträchtigungen kommt. Es ist ersichtlich, dass, abgesehen von der Ausnutzung der Marke, der Erhalt der Produktidentität eine besondere Rolle spielt. Wird beispielsweise auf den dem Erstvertrieb nachgelagerten Vertriebsstufen die charakteristische Eigenart eines Produkts verändert, erschöpft sich das Markenrecht unter Umständen nicht, sodass der Markeninhaber Ansprüche aus seinem Markenrecht herleiten kann. Diese Konstellation könnte noch mit dem bereits unter Geltung des WZG entwickelten Begriff der mittelbaren Kennzeichnung, die im Wesentlichen die Herkunftsfunktion der Marke beeinträchtigt, beschrieben werden.[978] Soweit man aber über physische Produktveränderung hinaus an immaterielle Implikationen der Marke, also ihren Ruf und ihr Image, denkt, ergibt sich eine weitere Schutzrichtung. Der Inhaber einer Luxus- und Prestigemarke kann auch im Anwendungsbereich der Schrankenregelungen einen weiter reichenden Schutz in Anspruch nehmen. In den gängigen Entscheidungen hierzu handelt es sich meist um Marken, die eine gewisse Bekanntheit aufweisen, wenn auch dieses Merkmal nur implizit vorausgesetzt wird. Während man wohl unter dem Begriff „Luxusmarke“ gekennzeichnete Produkte zu verstehen hat, die wie Parfüm und Kosmetika nicht lebensnotwendig sind, dürfte der Begriff „Prestige“-Marke an das besondere Renommee eines Markenprodukts anknüpfen. Unter den zuletzt genannten Bereich lässt sich ein breites Produktspektrum subsumieren, er ist daher von hervorgehobener Bedeutung. Entscheidend muss aber sein, dass die Marke über einen gesteigerten Werbewert und ein positives Image verfügt, denn wie auch bereits für andere Bereiche des Markenrechts festgestellt, rechtfertigt die darin liegende unternehmerische Leistung einen erweiterten markenrechtlichen Schutz. Nichts anderes

978 Vgl. hierzu Fezer, Markenrecht, § 30 Rn. 46.

kommt mit dem Begriff der „Prestigemarke“ letztlich zum Ausdruck. In diesem Fall bestimmt beispielsweise das Image der Marke grundsätzlich die zulässigen Formen des Weitervertriebs, die Rahmenbedingungen dürfen nicht in einem ganz erheblichen Widerspruch zum Image der Prestigemarke stehen.

Der Markeninhaber kann sich unter dem Gesichtspunkt berechtigter Interessen im Falle unlauterer Ausnutzung von Ruf und Unterscheidungskraft infolge einer Benutzung seiner Marke im Sinne von § 23 MarkenG markenrechtlich zu Wehr setzen.

Der EuGH hat im Zusammenhang mit Lizenzverträgen nunmehr klargestellt, dass Regelungen, die Ruf und Image der Marke absichern sollen, gleichzeitig Regelungen im Sinne von Art. 8 Abs. 2 lit. e) MRL darstellen können mit allen Konsequenzen für einen möglichen Durchgriff des Markenrechts.

IV. Ergebnis Teil D

Eine Marke ist potenziell geeignet, Marktanteile zu erobern und Umsätze zu generieren. Dies setzt voraus, dass ihrem Inhaber ein erfolgreicher Markenaufbau gelingt. In einem solchen Falle wird die Marke dann die Werbe- oder Imagefunktion wahrnehmen, sie erzeugt dann Wiedererkennungsraten und verfügt über ein positives Image. Die Aktivierung dieses Potenzials ist für den Inhalt und die Reichweite des markenrechtlichen Schutzes von wichtiger Bedeutung.

Dies zeigt sich bereits auf Ebene der markenrechtlichen Schutzvoraussetzungen. Im Zusammenhang mit der sogenannten Verkehrsdurchsetzung im Sinne von § 8 Abs. 3 MarkenG/Art. 3 Abs. 3 MRL ist dies u. a. erkennbar. Wäre das Zeichen wegen Vorliegens eines Eintragungshindernisses aus § 8 Abs: 2 Nr. 1 bis 3 MarkenG / Art. 3 Abs. 3 MRL eigentlich vom Markenschutz ausgeschlossen, bewirken die nach der EuGH-Entscheidung *Chiemsee*[979] maßgeblichen Indikatoren für erworbene Unterscheidungskraft, die letztlich am Markterfolg der Marke anknüpfen, ein Zurücktreten der den Eintragungshindernissen zugrunde liegenden Allgemeininteressen. Der Werbewert des fraglichen Zeichens findet also besondere Berücksichtigung. Letzteres gilt für den Markenschutz kraft Verkehrsgeltung gem. § 4 Nr. 2 MarkenG.

---

979 EuGH WRP 1999, 629 ff. - Chiemsee.

Weiter hat sich gezeigt, dass sich der Schutzbereich eines bestehenden Markenrechts erweitert, wenn eine Marke die Werbe- oder Imagefunktion wahrnimmt, was die Rechtsprechung hier, ähnlich wie bei der Frage der soeben erwähnten Verkehrsdurchsetzung, anhand des in der EuGH-Entscheidung *Chevy*[980] dargelegten Kriterienkataloges sichtbar macht. Hierzu wurden unterschiedliche tatbestandliche Anknüpfungspunkte untersucht. Am offensichtlichsten ist die Schutzbereichserweiterung natürlich im Falle markenrechtlicher Bekanntheit im Sinne von § 14 Abs. 2 Nr. 3 MarkenG / Art. 5 Abs. 2 MRL. Hier dehnt sich der Schutzbereich über den Bereich der Warenähnlichkeit aus und erfasst Unterscheidungseignung und Image der Marke unabhängig vom Vorliegen einer Verwechslungsgefahr. Es findet dabei jedoch kaum ein differenzierter, an den tatsächlichen Vorstellungen der Verbraucher anknüpfender Imageschutz statt, wie gezeigt werden konnte.

Die Betrachtung des Verwechslungsschutzes nach § 14 Abs. 2 Nr. 2 MarkenG / Art. 5 Abs. 1 lit. b) MRL hat ergeben, dass der Schutzbereich zunächst durch die Möglichkeit der Beeinträchtigung der Herkunftshinweisfunktion eröffnet wird und dieser deshalb zunächst unabhängig von Werbe- bzw. Imagefunktion ist. Allerdings bewirkt auch hier die gesteigerte Werbekraft einer Marke eine Erweiterung des Schutzbereiches. Über das Merkmal der Kennzeichnungskraft, die aus der markenrechtlichen Bekanntheit abzuleiten ist und insoweit wiederum von dem in der Entscheidung *Chiemsee*[981] entwickelten Kriterienkatalog des EuGH abhängig ist, ist eine Marke auch bei größeren Zeichen- und Produktabstand geeignet („Wechselwirkungslehre“), eine Verwechslungsgefahr und damit ein Verbietungsrecht zu begründen. Darüber hinaus beeinflusst die Kennzeichnungskraft die Feststellung der Zeichenähnlichkeit in der Weise, dass einer wirtschaftlich erfolgreichen Marke innerhalb eines Drittzeichens eher eine prägende Kraft beizumessen ist, was sich sowohl auf den Zeichenvergleich im Zusammenhang mit der Feststellung einer unmittelbaren als auch mit einer mittelbaren Verwechslungsgefahr sowie der Verwechslungsgefahr im weiteren Sinne auswirkt. Es konnte gezeigt werden, dass die Berücksichtigung erworbener Kennzeichnungskraft normativ geboten ist und nicht primär empirisch begründbar ist.

Letztlich erlangt die Werbe- oder Imagefunktion nach der neueren EuGH-Rechtsprechung im Bereich des Identitätsschutzes nach § 14 Abs. 2 Nr. 1 Mar-

980 BGH GRUR Int. 2000, 73 ff. - Chevy.

981 EuGH WRP 1999, 629 ff. - Chiemsee

kenG bzw. Art. 5 Abs. 1 lit. a) MRL eine von der Herkunftsfunktion zunehmend losgelöste Bedeutung.

Auch die markenrechtlichen Schrankenregelungen belegen, dass die Werbe- oder Imagefunktion zu den markenrechtlich geschützten Interessen des Markeninhabers zu rechnen ist. Die für das Durchgreifen des markenrechtlichen Abwehrrechts entscheidenden „berechtigten Interessen“ des Markeninhabers umfassen insbesondere die immaterielle Produktidentität, also Image und Unterscheidungskraft der Marke.

E. Wettbewerbsrechtliche Begrenzung des Benutzungsrechts

Wie gezeigt, wirkt sich ein aus unternehmerischer Sicht erfolgreicher Markenaufbau auf die Erlangung von markenrechtlichem Schutz und auf die Reichweite des aus dem Markenrecht resultierenden Schutzbereichs des Markenrechts einschließlich der Schrankenregelung in vielfältiger Weise aus. Dies zeigt sich vor allem an den einzelnen Tatbeständen von § 14 Abs. 2 MarkenG bzw. Art. 5 Abs. 1 und 2 MRL. Es kommt hierbei in den seltensten Fällen auf die Feststellung eines konkreten Markenimages an, vielmehr kommt es aufgrund der Erlangung von Verkehrsgeltung und markenrechtlicher Bekanntheit auf unterschiedliche Weise zu einer Erweiterung des Schutzbereiches. Voraussetzung hierfür ist keinesfalls stets die Erreichung der Bekanntheitsschwellen des § 14 Abs. 2 Nr. 3 MarkenG bzw. Art. 5 Abs. 2 MRL. Meist wirkt sich bereits die Feststellung eines gewissen Markterfolges aus, wie sich an der Rolle der Kennzeichnungskraft im Rahmen des Verwechslungsschutzes nach § 14 Abs. 2 Nr. 2 MarkenG bzw. Art. 5 Abs. 1 lit. b) MRL zeigt. Der relevante Markterfolg drückt sich vor allem anhand der Kriterien aus, die der EuGH hierzu aufgestellt hat.

Mit zunehmendem Markterfolg vergrößert sich folglich das Abstandsgebot, das der Markeninhaber gegenüber anderen Marktteilnehmern für sich beanspruchen kann. Die bisherigen Untersuchungen beschränkten sich vornehmlich auf den Umfang des markenrechtlichen Abwehrrechts. Ausgehend von der Eingangsthese, dass es für den Markterfolg auf den erfolgreichen Aufbau eines Markenimages ankommt, stellt sich nun spiegelbildlich die Frage, ob die Etablierung eines bestimmten positiven Bildes von einem markierten Produkt in den Köpfen der Verbraucher nicht gleichzeitig eine Beschränkung der Handlungsfreiheit des Markeninhabers unter Verbraucherschutzgesichtspunkten mit sich bringen muss. Dies wird freilich nur bei besonders klar umrissenen Verbrauchervorstellungen in Betracht kommen können, wenn Produkteigenschaften von diesem Bild abweichen.

Bevor man sich aber dieser Frage zuwendet, kommt es zunächst einmal darauf an, ob das Markenrecht überhaupt ein Recht des Markeninhabers auf *Benutzung* seiner Marke gewährt. Denn vor allem dann, wenn der Inhaber ein Recht auf die Benutzung hat, würde eine Einschränkung dieses Rechts eine angemessene juristische Rechtfertigung erfordern. Sicherlich ließe sich auch die Meinung vertreten, dass die schlichte Verwendung einer Kennzeichnung im wirtschaftlichen Verkehr als Ausfluss gewerblicher Betätigungsfreiheit eines Unternehmens oder Unternehmers aufgefasst werden kann, die sich im Rahmen lauterkeitsrechtlicher Vorgaben zu bewegen hat.[982] Insoweit käme es auf ein Recht zur Benutzung für die hier interessierende Frage nicht entscheidend an. Die Benutzung der Marke dürfte jedoch von jedem Markeninhaber nicht als bloße Freiheitsbestätigung, sondern als Rechtsausübung aufgefasst werden.[983] Davon abgesehen, macht es aber zumindest einen dogmatischen Unterschied, ob von einem einzuschränkenden Benutzungsrecht, als Teilaspekt eines subjektiven (Marken-)Rechts, oder der Konkretisierung der allgemeinen gewerblichen Betätigungsfreiheit für die hier zu untersuchende Teilfrage auszugehen ist.

Es ist anschließend zu prüfen, ob die wie auch immer geartete Rechtsposition unter Verbraucherschutzgesichtspunkten eingeschränkt werden kann. Für die Beantwortung dieser Frage dürfte es weniger auf das individualrechtlich konzipierte Markenrecht ankommen.[984] Wie sich bereits aus den bisherigen Darstellungen ergibt, stellt das Markenrecht keine Anforderungen an eine objektivierbare Qualität der gekennzeichneten Waren oder Dienstleistungen. Soweit beispielsweise im Zusammenhang mit den Ausnahmen von der Erschöpfung gem. § 24 Abs. 2 MarkenG von der sog. Garantiefunktion der Marke gesprochen wird, wurde herausgearbeitet, dass es hierbei nicht um die Verbraucherperspektive geht, sondern um die Herrschaft des Markeninhabers über die Produktidentität im eigenen Interesse.[985] Das Markenrecht wird nach traditioneller Sichtweise zum Wettbewerbsrecht im weiteren Sinne gezählt.[986] Der Markeninhaber unterliegt grundsätzlich den lauterkeitsrechtlichen Marktverhaltensregelungen des UWG, das das Verhalten der Marktakteure regelt.[987] Gegenstand des Lauterkeitsrechts ist ausweislich des § 1 UWG der Schutz der Mitbewerber, der Verbraucher und Verbraucherinnen sowie der sonstigen Marktteilnehmer vor unlauteren geschäftlichen Handlungen. Das Lauterkeitsrecht könnte also durchaus unter Verbraucherschutzgesichtspunkten für eine Begrenzung des Handelns des im geschäftlichen Verkehr agierenden Markeninhabers sorgen.

---

982 Vgl. Pahlow, in: MarkenR 2006, 97 (97).
983 So zu Recht Lehmann/Schönfeld, in: GRUR 1994, 481 (485).
984 Vgl. hierzu Henning-Bodewig, in: GRUR 2007, 986 (987).
985 Vgl. hierzu oben S. 190 ff.; im Übrigen auch Schuster, S. 178.
986 Vgl. Piper/Ohly/Sosnitza, UWG, Einf. A Rn. 2, 4.
987 Vgl. Piper/Ohly/Sosnitza, UWG, Einf. A Rn. 2, 4.

I. Benutzungsrecht des Markeninhabers

Bereits im Warenzeichengesetz hat sich das Bundesverfassungsgericht mit der Rechtsnatur der Marke auseinandergesetzt. Das Gericht geht in seiner Entscheidung *Weinbergrolle* aus dem Jahre 1979 davon aus, dass die Marke, damals nach dem üblichen Terminus „Warenzeichen" genannt, eine subjektive Rechtsposition des Inhabers verleiht, die gegenüber jedermann geltend gemacht werden kann. Die subjektiven Rechte bilden eine wesentliche Grundlage der privatautonomen Zivilrechtsbeziehungen, denn sie enthalten eine dem Berechtigten von der Rechtsordnung verliehene Rechtsmacht zur selbstbestimmten Wahrnehmung der durch das jeweilige Recht geschützten Interessen.[988] Das subjektive Recht eröffnet in diesem Rahmen in mehrfacher Hinsicht Freiheitssphären, wozu im Einzelnen zu zählen sind:

- Die Freiheit zur Geltendmachung der Rechtsposition gegenüber anderen Personen,
- die Freiheit zur Eigennutzung der von anderen Personen zu achtenden Handlungsspielräume sowie
- die Verfügungsfreiheit im Hinblick auf Aufrechterhaltung oder Übertragung des subjektiven Rechts.[989]

Gleichwohl ist bis heute umstritten, ob das Markenrecht neben einem Verbietungsrecht, das nach allgemeiner Auffassung Teil des subjektiven Markenrechts ist, auch ein sog. „positives" Benutzungsrecht begründet.[990]

1. Diskussionsstand

Die Rechtsprechung des Reichsgerichts und die Literatur gingen um 1900 von einem Doppelcharakter des Warenzeichens aus, nämlich einem „positiven" Benutzungsrecht und einem „negativen" Verbietungsrecht.[991] Das Reichsgericht zog allerdings die Grenzen des Benutzungsrechts außerordentlich weit. So erkannte es im Jahre 1906 das aus dem Registereintrag herrührende Recht auf Be-

988 Vgl. Larenz/Wolf, § 14 Rn. 1.

989 Vgl. Larenz/Wolf, § 14 Rn. 8.

990 Eher ablehnend: BGH GRUR 1961, 181 (183) - Mon Chéri; Ingerl/Rohnke, MarkenG, § 14 Rn. 8; Heydt, Anm. zu BGH GRUR 1961, 181 (185) - Mon Chéri; eher zustimmend: Storch, in: Mitt. 1961, 133 (136); Pahlow, in: MarkenR 2006, 97 (103); Fezer, Markenrecht, § 14 Rn. 12 m.w.N.

991 Vgl. Pahlow, in: MarkenR 2006, 97 (99).

nutzung der Marke auch außerhalb des Bereiches der laut Zeichenregister beanspruchten Waren bei Vorliegen bloßer Gleichartigkeit an, ohne dabei die Prioritätslage zu berücksichtigen.[992] Resultat dieses Ansatzes war, dass der Inhaber eines verwechslungsfähigen Zeichens, für das eine ältere Priorität bestand, nicht gegen die Benutzung des gegnerischen Zeichens vorgehen konnte. Diesem Ergebnis lag offenkundig eine Überbewertung des Formalaktes der Registereintragung zugrunde. Es förderte die Notwendigkeit der Klärung des Verhältnisses von Verbietungsrechten Dritter einerseits und Benutzungsrecht andererseits nach dem Prioritätsgrundsatz deutlich zutage.[993] Das erkannte auch das Reichsgericht. In einer späteren Entscheidung vom 20. September 1927 führte es hierzu aus, dass an dem bisherigen Ansatz der Bestimmung der Rechtswidrigkeit der Benutzung ausschließlich anhand des Status der Registereintragung nicht festgehalten werde. Vielmehr komme es für die Frage nach der objektiven Widerrechtlichkeit nur auf die bessere Berechtigung des prioritätsälteren Zeicheninhabers an.[994] Obwohl das Reichsgericht die Existenz eines Benutzungsrechts nicht grundsätzlich infrage gestellt hatte, setzte sich in der Literatur und später auch in der Rechtsprechung des BGH verbreitet die Auffassung durch, dass mit der zitierten Entscheidung des Reichsgerichts die Frage nach der Existenz eines markenrechtlichen Benutzungsrechts negativ beantwortet sei.[995] Diese Manifestation der Ablehnung eines Benutzungsrechts ist im Wesentlichen auch auf die BGH-Entscheidung *Mon Chéri* zurückzuführen. Dort ging der BGH explizit davon aus, dass die Warenzeicheneintragung kein positives Benutzungsrecht, sondern nur ein Verbietungsrecht gewährt.[996]

In seiner Anmerkung zu dem zitierten Urteil des BGH begrüßte *Heydt*[997] diese Klarstellung. Das deutsche Warenzeichengesetz kenne danach kein positives Benutzungsrecht. Der Zeicheninhaber dürfe seine Marke nach erfolgter Eintragung in genau dem gleichen Umfang benutzen, wie es ohne Eintragung der Fall wäre. Die Benutzungsbefugnis bestehe so oder so, soweit keine älteren Kennzeichnungsrechte verletzt und insbesondere wettbewerbsrechtliche Vorgaben gewahrt würden. Dieser Ansatz findet sich im Grunde bis heute in der Lite-

992 Vgl. RGZE 67, 273 (274).
993 Vgl. Storch, in: GRUR 1961, 133 (134).
994 Vgl. RGZE 118, 76 (79).
995 Vgl. hierzu m.w.N. Storch, in: GRUR 1961, 133 (134).
996 Vgl. BGH GRUR 1961, 181 (183) - Mon Chéri.
997 Vgl. Heydt, Anm. zu BGH GRUR 1961, 181 (185) - Mon Chéri.

ratur wieder, einer weiteren Diskussion dieser Frage wird bisweilen sogar der praktische Nutzen abgesprochen und deshalb nicht weiter nachgegangen.[998]

Der von *Heydt* einst erhobene Einwand ist insoweit nicht ganz von der Hand zu weisen, als dass ein Benutzungsrecht keine weitergehenden Handlungsspielräume eröffnen kann als diejenigen, die das markenrechtliche Verbietungsrecht und die allgemeine gewerbliche Handlungsfreiheit ermöglichen. Dies zeigt schon der anfängliche Irrweg des Reichsgerichts, der der Rechtssicherheit innerhalb des markenrechtlichen Systems infolge der Entwertung des Prioritätsgrundsatzes sehr abträglich war, nachdrücklich auf. Das Benutzungsrecht soll gar hinter dem Verbietungsrecht insoweit zurückbleiben, als dass das Recht auf Benutzung der Marke auf diejenigen Waren oder Dienstleistungen beschränkt sein soll, die sich im Falle der Registermarke dem Register entnehmen lassen oder auf die sich im Falle der Benutzungsmarke die Verkehrsgeltung bzw. Notorietät bezieht.[999] Der Grund für diese Differenzierung wird häufig nicht mehr gesondert herausgearbeitet, insoweit scheint Einigkeit zu bestehen.[1000] Das Verbietungsrecht reicht bekanntlich über den Bereich der Waren- oder Dienstleistungsidentität hinaus. Hierfür sorgen namentlich der Verwechslungsschutz nach § 14 Abs. 2 Nr. 2 MarkenG in Umsetzung von Art. 5 Abs. 1 lit. b) MRL und der Bekanntheitsschutz nach § 14 Abs. 2 Nr. 3 MarkenG in Umsetzung von Art. 5 Abs. 2 MRL. In der Reichweite des Verbietungsrechts spiegelt sich der Gegenstand des harmonisierten Markenrechts wider, der - wie vom EuGH wiederholt deutlich gemacht worden ist - darin besteht, den Markeninhaber vor Konkurrenten zu schützen, die die Stellung und den Ruf der Marke des Inhabers zu missbrauchen suchen.[1001] Dies rechtfertigt die Errichtung eines Abstandsgebotes, das bereits eine gewisse *Annäherung* an das geschützte prioritätsältere Zeichen verhindert. Das Markenrecht soll den Markeninhabern auch die Möglichkeit eröffnen, dass die gekennzeichneten Waren und Dienstleistungen auf dem Markt durch die Verbraucher identifiziert werden.[1002] Der Umfang eines etwaigen Benutzungsrechts muss deshalb nicht ebenso in den Grenzen des Verbietungsrechts bestehen. Dies ist unter Berücksichtigung des so verstandenen Zwecks des Markenschutzes auch nicht geboten. Im Hinblick auf ein etwaiges Benutzungsrecht

998 Vgl. Ingerl/Rohnke, MarkenG, § 14 Rn. 8 a. E.; Schultz/Schweyer, § 14 Rn. 4.

999 Vgl. Fezer, Markenrecht, § 14 Rn. 650.

1000 Vgl. bspw. Fezer, Markenrecht, § 14 Rn. 650; Storch, in: Mitt. 1961, 133 (136).

1001 Vgl. EuGH WRP 1999, 407 (412) - BMW/Deenik; EuGH GRUR 1991, 626 (627) - HAG II.

1002 Vgl. EuGH GRUR 1991, 626 (627) - HAG II.

als Ausfluss des subjektiven Markenrechts wird dessen Reichweite maßgeblich durch den Entstehungstatbestand geprägt. Der Entstehungstatbestand bezieht sich auf die Registereintragung oder den Gegenstand der Verkehrsgeltung oder Notorietät. Außerhalb dieser Rechtspositionen ist, dies hat bereits *Heydt* zum Ausdruck gebracht, eine allgemeine Nutzungsmöglichkeit im Rahmen wettbewerbsrechtlicher Vorgaben unter dem Vorbehalt besserer Markenrechte gegeben.

Es ist insoweit jedenfalls nicht unzutreffend, dass die Frage nach dem Bestand eines Benutzungsrechts als Ausfluss des subjektiven Markenrechts zumindest aus rechtspraktischer Sicht von geringer Bedeutung sein dürfte. Gleichwohl aber kann mit diesem Hinweis keinesfalls die dogmatisch grundlegende Frage nach dem Inhalt des subjektiven Markenrechts beantwortet werden, genauso wenig wird die Beantwortung dieser Frage durch ihn obsolet. Dies bringt im Übrigen auch der BGH in jüngerer Zeit deutlich zum Ausdruck, wenn er, wie in der Entscheidung *Hotel Adlon*, ausdrücklich klarstellt, dass ein Zeicheninhaber grundsätzlich berechtigt ist, seine Marke zu verwenden, sofern nicht älterer Rechte Dritter entgegen stehen.[1003]

2. Stellungnahme

Bereits unter Geltung des WZG sprach einiges für die Annahme eines Benutzungsrechts. So wies *Storch* zutreffend darauf hin, dass sich die Erweiterung des warenzeichenrechtlichen Schutzumfanges in Bezug auf das Verbietungsrecht infolge intensiver Nutzung und Bewerbung der Marke sowie Erlangung von Verkehrsgeltung nur dann vernünftig erklären lasse, wenn man ein Benutzungsrecht am Warenzeichen anerkenne.[1004] Dieses Argument ist auch heute unter Geltung des harmonisierten Markenrechts berechtigt, wie oben im Zusammenhang u. a. mit der Rolle der Kennzeichnungskraft im Rahmen der Verwechslungsgefahr aufgezeigt worden ist.[1005] Ein Zeichen kann Kennzeichnungskraft regelmäßig doch nur durch intensive Nutzung hinzu erwerben. Zum Erhalt des Markenschutzes besteht darüber hinaus gerade ein gesetzlicher Benutzungszwang.

1003 Vgl. BGH GRUR 2002, 967 (970) - Hotel Adlon.
1004 Vgl. Storch, in: Mitt. 1961, 133 (136).
1005 Vgl. hierzu oben S. 133 ff.

Unter Geltung des heutigen Markenrechts lässt sich außerdem die gesetzlich vorgesehene Möglichkeit des Markeninhabers, eine einfache oder ausschließliche Lizenz an seiner Marke zu erteilen, ohne Anerkennung eines Benutzungsrechts nicht nachvollziehbar erklären. Die aus dem Lizenzvertrag resultierende Hauptpflicht des Lizenzgebers besteht in der Einräumung eines Benutzungsrechts im vereinbarten Umfang. Dieser Grundpflicht soll die Pflicht zur Aufrechterhaltung der lizenzierten Marke z. B. durch Zahlung der Verlängerungsgebühren immanent sein.[1006] Abzugrenzen ist der Lizenzvertrag im Sinne von § 30 Abs. 1 MarkenG von der sog. negativen Lizenz, bei der es sich lediglich um einen schuldrechtlichen Verzicht auf das markenrechtliche Verbotsrecht gegenüber dem Vertragspartner handelt, dem dann auf diesem Wege die Markennutzung ermöglicht wird.[1007] Schon anhand dieser Abgrenzung wird deutlich, dass die Einräumung einer positiven Lizenz das Vorhandensein eines Benutzungsrechts des Markeninhabers voraussetzt. Anderenfalls wäre der Lizenzgeber rechtlich gar nicht in der Lage, ein solches Recht einem Dritten einzuräumen. Hiermit in engem Zusammenhang steht auch die nach § 29 Abs. 1 MarkenG mögliche Einräumung eines dinglichen Rechts an der Marke in Form eines Nießbrauchs nach § 1068 BGB,[1008] wonach derjenige, zu dessen Gunsten die Belastung erfolgt, zur Nutzung berechtigt ist. Die Bestellung des Nießbrauchs erfolgt durch Einräumung einer Lizenz an der Marke. Auch diese Möglichkeit lässt sich also nicht aus dem bloßen Verbietungsrecht des Markeninhabers heraus erklären.

Zusammenfassend ist also festzuhalten, dass bezogen auf die durch Registereintrag, Verkehrsgeltung bzw. Notorietät beanspruchten Waren oder Dienstleistungen von einem Benutzungsrecht als Bestandteil des subjektiven Markenrechts auszugehen ist. Begrenzt wird dieses Recht durch prioritätsältere Markenrechte Dritter sowie durch die Vorgaben des Lauterkeitsrechts.[1009] Inhalte des Benutzungsrechts lassen sich im Umkehrschluss aus § 14 Abs. 3 und 4 MarkenG ableiten.[1010]

1006 Vgl. Ingerl/Rohnke, MarkenG, § 30 Rn. 57.

1007 Vgl. Schultz/Brandi-Dohrn, § 30 Rn. 1.

1008 Vgl. hierzu Ingerl/Rohnke, MarkenG, § 29 Rn. 8.

1009 Ebenso bereits Storch, in: Mitt. 1961, 133 (136); Pahlow, in: MarkenR 2006, 97 (107); im Übrigen hierzu unter 0.

1010 So Pahlow, in: MarkenR 2006, 97 (103).

II. Lauterkeitsrechtliches Irreführungsverbot, § 5 Abs. 1 Nr. 1 UWG

Das frühere wettbewerbsrechtliche Verbot irreführender Werbung bzw. die heute aktuelle Nachfolgeregelung des Verbotes irreführender geschäftlicher Handlungen ist in der Vergangenheit mehrfach Gegenstand von Gesetzesnovellen gewesen, zuletzt der UWG-Novelle 2008. § 5 Abs. 1 UWG knüpft an eine irreführende geschäftliche Handlung an. Der Anwendungsbereich erstreckt sich dabei nicht ausschließlich auf den Bereich der Werbung, wie dies noch *vor* der letzten UWG-Reform der Fall war. Der weite Begriff der geschäftlichen Handlung umfasst jegliches Verhalten einer Person, das objektiv mit dem Ziel der Förderung des Absatzes eines eigenen oder fremden Unternehmens bzw. dem Abschluss oder der Durchführung eines Vertrages in diesem Kontext zusammenhängt.[1011] Der Vertrieb gekennzeichneter Waren durch einen Markeninhaber bzw. dessen Lizenznehmer ist also grundsätzlich ein wettbewerbsrechtlich relevantes, geschäftliches Handeln im Zusammenhang mit einer Markennutzung. Der Sache nach konkretisiert die Regelung des § 5 Abs. 1 UWG in Bezug auf dieses Handeln das Tatbestandsmerkmal der Unlauterkeit in der Generalklausel des § 3 UWG. Die Unlauterkeit ergibt sich demnach dann, wenn das geschäftliche Handeln unwahre Angaben enthält oder sonstige zur Täuschung geeignete Angaben über die in § 5 Abs. 1 UWG enumerativ genannten Umstände. Die Vorschrift normiert den das gesamte Wettbewerbsrecht beherrschenden Wahrheitsgrundsatz, wonach es schlechthin lauterem Verhalten widerspricht, sich Wettbewerbsvorteile durch Täuschung zu verschaffen.[1012] Wie sich aus § 1 UWG ergibt, dient auch das Irreführungsverbot dem Schutz der Interessen nicht nur der Mitbewerber, sondern insbesondere auch denen der Marktgegenseite, also der Verbraucher und der Allgemeinheit in einem kollektiven Sinne.

Es stellt sich somit die Frage, ob der Marke juristisch unter bestimmten Umständen ein derart konkreter Aussagegehalt beigemessen werden kann, dass in Bezug auf diesen über § 5 Abs. 1 Nr. 1 UWG eine Einschränkung des markenrechtlichen Benutzungsrechts des Markeninhabers auf den Plan treten könnte.

1011 Vgl. Piper/Ohly/Sosnitza, § 2 Rn. 6.
1012 Vgl. Piper/Ohly/Sosnitza, § 5 Rn. 8.

1. Die sog. Lehre von der qualifizierten Herkunftsangabe

a. Bedeutung

Sowohl in der Rechtsprechung des RG als auch später in der des BGH wurde die Anwendbarkeit des wettbewerbsrechtlichen Irreführungstatbestandes im markenrechtlichen Geltungsbereich diskutiert. Tatbestandliche Anknüpfungspunkte hierfür waren also vor allem § 3 UWG a.F., jedoch spiegelte sich die Diskussion auch im Zusammenhang mit zeichenrechtlichen Löschungsklagen, soweit diese auf § 11 Abs. 1 Nr. 3 WZG gestützt wurden, wider. In diesen tatbestandlichen Zusammenhängen traten Interessen der Verbraucher und der Allgemeinheit dem Markenrecht gegenüber, wenn der mit der Marke verbundene Aussagegehalt in gewisser Weise nicht den tatsächlichen Verhältnissen entsprach und es somit zu Täuschungen des Verkehrs kommen konnte.[1013]

Es entwickelte sich vor diesem Hintergrund die sog. „Lehre von der qualifizierten betrieblichen Herkunftsangabe". Primär betraf dieser Themenkomplex und betrifft nach wie vor die Frage der Anwendbarkeit des Irreführungsverbotes auf Fälle, in denen gleiche oder ähnliche Zeichen durch einen (mit dem Markeninhaber nicht verbundenen) Dritten Verwendung finden. Insbesondere die im Verhältnis zum Markenrecht parallele Anwendung des wettbewerbsrechtlichen Irreführungsverbotes wird häufig problematisiert. Einigkeit besteht heute insoweit, dass das Irreführungsverbot bei Irreführungen über die betrieblich Herkunft, ohne dass zugleich besondere Gütevorstellungen betroffen sind, aus dem wettbewerbsrechtlichen Anwendungsbereich ausscheiden und das Markenrecht insoweit vorrangig sein soll.[1014] Sind besondere Gütevorstellungen in Bezug auf die gekennzeichneten Produkte bei den angesprochenen Verbrauchern vorhanden, soll bei *Qualitätstäuschungen* im Zusammenhang mit markenrechtlich geschützten Zeichen *neben* einem eventuell bestehenden (markenrechtlichen) Individualschutz des Markeninhabers über die §§ 5 Abs. 1 Nr. 1, 3 Abs. 1, 8 Abs. 3 UWG eine gegenüber dem Markenrecht erweiterte Aktivlegitimation in Betracht kommen.[1015] Auch für die vorliegend interessierende Frage, ob Veränderungen bestimmter Produktbeschaffenheiten oder –eigenschaften durch den Markeninhaber beim späteren Vertrieb der gekennzeichneten Produkte nach Maßgabe des Lauterkeitsrechts zu beurteilen sind, ist die Lehre von der qualifi-

1013 Vgl. RG GRUR 1939, 806 (807/808) - AEG.

1014 Vgl. Sack, in: WRP 2004, 1405 (1422).

1015 Vgl. Sack, in: WRP 2004, 1405 (1422); Ingerl, in: WRP 2004, 809 (816).

zierten betrieblichen Herkunftsangabe von großer Bedeutung.[1016] Hierauf ist nachfolgend einzugehen.

b. Die Entwicklung in der Rechtsprechung bis zum Inkrafttreten des MarkenG

Bereits in der Rechtsprechung des Reichsgerichts galt, dass das Allgemeininteresse durch eine Zeichenverwendung erst dann betroffen sein kann, wenn das fragliche Zeichen eine Qualitätsangabe darstellt und infolgedessen der damit versehenen, aber anders beschaffenen Ware eine Qualität beigemessen wird, die sie in Wirklichkeit nicht hat.[1017]

In der Entscheidung *AEG* schloss das RG von der Bekanntheit einer Marke auf die Wirkung, dass der angesprochene Verbraucher, wo immer er auf eine an das bekannte Zeichen erinnernde Warenkennzeichnung stoße, die Ware u. U. einer als besonders leistungsfähig bekannten Firma vor sich zu haben glaubt. Somit sei der in der fraglichen Kennzeichnung liegende Hinweis auf die bekannte Marke als eine unrichtige Angabe anzusehen, aufgrund derer der Anschein eines besonders günstigen Angebotes erweckt werde.[1018] Diese Argumentation ist ersichtlich an die damals bereits geläufigen und lauterkeitsrechtlich einzuordnenden Tatbestände der Rufausbeutung und Ausnutzung der Unterscheidungskraft angelehnt, wobei im Zusammenhang mit Löschungsklagen nach § 11 Nr. 3 WZG das Allgemeininteresse im Vordergrund stand.[1019]

Der BGH schloss sich später ausdrücklich der grundsätzlichen Argumentation des RG an, betonte jedoch, dass das Allgemeininteresse bei Qualitätstäuschungen nur dann berührt sein könne, wenn das Zeichen nach *Auffassung des Publikums* eine Gewähr für besonders gute Beschaffenheit biete und die fraglichen gekennzeichneten Produkte des Dritten - es ging um eine Kollisionslage – eine solche nicht aufwiesen. Keinesfalls sollte es also auf die tatsächliche Beschaffenheit und einen tatsächlichen Qualitätsvergleich ankommen, es ging vielmehr um die subjektive Wertschätzung innerhalb des Verkehrs.[1020]

1016 So auch Kur, Marke und Verbraucher, Bd. II, S. 22; Bornkamm, S. 182.

1017 Vgl. RG GRUR 1939, 806 (807) - AEG.

1018 Vgl. RG GRUR 1939, 806 (808) - AEG.

1019 Vgl. insoweit oben S. 29 ff.

1020 Vgl. BGH GRUR 1952, 577 (581) - Zwilling.

In der Entscheidung *Triumph* verengte der BGH die Anforderungen an die Wertschätzung entscheidend, indem er verlangte, dass diese sich zu einer konkret umrissenen Vorstellung über bestimmte Qualitätsmerkmale verdichtet haben müsse. Ganz allgemeine Gütevorstellungen sollten hingegen nicht ausreichen, um eine Gefahr der Täuschung im Hinblick auf die tatsächlichen Verhältnisse und dem Aussagegehalt der Marke zu begründen.[1021]

Heydt kritisierte diese Verschärfung im Hinblick auf den Konkretisierungsgrad der Wertschätzung als überzogen.[1022] Insoweit ergänzte *Schricker,* dass die Abnehmer in hohem Maße von eben nicht näher konkretisierten Gütevorstellungen geleitet würden und gerade in dieser Hinsicht eines wirksamen Schutzes bedürften.[1023]

In der Entscheidung *Nevada-Skibindung*, in der es um die Wirksamkeit eines Lizenzvertrages wegen Verstoßes gegen § 3 UWG a.F. durch den Lizenznehmer ging, knüpfte der BGH wiederum nicht mehr an die strengere Sichtweise der Entscheidung *Triumph* an. Obwohl sich der BGH hier mit konkreten Produkteigenschaften auseinandersetzte, reichte es dem Gerichtshof, dass *der Produktvergleich* Differenzen im Hinblick auf Eigenschaften ergab, die aus Sicht des Lizenzgebers zum „schutzwürdigen Bestand seiner Marke“ gerechnet werden konnten. Auf eine in Einzelheiten gehende Verbrauchervorstellung sollte es danach nicht ankommen, eine explizite Feststellung der Verbrauchervorstellungen wurde auch nicht vorgenommen.[1024] Damit wich der BGH von seiner in der Entscheidung *Triumph* geäußerten Auffassung ab.

Der BGH forderte in *White Horse* schließlich nur noch, dass die Marke über einen im Inland räumlich unbegrenzten Ruf verfüge und der Allgemeinheit ohne Weiteres als Merkmal besonderer Güte und Vertrauenswürdigkeit erscheine. In diesem Falle sei davon auszugehen, dass der Verkehr mit dem Zeichen besondere über den Sinn einer Herkunftsbezeichnung hinausgehende Gütevorstellungen verbinde.[1025] Es sei ebenso wenig erforderlich, dass es sich bei dem Zeichen um eine berühmte Marke handele, wie, dass sich der Verkehr Vorstellungen *über konkrete Eigenschaften* der Ware bildet.

1021 Vgl. BGH GRUR 1959, 25 (29) - Triumph.

1022 Vgl. Heydt, in: Anm. zu BGH GRUR 1959, 25 (30).

1023 Vgl. Schricker, in: GRUR Int. 1965, 285 (300)

1024 Vgl. BGH GRUR 1965, 676 (677) - Nevada Skibindung.

1025 Vgl. BGH GRUR 1966, 267 (270) - White Horse.

Es verfestigte sich also in der Rechtsprechung die Auffassung, dass der lauterkeitsrechtliche Irreführungstatbestand auf sog. qualifizierte betriebliche Herkunftsangaben, nicht aber auf sog. anonyme Marken Anwendung finden soll. Für die Feststellung des Vorliegens einer derart qualifizierten Marke reiche prinzipiell eine allgemeine, nicht ins Detail gehende Gütevorstellung des Publikums in Bezug auf die mit der Marke gekennzeichneten Waren. Die Benutzung einer anonymen Marke durch einen anderen als den Zeicheninhaber sollte keine gemäß § 3 UWG a. F. relevante Irreführung bedeuten.[1026] In der Literatur wurden die erheblichen Unklarheiten in Bezug auf die erforderliche Abgrenzung zwischen anonymer und qualifizierter Marke zu Recht kritisiert, lief sie doch meist auf die Abgrenzung bekannte / nicht bekannte Marke hinaus.[1027] Hierauf wird an späterer Stelle noch einzugehen sein.

2. Koexistenz unter dem harmonisierten Markenrecht?

Es gilt nach wie vor der Satz, dass die Benutzung eines Zeichens markenrechtlich zulässig, jedoch wettbewerbsrechtlich unzulässig sein kann.[1028] Die Lehre von der qualifizierten betrieblichen Herkunftsangabe wurde so vom BGH der Sache nach auch unter Geltung des MarkenG grundsätzlich aufrechterhalten, wenn auch keine nennenswerte Zahl an Urteilen mehr ergangen ist. In der Entscheidung *Vossius* aus dem Jahre 2002 jedenfalls wurde die Lehre unter Bezugnahme auf die bisher ergangene Rechtsprechung für anwendbar gehalten, lediglich deren Voraussetzungen für einen Verstoß gegen § 3 UWG a.F. in der konkreten Entscheidung für nicht erfüllt angesehen.[1029]

Einer neueren Entscheidung[1030] aus dem Jahre 2010 ist zu entnehmen, dass aus Sicht des BGH eine *irreführende Verwendung einer Marke* insbesondere unter dem Aspekt einer Irreführung über *Merkmale* der Ware nach §§ 3 Abs. 1, 5 Abs. 1 Nr. 1 UWG n.F. in Betracht kommen kann. Ein Bezug zu der Lehre vom qualifizierten betrieblichen Herkunftshinweis wird dort zwar nicht ausdrücklich hergestellt. In der Entscheidung wird aber auf die BGH-Entscheidung *Ziegelfertigstützen*[1031] Bezug genommen, in der die mit einer Marke als ver-

---

1026 Vgl. Kur, Marke und Verbraucher, Bd. II, S. 22

1027 Vgl. bspw. BGH GRUR 1965, 676 (678)- Nevada-Skibindung.

1028 Vgl. Bornkamm, S. 187.

1029 Vgl. BGH WRP 2002, 700 (703) - Vossius.

1030 Vgl. BGH WRP 2011, 63 (65) - Praxis aktuell.

1031 Vgl. BGH GRUR 1984, 737.

knüpft anzusehenden Qualitätserwartungen der Verbraucher unter Bezugnahme auf die einschlägigen älteren Entscheidungen unter dem Gesichtspunkt des wettbewerbsrechtlichen Irreführungsverbotes dargestellt wurden. Zur Beschaffenheit der gekennzeichneten Produkte werden inzwischen offenbar in erster Linie konkrete Produkteigenschaften gezählt, weniger Gütevorstellungen ganz allgemeiner Natur, obwohl sich dies angesichts der spärlichen neueren Rechtsprechung nicht eindeutig zeigt.[1032] Eine Entscheidung des OLG Hamburg aus dem Jahre 1992 bewertete eine Markennutzung durch deren rechtmäßigen Inhaber als Verstoß gegen das lauterkeitsrechtliche Irreführungsverbot, weil die mit der Marke gekennzeichneten Zigarren mit einem Tabak geänderter, nunmehr nichtkubanischer Herkunft vertrieben wurden, ohne dass durch den Hersteller in ausreichendem Maße darauf hingewiesen worden ist.[1033]

Es ist also jedenfalls nicht davon auszugehen, dass die Begrenzung des markenrechtlichen Benutzungsrechts durch §§ 3, 5 Abs. 1 Nr. 1 UWG unter dem Gesichtspunkt der Täuschung über das Vorhandensein bestimmter Produkteigenschaften durch den BGH inzwischen aufgegeben wurde.

Gleichwohl ist nicht zu verkennen, dass das Markenrecht seit Umsetzung der MRL in das deutsche Recht einer tief greifenden Neuordnung unterzogen worden ist, sodass sich die Frage stellt, ob die von der Rechtsprechung unter Geltung des WZG herausgearbeiteten Grundsätze nach wie vor uneingeschränkte Geltung beanspruchen können.

Kritik wurde an der Lehre von der qualifizierten betrieblichen Herkunftsangabe bereits früher in der Literatur vorgetragen, so sei nach *Riehle* der Sinn einer Unterscheidung zwischen Marken mit Gütecharakter und Einfachmarken schwer zu sehen; auch lasse sich die Grenze kaum mit Sicherheit ziehen, da praktisch jedes eingeführte Warenzeichen die Qualität der gekennzeichneten Erzeugnisse symbolisiere.[1034]

In ähnlicher Richtung argumentiert *Kur*[1035] basierend auf empirischen Erkenntnissen: Eine Differenzierung zwischen anonymer Marke einerseits und dem qualifizierten betrieblichen Herkunftsnachweis andererseits sei psycholo-

1032 Vgl. Köhler/Bornkamm, UWG, § 5 Rn. 4.81.

1033 Vgl. OLG Hamburg WRP 1992, 395 (395) - Produktveränderung von Zigarren.

1034 Vgl. Riehle, Markenrecht und Parallelimport, S. 178.

1035 Nachfolgend Henning-Bodewig/Kur, Marke und Verbraucher (Bd. II).

gisch nicht einleuchtend und geradezu lebensfremd. Die Identität eines Produktes in der Vorstellung des Verbrauchers setze sich aus einer Vielzahl unterschiedlicher Elemente zusammen, die praktisch nicht voneinander trennbar sind. Daher sei sicher zutreffend, dass die betriebliche Herkunft des Produktes ein wichtiges Element ist, in der Vorstellung der Verbraucher dürfte aber regelmäßig zumindest auch der Gedanke an die Beschaffenheit eine entscheidende Rolle bei dem Produkterwerb spielen. Dies gelte, sobald die Marke im Marktgeschehen auch benutzt werde, unabhängig von einer etwaigen Verkehrsbekanntheit![1036]

Kur sieht deshalb in der "qualifizierten Herkunftsangabe", wie sie in der Rechtsprechung entwickelt worden ist, ein rechtlich problematisches Kriterium zur Bestimmung bzw. Beschränkung des Anwendungsbereiches von § 3 UWG a.F. Der Gebrauch der formelhaften Wendung von dem Zeichen, mit dem sich aufgrund seiner Bekanntheit besondere Gütevorstellungen verbänden, könne nicht über die Unklarheit in Bezug auf die notwendige Qualifikation der Verbrauchervorstellungen hinwegtäuschen.[1037] Zusammenfassend hält *Kur* fest, dass Erwartungen der Verbraucher an eine gleichbleibende Beschaffenheit von Produkten *generell* über § 3 UWG a.F. rechtlich Geltung verschafft werden könne. Eine Zementierung bestehender Produktbeschaffenheiten sei deshalb nicht zu befürchten. Dies ergebe sich zum einen daraus, dass nur die Änderung solcher Produktbeschaffenheiten als rechtlich erhebliche Irreführungen betrachtet werden dürfe, die über das normalerweise von den Verbrauchern erwartete Maß hinausgehen; zum anderen bestehe für den Markeninhaber stets die Möglichkeit, Beschaffenheitsänderungen auch größeren Umfangs vorzunehmen, wenn er hierauf in geeigneter Weise hinweist.[1038] Diese Auffassung scheint sich später weder in der Literatur noch in der Rechtsprechung durchgesetzt zu haben.

Bornkamm[1039] sieht ebenfalls ein Abgrenzungsproblem zwischen anonymer Marke und einem qualifizierten Herkunftsnachweis, die Trennlinie sei unscharf. Allerdings stellt er unabhängig davon mit Blick auf das moderne Markengesetz die Anwendbarkeit des Irreführungsverbotes auf das Recht des Markeninhabers, ganz anders als Kur unter Geltung des WZG, grundsätzlich infrage. Denn nach wohl immer noch herrschender Meinung gelte besagte Lehre speziell für beson-

1036 Vgl. hierzu Henning-Bodewig/Kur, Marke und Verbraucher (Bd. II), S. 33, 34, 35.
1037 Vgl. Henning-Bodewig/Kur, Marke und Verbraucher (Bd. II), S. 35.
1038 Vgl. hierzu Henning-Bodewig/Kur, Marke und Verbraucher (Bd. II), S. 167.
1039 Vgl. Bornkamm, S. 192 ff.

ders wertvolle Kennzeichen, wodurch paradoxerweise gerade der Inhaber eines solchen Zeichens bei seiner Verwendung für ein verändertes Produkt beschränkt werde.

Die Lösung könne nach *Bornkamm* nicht in einer uneingeschränkten Koexistenz von Irreführungsverbot und Markenrecht liegen. Eine uneingeschränkte Anwendung des Irreführungsverbotes würde zu einer weitreichenden Beschneidung kennzeichenrechtlicher Befugnisse führen. Dies wolle nach ganz vorherrschender Meinung auch niemand. Es bestehe vielmehr Einigkeit darüber, dass im Konflikt zwischen Kennzeichenbefugnis und Irreführungsverbot grundsätzlich den kennzeichenrechtlichen Befugnissen ein Vorrang einzuräumen sei.[1040] *Bornkamm* vermag keinen ausreichenden Grund dafür sehen, dass der Zuweisungsgehalt der Kennzeichenrechte nicht in vollem Umfang als vorrangig akzeptiert werden könne.[1041]

3. Stellungnahme

Zuzugeben ist *Bornkamm*, dass zwar auch der EuGH die Marke als Mittel des Markeninhabers versteht, die Qualität seiner gekennzeichneten Produkte zu kommunizieren und so die Kundschaft an sich zu binden.[1042] Dies bedeutet aber aus rein markenrechtlicher Sicht keinesfalls, dass der Markeninhaber grundsätzlich gezwungen wäre, seinen Produkten gleichbleibende Eigenschaften zu verleihen; auch nicht, soweit sich der Verkehr einmal an diese gewöhnt hat und sie mit der Marke verbindet.[1043] Bereits unter Geltung des WZG haben sowohl das Reichsgericht als auch der BGH ständig daran festgehalten, dass sich das Warenzeichen keinesfalls zwingend für eine gleichbleibende Beschaffenheit der gekennzeichneten Produkte verbürgt.[1044] Dieser Ansatz muss unter Geltung des MarkenG sogar umso mehr gelten. Wie bereits oben erörtert worden ist, sind die Verbraucherinteressen innerhalb des MarkenG gegenüber dem WZG erheblich in den Hintergrund getreten. Dies kommt vor allem durch den Wegfall des Akzessorietätsgrundsatzes zum Ausdruck. Der Sinn und Zweck der früheren Bindung des Warenzeichens an den Geschäftsbetrieb war die Gewährleistung einer möglichst gleichbleibenden Produktqualität. Mit Wegfall dieser Bindung sind

1040 Vgl. Bornkamm, S. 194.
1041 Vgl. Bornkamm, S. 194.
1042 Vgl. EuGH NJW 1991, 626 (627) - HAG II.
1043 Vgl. Bornkamm, S. 195.
1044 Vgl. BGH NJW 1973, 1079 - Cinzano.

die Interessen der Markeninhaber in den Vordergrund getreten. *Bornkamm* ist vor diesem Hintergrund insoweit zuzustimmen, als dass nun die uneingeschränkte Koexistenz von Irreführungsverbot und Markenschutz die Bestrebungen des MarkenG und damit letztlich der MRL konterkarieren würde. Es muss dem Markeninhaber weitgehend frei stehen, Beschaffenheit zu verändern und dadurch eventuell sogar den Ruf seiner Marke zu gefährden. Darüber hinaus haben die bisherigen Untersuchungen gezeigt, dass gerade der Erfolg einer Marke, der immer mit der Etablierung eines Markenimages einhergehen wird, zu einer Erweiterung des markenrechtlichen Schutzbereiches führt und zwar auch bereits unterhalb der Bekanntheitsschwelle des § 14 Abs. 2 Nr. 3 / Art. 5 Abs. 2 MRL. Dies ist kein unbeabsichtigter Reflex des geltenden Markenrechts, sondern konkretisiert geradezu den Sinn und Zweck des Markenschutzes, wie beispielsweise die heutige Interpretation der Verwechslungsgefahr zeigt.

Andererseits ist es gerade die unter Verbraucherschutzgesichtspunkten bedeutsame Aufhebung des Akzessorietätsprinzips, die einen völligen Ausschluss der Anwendung des Irreführungsverbotes auf das Benutzungsrecht des Markeninhabers unausgewogen erscheinen lässt, denn das Irreführungspotenzial ist hierdurch doch eher gestiegen. Sinnvoll erscheint eine Rückbesinnung, soweit eine solche nicht bereits ohnehin stattgefunden hat, auf den in der Entscheidung *Triumph*[1045] vom BGH entwickelten strengen Ansatz, wonach in der Zeichenverwendung nur dann eine irreführende Beschaffenheitstäuschung gesehen werden kann, wenn im Verkehr ganz bestimmte Merkmale einer Ware zum Gegenstand des Markenimages gemacht worden sind. Dies wird eine sehr eng begrenzte Ausnahme bleiben. Im deutschen Wettbewerbsprozess stehen dem Richter grundsätzlich zwei Möglichkeiten zur Ermittlung der für diese Frage relevanten Verkehrsauffassung zur Verfügung, nämlich die Feststellung derselben aus eigener Sachkunde heraus, oder, wenn ihm auf diesem Wege kein zuverlässiges Urteil möglich ist, durch die Erhebung von Beweisen in geeigneter Weise.[1046] Vor allem wenn der Markeninhaber selbst das unter seiner Marke vertriebene Produkt in seiner Werbung mit einer bestimmten Eigenschaft verbunden hat, liegt bei Änderung dieser Eigenschaft eine Irreführungsgefahr der Verbraucher nahe.[1047] Insoweit gilt aber für den Markeninhaber der von *Kur*[1048] betonte Ausweg, dass dieser durch diese begrenzte Anwendung des Irreführungsverbotes

1045 BGH GRUR 1959, 25 ff.

1046 Vgl. Köhler/Bornkamm, UWG, § 5 Rn 3.3.

1047 So auch Köhler/Bornkamm, UWG, § 5 Rn. 4.81.

1048 Vgl. Henning-Bodewig/Kur, Marke und Verbraucher (Bd. II), S. 167.

keinesfalls zur Aufrechterhaltung bestimmter Eigenschaften gezwungen wird. Vielmehr ist der Markeninhaber dazu angehalten, durch einen Produkthinweis in geeigneter Weise einer Irreführung vorzubeugen. Hieran wird nicht zuletzt er selbst ein Interesse habe, will er seine Kunden nicht verprellen. Stellt also beispielsweise ein Computerhersteller, dessen Geräte bekannt dafür sind, mit Prozessoren eines bestimmten Herstellers ausgestattet zu sein, auf Prozessoren eines anderen Herstellers um, wird er das nicht heimlich tun, sondern die angesprochenen Verkehrskreise in geeigneter Weise hiervon in Kenntnis setzen. Da es, wie bereits dargestellt, die Kennzeichnung selbst ist, die die fragliche Produkteigenschaft kommuniziert, sollte ein klarstellender Hinweis in einem engen zeitlichen und räumlichen Zusammenhang mit der Wahrnehmung der Marke durch die Verbraucher geschehen. So sah das OLG Hamburg eine schriftliche Aufklärung entweder auf dem Produkt bzw. dessen Verpackung oder am Verkaufspunkt, etwa durch Plakate, Aufsteller und ähnlichem als ein zuverlässiges Mittel zur Ausräumung einer Irreführungsgefahr an.[1049] Hinweise außerhalb eines engen zeitlichen und räumlichen Zusammenhanges mit der Markenwahrnehmung, etwa in Form von Presseberichten, dürften grundsätzlich weniger gut geeignet sein, wobei es insoweit sicherlich auch auf die Gewohnheiten der Verbraucher in dem konkreten Kontext ankommen sollte. Mittelbare Hinweise, wie etwa deutlich niedrigere Preise, bieten hingegen nicht das notwendige Maß an Eindeutigkeit und dürften kaum geeignet sein, eine Irreführungsgefahr zu beseitigen.[1050]

III. Ergebnis Teil E.

Das Markenrecht als subjektives Recht umfasst nicht nur ein Verbietungsrecht, sondern beinhaltet auch ein positives Benutzungsrecht. Dies legt die systematische Betrachtung vor allem der markenrechtlichen Verfügungsmöglichkeiten des Markeninhabers sowie der markenrechtlichen Folgen intensiver Markennutzung für den Schutzbereich nahe.

Das Benutzungsrecht wird inhaltlich maßgeblich durch den markenrechtlichen Entstehungstatbestand festgelegt und besteht nicht etwa in den weiteren Grenzen des Verbietungsrechts.

1049 Vgl. OLG Hamburg WRP 1992, 395 (396) - Produktveränderung von Zigarren.

1050 Vgl. insoweit auch OLG Hamburg WRP 1992, 395 (396) - Produktveränderung von Zigarren.

Die gegenüber dem WZG deutlich verstärkte individualrechtliche Prägung des MarkenG macht spiegelbildlich Begrenzungen des Benutzungsrechts im Interesse der Verbraucher unter lauterkeitsrechtlichen Gesichtspunkten erforderlich. Hierbei darf zwar die Grundkonzeption des MarkenG nicht konterkariert werden. Gleichwohl ist der Markeninhaber zumindest in eng zu begrenzenden Fällen, in denen der Markenaufbau einen hohen Konkretisierungsgrad der Vorstellungsbilder der Verbraucher erreicht hat, über § 5 Abs. 1 Nr. 1 UWG gehalten, auf etwaige Veränderungen in Beschaffenheit und Zusammensetzung, die gerade durch diese Imageinhalte widergespiegelt werden, in geeigneter Form hinzuweisen.

F. Zusammenfassung

Das Recht aus einer Marke im Sinne des MarkenG beinhaltet nicht zwingend eine statisch angelegte Schutzrechtsposition, sondern kann sich in Abhängigkeit von den möglichen Entwicklungsstadien der Marke verändern. So kann ein unbenutztes Registerzeichen zwar eine originäre Kennzeichnungskraft aufweisen, die für seinen Schutzbereich zunächst mit maßgeblich ist, es ist hierauf jedoch in der Zukunft nicht festgelegt. Die Werbekraft des Zeichens steigt mit zunehmender Erzielung höherer Wiedererkennungsraten sowie zunehmender Etablierung eines positiven Markenimages. Dieses Ziel verfolgt der Markeninhaber bei planmäßigem Vorgehen mit seinem Markenaufbau. Mit dem erfolgreichen Aufbau geht die Ausfüllung der Werbe- oder Imagefunktion durch die Marke, die als ein (Mit-)Kommunikator des Markenimages dient, einher. Auf Seiten des Markeninhabers realisieren sich als Ergebnis hieraus Preis- oder Mengenvorteile beim Absatz der gekennzeichneten Produkte. Unter anderem hieran knüpft die Rechtsprechung an, um einen Indikator für den erfolgreichen Markenaufbau und die Verwirklichung von Werbe- und Imagefunktion der Marke zu identifizieren. Nach der Rechtsprechung des EuGH ist nämlich vor allem auf den von der Marke gehaltenen Marktanteil abzustellen, daneben kommt es unter anderem auf Dauer, Intensität und geografische Ausdehnung der Benutzung des fraglichen Zeichens und auf den getätigten Werbeaufwand an.

Mit zunehmendem Markterfolg erhöht sich, wie gezeigt, das von Dritten zu wahrende Abstandsgebot, das der Markeninhaber über sein Verbietungsrecht durchsetzen kann. Mit Erreichen der markenrechtlichen Bekanntheitsschwelle im Sinne von § 14 Abs. 2 Nr. 3 MarkenG bzw. Art. 5 Abs. 2 MRL erreicht das Verbietungsrecht letztlich seine größte Ausdehnung.

Avanciert das Markenzeichen gar zu einem Symbol für ganz bestimmte objektivierbare Beschaffenheiten und Zusammensetzungen, kann der Konkretisierungsgrad des Markenimages unter dem Gesichtspunkt des Verbraucherschutzes über § 5 Abs. 1 UWG eine Aufklärungspflicht des Markeninhabers bei Veränderung dieser Merkmale bewirken. Lediglich in diesen Fällen geht parallel zur Ausdehnung des Verbietungsrechts mit zunehmendem Markterfolg eine Einschränkung des ebenfalls aus dem subjektiven Markenrecht abzuleitenden Benutzungsrechts einher.

Veröffentlichungen des Instituts für deutsches und europäisches Wirtschafts-, Wettbewerbs- und Regulierungsrecht der Freien Universität Berlin

Herausgegeben von Franz Jürgen Säcker

Band 1 Franz Jürgen Säcker (Hrsg.): Deutsch-russisches Energie- und Bergrecht im Vergleich. Ergebnisse einer Arbeitstagung vom 31. März / 1. April 2006. 2007.

Band 2 Franz Jürgen Säcker / Walther Busse von Colbe (Hrsg.): Wettbewerbsfördernde Anreizregulierung. Zum Anreizregulierungsbericht der Bundesnetzagentur vom 30. Juni 2006. 2007.

Band 3 Dirk Zschenderlein: Die Gleichbehandlung der Aktionäre bei der Auskunftserteilung in der Aktiengesellschaft. Zum Problem der Zulässigkeit der Weitergabe von Informationen an einzelne Aktionäre und Dritte. 2007.

Band 4 Simone Kirchhain: Die Anwendung der Vertikal-GVO auf innerstaatliche Wettbewerbsbeschränkungen nach der 7. GWB-Novelle. 2007.

Band 5 Franz Jürgen Säcker: Der Independent System Operator. Ein neues institutionelles Design für Netzbetreiber? 2007.

Band 6 Stefanie Otto: Allgemeininteressen im neuen UWG. § 1 S. 2 UWG und die wettbewerbsfunktionale Auslegung. 2007.

Band 7 Jochen Eichler: Vertragliche Dritthaftung. Eine Auseinandersetzung mit der Frage der Dritthaftung von sogenannten Experten und anderen Auskunftspersonen im Rahmen des § 311 Abs. 3 BGB. 2007.

Band 8 Markela Stamati: Die Anforderungen der operationellen Entflechtung nach den Beschleunigungsrichtlinien der Europäischen Kommission. Umsetzung in Deutschland und Griechenland. 2008.

Band 9 Franz Jürgen Säcker: The Concept of the Relevant Product Market. Between Demand-Side Substitutability and Supply-Side - Substitutability in Competition Law. 2008.

Band 10 Renate Rabensdorf: Die Durchgriffshaftung im deutschen und russischen Recht der Kapitalgesellschaften. Eine rechtsvergleichende Untersuchung. 2009.

Band 11 Franz Jürgen Säcker: Der beschleunigte Ausbau der Höchstspannungsnetze als Rechtsproblem. Erläutert am Beispiel der 380-kV-Höchstspannungsleitung Lauchstädt – Redwitz – Grafenrheinfeld mit Querung des Rennsteigs im Naturpark Thüringer Wald. 2009.

Band 12 Helen Mahne: Eigentum an Versorgungsleitungen. 2009.

Band 13 Franz Jürgen Säcker (Hrsg.): Russisches Energierecht - Gesetzessammlung. 2009.

Band 14 Franz Jürgen Säcker / Maik Wolf: Integrierte Energieversorgung in geschlossenen Verteilernetzen. Zum Gestaltungsspielraum des Gesetzgebers zur Neuregelung des § 110 EnWG im Lichte des Dritten EG-Energiepakets. 2009.

Band 15 Franz Jürgen Säcker (Hrsg.): Das Dritte Energiepaket für den Gasbereich. Deutsch-Englische Textausgabe mit einer Einführung. 2009.

Band 16 Franz Jürgen Säcker (Hrsg.): Das Dritte Energiepaket für den Elektrizitätsbereich. Deutsch-Englische Textausgabe mit einer Einführung. 2009.

Band 17 Thomas Dörmer: Die Unternehmenspacht. Rechtsstellung der Vertragsparteien unter besonderer Berücksichtigung der Pflicht des Unternehmenspächters zur ordnungsgemäßen Unternehmensführung sowie der Rechtslage bei Vertragsbeendigung. 2010.

Band 18 Klaas Bosch: Die Kontrolldichte der gerichtlichen Überprüfung von Marktregulierungsentscheidungen der Bundesnetzagentur nach dem Telekommunikationsgesetz. 2010.

Band 19 Geng-Sook Leem: Einheitliche Corporate Governance-Grundsätze für die Europäische Aktiengesellschaft (SE). Eine rechtsvergleichende Untersuchung anhand der Ausgestaltung der SE im deutschen und britischen Recht. 2010.

Band 20 Wiebke Gebhardt: Gentechnik und Koexistenz nach der Gesetzesnovelle von 2008: Zivilrechtliche Haftung im Vergleich Deutschland und USA. 2010.

Band 21 Cathrin Isenberg: Die Geruchsmarke als Gemeinschaftsmarke. Schutzfähigkeit und Einsatzmöglichkeiten. 2010.

Band 22 Franz Jürgen Säcker / Jochen Mohr / Maik Wolf: Konzessionsverträge im System des europäischen und deutschen Wettbewerbsrechts. 2011.

Band 23 Judith Antonia Loeck: Die unzumutbare Belästigung nach der UWG Novelle 2008 und dem Gesetz zur Bekämpfung unerlaubter Telefonwerbung und zur Verbesserung des Verbraucherschutzes bei besonderen Betriebsformen. 2011.

Band 24 Jörg Jaecks: Konzernverrechnungsklauseln und verwandte einseitige Verrechnungsbefugnisse im Mehrpersonenverhältnis. 2011.

Band 25 Franz Jürgen Säcker: Marktabgrenzung, Marktbeherrschung, Markttransparenz und Machtmissbrauch auf den Großhandelsmärkten für Elektrizität. 2011.

Band 26 Susanne Wende: Die einheitliche Auslegung von Beihilfen- und Vergaberecht als Teilgebiete des europäischen Wettbewerbsrechts. 2011.

Band 27 Leonie Kempel: Die Anwendung von Art. 102 AEUV auf geistiges Eigentum und Sacheigentum. Die Voraussetzungen des Kontrahierungszwangs nach Art. 102 AEUV und der Essential-Facility-Doktrin unter besonderer Berücksichtigung der Unterschiede zwischen geistigem Eigentum und Sacheigentum. 2011.

Band 28 Christoph Schuldt: Werbejingles – schützenswerte Kompositionen!? Die urheberrechtliche und markenrechtliche Schutzfähigkeit von Werbejingles vor unbefugter Nachahmung. 2012.

Band 29 Lydia Scholz: Die Rechtfertigung von diskriminierenden umweltpolitischen Steuerungsinstrumenten. Eine Untersuchung der Reichweite der Warenverkehrsfreiheit und ihrer Begrenzung durch den Umweltschutz als Vertragsziel am Beispiel der deutschen Energiefördergesetze EEG und KWKModG. 2012.

Band 30 Franz Jürgen Säcker: Investitionen in Kraftwerke zur Sicherung einer zuverlässigen Elektrizitätsversorgung nach der Energiewende. Rechtliche und ökonomische Rahmenbedingungen. 2012.

Band 31 Florian Leib: Kartellrechtliche Durchsetzungsstrategien in der Europäischen Union, den USA und Deutschland. Eine rechtsvergleichende Darstellung. 2012.

Band 32 Holger Hoch: Marktverschlusseffekte und Effizienzen vertikaler Zusammenschlüsse. Kartellrechtliche Beurteilung nach europäischem und deutschem Recht. 2012.

Band 33 Sebastian Kemper: Gasnetzzugang in Deutschland und in Spanien. 2012.

Band 34 Elena Timofeeva: Unbundling in der russischen Elektrizitätswirtschaft im Vergleich zum deutschen und europäischen Energierecht. 2012.

Band 35 Gisela Drozella / Harald Krebs: Marktbeherrschung im Bereich Stromerzeugung / Stromgroßhandel. Eine kritische Analyse der neueren Sicht des Bundeskartellamts. 2013.

Band 36 Christian Rehm: Die Einzel- und Gesamtverantwortung der Vorstandsmitglieder der Aktiengesellschaft. Die Verantwortung für die Leitung und Geschäftsführung im mehrköpfigen Vorstand in der unabhängigen und der herrschenden AG. 2013.

Band 37 Ann-Christin Richter: Mengen- und umsatzbezogene Rabatte marktbeherrschender Unternehmen in den Grenzen des Art. 102 AEUV. 2013.

Band 38 Nikolaos Pitsos: Die erhebliche Behinderung des wirksamen Wettbewerbs (SIEC-Test) im Fusionskontrollrecht. Zugleich ein Beitrag zur Problematik der oligopolistischen Marktbeherrschung unter Vergleich mit dem amerikanischen SLC-Test. 2013.

Band 39 Mirko Heinemann: Das Markenzeichen als Anknüpfungspunkt des Markenimages. 2013.

www.peterlang.de